Transformationen von Schule, Unterricht und Profession

D1731798

Kathrin Berdelmann · Bettina Fritzsche
Kerstin Rabenstein · Joachim Scholz
(Hrsg.)

Transformationen von Schule, Unterricht und Profession

Erträge praxistheoretischer Forschung

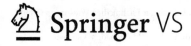 Springer VS

Hrsg.
Kathrin Berdelmann
DIPF | Leibniz-Institut für Bildungsfor-
schung und Bildungsinformation
Berlin, Deutschland

Bettina Fritzsche
Pädagogische Hochschule Freiburg
Freiburg, Deutschland

Kerstin Rabenstein
Georg-August-Universität Göttingen
Göttingen, Deutschland

Joachim Scholz
DIPF | Leibniz-Institut für Bildungsfor-
schung und Bildungsinformation
Berlin, Deutschland

ISBN 978-3-658-21927-7   ISBN 978-3-658-21928-4   (eBook)
https://doi.org/10.1007/978-3-658-21928-4

Die Deutsche Nationalbibliothek verzeichnet diese Publikation in der Deutschen National-
bibliografie; detaillierte bibliografische Daten sind im Internet über http://dnb.d-nb.de abrufbar.

Springer VS
© Springer Fachmedien Wiesbaden GmbH, ein Teil von Springer Nature 2019

Springer VS ist ein Imprint der eingetragenen Gesellschaft Springer Fachmedien Wiesbaden GmbH
und ist ein Teil von Springer Nature
Die Anschrift der Gesellschaft ist: Abraham-Lincoln-Str. 46, 65189 Wiesbaden, Germany

Sabine Reh zum 60. Geburtstag

Inhalt

Autor*innenangaben

Kathrin Berdelmann
ist Erziehungswissenschaftlerin und arbeitete an der Technischen Universität Berlin sowie an den Pädagogischen Hochschulen Freiburg und FHNW (Schweiz). Derzeit ist sie Postdoc und wissenschaftliche Mitarbeiterin am Leibniz-Institut für Bildungsforschung und Bildungsinformation | DIPF und der Humboldt Universität zu Berlin.

Martin Bittner
ist Erziehungswissenschaftler an der Europa-Universität Flensburg in der Abteilung für Schulpädagogik. Zuvor war er wissenschaftlicher Mitarbeiter an der Bibliothek für Bildungsgeschichtliche Forschung (BBF) des DIPF in Berlin. Er wurde 2014 an der Freien Universität Berlin im Arbeitsbereich Anthropologie und Erziehung promoviert.

Anne Breuer
arbeitete als Erziehungswissenschaftlerin an der Technischen Universität Berlin, dem Deutschen Institut für Internationale Pädagogische Forschung und der Humboldt Universität zu Berlin. Seit 2015 ist sie Lehrerin für die Fächer politische Bildung und Deutsch und seit 2018 abgeordnet für die Berliner Serviceagentur *Ganztätig lernen* in der Deutschen Kinder- und Jugendstiftung.

Patrick Bühler
ist Professor für Allgemeine und Historische Pädagogik an der Pädagogischen Hochschule FHNW und Mitglied des Instituts für Bildungswissenschaften der Universität Basel.

Marcelo Caruso
ist seit 2011 Professor für Historische Bildungsforschung an der Humboldt-Universität zu Berlin. Er ist Geschäftsführender Herausgeber der Zeitschrift für Pädagogik.

Arno Combe
war von 1973-1994 Professor am Fachbereich Gesellschaftswissenschaften der Universität Frankfurt a. M. und von 1994 bis zur Emeritierung 2006 Professor am Fachbereich Erziehungswissenschaft der Universität Hamburg mit dem Schwerpunkt Theorie der Schule.

Stefan Cramme
ist nach dem Studium der Alten Geschichte als Bibliothekar tätig. Er ist seit 2012 stellvertretender Leiter der Bibliothek für Bildungsgeschichtliche Forschung des DIPF und Leiter ihres Bereiches Bibliothek.

Bettina Fritzsche
arbeitet als Professorin für Allgemeine Erziehungswissenschaft mit dem Schwerpunkt qualitative Forschungsmethoden am Institut für Erziehungswissenschaft der Pädagogischen Hochschule Freiburg.

Eckhard Fuchs
leitet seit 2015 das Leibniz-Institut für internationale Schulbuchforschung. Seit 2011 ist er ordentlicher Professor für Historische und Vergleichende Bildungsforschung an der TU Braunschweig. Von 2012 bis 2015 war er Präsident der International Standing Conference for the History of Education, der internationalen Fachgemeinschaft der historischen Bildungsforschung (ISCHE).

Andreas Hoffmann-Ocon
beschäftigte sich an den Universitäten Hamburg und Göttingen sowie an den Pädagogischen Hochschulen FHNW (Basel) und Zürich mit bildungshistorischen Themen. Seit 2012 leitet er das Zentrum Für Schulgeschichte (ZSG) und ist Professor an der Pädagogischen Hochschule Zürich.

Till-Sebastian Idel
arbeitet als Professor für Schulpädagogik mit dem Schwerpunkt Schultheorie und empirische Schulforschung an der Universität Bremen, Fachbereich 12: Erziehungs- und Bildungswissenschaften.

Michael Kämper-van den Boogaart
arbeitet seit 1997 als Professor für Neuere deutsche Literatur und Fachdidaktik
Deutsch der Humboldt-Universität zu Berlin, deren hauptamtlicher Vizepräsident
für Studium und Internationales er zwischen 2011 und 2016 war.

Fabian Kessl
arbeitet als Professor für Sozialpädagogik an der Bergischen Universität Wuppertal.

Carolyn Kay
ist Historikerin und Professorin an der Trent University in Ontario, Canada. Sie
lehrt zu den Themen moderne deutsche Geschichte, Geschichte der Kindheit und
zum Holocaust.

Kerrin Klinger
ist Koordinatorin und wissenschaftliche Mitarbeiterin im Kooperationsprojekt
„Abiturprüfungspraxis und Abituraufsatz 1882 bis 1972" an der Bibliothek für
Bildungsgeschichtliche Forschung des DIPF und an der Humboldt-Universität
zu Berlin.

Monika Mattes
arbeitet seit 2013 als Bildungshistorikerin und seit 2016 als Wissenschaftliche
Bibliothekarin an der Bibliothek für Bildungsgeschichtliche Forschung (BBF) des
DIPF nach Stationen am Zentrum für Zeithistorische Forschung (ZZF) und am
Deutschen Historischen Museum (DHM).

Kerstin Rabenstein
arbeitete als Erziehungswissenschaftlerin an den Universitäten Hamburg, TU
Berlin und Göttingen. Seit 2011 ist sie Professorin für Schulpädagogik / Empirische
Unterrichtsforschung und Schulentwicklung an der Universität Göttingen.

Norbert Ricken
ist Professor für Theorien der Erziehung und Erziehungswissenschaft an der
Ruhr-Universität Bochum, gegenwärtig Dekan der Fakultät für Philosophie und Erziehungswissenschaft und Geschäftsführer des Instituts für Erziehungswissenschaft.

Carla Schelle
arbeitete als Erziehungswissenschaftlerin an den Universitäten in Chemnitz, Hamburg, Frankfurt und Essen. Seit 2003 ist sie Professorin für Erziehungswissenschaft mit dem Schwerpunkt Schulpädagogik/Didaktik an der Johannes Gutenberg-Universität in Mainz.

Anna Schütz
arbeitete als Erziehungswissenschaftlerin an der TU-Berlin. Seit 2011 ist sie Wissenschaftliche Mitarbeiterin an der Universität Bremen.

Joachim Scholz
arbeitete als Erziehungswissenschaftler an der TU Berlin und der Bergischen Universität Wuppertal und leitet seit 2013 den Forschungsbereich der Bibliothek für Bildungsgeschichtliche Forschung des DIPF in Berlin.

Noah W. Sobe
ist Professor für Cultural and Educational Policy Studies an der Loyola University Chicago (USA) und Direktor des Center for Comparative Education.

Heinz-Elmar Tenorth
war bis 1991 Professor für Wissenschaftstheorie und Methodologie der Erziehungswissenschaft an der Johann Wolfgang Goethe-Universität in Frankfurt a. M., danach bis zum Ruhestand 2011 Professor für Historische Erziehungswissenschaft an der Humboldt-Universität zu Berlin.

Klaus-Jürgen Tillmann
arbeitete als Erziehungswissenschaftler an den Universitäten in Dortmund, Hamburg und Bielefeld. Von 1992 bis zu seiner Emeritierung 2008 war er Professor für Schulpädagogik an der Universität Bielefeld und zugleich Wissenschaftlicher Leiter der Laborschule.

Praxeologie in der Bildungsforschung
Ein Umriss historischer und gegenwartsbezogener Forschungsperspektiven

Kathrin Berdelmann, Bettina Fritzsche, Kerstin Rabenstein und Joachim Scholz

Praxistheoretisch gesehen lassen sich Festschriften zu akademischen Praktiken zählen. Auch wenn sie im Einzelnen unterschiedlich ausgestaltet werden können, weisen sie meist bestimmte Elemente auf: Sie sind zu einem bestimmten Zeitpunkt zu vollziehen. Sie lassen in der Tendenz auf Geleistetes schauen. Sie sind mit Prozeduren der Auswahl und Bestimmung der sie vollziehenden Akteure verbunden, sie ziehen diese hinein und positionieren sie als „Gefährt*innen', ‚Schüler*innen' und ‚Vorbilder'. Sie entfalten teleoaffektive Strukturen im Zusammenhang mit Gefühlen der Dankbarkeit und Ehrung sowie Auseinandersetzungen mit Fragen von Loyalität und Abhängigkeit. Mit der vorliegenden Festschrift für Sabine Reh verfolgen wir das Anliegen, ihre vielfältigen Arbeiten zur Entwicklung praxeologischer/praxistheoretischer[1] Forschung, die sich zunächst auf gegenwartsbezogene und dann verstärkt auf historische Fragestellungen bezog, zu würdigen. Drei zentrale thematische Stränge praxistheoretischen erziehungswissenschaftlichen Forschens finden sich in Sabine Rehs Arbeiten: die Untersuchung *pädagogischer Praktiken als Subjektivierungsweisen* und damit die Frage nach der Entstehung und ‚Formung' pädagogisch Professioneller und pädagogischer Subjekte (vgl. Reh 2001, 2003; Kolbe & Reh 2008; Reh 1995; Reh & Scholz 2011; Reh & Ricken 2012; Reh 2013), die Untersuchung von *Materialitäten* pädagogischer Praxis und damit die Frage nach den Zusammenhangsbildungen von Subjekten, Körpern, Dingen, Artefakten und Diskursen in der Entstehung pädagogischer Ordnungen (vgl. Kolbe et al. 2008; Reh et al. 2011; Reh et al. 2015; Reh & Wilde 2016) und die Untersuchung *pädagogischen bzw. erziehungswissenschaftlichen Wissens als Praxis* und damit die Frage nach Entstehung und Transformationen von Wissensordnungen (Reh et al.

---

1   Wir möchten an dieser Stelle nicht auf die möglicherweise etwas differerierenden Verwendungsweisen der Begriffe praxeologisch und praxistheoretisch eingehen; in diesem Text verwenden wir beide Begriffe synonym.

© Springer Fachmedien Wiesbaden GmbH, ein Teil von Springer Nature 2019
K. Berdelmann et al. (Hrsg.), *Transformationen von Schule, Unterricht und Profession*, https://doi.org/10.1007/978-3-658-21928-4_1

2015; Reh et al. 2017). Die hiermit verbundenen theoretischen Perspektiven und forschungspraktischen Vorgehensweisen hat Sabine Reh ausgehend von erziehungswissenschaftlichen Fragestellungen im Kontext politischer Umbrüche und bildungspolitischer Reformen im ausgehenden 20. und beginnenden 21. Jahrhundert in die Bildungshistoriographie eingeführt. Wir Herausgeber*innen danken – zusammen mit den Autorinnen und Autoren des Bandes – Sabine Reh für ihre Diskussions- und Gesprächsbereitschaft, für die leidenschaftlich geführten Debatten und für die Anregungen und Inspirationen, die von ihren Ideen und Gedanken ausgehen.

Eine praxistheoretische Perspektive gewinnt innerhalb kulturwissenschaftlicher Forschungsrichtungen, die in den breiteren Strömungen der Geistes- und Sozialwissenschaften etwa seit drei Jahrzehnten Konjunktur haben, zunehmend an Bedeutung. Das gilt in hohem Maße für die beiden in diesem Band thematischen Forschungsfelder: die historische und die gegenwartsbezogene Bildungsforschung mit dem Fokus auf Schule, Unterricht und Profession. Offenbar leisten praxeologische Zugänge einen produktiven Beitrag gerade dort, wo es um eine genauere Erfassung von Transformationen, sei es in gegenwärtigen Reformen oder in den historischen Wandlungsprozessen von Schule, Unterricht und Erziehung, geht. Dem Gegenstandsbereich des vorliegenden Buches wollen wir uns ausgehend von einer Schilderung der wesentlichen Entwicklungslinien, Prämissen und des Erkenntnispotentials praxistheoretischer Forschungsperspektiven nähern, um dann genauer darauf einzugehen, wie man praxeologisch forscht und in welche Forschungsdesiderate praxistheoretische Ansätze gegenwärtig vorstoßen können. Abschließend stellen wir kurz die Beiträge vor.

Auch wenn eine praxeologische Sensibilität historische Vorläufer hat, wird die Entstehung praxistheoretischer Ansätze im Zusammenhang mit einer sozialtheoretischen Grundsatzdiskussion vor etwa vierzig Jahren verortet. Mit Anthony Giddens' (1979, 1984/1988) Kritik am zweckrational bestimmten Handlungsbegriff, seiner Betonung des Handelns in Routinen und der Bedeutung des menschlichen Körpers erfuhr die soziologische Handlungstheorie gegen Ende der 1970er Jahre eine Neubestimmung. Zudem hatte die zentral diskutierte Frage nach angemessenen Formen zur Beschreibung von Konstitution und Wandel von Gesellschaft ein Unbehagen an den vorhandenen Angeboten des methodologischen Subjektivismus und Objektivismus aufgeworfen, das Pierre Bourdieu (1979/2012) durch das vermittelnde Konzept einer „*Theorie der Praxis*" und seine Beschreibung einer praxeologischen Erkenntnisweise aufzulösen versucht hatte. Die Hinwendung zu sozialen Praktiken wird zwar nicht als Neufassung von Handlungstheorien begriffen, Konsens ist aber, dass sich praxistheoretische Deutungen der sozialen Wirklichkeit nicht mit der Beschreibung sozialen Handelns und seiner Formen begnügen, sondern tatsächlich ein anders akzentuiertes Verständnis des Sozialen nahelegen (vgl. Reckwitz 2003,

S. 282f.). Demzufolge sind es Praktiken, in denen die Akteure das soziale Leben, ganz wesentlich auch unter Gebrauch ihres Körpers und im Sprechen vollziehen, es je ganz konkret hervorbringen, indem sie seine Regelhaftigkeit erfahren, sie erlernen, perpetuieren, jedoch die für Praktiken charakteristischen iterativen Wiederholungen immer nur gebrochen durch Eigenlogiken des Performativen, auch durch Eigensinn, reproduzieren (vgl. Schäfer 2013; Freist 2015a, S. 62ff.).

In einer praxistheoretisch justierten respektive historisch-praxeologischen Untersuchungsperspektive auf Unterricht, Schule und Profession wird die Frage nach der Transformation weniger als Umbruch und weitgreifende Veränderung interessant, sondern als permanente, differenzerzeugende Wiederholung, die von Instabilitäten, Abweichungen und somit Verschiebungen durchzogen ist. Von Verschiebungen können einzelne Elemente von Praktiken, ihre diskursiven Kontexte oder ihre Verbindungen mit anderen Praktiken betroffen sein. Verschiebungen können vorübergehend sein oder sich allmählich durchsetzen und dann relativ stabil halten (Schäfer 2013). Die Praxistheorie rechnet – so wie andere sozialtheoretische Ansätze auch – gleichzeitig mit Kohärenz und Kontingenz, Wandlung des Sozialen, und Letzteres, die spezifische Zeitlichkeit und Zeitgebundenheit sozialer Praktiken, befördert das mittlerweile so starke Engagement von Historiker*innen im Feld praxeologischer Forschungen.

Die kulturtheoretischen Voraussetzungen und die Entstehung praxistheoretischer Ansätze sowie die Frage nach ihren methodischen Verfahren skizzieren wir in den folgenden beiden ersten Abschnitten am Beispiel der Historischen Forschung und insbesondere der bildungshistorischen Forschung; sie bilden in ähnlicher Weise den Rahmen auch für die im dritten und vierten Schritt von uns stärker mit Bezug auf ihre Potentiale umrissene praxeologische Forschung im Feld gegenwartsbezogener Schul- und Unterrichtsforschung. Insgesamt wird durch unseren Bezug sowohl auf die historische als auch auf die gegenwartsbezogene praxeologische Bildungsforschung deutlich, wie sich praxeologische Forschung derzeit in unterschiedlichen Disziplinen, von je ähnlichen Denktraditionen ausgehend, entfaltet.

1 Historische Praxeologie

Die Kulturgeschichte erstarkte in den 1980er und 90er Jahren nicht zuletzt als Reaktion auf den hohen Abstraktionsgrad der sozialgeschichtlichen Forschungsrichtung. Nun standen weniger die gesellschaftlichen Strukturen als die „Erfahrungen und Wahrnehmungen von Individuen" im Fokus des historischen Interesses. Gefragt wurde und wird danach, „was die Menschen aus sich und ihrer Welt machen, was sie dabei denken und sprechen", wie es Schildt und Siegfried (2009, S.14) in ihrer Kulturgeschichte der Bundesrepublik Deutschland pointiert formulieren. Diese Fokusverschiebung, so unprätentiös, ja simplifizierend sie klingen mag, ist auch für die praxeologischen Ansätze in der Geschichtswissenschaft bestimmend, denn auch wer Praktiken untersucht, analysiert „keine mysteriöse Instanz, keine Basis der Geschichte, keine verborgene Triebkraft: sie [die Praktik] ist, was die Leute tun" (so Paul Veyne, zit. nach Füssel 2015a, S.26). Für Haasis und Rieske, die vor wenigen Jahren einen Sammelband zur Historischen Praxeologie vorlegten, bestehen der Reiz und die Aufgabe praxeologischer Historiografie in der Rekonstruktion der durch Materialität, Prozessualität und Historizität gekennzeichneten „(Alltags-)Muster vergangenen menschlichen Tuns und Sprechens" (Haasis & Rieske 2015b, S.16).[2]

Über die wissenschaftshistorischen und theoretischen Grundlagen, über den Anspruch, die Reichweite und das Einsatzfeld der historischen Praxeologie wird viel, auch kritisch, geschrieben, und es ist vor allem auch praxeologisch viel geforscht worden. Dabei zeigt sich, dass bestimmte Felder historischer Forschung mehr als andere von dieser Perspektive profitieren. Praxeologische Forschungen spielen in der Geschlechtergeschichte, der Körpergeschichte, der Disability History und der Selbstzeugnisforschung sowie in der Frühneuzeitgeschichte mittlerweile eine herausragende Rolle.

Diesen Forschungsgebieten ist gemeinsam, dass sie sich sowohl für Prozesse sozialer Ordnungsbildung als auch für Subjektivierungsprozesse interessieren. Beobachtet werden kann, wie soziale Ordnungen als komplexe Gebilde ganz unterschiedlicher Elemente entstehen und sich reproduzieren. Zugleich kann die Frage nach den Divergenzen gesellschaftlicher Direktiven sowie nach den Freiheitsgraden und Handlungsspielräumen des Individuums aufgeworfen werden. Praxistheoretische Forschung interessiert sich zudem für die Machtverhältnisse in sozialen Ordnungen, u.a. für Geschlechterverhältnisse. Dass praxeologische Ansätze auch von hoher erziehungswissenschaftlicher und damit auch bildungshistorischer Relevanz sind, liegt auf der Hand. So sind in diesem Feld u.a. Fragen der Entstehung der modernen Vorstellung von Bildung und im Zusammenhang damit des modernen Subjektverständnisses in erziehungswissenschaftlicher und damit auch bildungshistorischer Perspektive relevant.

Formulierte noch vor wenigen Jahren der Bildungshistoriker Gerhard Kluchert zugespitzt: „Es gibt bislang keine ‚Historische Schulkulturforschung' und es gibt niemanden, der sich als ‚Historischer Schulkulturforscher' bezeichnen würde" (Kluchert 2009, S.326), so hat mittlerweile, wie auch die Beiträge dieses Bandes

---

2   Die Definition orientiert sich an Theodore Schatzkis (1996, S.89) klassisch gewordene Charakterisierung von Praktiken als „nexus of doings and sayings."

zeigen, die kulturgeschichtliche Forschung und darin die Historische Praxeologie in der Bildungsgeschichte einen Platz gefunden. Dezidierte Bezugspunkte waren zunächst Arbeiten, die etwa historisches Schulleben in den Blick nahmen, oder – inspiriert von Arbeiten Foucaults – Analysen zur Herausbildung neuzeitlicher Unterrichtskultur und -praxis in einem weniger pädagogisch-emphatischen (vgl. dafür tendenziell Hansen-Schaberg 2005) als kulturhistorisch-kulturtheoretischen Sinne vornahmen (vgl. z. B. Caruso 2003).

Doch tatsächlich öffnet auch die Retrospektive eine Blickschneise in die aktuelle kulturgeschichtlich-praxeologische Perspektive. So hatten bereits die Studien von Gerhart Petrat über die Entstehung des Schulunterrichtes (1979) oder der Schulerziehung (1987) in Ansatz, Quellenwahl und im Erkenntnispotenzial Ausgangspunkte praxeologischer Bildungsgeschichtsschreibung vorweggenommen. In sozialhistorischem Erkenntnisinteresse ging es Petrat darum, vergangene Erziehungsverhältnisse zu rekonstruieren und dabei vor allem auch „Genaueres über ihre Praxis zu berichten" (Petrat 1987, S. 17). Aus feinkörniger Betrachtungsweise einer Vielzahl von Belegen aus der schulischen Praxis zeichnete sich die bildungsgeschichtlich inspirierende These ab, dass ‚Unterricht' als systematische Unterweisung ab etwa 1760 sich von allen vorherigen schulischen Veranstaltungen, dem bloßen ‚Schulehalten', grundlegend unterschied.

In gewisser Hinsicht schließt die Praxeologie also durchaus an eine auch empirisch starke Tradition bildungshistorischer Forschung an, deren Anliegen die Rekonstruktion vergangener ‚Schulwirklichkeit' war. Stellvertretend für diese Tradition seien hier nur die großen Studien Hans-Jürgen Apels genannt, die die Universalität des schulischen Modernisierungsprozesses des 19. Jahrhunderts, vermittelt durch die konkreten Vollzüge, im Einzelnen erkennbar werden lassen (vgl. Apel 1984; Apel & Klöcker 1986). Auf diese Werke hier zu verweisen, scheint uns auch deshalb besonders sinnvoll, weil einige von ihnen mikrohistorisch Tiefenschärfe erzielen konnten, ohne einem leider bisweilen zu beobachtenden Fehler der Historischen Praxeologie aufzusitzen, „im kleinen Maßstab [zu] operieren, aber vom Frage- und Erklärungshorizont auch im Kleinen [zu] verbleiben" (Füssel 2015a, S. 31).[3]

---

3 Einwände gegen die Praxeologie werden auch gegenüber ihrem theoretischen Anspruch laut. Hätten, so Rüdiger Graf (2008, S.125), qualitätsvolle sozialhistorische Studien noch die Konkretionen des rekonstruierten historischen Zusammenhangs mit einer aus der Sozialtheorie gewonnenen Modellerwartung konfrontiert und gerade dadurch ein tieferes Verständnis, Einordnung oder „Modellkritik" gewonnen, so würde die Praxistheorie bewusst auf abstrakt formulierte Kausal- und Bedingungszusammenhänge verzichten, sich mit ihrer Detailfokussierung aber dem Risiko aussetzen, dass „[j]enseits der grundsätzlichen Inspiration, sich auf die menschliche Praxis zu konzentrieren, [...] die aus konkreten Beispielen gewonnene Theorie der Praxeologen oftmals nicht mehr als

2   Forschungsvorgehen bildungshistorischer Praxeologie

Was aber kennzeichnet nun bildungshistorisch-praxeologisches Arbeiten? Die Bedingungen, das konkrete Vorgehen und bestimmte Herausforderungen einer praxeologischen Forschung in historischer Perspektive unterscheiden sich in mancherlei Hinsicht von solchen anderer historischer Studien, sie weisen aber auch eine Reihe von Gemeinsamkeiten auf. Im folgenden Abschnitt geht es um Fragen der Zusammenstellung eines Korpus historischer Quellen, das sich für praxeologische Studien eignet, sowie um die Frage nach der Existenz und Notwendigkeit konkreter historiographisch-praxeologischer Methoden.

Nach Schatzki (2010) sind Praktiken materiell und dinglich verankerte soziale Ereignisse, die sich zeiträumlich entfalten. Sie verketten sich „im Zeitverlauf zu einer besonderen Vollzugswirklichkeit […] die dann eine eigene (historische) Qualität gewinnt" (Hillebrandt 2015, S. 203). Praktiken müssten unter dieser Maßgabe im Vollzug selbst untersucht werden, um in ihrer sozialen, räumlich-materiellen und zeitlichen Dimension für Analysen fruchtbar zu werden. Historische Praktiken aber können nicht mehr direkt in actu beobachtet werden, sie transportieren sich bloß noch in Überlieferungen in Text, Bild oder Objekten. Sie sind, wie die Frühneuzeithistorikerin Dagmar Freist (2015a, S. 76) es ausdrückt, in überlieferten Texten „eingefroren" und müssen aus diesen erschlossen werden. Insofern sind Praktiken zurückliegender Epochen immer medial vermittelt, sie sind material-, text- und/ oder bildbasiert überliefert und müssen aus dieser Fixierung „herauspräpariert" werden (ebd.).[4] Damit rückt eine bestimmte Qualität bildungshistorischer Quellen in den Blick, die für die praxeologische Analyse erforderlich ist: ihre Praxisnähe. Normative und programmatische Quellen wie Schulordnungen oder Gesetzestexte mögen zwar etwas über vergangene Diskurspraktiken aussagen, ermöglichen aber

---

eine Beschreibung der Wirklichkeit in abstrakterer Sprache" bleibt (Graf 2008, S. 125). Es dürfte zutreffen, dass auch vor dem Hintergrund solcher Kritik und Selbstkritik von praxistheoretisch Forschenden auf den hohen Deckungsgrad praxeologischen Vorgehens mit bewährten Gütekriterien historischer Forschung immer wieder hingewiesen wird (vgl. die einzelnen Stellungnahmen in der als „Runder Tisch" geführten Diskussion zur Historischen Praxeologie am Schluss des Bandes von Haasis und Rieske (2015a, S. 211ff.)).

4   Freist weist zurecht darauf hin, dass auch gegenwärtig beobachtbare Praktiken ihre Unmittelbarkeit durch die jeweils gewählte Aufzeichnungspraxis (beispielsweise Feldnotizen in der Ethnographie) verlieren und damit ebenfalls medial überliefert sind. „Praktiken vergangener Zeiten lassen sich aber ebenso durch Analyse materieller Überlieferungen mit Blick auf die Umgangs- und Gebrauchsweisen von Dingen erschließen" (Freist 2015b, S. 208).

nur sehr begrenzte Erkenntnisse über den Vollzug der historischen Alltagspraxis. Sie erlauben nicht, Regelverstöße, ihr Unterlaufen und den Umgang damit zu untersuchen. Für ein praxeologisches Erkenntnisinteresse sind dagegen Überlieferungen interessant, die möglichst direkte Produkte vergangenen alltäglichen Tuns oder Sprechens sind und so Aufschluss über situierte Praktiken geben. Um beispielsweise schulische Strafpraktiken zu erforschen, eignen sich Visitationsprotokolle oder Disziplinarvermerke aus denen sich deutliche Hinweise auf die Strafpraxis im Schulalltag ziehen lassen. Sie zeugen stärker von den Strafpraktiken im Schulalltag als Verfügungen darüber, wie zu strafen ist. Diese wiederum sind nicht obsolet, wenn man sich beispielsweise für das Regime der Überwachung und Beobachtung interessiert.

Praxisforschung sucht in der Regel nach Quellen, die über den Einzelfall hinausweisen. Das heißt, um Strafpraktiken zu erforschen, sollte historisches Material aus mehreren Schulen ausgewertet werden. Die Hinzuziehung verschiedener Quellengattungen, beispielsweise Artefakte des Strafens, Objekte oder Bilder, die den Vollzug oder Ausschnitte des Vollzugs der Praktik dokumentieren, ermöglichen ein multiperspektivisches Vorgehen, bei dem im besten Fall auf serielle Quellen zugegriffen werden kann, so dass nicht nur eine größere Nähe, sondern auch ein kontrastierender Zugang zur historischen Praxis gewährleistet ist. So ist für bildungsgeschichtliche praxeologische Forschung eine möglichst breite Basis an Quellen wünschenswert, weil sie eine komplexere Arbeit an der Historisierung von z. B. Schul- und Unterrichtsgeschichte ermöglicht (vgl. Caruso & Reh i. V., S. 6f.; Füssel 2015b, S. 213f.).

Ein solches Näherkommen an Unterricht oder das Tun der Lehrpersonen ist nun aber nicht an sich wertvoll oder wichtig – das würde lediglich romantischen Vorstellungen über das Alltagsleben und die ‚kleinen Leute' dienen" (Reh 2014, S. 198).[5] Dass praxeologische Nähe, der Blick auf das Konkrete und Situierte, nicht zum Selbstzweck werden soll, hebt auch Freist (2015a) hervor. Ihr zufolge besteht das Interesse der historischen Praxeologie darin zu analysieren, „wie sich soziale Ordnungen und relationale Positionen durch je situativ spezifische Ausformungen sozialer Praxis konstituieren, verwerfen, neu formieren und so historisch entstandene Praktiken fortschreiben, stabilisieren oder verändern" (ebd., S.67). Die Forschung kann auf diese Weise, so Freist (ebd., S.75), fruchtbringend über die „vielschichtigen

---

5 Übersetzung aus dem englischen Original: „A getting closer to lessons or the practices of teachingpersonnel as is decribed here is not valuable or important in and of itself. That would ultimately advance the romantic ideas about about the everyday life and the little people" (Reh 2014, S.198).

Bedingungen der Gewordenheit je spezifischer Gegenwarten und die Erschütterung von Werthaftigkeiten im Sinne einer genalogischen Kritik" reflektieren.

Ein Blick auf den gegenwärtigen Fachdiskurs zur Methodik bildungshistorischer Praxeologie liefert kaum eindeutige Antworten, weder auf die Frage nach dem nötigen Vorgehen, um „vergangene Praktiken in erster Instanz überhaupt ausfindig zu machen, sie […] dingfest zu machen und […] entsprechend auszuwerten" (Haasis & Rieske 2015a, S. 211), noch auf die Frage, inwiefern sich diese Herangehensweise vom klassischen Verfahren bildungshistorischer Forschung unterscheiden. Dies ist wenig verwunderlich, wenn mit Füssel (2015b, S. 212) davon ausgegangen wird, dass sich historische Praxeologie weitgehend „gängige[r] historischer Methoden" bedient und „diese jedoch durch ihr spezifisches Forschungssetting zu einer eigenen Heuristik" formt. Das Erforschen von konkretem vergangenem Handeln erfordert immer noch ein quellenkritisches und kontextualisierendes Vorgehen. Weil praxeologisch arbeitende Bildungsforscher*innen aber insbesondere Wiederholungen und kleine Abweichungen fokussieren, werden nicht Einzelereignisse, sondern Praktiken räumlich und zeitlich kontextualisiert.

Um die praktiken-konstituierenden relationalen Gefüge angemessen in den Blick zu nehmen, kommen methodische Referenznahmen auf andere Methodologien und Methoden hinzu. Landwehr (2015, S. 214) verweist darauf, dass sich praxeologische Methodik hermeneutischer, diskurtheoretischer, netzwerkanalytischer oder objektbezogener Ansätze bedienen kann. Freist (2015a) argumentiert für den Einsatz mikrohistorischer Verfahren: Mikrohistorische Studien fragen nach den Möglichkeitsbedingungen von Handlungsweisen und -zusammenhängen sowie Beziehungsnetzen, sie arbeiten mit Instrumenten der Entfremdung und der „dichten Beschreibung" (Freist 2015b, S. 217f.), erfordern Multiperspektivität in Auswahl, Interpretation und die Verknüpfung von Quellen. Auch die eigene „historisch situierte interpretative Dimension" (ebd., S. 232) müsse dabei beachtet und entschlüsselt werden. Hillebrandt (2015, S. 215) betont schließlich die Nachvollziehbarkeit: Wichtig sei, „die Beschreibung methodisch, und das heißt für alle nachvollziehbar, vorzunehmen, um nicht in den Bereich des Spekulativen zu verfallen."

Die aus diesen Vorgehensweisen resultierende Verkleinerung des Maßstabs ist vorbildgebend für eine historisch-praxeologische Methode, sie ist eine qualitative Erweiterung der historischen Erkenntnismöglichkeiten, macht historische Besonderheiten und Einzelheiten wie auch Kontingenzen und Möglichkeitsräume sichtbar (vgl. ebd.) und eignet sich auch zur Reformulierung eingeschliffener historischer Narrative.[6]

---

6   Beispielsweise führt ein am Zentrum für Schulgeschichte der Universität Zürich aktuell laufendes bildungshistorisches Forschungsprojekt *Wissenschaft – Erziehung und Alltag*.

Zusammenfassend scheint für den methodischen Zugriff der (bildungs-)historischen Praxeologie eine Kombination bewährter historischer Vorgehensweisen mit solchen Verfahren vielversprechend zu sein, die einen feinkörnigen Blick auf die aus den Quellen zu rekonstruierenden Praktiken ermöglichen, die ihre historische Spezifität in materialen, zeit-räumlich verankerten sprachlichen und körperlichen Aktivitäten erhellen und die zudem ein systematisches Vorgehen bei der Auswertung und dem Einbezug der vielfältigen Quellen arrangieren. Auch die qualitative Sozialforschung macht Bildungshistoriker*innen in diesem Sinne Angebote. Solche finden sich beispielsweise in den Verfahren zum Erstellen historischer Maps in der poststrukturalistischen Erweiterung der Grounded Theory, der Situationsanalyse von Adele Clark (2012). Bestimmte andere qualitativ kodierende oder sequenziell-interpretative Methoden lassen sich ebenfalls gut mit praxeologischen Prämissen zusammenbringen. Mit ihnen kann bei der Erforschung von Praktiken ein Vorgehen organisiert werden, das historische Praktiken und die sie konstituierenden Elemente in ihrer Situiertheit und relationalen Verwobenheit in den Fokus rückt. Im gegenwärtigen Diskurs um eine praxologische Methodik für historische Forschung resümiert Füssel (2015b, S.232), dass sich in den konkreten praxeologischen Arbeiten zeige, wie jeder seinen „eigenen Umgang mit Fragestellung und Material findet," und diese Resultate mehr Orientierung böten als ein ausformuliertes Methodenhandbuch.

Wenn man auf die Arbeiten von Sabine Reh blickt und auf die in diesem Band versammelten Beiträge, so scheinen nicht nur die ‚pädagogischen Praktiken', die Rekonstruktion und Analyse ihrer Entstehung sowie ihre Transformation eine besondere Bedeutung für die Historische Bildungsforschung zu haben. Sie stehen darüber hinaus in enger Verbindung mit der Herausbildung und Veränderung von Wissen über das Aufwachsen, mit ‚pädagogischen' Denk- und Reflexionsformen und der historischen Entstehung von pädagogischen Institutionen und Organisationen.

Die Herausbildung und Transformation pädagogischer Praktiken wie der Prüfung, der Aufmerksamkeit oder der Beobachtung sind wichtige Themen praxeologisch orientierter unterrichtsgeschichtlicher Forschung. Die Rekonstruktion von Schülerbeobachtungspraktiken beleuchtet beispielsweise die Herausbildung und Transformation einer historischen Praxis des beobachtenden und einschät-

---

Orte und Praktiken der Zürcher Primarlehrer/innenbildung in der ersten Hälfte des 20. Jahrhunderts anhand der aufweisbaren wissenschaftsnahen Handlungsroutinen, in die Lehrpersonen an Schweizer Lehrerseminaren im frühen 20. Jahrhundert eingebunden waren, den Nachweis, dass das Lehrerseminar, wo es damals noch existierte, keineswegs nur als relikthaftes Sinnbild der historischen Verzögerung von Akademisierungstendenzen in der Lehrerbildung angesehen werden kann (vgl. Pädagogische Hochschule Zürich 2018).

zenden Blickens auf Kinder, die darin eingebetteten Vorstellungen und Normen der Entwicklung, des Aufwachsens und des Verhaltens von Schulkindern zu unterschiedlichen Zeiten (vgl. Berdelmann 2016, 2018, Reh 2012). Darüber hinaus zeigt sie, wie sich die materielle Praxis des Niederschreibens von Beobachtungen konstituierte und veränderte. Praktiken korrespondieren aber auch mit Arrangements der Schulorganisation, wie der Bildung von Klassen (vgl. Scholz & Reh 2016). Mit dem Blick auf bildungshistorische Quellen aus der Unterrichtspraxis wie Beobachtungsnotizen, beschreibende Schülerbeurteilungen, Prüfungsrelikte wie schriftliche Ausarbeitungen oder die Deutschaufsätze der Abiturprüfung scheint es möglich, „näher an das Geschehen im Klassenraum etwa, oder das Tun der Lehrer, an Interaktionen zwischen diesen und ihren Schülern über die Rekonstruktion von Kommunikationspraktiken heranzukommen" (Reh 2014, S. 197).[7]

Der Ertrag praxeologischer Zugänge für die Analyse von Subjektivierungsprozessen in schulhistorischen Zusammenhängen wurde in einem Forschungsprojekt über Schülerzeitungen der 1950er und 1960er Jahr in der Bundesrepublik Deutschland sichtbar, in dem gezeigt werden konnte, wie Schülerzeitungen als von Schüler*innen nicht nur inhaltlich, sondern vor allem auch materiell hergestellte und vertriebene Artefakte bereits in den 1950er Jahren partizipative Momente in die noch konservativen gymnasialen Schulkulturen fast flächendeckend einbrachten (vgl. Reh & Scholz 2012).[8] Ein aktuelles Forschungsprojekt *Abiturprüfungspraxis und Abituraufsatz 1882 bis 1972* zielt darauf ab, eine der zentralen Prüfungen im höheren Schulwesen, den deutschen Abituraufsatz, historisch-praxeologisch und wissensgeschichtlich zu rekonstruieren und zu analysieren (vgl. Reh et al. 2017; Klinger 2017).[9]

---

7   Übersetzung aus dem englischen Original: „We gain proximity to the teacher's actions and interactions with students, and not only the explicit but also the implicit norms that may be approached by reproducing classroom orders and practices" (Reh 2014, S. 197).

8   Das DFG-geförderte Forschungsprojekt (Laufzeit 11/2012 – 04/2016) wurde von Sabine Reh und Joachim Scholz geleitet. Der Abschlussband des Projektes erscheint 2019 im Klinkhardt-Verlag.

9   Geleitet wird das aus dem Leibniz-Wettbewerb 2016 hervorgegangene Projekt von Sabine Reh, Michael Kämper-van den Boogaart und Joachim Scholz (vgl. BBF 2018).

3 Erziehungswissenschaftliche Praxeologie in der gegenwartsbezogenen Forschung – Entwicklungslinien und Potenziale

Die in den letzten zehn Jahren entstandenen Auseinandersetzungen mit praxeologischen/praxistheoretischen Ansätzen in der qualitativen erziehungswissenschaftlichen Forschung gewinnen ihr Potenzial u. a. aus schon länger bestehenden Forschungszweigen in der Erziehungswissenschaft, die ihr Augenmerk weder primär auf die Effekte der Umsetzung pädagogischer Programme noch auf die Fortschreibung hermeneutischer Auslegungen pädagogischer ‚Klassiker' legen. Vielmehr ist in den sich entwickelnden ethnographischen und rekonstruktiven Forschungsansätzen z. B. in der Kindheits- und Jugendforschung, aber auch der Unterrichts- und Schulforschung, im Zusammenhang mit ihrem Fokus auf den pädagogischen Alltag ein Interesse an der Vollzugswirklichkeit pädagogischer Situationen als einem praktischen Tun entstanden. Hierbei wird davon ausgegangen, dass dies im sogenannten ‚impliziten' – das heißt vor allem im praktischen Tun für das praktische Tun verfügbaren – Wissen verankert ist und das es mithilfe von Theorien, die im Sinne sensibilisierender Konzepte heuristisch eingesetzt werden, aufzuschließen und zu beschreiben gilt. So wurden in der Erziehungswissenschaft unter Bezugnahme auf heterogene sozialwissenschaftliche Praxistheorien Forschungsansätze entsprechend ihrem Gegenstandsinteresse sukzessive ausformuliert (siehe oben).

Tervooren et al. (2014, S. 14) datieren in ihrem Nachzeichnen von Forschungslinien zu ‚Differenz' die „Vitalisierung der ethnographischen Forschung in der Erziehungswissenschaft" über die Kindheitsforschung etwa mit Verweis auf die Studie zum *Geschlechteralltag in der Schulklasse* (vgl. Breidenstein & Kelle 1998) auf die späten 1990er Jahre. Studien mit der dokumentarischen Methode, die in der von Pierre Bourdieu und Karl Mannheim inspirierten praxeologischen Wissensforschung fundiert ist (vgl. Bohnsack 2003, 2017), nehmen seit den 1990er Jahren insofern eine praxistheoretische Perspektive ein, als dass die Erzählungen der zumeist in Gruppendiskussionen befragten Akteure über ihre Praxis in Bezug auf die diese Praxis strukturierenden Orientierungsmuster hin untersucht werden. Für die Beobachtung von Unterricht als ‚Praxis' wird vorrangig die später entwickelte dokumentarische Videointerpretation eingesetzt (vgl. Wagner-Willi 2005; Sturm & Wagner-Willi 2015; Asbrand & Martens 2018). Kolbe et al. (2008) weisen für die Gewinnung eines sozialtheoretisch ausdifferenzierten, nicht normativen Begriffs von ‚Lernkultur' auf die Schulkulturforschung von Helsper et al. (2001) hin und verorten die Intensivierung dieser Diskussion in der Schul- und Unterrichtsforschung auf den Beginn der 00er Jahre.

In den 00er Jahren werden in der deutschsprachigen ethnographischen Schul-
und Unterrichtsforschung die Bezüge auf die Praxistheorie Theodore Schatzkis
(2002) und Bruno Latours (2002) expliziter. Dabei werden beispielsweise Raum (vgl.
Breidenstein 2006) und Dinge (vgl. Asbrand et al. 2013; Röhl 2013) dezidierter ins
Auge gefasst. Ethnographische Forschung bzw. Forschung mit der Dokumentarischen Methode und praxistheoretische Perspektiven sind dabei keineswegs in eins
zu setzen; beide Methodologien bieten jedoch geeignete Anschlussmöglichkeiten
für deren Rezeption und entwickeln so das eigene Vorgehen weiter. Diskutiert wird
Praxistheorie somit auch nicht als neue ‚Methode‘, sondern als eine theoretisch
bestimmte Forschungshaltung (vgl. Schmidt 2012, 2018).

Hinsichtlich der Gegenstandsfelder und der eingesetzten und weiterentwickelten
Methodologien ist in der gegenwartsbezogenen Schul- und Unterrichtsforschung
mittlerweile eine große Bandbreite praxistheoretischer Arbeiten auszumachen.
Die Fruchtbarkeit praxistheoretischer Perspektiven wird etwa in der Möglichkeit
gesehen, das Situative und Konkrete als ‚Zusammenhangsbildungen‘ (Schatzki
2002) zu begreifen und dabei machttheoretische Fragen einzubeziehen; die ‚Zusammenhangsbildungen‘ werden theoretisch je unterschiedlich verstanden, etwa
im Anschluss an Latour als ‚Netzwerke‘ (vgl. Röhl 2013; Asbrand et al. 2013), im
Anschluss an Schatzki als Netz von Beziehungen (Reh et al. 2011) bzw. an Foucault
als ‚Dispositive‘ (vgl. Rieger-Ladich 2017).

Dabei lässt sich mittlerweile unterscheiden zwischen Studien auf der einen
Seite, die Bezüge zur Multimodalität des Sozialen in ihrer Breite bzw. Vielfältigkeit
aufnehmen: Einige von vielen Beispielen hierfür wären die Arbeiten unter Leitung
von Sabine Reh zur Entwicklung eines praxistheoretischen Lernkulturansatzes (vgl.
Kolbe et al. 2008; Reh et al. 2015) sowie die Studien zu Anerkennungsverhältnissen
im pädagogischen Kontext (vgl. Reh et al. 2011; Fritzsche 2015, Pille & Alkemeyer
2016; Jergus & Thompson 2017). Auf der anderen Seite lassen sich Studien finden,
die einzelne der Dimensionen des Sozialen theoretisch-heuristisch hervorheben
und Ansätze für deren Beobachtung ausbuchstabieren. Prozesse sozialer Ordnungsbildung von Unterricht werden mit dem Fokus auf die räumlich-körperliche
Dimension von Praktiken (vgl. Hackl 2015; Breidenstein & Dorow 2015; Berdelmann
& Reh 2015; Pille & Alkemeyer 2016; Rißler & Budde 2017; vgl. für die Unterrichtsforschung Hackl & Stifter 2018) oder mit Fokus auf Ding-Relationen untersucht
(vgl. Priem et al. 2012; Röhl 2013; Wiesemann & Lange 2015; Lange 2017; Wolff
2017; Rabenstein 2018a; vgl. für die Unterrichtsforschung Rabenstein 2018b). Die
Dimension der „Sprachlichkeit von Anerkennung" wird im Sinne des Sprechens als
Praktik fokussiert (Ricken et al. 2017, S. 193). Entwickelt werden auch heuristische
Annahmen zur Beobachtung von ‚Atmosphären‘ in Klassenzimmern (vgl. z. B. Reh
& Temel 2014), die auch – wie am Beispiel von Einrichtungen der Frühen Kindheit

gezeigt – als ‚Stimmungen' in den Blick kommen können (vgl. Schnoor 2018). Zudem werden Praktiken und Diskurse im Unterricht diskursethnographisch (vgl. Bittner 2015) und dispositivanalytisch (vgl. Bührmann & Rabenstein 2017) als zwei aufeinander verweisende Dimensionen in der empirischen Beobachtung verbunden. Der Ertrag der Studien kann für die Schul- und Unterrichtsforschung etwa darin gesehen werden, dass sie vor allem Prozesse sozialer Ordnungsbildung beschreiben und sie durch die Berücksichtigung ihrer Multimodalität einerseits als vielschichtige Koordinationsprozesse und andererseits in ihren Subjektivierungsweisen zum Vorschein bringen: Der Verlauf von Sportunterricht wird so z. B. als komplexes Territoriumsmanagement sichtbar, das unter dem Einsatz des Lehrer*innenkörpers und von akustischen Signalen als Zeichen sowie von unterschiedlichen Dingen und den Reaktionen der Schüler*innen darauf entsteht bzw. sich vollzieht (vgl. Wolff 2017). Subjektivierungsprozesse im Klassenzimmer werden z. B. in der Beobachtung der Sitzordnung einerseits und dem Sprechen von Lehrkräften über einen Schüler anderseits über einen Zeitraum von zwei Schuljahren als Materialisierungen von Zuschreibungen beschreibbar (vgl. Rißler 2015). Auch die Bemühungen um die Stabilisierung der Bedeutung didaktisierter Dinge im Unterricht und somit auch die Instabilität unterrichtlicher Ordnungen werden in praxistheoretischer Perspektive beobachtbar, indem beispielsweise Praktiken der Vor- und Nachbereitung von Unterricht beobachtet werden, wie etwa die Vorsorge, die eine Lehrkraft im Vorbereitungsraum dafür trifft, dass ein Experiment im naturwissenschaftlichen Unterricht die gewünschten Abläufe zeigt (vgl. Röhl 2013). Mit den in dieser Weise theoretisierten Beschreibungen entstehen „„Neubeschreibungen'" (Alkemeyer et al. 2015, S. 9), die nicht nur die Normativität der Praxis freilegen, sondern auch den Programmatiken und Selbstverständlichkeiten der Praxis gegenüber eine kritische Haltung einzunehmen erlauben.

Anstatt das hier kursorisch bleibende Resümee zu den Erträgen praxistheoretischer Forschung an dieser Stelle fortzusetzen, wollen wir gegenüber der Darstellung im vorangehenden Kapitel zu den Entwicklungen und Erträgen der historiographischen Bildungsforschung im Folgenden die besonderen Potentiale praxistheoretischer Forschung aufzeigen. Dabei fokussieren wir vor allem einen Gegenstandsbereich, der in den für die Schul- und Unterrichtsforschung erwähnten Studien noch wenig zum Tragen gekommen ist: die Frage nach dem *pädagogischen bzw. erziehungswissenschaftlichen Wissen als Praxis*. Dazu greifen wir Forschungsfragen auf, die in der Diskussion bislang ansatzweise aufscheinen, bisher aber noch nicht weitergehend verfolgt wurden.

Zur Beobachtung pädagogischen bzw. erziehungswissenschaftlichen Wissens als Praxis

Wie bereits oben im Teil zur Historischen Praxeologie dargestellt, birgt die Praxistheorie Möglichkeiten in sich, Wissensordnungen zu untersuchen. Eine praxistheoretische Empirie scholastischer, reflexiver analytischer und theoretischer Wissenspraktiken wird von Schmidt (2018, S. 20) für die Soziologie als bestehendes Desiderat konstatiert. Ansatzpunkte für die Entwicklung einer solchen Empirie werden in den ‚science studies‘ gesehen, die aber in Bezug auf das Feld der Sozial- und Kulturwissenschaften modifiziert werden müssten.

Die ‚Realität‘ der Wissenschaftsforschung zu verstehen, ist nach Ansicht Bruno Latours (2002) nur möglich durch eine aufmerksame Beschäftigung mit den Details wissenschaftlicher Praxis. So formuliert Latour (ebd., S. 41) in seinem „foto-philosophischen" Essay *Zirkulierende Referenz. Bodenstichproben aus dem Urwald am Amazonas* zu Beginn der Einleitung: „Die Wissenschaftler beherrschen zwar die Welt, aber nur soweit, wie ihnen die Welt in Form zweidimensional, überlagerbarer und kombinierbarer Inskriptionen entgegenkommt." Als Anthropologe begleitet er aus diesem Grund eine Gruppe von Pedologen, die sich mit der Bodenbeschaffenheit des Urwalds am Amazonas befassen, auf einer ihrer Exkursionen. In seinem Essay beschreibt er detailliert, mit welchen Praktiken die Beobachteten wissenschaftliches Wissen erzeugen. Zunächst bezog sich diese durch die Ethnomethodologie und andere praktikentheoretische Zugänge inspirierte Wissenschaftsforschung unter dem Label ‚science studies‘ auf die praktische Konstitution von Forschung in Laboratorien der zeitgenössischen Naturwissenschaften (vgl. Knorr-Cetina 2002, S. 19). Im Sinne des Fabrizierens von Wissen (vgl. Knorr-Cetina 1981) werden die Ergebnisse der Wissenschaft als Produkte einer praktischen Logik untersucht (vgl. Hillebrand 2014, S. 17). Studien, die die sozialwissenschaftliche Arbeitspraxis analysierten, so zum Beispiel Datensitzungen als soziale Interaktionen untersuchten (vgl. Meyer & Meier zu Verl 2013, S. 210f.; für Studien z. B. Antaki et al. 2008; Maynard et al. 2002; Tuma 2013; Reichertz 2013), entstanden ab Mitte der 1990er Jahre. Für eine praxeologische Untersuchung der Fabrikation erziehungswissenschaftlichen bzw. pädagogischen Wissens lassen sich erste Ansatzpunkte wie folgt ausmachen:

1. *Untersuchungen zu Praktiken des Beobachtens*: Sabine Reh beschreibt, wie der im 18. Jahrhundert entstandene Gedanke, ein beobachtungsbasiertes Wissen über die Menschen im Sinne eines Nutzens für die Menschheit im Bildungsbereich zu erzeugen, aufgegriffen wurde. In diesem Zusammenhang spricht sie von einer „Pädagogisierung von Beobachtungsregimen" (Reh 2014, S. 194; Übersetzung S. R.). Mittlerweile liegt eine erste Untersuchung aus praxistheoretischer Perspektive zur historischen Entstehung einer Beobachtung des pädagogischen

Klientels in der Schule vor (vgl. Berdelmann 2016; Berdelmann & Rabenstein 2014). Ethnographisch wurden auch Beobachtungen von Kindern in kindermedizinischen Untersuchungen im Übergang zur Grundschule als Normalisierungspraktiken untersucht (vgl. Kelle 2010). Eine erste praxistheoretische Arbeit liegt zum Protokollieren als einer Technik pädagogischen Beobachtens vor: So untersuchen Rode und Stern (2018) für einen fachdidaktisch-praktischen Kurs für das Schulfach Sport, wie die Erstellung eines Videostundenprotokolls für eine Übungsstunde aufseiten der Studierenden körperlich während des Kurses vollzogen und wie dabei an der Herstellung einer Ordnung von Lernenden/Übenden und Lehrenden mitgewirkt wird. Fortgeführt werden könnte die Untersuchung von Beobachtungspraktiken u. a. zu der Frage, in welchen Praktiken angehende Lehrkräfte in der universitären Phase der Lehrerbildung bzw. im Referendariat als zu Professionalisierende beobachtet werden. Untersucht werden könnten beispielsweise die Settings, in denen Beobachtungen realisiert werden, als Versuchsanordnungen sowie die in den Praktiken eingesetzten Dokumente zur Verschriftlichung der Beobachtungen und ihr Gebrauch.

2. *Untersuchungen des Zirkulierens* pädagogischen Wissens *zwischen verschiedenen Feldern*: In praxistheoretischer Perspektive liegt es nahe, dem Weg der Dinge und damit den Wandlungen ihrer Bedeutungen zu folgen. In erziehungswissenschaftlicher Sicht könnte auf diese Weise ein neuer Blick auf die Didaktisierungen von Dingen entstehen. So führt der Blick auf didaktisierte Dinge nicht nur zu der Frage ihres Gebrauchs im Unterricht (vgl. Wiesemann & Lange 2015), vielmehr kann die Frage nach dem didaktischen Wissen in den Dingen im Unterricht auch mit der Untersuchung ihrer Herstellung außerhalb vom Unterricht (vgl. Lange 2017) beantwortet werden (vgl. auch Macgilchrist 2011; Ahlrichs & Macgilchrist 2017). Die Beobachtung von Erprobungen der Dinge im Unterricht im Zuge des Prozesses ihrer Herstellung können erste Hinweise auf das Zirkulieren didaktischen Wissens zwischen Bildungswirtschaft und Schule geben (vgl. Lange 2017). Konstruktionen der Adressaten spielen hier ebenso eine Rolle wie Vorstellungen in Bezug auf die Vermittlungsprozesse und die Rolle der Dinge darin. Bezieht man die in den Blick kommende Produktion unterrichtlichen Wissens außerhalb vom Unterricht ein, werden unterrichtliche Wissensordnungen in ihrem Zusammenspiel mit Wissenspraktiken in anderen Feldern beobachtbar.

3. *Untersuchungen zu Praktiken des Reflektierens*: Der Begriff der ‚Reflexion' hat Konjunktur in der gegenwärtigen schulpädagogischen Diskussion, verspricht man sich doch von ihr sowohl aufseiten der Professionellen als auch aufseiten der von Schüler*innen einzunehmenden Haltungen und Perspektiven auf die je ‚eigene' Praxis z. B. des Unterrichtens, Lernens und Kooperierens eine Bewältigung

aktueller pädagogischer Herausforderungen (vgl. z. B. Berndt et al. 2017). Wenn auch Struktur einer Reflexion pädagogischen Handelns, die weniger Beschreibung und Verstehen von Situationen, als vor allem den Beitrag von Personen daran thematisiert, von Sabine Reh (2004a, b) als Bekenntnis rekonstruiert wurde, ist doch über Praktiken der Reflexion gerade im Lehramtsstudium noch wenig bekannt. Erste Studien in praxistheoretischer Perspektive rekonstruieren z. B. die regulativen normativen pädagogischen Vorstellungen ausgewählter Programme einer Professionalisierung qua Reflexion (vgl. Idel & Schütz 2017), sie sammeln zudem vor allem die als Reflexion bezeichneten schriftlichen Dokumente der Studierenden (vgl. Rosenberger 2017; auch Wrana 2006) und führen unterschiedliche Arten von Befragungen mit Studierenden sowie Dozierenden durch (vgl. Rosenberger 2017). Die Arrangements der ‚Reflexion' sind dabei noch ebenso wenig im Blick wie etwa die Korrekturpraktiken von Lehrenden, die die Reflexionen von Studierenden zur Kenntnis nehmen bzw. begutachten.

4. Ausgehend von den Erträgen dieser Studien wäre auch eine Untersuchung der Praxis des Beobachtens in der erziehungswissenschaftlichen Forschung denkbar. Gerade aufgrund der großen Bedeutung der Praxis des Beobachtens im Feld der Pädagogik halten wir eine gezielte Untersuchung von Beobachtungspraktiken in den unterschiedlichen Ansätzen erziehungswissenschaftlichen Forschens für ertragreich. So sind *Analysen von Praktiken des Verstehens* im Kontext von Forschung ein weiteres vielversprechendes Forschungsfeld: Erste ertragreiche Studien, die in diesem Feld als Vorbild gewertet werden können, sind die bereits erwähnten Untersuchungen der sozialwissenschaftlichen Arbeitspraxis, die oftmals im Sinne einer methodologischen Wissenschaftsforschung nachvollziehen, wie Wissenschaft als Institution über Praktiken erzeugt wird (vgl. Meyer & Meier zu Verl, 2013, S. 211). So nehmen etwa Maynard et al. (2002) die Praxis des Survey Interviews in den Blick und untersuchen die dieser zugrundeliegenden schweigenden Wissensbestände. Gerade angesichts der besonderen öffentlichen bzw. bildungspolitischen Aufmerksamkeit für die quantitativ ausgerichtete empirische Bildungsforschung in den letzten Jahren könnte eine Rekonstruktion von Praktiken der Produktion und des Verstehens quantitativer Daten von besonderem Interesse sein. Praktiken der Visualisierung und Darstellung von Daten würde dabei eine zentrale Rolle zukommen. In ihren Rekonstruktionen von Praktiken des sozialwissenschaftlichen Sinnrekonstruierens wenden sich Meyer und Meier zu Verl (2013) einem erziehungswissenschaftlichen Projekt zum Alltag in Bildungseinrichtungen zu. In diesem Kontext wäre eine weitergehende Forschung denkbar, die die Produktion erziehungswissenschaftlichen Wissens in den hermeneutischen Praktiken des verstehenden Nachvollzugs einer pädagogischen Praxis durch Forschende rekonstruierte.

5. *Studien zum Körper als Forschungssubjekt* könnten weitere Anknüpfungspunkte für eine praxistheoretische Erforschung der Fabrikation erziehungswissenschaftlichen Wissens beinhalten. Inspirierend hierfür ist das Konzept der „Körperwerkstatt" von Straehler-Pohl, Ferrin und Bohlmann (2018). Untersucht wird, wie die Teilnehmer*innen dieser Werkstatt ihr eigenes körperliches Wissen als Deutungsressource einsetzen und hierbei durch Re-inszenierungen in den Daten ausgemachte körperliche Vollzüge deuten. Auf diese Weise kann nachgezeichnet werden, wie die Forschenden eigene Körpererfahrungen reaktivieren, um im Spannungsverhältnis zwischen körperlichem Fremdverstehen, bzw. dem Nichtverstehen dieses Fremden Argumente zu plausibilisieren. Auf die große Bedeutung des Körpers in pädagogischen Prozessen ist immer wieder verwiesen worden (vgl. Wulf, 2005; Wulf et al., 2011; Alkemeyer 2010; Langer 2008), auf seinen Einsatz und seine Bedeutung in der ethnographischen Forschungspraxis ist gleichwohl in der methodologischen Reflexion noch wenig rekurriert worden. Weitere Studien zur Bedeutung des Forscher*innenkörpers in Praktiken des Forschens stehen noch aus.

4 Zu den Einzelbeiträgen

Der Band beginnt mit einem Beitrag von *Norbert Ricken* (Ruhr-Universität Bochum) zu den Verbindung und offenen Fragen von praxistheoretischer Perspektive und erziehungswissenschaftlichen Erkenntnisinteressen. Rickens Anliegen ist es, das „Profil praxeologischer Ansätze" in der Erziehungswissenschaft zu schärfen. In der Auseinandersetzung mit den drei dafür ausgewählten Aspekten – dem Theorie-Praxis-Problem, der Frage der Pädagogizität und dem Subjektproblem – greift er, wie er eingangs formuliert, nicht nur das zu diesen Aspekten geführte Gespräch mit Sabine Reh auf, sondern sorgt mit seinem Ausblick auf eine möglicherweise notwendige Erweiterung praxistheoretischer Ansätze um anthropologische Bezüge für einen Anlass seiner Fortsetzung.

Ein von der Praxistheorie eher wenig beachtetes Thema wird, von *Arno Combe* (em. Universität Hamburg) in seinem Beitrag zum ‚Verstehen als Gespräch' aufgegriffen. Dies ist nicht nur ein zentrales Thema der Unterrichtsforschung, sondern auch einen Gegenstand, der sich in den Arbeiten von Sabine Reh als Frage nach Re-Adressierungen in Praktiken findet. Vor dem Hintergrund einer Verstehensproblematik führt Combe mit Bezug zu Gadamer, Waldenfels und Humboldt sowie Luhmann Varianten vor, wie die Möglichkeit für Anschlüsse unter den Beteiligten in hermeneutischen Gesprächen gedacht werden kann. Der Beitrag entwickelt die These von entstehenden „Komplementärpositionen" im Unterricht.

Mit Beiträgen zu den Praktiken der professionellen Reflexion im Erziehungssystem setzt der historische Teil unseres Buches ein. *Andreas Hoffmann-Ocon* (Pädagogische Hochschule Zürich) spürt in seinem bildungshistorischen Beitrag zur brieflichen Korrespondenz Walter Gruyers Praktiken auf, die sich aus Spuren der Produktion und der Nutzung der brieflichen Artefakte durch Wissenschaftler*innen (Autor*innen und Adressat*innen) rekonstruieren lassen. In der Zusammenschau mit dem präsentierten berufbiografischen und institutionengeschichtlichen Kontextwissen geben die rekonstruierten Praktiken Aufschluss über „nichtgelehrte Anteile der Gelehrtenkorrespondenz" und zeigen einflussstarke Faktoren wie z. B. die Rolle von Affekten und das Mitwirken von Ort und Materialität an deren Zustandekommen.

Zeitdiagnosen und wie sie sich in der Pädagogik konstituiert haben, thematisiert *Heinz-Elmar Tenorth* (em. Humboldt Universität zu Berlin) in seinem Beitrag. Er analysiert darin formgebende Praktiken und Eigenheiten pädagogischer Reflexion über die von den Autor*innen je vorgefundene Gegenwart – die Spielarten des argumentativen Gebrauchs der Zeitdiagnose, die legitimatorische Basis und typische blinde Flecken – Eigenschaften, mit denen die zeitbezogenen Diagnosen in der Disziplin zwar feste Funktionen erhalten, sehr häufig jedoch als eine petitio prinzipii in Erscheinung treten.

Die sinnvolle Gruppierung von Kindern in Schulklassen ist in der Schulgeschichte immer wieder problematisiert und in der schulischen Praxis variantenreich realisiert worden. Sie begleitete insbesondere auch die Entstehungsgeschichte modernen Unterrichts im 18. und 19. Jahrhundert. Die damit verbundenen normativen Implikationen macht *Marcelo Caruso* (Humboldt Universität zu Berlin) an zeitgenössischen Diskussionen über den Einfluss der Klassenbildung und Lokationspraxis auf die Lehrer-Schüler-Adressierung sichtbar.

Eckhard Fuchs wirft anhand der Brüsseler Weltausstellung von 1910 einen Blick auf die Repräsentationen der schulreformerischen Bestrebungen des deutschen Kaiserreichs. Die herangezogenen Quellen – offizielle Beschreibungen und individuelle Berichte von dem Ereignis – erlauben Rückschlüsse auf didaktische Methoden und auf Praktiken, die zur damaligen Zeit im Unterricht angewendet wurden. Dabei wird auch die exklusive Rolle der Weltausstellungen als Schaufenster für Innovationen im Schulbereich herausgearbeitet.

Im Mittelpunkt des literaturhistorischen Beitrags von *Michael Kämper-van den Boogaart* (Humboldt Universität zu Berlin) steht ein ausgewähltes Korpus literarischer Selbstzeugnisse der Lehrprofession und die Frage, wie in solchen Texten von Schulmännern und -frauen über das eigene Kerngeschäft berichtet wird. Dass der Unterricht eine zwar herausragende, aber wenig beglückende Rolle spielt, ist ein Befund. Darüber hinaus jedoch tritt das Potential der literarischen Form zu Tage, um unterschiedliche Bearbeitungsstrategien, (Selbst-)Inszenierungen und Praktiken der Profession zur Darstellung zu bringen.

Der Herstellungsprozess und damit auch ihre Materialität bestimmter Quellengattungen ist im Fokus der Analyse der beiden englischsprachigen Beiträge von *Noah Sobe* (Loyola University Chicago) und *Carolyn Kay* (Trent University Peterborough). Noah Sobe untersucht an Fotomaterial, das zum Teil von John Dewey selbst aufgenommen worden ist, die Praxis des Unterrichtens verschiedener reformpädagogischer Schulen in den USA im 20. Jahrhundert. Carolyn Kay erforscht die Praxis der Kriegspädagogik in den deutschen Schulen des ersten Weltkrieges anhand von Kinderzeichnungen und zeigt zudem auf, dass über die Analyse dieser Quellen aus dem schulischen Kunstunterricht ein Zugang zu kindlicher Kriegserfahrung erhalten werden kann. Beide Beiträge verdeutlichen die Potentiale von Bildmaterial, hier Fotografien und Zeichnungen, als Quellen historischer Praxeologie.

Aber auch Aktenüberlieferungen aus Institutionen ermöglichen die Rekonstruktion und Analyse pädagogischer Praktiken und Wissensformen. *Patrick Bühler* (Fachhochschule Nordwestschweiz) untersucht an Beobachtungsbögen, die zwischen 1930 und 1950 in sogenannten Beobachtungsklassen in Basel zum Einsatz kamen, welches pädagogische und psychopathologische Wissen dort im Umlauf und welche pädagogische und psychopathologischen Praktiken in den Klassen verbreitet waren. Seit seiner Etablierung im 19. Jahrhundert übernimmt das Abitur als Prüfungsformat eine wichtige Scharnierstelle im staatlichen Berechtigungswesen. Im Zuge der Bildungsexpansion wird es außerdem für immer mehr Menschen zu einer biographischen Zäsur – und kann sich in diesem Sinne als ein gesellschaftliches Übergangsritual konstituieren. *Kerrin Klinger* (Bibliothek für Bildungsgeschichtliche Forschung) fragt, wie die Abiturient*innen selbst diesen Übergang deuteten. Sie wertet dazu Abiturprüfungsarbeiten im Fach Deutsch aus dem Zeitraum von 1930 bis 1970 aus dem Archivbestand der Bibliothek für Bildungsgeschichtliche Forschung (BBF) aus.

Sabine Reh hat in den zurückliegenden Jahren als Direktorin der BBF am Deutschen Institut für Internationale Pädagogische Forschung ein neues Wirkungs- und Forschungsfeld betreten. Zwei bibliotheksgeschichtliche Beiträge aus dem Umfeld und zum Themenkreis der (bildungshistorischen) Forschungsbibliothek beschließen den historischen Teil unseres Buches. Forschungsbibliotheken gelten als Labore der Geisteswissenschaften, doch war der Zugang zu ihren Beständen lange Zeit nicht offen, sondern mit zahlreichen Beschränkungen verbunden. *Stefan Cramme* (BBF) beschreibt die Benutzungspraktiken von wissenschaftlichen Bibliotheken im 19.

Jahrhundert, wo Forschende Büchermagazine und Kataloge gar nicht oder nur unter bibliothekarischer Vermittlung aufsuchen konnten. Der Beitrag von *Monika Mattes* (BBF) fragt am Beispiel des Sachkatalogs des Deutschen Schulmuseums von 1896, inwiefern Bibliothekskataloge als ein eigener historischer Quellentyp zu lesen sind, der sowohl in wissensgeschichtlicher wie praxeologischer Perspektive ertragreich sein kann. Dabei werden der Katalog, seine Neuauflage und Nachträge als Wissensrepräsentationen untersucht, die Aufschluss geben über die in dieser Spezialbibliothek für Volksschullehrer vorherrschenden Praktiken des Sammelns, Systematisierens und Verfügbar-Machens von pädagogischem Wissen.

Eine Reihe von Beiträgen zu praxeologischer Forschung in der Erziehungswissenschaft in gegenwärtiger Perspektive schließt sich im folgenden letzten Abschnitt an.

Carla Schelle (Johannes-Gutenberg-Universität Mainz) befasst sich mit der Beobachtung von Materialität in einer kulturvergleichenden Perspektive. Am Beispiel von Schülertafeln, deren Einsatz sie sowohl in Schulklassen im Senegal als auch in Frankreich beobachtet hat, wird explorativ nach gesellschaftlichen, historischen und kulturellen Kontexten gefragt, in denen Schülertafeln je Bedeutung erhielten. Schelle argumentiert, dass ein Gegenstand wie die Schülertafeln und damit einhergehende Praktiken als Sinnzusammenhang zu verstehen sei und dass in der kulturvergleichenden Forschung den Bedeutungsverschiebungen im Gebrauch didaktisierter Objekte nachgegangen werden könne.

Der Artikel von *Martin Bittner und Fabian Kessl* (beide Europa-Universität Flensburg) zielt auf eine praxistheoretische Bestimmung pädagogischer Institutionen. Auf der Basis ethnographischer Beobachtungen in einer Ganztagsschule sowie einer sozialpädagogischen Wohngruppe werden Prozesse der Institutionalisierung des Pädagogischen nachgezeichnet. Deutlich gemacht wird, dass die beschriebenen Praktiken-Arrangements in Schule und Jugendhilfe einerseits durch die unterschiedlichen Feldlogiken gerahmt sind und sich andererseits eine feldübergreifende Praxis von Familiarisierungstendenzen herausarbeiten lässt.

Anne Breuer (Berlin), Till-Sebastian Idel und Anna Schütz (beide Universität Bremen) tragen in ihrem Beitrag Befunde zu der Frage zusammen, wie sich pädagogische Arbeit und professionelles Handeln im Zuge der Ganztagsschulreform derzeit verändern. Grundlage hierfür sind verschiedene anerkennungstheoretisch fundierte, ethnographische Forschungen an reformorientierten Ganztagsschulen, die pädagogische Praktiken, Praktiken der Kooperation sowie Praktiken der Schulentwicklung untersuchen. Abschließend wird diskutiert, inwiefern sich aus den Erträgen dieser Studien Anzeichen für einen Wandel der schulischen Professionskultur ergeben und wie dieser professionstheoretisch einzuschätzen ist.

Klaus-Jürgen Tillmann (em. Universität Bielefeld) greift den Begriff der 'Praxisforschung' in einer anderen, nicht kulturwissenschaftlich gerahmten Bedeutung auf, indem er die ‚erziehungswissenschaftliche Praxisforschung' als Variante der Handlungsforschung zum Thema macht. Er fragt nach der Relevanz und dem Erkenntnisgehalt einer solchen schulischen Praxisforschung, in der die Lehrkräfte selbst als Forschende agieren. Er diagnostiziert, dass diese sich hin zu einer ‚Normalwissenschaft' bewege, wobei darauf geachtet werden müsse, dass der spezifische Ansatz der schulischen Praxisforschung nicht verloren gehe.

Wir danken den Autorinnen und Autoren für ihre Beiträge und die konstruktive Zusammenarbeit bei der Fertigstellung des Bandes.

Literatur

Ahlrichs, J. & Macgilchrist, F. (2017). Medialität im Geschichtsunterricht. Die Rolle des Schulbuchs beim Vollzug von ‚Geschichte'. *Zeitschrift für interpretative Schul- und Unterrichtsforschung*, 6, S. 14–27.

Alkemeyer, T., Schürmann, V. & Volbers, J. (2015). Einleitung: Anliegen des Buches. In Dies. (Hrsg.), *Praxis denken. Konzepte und Kritik* (S. 7–24). Wiesbaden: Springer VS.

Alkemeyer, T. (2010). *Körperwissen*. In A. Engelhardt & L. Kajetzke (Hrsg.), *Handbuch Wissensgesellschaft. Theorien, Themen und Probleme* (S. 293–308). Bielefeld: transcript.

Antaki, C., Biazzi, M., Nissen A. & Wagner, J. (2008). Accounting for Moral Judgments in Academic Talk. The Case of a Conversation Analysis Data Session. *Text & Talk*, 28 (1), 1–30.

Apel, H. J. (1984). *Das preußische Gymnasium in den Rheinlanden und Westfalen 1814–1848. Die Modernisierung der traditionellen Gelehrtenschulen durch die preußische Unterrichtsverwaltung*. Köln & Wien: Böhlau Verlag.

Apel, H. J. & Klöcker, M. (1986). *Schulwirklichkeit in Rheinpreußen. Analysen und neue Dokumente zur Modernisierung des Bildungswesens in der ersten Hälfte des 19. Jahrhunderts*. Köln, Wien: Böhlau Verlag.

Asbrand, B. & Martens, M. (2018). *Dokumentarische Unterrichtsforschung*. Wiesbaden: Springer VS.

Asbrand, B., Martens, M. & Petersen, D. (2013). Die Rolle der Dinge in schulischen Lehr-Lernprozessen. *Zeitschrift für Erziehungswissenschaft. Mensch und Ding, Die Materialität pädagogischer Prozesse* [Sonderheft] 25, S. 171–188.

Berdelmann, K. (2016). „Sein Inneres kennen wir nicht, denn es ist uns verschlossen." Schulische Beobachtung und Beurteilung von Kindern im 18. Jahrhundert. *Zeitschrift für Grundschulforschung*, 9 (2), S. 9–23.

Berdelmann, K. (2018). Individuality in Numbers: The Emergence of Pedagogical Observation in the Context of Student Assessment in the 18th Century. In C. Alarcón López, M. Lawn (Hrsg.), *Assessment Cultures. Historical Perspectives*. Bern: Peter Lang, S. 57-83.

Berdelmann, K. & Rabenstein, K. (2014). Pädagogische Beobachtungen. Zur Konstruktion des Adressaten pädagogischen Handelns. *journal für LehrerInnenbildung* 1, S. 7–14.

Berdelmann, K. & Reh, S. (2015). Adressierung durch den Raum. (Lieblings-)Plätze in der Schule. Eine fotoethnographische Exploration. In T. Alkemeyer, H. Kalthoff & M. Rieger-Ladich (Hrsg.), *Bildungspraxis. Körper – Räume – Objekte* (S. 183–205). Weilerswist: Velbrück.

Berndt, C., Häcker, T. & Leonhard, T. (Hrsg.) (2017). *Reflexive Lehrerbildung revisited.* Bad Heilbrunn: Julius Klinkhardt.

Bibliothek für Bildungsgeschichtliche Forschung (=BBF) (2018). *Abiturprüfungspraxis und Abituraufsatz 1882 bis 1972.* Abgerufen von https://bbf.dipf.de/de/forschen-publizieren/forschungsprojekte/abiturpruefungspraxis-und-abituraufsatz-1882-bis-1972.

Bittner, M. (2015). *Unterricht machen. Praktiken und Diskurse einer Reformschule.* Weinheim & Basel: Beltz Juventa.

Bohnsack, R. (2003). *Rekonstruktive Sozialforschung. Einführung in qualitative Methoden.* 5. Aufl. Opladen: Leske Budrich.

Bohnsack, R. (2017). *Praxeologische Wissenssoziologie.* Opladen & Toronto: utb.

Bourdieu, P. (1979/2012). *Entwurf einer Theorie der Praxis – auf der ethnologischen Grundlage der kabylischen Gesellschaft.* Übers. von Cordula Pialoux und Bernd Schwibs. 3. Aufl. Frankfurt a. M.: Suhrkamp.

Breidenstein, G. (2006). *Teilnahme am Unterricht. Ethnografische Studien zum Schülerjob.* Wiesbaden: Springer VS.

Breidenstein, G. & Dorow, S. (2015). Arbeitsplätze. Betrachtungen und Analysen aus dem individualisierten Unterricht. In T. Alkemeyer, H. Kalthoff & M. Rieger-Ladich (Hrsg.), *Bildungspraxis. Körper, Räume, Objekte* (S. 159–181). Weilerswist: Velbrück.

Breidenstein, G. & Kelle, H. (1998). *Geschlechteralltag in der Schulklasse. Ethnografische Studien zur Gleichaltrigenkultur.* Weinheim & München: Beltz Juventa.

Bührmann, A. D. & Rabenstein, K. (2017). Materialitäten, Praktiken und Diskurse als Elemente in Dispositiven – das Beispiel ‚individuelle Förderung'. *Österreichische Zeitschrift für Volkskunde,* 120 (1), S. 33–56.

Caruso, M. (2003). *Biopolitik im Klassenzimmer. Zur Ordnung der Führungspraktiken in den Bayerischen Volksschulen (1869–1918).* Weinheim et al.: Beltz Juventa.

Caruso, M. & Reh, S. (i. V.). Unterricht. Manuskript für: M. Caruso, C. Groppe, E. Horn, G. Kluchert & U. Mietzner (Hrsg.), *Handbuch Historische Bildungsforschung.* Bad Heilbrunn: Julius Klinkhardt.

Clark, A. (2012). *Situationsanalyse. Grounded Theory nach dem Postmodern Turn.* Wiesbaden: Springer VS.

Freist, D. (2015a). Historische Praxeologie als Mikro-Historie. In A. Brendecke (Hrsg.), *Praktiken der frühen Neuzeit. Akteure – Handlungen – Artefakte* (S. 62–77). Köln et al.: Böhlau Verlag.

Freist, D. (2015b). Statements in: Was ist und was kann die Historische Praxeologie? Ein runder Tisch. In L. Haasis & C. Rieske (Hrsg.), *Historische Praxeologie. Dimensionen vergangenen Handelns* (S. 199–236). Paderborn: Schöning.

Fritzsche, B. (2015). Praxeologische Perspektiven auf die Verzahnung von „doing difference" und „doing pedagogy" im Unterricht. In J. Budde, N. Blasse, A. Bossen, E. Knauß & G. Rißler (Hrsg.), *Heterogenitätsforschung. Empirische und theoretische Perspektiven* (S. 165–192). Weinheim & Basel: Beltz Juventa.

Füssel, M. (2015a). Praxeologische Perspektiven in der Frühneuzeitforschung. In A. Brendecke (Hrsg.), *Praktiken der Frühen Neuzeit. Akteure, Handlungen, Artefakte* (S. 21–34). Köln et al.: Böhlau Verlag.

Füssel, M. (2015b). Was ist und was kann die Historische Praxeologie? Ein runder Tisch. In L. Haasis & C. Rieske (Hrsg.), *Historische Praxeologie. Dimensionen vergangenen Handelns* (S. 199–236). Paderborn: Schöning.

Giddens, A. (1979). *Central Problems in Social Theory. Action, structure and contradiction in social analysis.* London: Macmillan.

Giddens, A. (1984/1988). *Die Konstitution der Gesellschaft. Grundzüge einer Theorie der Strukturierung.* Frankfurt a. M. & New York: Campus.

Graf, R. (2008). Was macht die Theorie in der Geschichte? „Praxeologie" als Anwendung des „gesunden Menschenverstandes". In J. Hacke & M. Pohlig (Hrsg.), *Theorie in der Geschichtswissenschaft* (S. 111–129). Frankfurt a. M.: Campus.

Haasis, L. & Rieske, C. (2015a). Was ist und was kann die Historische Praxeologie? Ein runder Tisch. In Dies. (Hrsg.), *Historische Praxeologie. Dimensionen vergangenen Handelns* (S. 199–236). Paderborn: Schöning.

Haasis, L. & Rieske, C. (Hrsg.) (2015b). *Historische Praxeologie. Dimensionen vergangenen Handelns.* Paderborn: Ferdinand Schöningh.

Hackl, B. (2015). Zimmer mit Aussicht. Räumlichkeiten als Medium von Bildungsprozessen. In T. Alkemeyer, H. Kalthoff & M. Rieger-Ladich (Hrsg.), *Bildungspraxis. Körper – Räume – Objekte* (S. 131–158). Weilerswist: Velbrück.

Hackl, B. & Stifter, A. (2018). In Bewegung. Körperliche Performanz im Unterricht. In M. Proske & K. Rabenstein (Hrsg.), *Kompendium Qualitative Unterrichtsforschung. Unterricht beobachten – beschreiben – rekonstruieren* (S. 299–318). Bad Heilbrunn: Julius Klinkhardt.

Hansen-Schaberg, I. (Hrsg.) (2005). *Die Praxis der Reformpädagogik. Dokumente und Kommentare zur Reform der öffentlichen Schulen in der Weimarer Republik.* Bad Heilbrunn: Julius Klinkhardt.

Helsper, W., Böhme, J., Kramer, R.-T. & Lingkost, A. (2001). *Schulkultur und Schulmythos. Gymnasien zwischen elitärer Bildung und höherer Volksschule im Transformationsprozess.* Opladen: Leske + Budrich.

Hillebrandt, F. (2014). *Soziologische Praxistheorien. Eine Einführung.* Wiesbaden: Springer VS.

Hillebrandt, F. (2015). Was ist und was kann die Historische Praxeologie? Ein runder Tisch. In L. Haasis & C. Rieske (Hrsg.), *Historische Praxeologie. Dimensionen vergangenen Handelns* (S. 199–236). Paderborn: Schöning.

Idel, T.-S. & Schütz, A. (2017). Praktiken der Reflexion in der Lehrerinnen- und Lehrerbildung. Praxistheoretische Überlegungen zur Routinisierung professioneller Reflexivität am Beispiel studentischer Portfolioarbeit. In C. Berndt, T. Häcker & T. Leonhard (Hrsg.), *Reflexive Lehrerbildung revisited* (S. 190–200). Bad Heilbrunn: Julius Klinkhardt.

Jergus, K. & Thompson, C. (2017). *Autorisierungen des pädagogischen Selbst. Studien zur Adressierung der Bildungskindheit.* Wiesbaden: Springer VS.

Kelle, H. (2010). *Kinder unter Beobachtung: Kulturanalytische Studien zur pädiatrischen Entwicklungsdiagnostik.* Opladen & Farmington Hills: Barbara Budrich.

Klinger, K. (2017). Das Abitur – eine Akte. Zu einer Historischen Praxeologie des Abiturs. In Sektion Historische Bildungsforschung der DGfE in Verbindung mit der Bibliothek für Bildungsgeschichtliche Forschung des Deutschen Instituts für Internationale Pädagogische Forschung (DIPF) (Hrsg.), *Jahrbuch für Historische Bildungsforschung Band 23. Schwerpunkt: Scheinbarer Stillstand – Pädagogische Diskurse und Entwicklungen in den Achtzigerjahren* (S. 172–204). Bad Heilbrunn: Julius Klinkhardt.

Kluchert, G. (2009). Schulkultur(en) in historischer Perspektive. Einführung in das Thema. *Zeitschrift für Pädagogik 3*, S. 326–333.

Knorr-Cetina, K. (1981). *The Maunufacture of Knowledge*. Oxford: Pergamon Press.

Knorr-Cetina, K. (2002). *Wissenskulturen. Ein Vergleich naturwissenschaftlicher Wissensformen*. Frankfurt a. M.: Suhrkamp.

Kolbe, F.-U. & Reh, S. (2008). Reformpädagogische Diskurse über die Ganztagsschule. In Coelen & H. U. Otto (Hrsg.), *Grundbegriffe Ganztagsbildung. Das Handbuch* (S. 665–73). Wiesbaden: Springer VS.

Kolbe, F.-U., Reh, S., Fritzsche, B., Idel, T.-S. & Rabenstein, K. (2008). Lernkultur. Überlegungen zu einer kulturwissenschaftlichen Grundlegung qualitativer Unterrichtsforschung. *Zeitschrift für Erziehungswissenschaft*, 11 (1), S. 125–143.

Landwehr, A. (2015). Was ist und was kann die Historische Praxeologie? Ein runder Tisch. In L. Haasis & C. Rieske (Hrsg.), *Historische Praxeologie. Dimensionen vergangenen Handelns* (S. 199–236). Paderborn: Schöning.

Lange, J. (2017). *Schulische Materialität. Empirische Studien zur Bildungswirtschaft*. Berlin & Boston: Walter de Gruyter.

Langer, A. (2008). *Disziplinieren und Entspannen. Körper in der Schule – eine diskursanalytische Ethnografie*. Bielefeld: transcript.

Latour, B. (2002). Zirkulierende Referenz. Bodenstichproben aus dem Urwald am Amazonas. In Ders. (Hrsg.), *Die Hoffnung der Pandora. Untersuchungen zur Wirklichkeit der Wissenschaft* (S. 36–95). Frankfurt a. M.: Suhrkamp.

Macgilchrist, F. (2011). Schulbuchverlage als Organisationen der Diskursproduktion. Eine ethnographische Perspektive. *Zeitschrift für Soziologie der Erziehung und Sozialisation*, 31 (3), S. 248–263.

Maynard, D., Houtkoop-Steenstra, H., Schaeffer, N. C. & van der Zouwen, J. (Hrsg.) (2002). *Standardization and Tacit Knowledge. Interaction and Practice in the Survey Interview*. New York: Wiley.

Meyer, C., Meier zu Verl, C. (2013). Hermeneutische Praxis. Eine ethnomethodologische Rekonstruktion sozialwissenschaftlichen Sinnrekonstruierens. *sozialersinn*, 14 (2), S. 207–234.

Pädagogische Hochschule Zürich (2018). *Wissenschaft – Erziehung und Alltag. Orte und Praktiken der Zürcher Primarlehrer/innenbildung in der ersten Hälfte des 20. Jahrhunderts*. Abgerufen von https://phzh.ch/de/Forschung/Forschung-auf-einen-Blick/projektdatenbank/projektdetail/?id=108.

Petrat, G. (1979). *Schulunterricht. Seine Sozialgeschichte in Deutschland 1750–1850*. München: Franz Ehrenwirth Verlag.

Petrat, G. (1987). *Schulerziehung. Ihre Sozialgeschichte in Deutschland bis 1945*. München: Franz Ehrenwirth Verlag.

Pille, T. & Alkemeyer, T. (2016). Bindende Verflechtung. Zur Materialität und Körperlichkeit der Anerkennung im Alltag der Schule. *Vierteljahresschrift für wissenschaftliche Pädagogik*, 92 (1), S. 170–194.

Priem, K., König, G. M. & Casale, R. (Hrsg.) (2012). *Die Materialität der Erziehung: Kulturelle und soziale Aspekte pädagogischer Objekte*. Weinheim & Basel: Beltz Juventa.

Rabenstein, K. (2018a). Ding-Praktiken. Zur sozio-materiellen Dimension von Unterricht. In M. Proske & K. Rabenstein (Hrsg.), *Kompendium Qualitative Unterrichtsforschung. Unterricht beobachten – beschreiben – rekonstruieren* (S. 319–347). Bad Heilbrunn: Julius Klinkhardt.

Rabenstein, K. (2018b). Wie schaffen Dinge Unterschiede? Methodologische Überlegungen zur Materialität von Subjektivationsprozessen im Unterricht. In A. Tervooren & R.

Kreitz (Hrsg.), *Dinge und Raum in der qualitativen Bildungs- und Biographieforschung* (S. 15–35). Opladen & Farmington Hills: Barbara Budrich.

Reckwitz, A. (2003). Grundelemente einer Theorie sozialer Praktiken. Eine sozialtheoretische Perspektive. *Zeitschrift für Soziologie* 4, S. 282–301.

Reh, S. (1995). „Man gibt uns Unterricht statt Brot". *Arbeitslosenbildung zwischen Arbeitsmarktpolitik und Wohlfahrtspflege in Hamburg 1914–1933*. Hamburg: Ergebnisse Verlag.

Reh, S. (2001). Textualität der Lebensgeschichte – Performativität der Biographieforschung. *Handlung Kultur Interpretation. Zeitschrift für Sozial- und Kulturwissenschaften*, 10 (1), S. 29–49.

Reh, S. (2003). *Berufsbiographische Texte ostdeutscher Lehrer und Lehrerinnen als „Bekenntnisse". Interpretationen und methodologische Überlegungen zur erziehungswissenschaftlichen Biographieforschung*. Bad Heilbrunn/Obb.: Julius Klinkhardt.

Reh, S. (2004a). Die Produktion von Bekenntnissen. Biografisierung als Professionalisierung. In L. A. Pongratz, M. Wimmer, W. Nieke & J. Masschelein (Hrsg.), *Nach Foucault. Diskurs- und machtanalytische Perspektiven der Pädagogik* (S. 176–194). Wiesbaden: Springer VS.

Reh, S. (2004b). Abschied von der Profession, von Professionalität oder vom Professionellen? *Zeitschrift für Pädagogik*, 50 (3), S. 358–372.

Reh, S., Rabenstein, K. & Idel, T.-S. (2011). Unterricht als pädagogische Ordnung. Eine praxistheoretische Perspektive. In W. Meseth, M. Proske & F.-O. Radtke (Hrsg.), *Unterrichtstheorien in Forschung und Lehre* (S. 209–222). Bad Heilbrunn: Julius Klinkhardt.

Reh, S. & Scholz, J. (2011). Schulkulturen – Schülerzeitungen und das Selbstbild zweier Westberliner Gymnasien in den 1950er und 1960er Jahren. In Sektion Historische Bildungsforschung der DGfE in Verbindung mit der Bibliothek für Bildungsgeschichtliche Forschung des Deutschen Instituts für Internationale Pädagogische Forschung (DIPF) (Hrsg.), *Jahrbuch für Historische Bildungsforschung, Band 16* (S. 93–118). Bad Heilbrunn: Julius Klinkhardt.

Reh, S. (2012): Beobachten und aufmerksames Wahrnehmen. In H. de Boer & S. Reh (Hrsg.) *Beobachtung in der Schule – Beobachten lernen*. Wiesbaden: Springer VS.

Reh, S. & Ricken, N. (2012). Das Konzept der Adressierung. Zur Methodologie einer qualitativempirischen Erforschung von Subjektivation. In I. Miethe & H.-R. Müller (Hrsg.), *Qualitative Bildungsforschung und Bildungstheorie* (S. 35–56). Opladen & Farmington Hills: Barbara Budrich.

Reh, S. & Scholz, J. (2012). Schülerzeitungen als Artefakte. Schulkulturen in den 1950er und 1960er Jahren. In K. Priem, G. M. König & R. Casale (Hrsg.), *Die Materialität der Erziehung. Kulturelle und soziale Aspekte pädagogischer Objekte* (S. 105–123). Weinheim & Basel: Beltz Juventa.

Reh, S. (2013). Die Produktion von (Un-)Selbständigkeit in individuellen Lernformen. Zur Analyse von schulischen Subjektivierungspraktiken. In A. Gelhard, T. Alkemeyer & N. Ricken (Hrsg.), *Techniken der Subjektivierung* (S. 189–200). München: Wilhelm Fink Verlag.

Reh, S. (2014). Can we discover something new by looking at practices? Practice theory and the history of education. *Encounters in Theory and History of Education*, 15, S. 183–207.

Reh, S. & Temel, R. (2014). Observing the doings of built spaces. Principles of an ethnography of materiality. *Historical Social Research/Historische Sozialforschung (HSR): Special issue spatial analysis in the social sciences and humanities. Towards integrating qualitative, quantitative and cartographic approaches*, 39 (2), S. 167–180.

Reh, S., Berdelmann, K. & Dinkelaker, J. (Hrsg.) (2015). *Aufmerksamkeit. Geschichte – Theorie – Empirie*. Wiesbaden: Springer VS.

Reh, S., Fritzsche, B., Idel, T.-S. & Rabenstein, K. (Hrsg.) (2015). *Lernkulturen. Rekonstruktionen pädagogischer Praktiken an Ganztagsschulen.* Wiesbaden: Springer VS.

Reh, S. & Wilde, D. (Hrsg.) (2016). *Die Materialität des Schreiben- und Lesenlernens. Zur Geschichte schulischer Unterweisungspraktiken seit der Mitte des 18. Jahrhunderts.* Bad Heilbrunn: Julius Klinkhardt.

Reh, S., Kämper-van den Boogaart, M. & Scholz, J. (2017). Eine lange Geschichte: Der deutsche Abituraufsatz als „Gesammtbildung der Examinanden"; Prüfungspraxis und Lehrerkommentare von Abituraufsätzen in den 1950er Jahren. *Zeitschrift für Pädagogik,* 3 (63), S. 280–298.

Reichertz, J. (2013). *Gemeinsam interpretieren. Die Gruppeninterpretation als kommunikativer Prozess.* Wiesbaden: Springer VS.

Ricken, N., Rose, N., Kuhlmann, N. & Otzen, A. (2017). Die Sprachlichkeit der Anerkennung. Eine theoretische und methodologische Perspektive auf die Erforschung von „Anerkennung". *Vierteljahrsschrift für wissenschaftliche Pädagogik* 93 (2), S. 193–233.

Rieger-Ladich, M. (2017). Postschalter und Dreiräder. Zur materiellen Dimension von Subjektivierungspraktiken. In C. Thompson, R. Casale & N. Ricken (Hrsg.), *Die Sache(n) der Bildung* (S. 191–211). Schöningh: Paderborn.

Rißler, G. (2015). (Un-)Ordnung und Umordnung. Theoretische und empirische Suchbewegungen zum Verhältnis von Differenz(en), Materialität(en), Raum. In J. Budde, N. Blasse, A. Bossen & G. Rißler (Hrsg.), *Heterogenitätsforschung. Empirische und theoretische Perspektiven* (S. 211–238). Weinheim & Basel: Beltz Juventa.

Rißler, G. & Budde, J. (2017). Raum und Räumlichkeit im pluralisierten Unterricht. *Zeitschrift für Inklusion,* 1 (4). Abgerufen von https://www.inklusion-online.net/index.php/inklusion-online/article/view/455.

Rode, D. & Stern, M. (2018). Eine ,unauffällige' Technik der Subjektivierung. Unterrichtsprotokolle. In J. Budde, M. Bittner, A. Bossen & G. Rißler (Hrsg.), *Konturen praxistheoretischer Erziehungswissenschaft* (S. 210–230). Weinheim & Basel: Beltz Juventa.

Röhl, T. (2013). *Dinge des Wissens. Schulunterricht als sozio-materielle Praxis.* Stuttgart: Lucius & Lucius.

Rosenberger, K. (2017). Schreibend reflektieren. Zur Praxis institutionalisierter Reflexionstexte in der Lehramtsausbildung. In C. Berndt, T. Häcker & T. Leonhard (Hrsg.), *Reflexive Lehrerbildung revisited* (S. 190–200). Bad: Heilbrunn: Julius Klinkhardt.

Schäfer, H. (2013). *Die Instabilität der Praxis. Reproduktion und Transformation des Sozialen in der Praxistheorie.* Weilerswist: Velbrück.

Schatzki, T. R. (1996). *Social Practies. A Wittgensteinian approach to human activity and the social.* Cambridge: Cambridge University Press.

Schatzki, T. R. (2002). *The site of the social. A philosophical Account of the Constitution of Social Life and Change.* Pennsylvania State University: Penn State University Press.

Schatzki, T. R. (2010). *The Timespace of of human activity. On performance, society, and history as indeterminate teleological events.* Lanham et al.: Lexington.

Schildt, A. & Siegfried, D. (2009). *Deutsche Kulturgeschichte. Die Bundesrepublik von 1945 bis zur Gegenwart.* München: Carl Hanser Verlag.

Schmidt, R. (2012). *Soziologie der Praktiken. Konzeptionelle Studien und empirische Analysen.* Frankfurt a. M.: Suhrkamp.

Schmidt, R. (2018). Praxeologisieren. In J. Budde, M. Bittner, A. Bossen & G. Rißler (Hrsg.), *Konturen praxistheoretischer Erziehungswissenschaft* (S. 20–31). Weinheim & Basel: Beltz Juventa.

Schnoor, O. (2018). Innen und außen; still und bewegt; niedrig und hoch. Zu einer multimodalen Praxeologie räumlicher Unterscheidungen. In A. Tervooren & R. Kreitz (Hrsg.), *Dinge und Raum in der qualitativen Bildungs- und Biographieforschung* (S. 55–80). Leverkusen-Opladen: Barbara Budrich.

Scholz, J. & Reh, S. (2016). Auseinandersetzungen um die Organisation von Schulklassen. Verschiedenheit der Individuen, Leistungsprinzip und die moderne Schule um 1800. In: C. Groppe, G. Kluchert & E. Matthes (Hrsg.), *Bildung und Differenz. Historische Analysen zu einem aktuellen Problem* (S. 93–113). Wiesbaden: Springer-VS.

Strähler-Pohl, F. & Bohlmann, N. (2018). Körperwerkstatt. Exploration eines methodischen Settings für die praxeologische Erforschung pädagogischer Prozesse. In J. Budde, M. Bittner, A. Bossen & G. Rißler (Hrsg.), *Konturen praxistheoretischer Erziehungswissenschaft* (S. 126–147). Weinheim & Basel: Beltz Juventa.

Sturm, T. & Wagner-Willi, M. (2015). ‚Leistungsdifferenzen' im Unterrichtsmilieu einer inklusiven Schule der Sekundarstufe I in der Schweiz. *Zeitschrift für Qualitative Forschung*, 16 (2), S. 231–248.

Tervooren, A., Engel, N., Göhlich, M., Miethe, I. & Reh, S. (2014). Ethnographie als internationales und interdisziplinäres Projekt. In A. Tervooren, N. Engel, M. Göhlich, I. Miethe & S. Reh (Hrsg.), *Ethnographie und Differenz in pädagogischen Feldern. Internationale Entwicklungen erziehungswissenschaftlicher Forschung* (S. 9–22). Bielefeld: transcript.

Tuma, R. (2013). Visuelles Wissen. Die Videoanalyse im Blick. In P. Lucht, L.-M. Schmidt & R. Tuma (Hrsg.), *Visuelles Wissen und Bilder des Sozialen. Aktuelle Entwicklungen in der Soziologie des Visuellen* (S. 49–69). Wiesbaden: Springer VS.

Wagner-Willi, M. (2005). *Kinder-Rituale zwischen Vorder- und Hinterbühne – Der Übergang von der Pause zum Unterricht.* Wiesbaden: Springer VS.

Wiesemann, J. & Lange, J. (2015). Schülerhandeln und die Dinge des Lernens. Zum Verhältnis von Sinn und Objektgebrauch. In T. Alkemeyer, H. Kalthoff & M. Rieger-Ladich (Hrsg.), *Bildungspraxis. Körper – Räume – Objekte* (S. 261–282). Weilerswist: Velbrück Wissenschaft.

Wolff, D. (2017). *Soziale Ordnung im Sportunterricht. Eine Praxeographie.* Bielefeld: transcript.

Wrana, D. (2006). *Das Subjekt schreiben. Reflexive Praktiken und Subjektivierung in der Weiterbildung – eine Diskursanalyse.* Baltmannsweiler: Schneider-Verl. Hohengehren.

Wulf, C. (2005). *Zur Genese des Sozialen. Mimesis, Performativität, Ritual.* Bielefeld: transcript.

Wulf, C., Althans, B., Audehm, K., Blaschke, G., Ferrin, N., Kellermann, I., Mattig, R. & Schinkel, S. (2011). *Die Geste in Erziehung, Bildung und Sozialisation.* Wiesbaden: Springer VS.

Aspekte einer Praxeologik
Beiträge zu einem Gespräch

Norbert Ricken

*„Es ist ferner eine Eigenthümlichkeit der höheren wissen-
schaftlichen Anstalten, dass sie die Wissenschaft immer
als ein noch nicht ganz aufgelöstes Problem behandeln
und daher immer im Forschen bleiben."*

(Wilhelm von Humboldt)

Praxistheorien haben Konjunktur[1] – so ließe sich eine inzwischen schon etliche Jahre anhaltende Entwicklung bündeln, die in weiten Teilen der Sozial- und Kulturwissenschaften zu einem vielleicht nicht gänzlich neuen, aber doch in seinen Grundzügen anderen (Selbst-)Verständnis eben dieser Wissenschaften geführt hat (vgl. zuletzt Schäfer 2016b). Das trifft auch für die Erziehungswissenschaften zu und hat sich insbesondere in der Schul- und Unterrichtsforschung (vgl. Breidenstein 2008; Tyagunova & Breidenstein 2016; jüngst auch Proske & Rabenstein 2018), aber auch in Teilen der Historischen und Systematischen Erziehungswissenschaft niedergeschlagen (vgl. Tenorth 2010). Auch wenn Theoriemoden sich häufig in jeweiligen ,turns' verdichten (Schatzki, Knorr Cetina & Savigny 2001) und dadurch

---

1   Die begriffliche Kennzeichnung dieses Theorietypus ist nicht einheitlich und wechselt
    häufig zwischen ,Praxistheorie', ,Praktikentheorie' und ,Praxeologie' mitsamt ihren
    möglichen Komposita. Während m. E. ,Praktikentheorie' begrifflich präzise(r), allerdings
    auch umständlich formuliert ist, hat sich ,Praxistheorie' weitgehend durchgesetzt (vgl.
    Reckwitz 2003; Hillebrandt 2014; Schäfer 2016b), auch wenn dadurch eher traditionelle
    Konzepte wie das ,Theorie-Praxis-Verhältnis' aufgerufen werden. ,Praxeologie' ent-
    stammt den Arbeiten Bourdieus und wird im praxistheoretischen Diskurs – wenn auch
    seltener – genutzt (vgl. Elias, Franz, Murmann & Weiser 2014), hat aber insbesondere
    in der Erziehungswissenschaft noch einen anderen Bedeutungszusammenhang (z. B. in
    den Arbeiten von Benner 2015). Meine Verwendungsweise als ,Praxeologik' soll hier als
    Kennzeichnung der spezifischen ,Logik' einer praxistheoretischen Perspektive genutzt
    werden.

© Springer Fachmedien Wiesbaden GmbH, ein Teil von Springer Nature 2019
K. Berdelmann et al. (Hrsg.), *Transformationen von Schule, Unterricht und
Profession*, https://doi.org/10.1007/978-3-658-21928-4_2

Aufmerksamkeit auf sich ziehen, so verdankt sich die Rezeption praxeologischer Ansätze in der Erziehungswissenschaft doch auch anderen Gründen: Da ist zum einen die Intensivierung und Methodisierung der qualitativen empirischen Bildungsforschung (vgl. als Überblick Garz & Blömer 2010), die sich – längst nicht mehr bloß als Gegenbewegung zur quantitativ verfahrenden Bildungsforschung – seit mindestens gut zwei Jahrzehnten beobachten lässt und zu einer Konjunktur ethnographischer Studien geführt hat (vgl. Tervooren, Engel, Göhlich, Miethe & Reh 2014); in ihr spielen praxeologische Perspektiven – analog zur Soziologie (vgl. Kalthoff, Hirschauer & Lindemann 2008) – eine zunehmend bedeutsamere Rolle. Da sind aber auch zum anderen einige systematisch bedeutsame ‚theoriearchitektonische' Gewinne, die insbesondere mit der Umjustierung von bis dahin eher dualistischen Konzeptionen einhergehen; genannt seien hier insbesondere die weithin eingewöhnten Oppositionen von ‚Handlung vs. Struktur' und ‚Subjekt vs. Objekt' (vgl. z. B. Hörning 2004). Es ist schließlich aber auch der spezifische Charakter der Erziehungswissenschaft selbst als einer – traditionell formuliert – ‚praktischen Wissenschaft' (vgl. Schäfer 2012) – einer Wissenschaft also, die sich ebenso analytisch auf Praxis bezieht wie für eine ‚verbesserte' Praxis forscht[2] –, der diese Rezeption sicherlich begünstigt hat – auch wenn die daraus dann m. E. zwingend folgende Umformatierung der Erziehungswissenschaft zu einer ‚Wissenschaft pädagogischer Praktiken' in ihrem grundsätzlichen Bruch mit dem genannten traditionellen Selbstverständnis einer ‚praktischen Wissenschaft' nicht immer mitvollzogen oder geteilt wird.

Kern dieser praxeologischen Umcodierung ist dabei die Annahme, dass sowohl der Gegenstand der Erziehungswissenschaft als auch diese selbst als durch ein ‚Ensemble von Praktiken'– ein „nexus of doings and sayings", wie Schatzki das früh formuliert hat (Schatzki 1996, S. 89) – strukturierter wie konstituierter Gegenstand begriffen werden müssen. Damit wird nicht nur darauf abgestellt, dass das ‚Pädagogische' wesentlich durch seinen Vollzug – z. B. als pädagogisches Handeln – gekennzeichnet ist; vielmehr zielt dieser Blickwechsel darauf, dass die gesamte ‚Erziehungswirklichkeit' (Nohl) selbst als ein ‚doing' begriffen und analysiert werden muss – und zwar in all ihren Aspekten, wie die vorliegenden

---

2   Wie ambivalent der Charakter einer ‚praktischen Wissenschaft' sein kann, verdeutlicht Helmut Peukert – wenn auch am Beispiel der Theologie – eindrücklich, indem er sukzessive ein mit rezeptologischen Versuchungen verbundenes Verständnis von ‚praktischer Wissenschaft' – pointiert: sagen, was wie geht (vgl. dazu auch die Tendenz evidenzbasierter Bildungsforschung, Bellmann & Müller 2011) – erkenntnistheoretisch begründet zu einem Verständnis von ‚Wissenschaft von Praxis' verschiebt und daran dann kategoriale Konsequenzen heftet (vgl. Peukert 1984), die ein einfaches Denken in Theorie-Praxis-Kategorien schlicht verbieten.

exemplarischen Studien zum ‚doing school' (Keßler 2016), ‚doing pupil' (Breidenstein 2006) und ‚doing teacher' (Bennewitz 2011) überzeugend deutlich zu machen vermögen.[3] Entscheidend ist aber, dass Praktiken nicht als ‚intentionales Handeln' begriffen werden, auch wenn ‚intentionales Handeln' in Praktiken durchaus dann vorkommen kann; ‚doing' setzt insofern tiefer an und umgreift die Differenz von ‚Handlung und Struktur' ebenso wie die von ‚Subjekt und Objekt'.

Zeichnet man nun den Weg der Arbeiten von Sabine Reh seit ihrer Dissertation (Reh 1995) nach, dann wird mit Blick auf die Vielzahl der ebenso historischen, systematischen und schulpädagogischen wie auch empirisch und methodologisch ausgerichteten Beiträge nicht nur deutlich, wie intradisziplinär breit ihre Forschungen angelegt sind; vielmehr lässt sich auch eine sukzessive methodologische Verschiebung der Forschungsperspektive nachzeichnen, die von der Kritik und Weitung subjekt- und biografietheoretischer Zugänge (vgl. Reh 2003) über interaktionstheoretische Perspektiven auf Unterricht (vgl. Schelle et al. 2010) bis hin zu explizit praxeologischen Arbeiten in der empirischen Schulforschung (insbes. Reh, Fritzsche, Idel & Rabenstein 2015) und schließlich der historischen Bildungsforschung (vgl. Reh & Wilde 2016) reicht – und den Wandel der Erziehungswissenschaft nicht nur an den Arbeiten einer Erziehungswissenschaftlerin nachvollziehbar macht, sondern auch den Beitrag von Sabine Reh zu diesem Wandel in den Blick rückt. Dabei resultiert diese Denkbewegung sicherlich zunächst aus einer argumentativen Logik, in der die Grenzen des einen Zugriffs zur Rezeption erweiterter Perspektiven führen, wie dies insbesondere an der diskursanalytisch justierten Kritik biografietheoretischer Untersuchungen deutlich werden kann (Reh 2003). Dass aber Sabine Reh nie an einer einmal – auch erfolgreich – eingewöhnten Denk- und Forschungsperspektive festgehalten hat, sondern diese immer wieder – zwar aus guten Gründen, aber wohl auch immer ein wenig zum eigenen Leidwesen – aufgegeben bzw. ‚aufgehoben' und fortgeschrieben hat, verdankt sich durchgängig ihrem Verständnis von Wissenschaft „als ein[em] noch nicht ganz aufgelöste[n] Problem" und zwingt sie, „immer im Forschen [zu] bleiben" (Humboldt 1966, S. 256), wie dies Wilhelm von Humboldt im Kontext der Neugründung der Berliner Universität bereits 1810 als „Zweck" für die „höheren wissenschaftlichen Anstalten in Berlin" (ebd., S. 255) programmatisch formuliert hatte.

---

3 Wie sehr diese praxeologische Perspektive mit einem praxeologischen Verständnis der Erziehungswissenschaft selbst verbunden ist, lässt sich mit Blick auf die zahlreichen Untersuchungen zum ‚doing gender', ‚doing class' oder auch ‚doing achievement' im pädagogischen Feld als verschiedenen (und verschränkten) Formen des ‚doing differences' deutlich machen, verdanken sich diese Perspektiven auf die ‚Erziehungswirklichkeit' (Nohl) doch einem spezifischen Beobachtungs und Konstruktionsverständnis von Erziehungswissenschaft.

Vor diesem doppelten Hintergrund wollen die folgenden Überlegungen nun
einige ausgewählte Aspekte einer Praxeologik aufgreifen und diskutieren – und
damit zugleich zu einem seit langen Jahren anhaltenden Gespräch mit Sabine
Reh beitragen, dem ich viel verdanke. Aufgegriffen seien drei – zunächst nur lose
miteinander verbundene – Fragekreise: das Theorie-Praxis-Problem der Erziehungswissenschaft (1.), die Frage der Pädagogizität von Praktiken (2.) sowie das
Subjektproblem praxeologischer Einsätze (3.). Ziel dieser eher kleinformatigen
Erörterungen ist es, das Profil praxeologischer Ansätze auch durch den Rückgriff
auf eher traditionelle Topoi zu schärfen. Ein kurzer Ausblick auf die Frage, ob nicht
auch praxeologische Konzeptionen auf Weitungen ihrer Gesichtspunkte – z. B.
durch anthropologische Bezugnahmen – angewiesen sind (4.), mag schließlich dazu
beitragen, dass das gemeinsame Gespräch auch noch lange fortgesetzt werden kann.

1   Zum Topos des ‚Theorie-Praxis-Verhältnisses‘ im pädagogischen Feld

Wohl kaum ein Topos hat eine derart große Verbreitung und Plausibilität im pädagogischen, insbes. professionalitätstheoretischen Feld wie die Rede vom ‚Theorie-Praxis-Problem‘. Bereits Kants ärgerliche Auseinandersetzung mit dem „Gemeinspruch:
Das mag in der Theorie richtig sein, taugt aber nicht für die Praxis" (Kant 1793)
spiegelt – wenn auch hier nicht mit Blick auf eine pädagogische Fragestellung – die
lange Virulenz dieses Topos, belegt aber auch mit Blick auf die noch immer übliche
Rede vom ‚Praxisschock Referendariat‘ (vgl. bereits Müller-Fohrbrodt, Cloetta &
Dann 1978) die Wirkungslosigkeit reflexiver Auseinandersetzungen (vgl. zuletzt
z. B. Nakamura, Böckelmann & Tröhler 2006). Kaum verwunderlich ist, dass sich
nahezu alle Positionierungen innerhalb dieses Verhältnisses – und das schon in
langer Tradition – finden lassen (vgl. als Überblick Schmied-Kowarzik & Benner
1970): Während die einen die „Dignität der Praxis" (Schleiermacher 2004 [1826],
S. 11) betonen und die Theorie als nachgängige Reflexion ihr unter- bzw. zuordnen,
sehen die anderen im „Schlendrian" „bloße[r] Praxis" (Herbart 1997 [1802], S. 43)
das Problem und fordern mit Blick auf die Prinzipialität der Theorie die notwendige
„Vorbereitung auf die Kunst [des pädagogischen Handelns] durch die Wissenschaft"
(ebd., S. 45). Beide Positionen – die Vorgängigkeit der Praxis auf der einen und die
transzendental justierte Erkennbarkeit (und dann auch Gestaltnotwendigkeit) des
Pädagogischen durch theoretische Akte auf der anderen Seite – sind innerhalb der
Erziehungswissenschaft geradezu ‚schulbildend‘ geworden und haben – auch in und
mithilfe der Tradierung des Topos – zur Differenz von geisteswissenschaftlicher

Pädagogik einerseits (vgl. Flitner 1955) und einer transzendentalkritischen bzw. skeptischen Pädagogik andererseits (vgl. z. B. Ruhloff 1980) beigetragen. Dritte Positionen schließlich suchen Abstand von diesem „unerledigten" und insofern verhängnisvollen „Dual" (Tenorth 2008, S. 193) zu nehmen, indem sie die klassische Differenz von Praxis und Theorie durch eine andere Differenz – nämlich z. B. die von „Disziplin und Profession" (ebd., S. 194f. wie auch Tenorth 2006) – überformen, so dass zwar das alte ‚Dual' nun jeweilig auf beiden Seiten auftaucht, aber mit dem Argument, dass Profession und Disziplin einen jeweilig anderen Gegenstandsbezug hätten, aus der alten Blockierung gelöst zu sein scheint. Die kategorische Differenz von Pädagogik und Erziehungswissenschaft führt aber nur dazu, dass das Problem dann – z. b. in Form der Frage, wie denn disziplinäre Gesichtspunkte die professionelle Praxis beeinflussen und umgekehrt (vgl. Tenorth 2008, S. 199ff.) – auf anderer Ebene wiederkehrt.

So hartnäckig, weil ebenso langlebig wie unerledigt der Topos also zu sein scheint, so klar zeichnet sich doch zugleich auch ein möglicher Konsens ab, lassen sich doch unter dem Stichwort der ‚Relationalität' (Tenorth 2008, S. 199) zahlreiche Vermittlungsversuche anführen, die die Trennung der Aspekte ab absurdum führen. Bereits Erich Weniger hatte in seiner Antrittsvorlesung von 1929 – und zwar gegen das „Mißtrauen der Praxis, aber auch die Überheblichkeit der Theorie" (Weniger 1952, S. 7) – von unterschiedlichen Ebenen eines ‚Theorie-Praxis-Zusammenhangs', eines unauflösbaren „Ineinanders" (ebd., S. 15) gesprochen und darauf abgestellt, dass das Pädagogische auf keiner dieser drei Ebenen – des Handelns, der lebensweltlich geronnenen Überzeugung zur je eigenen ‚Pädagogik' und der distanzierenden Erziehungswissenschaft als drei unterschiedlichen Stufen oder Ausdifferenzierungsgraden dieses Zusammenhangs (vgl. Weniger 1952, S. 16 und 19) – als ‚theoriefreie Praxis' bzw. ‚praxisfreie Theorie' begriffen werden könne, weil schon die einfachste pädagogische Erfahrung ohne Bezug auf Vorstellungen, Ideen oder andere symbolische Zusammenhänge nicht gedacht werden könne. Aber auch neuere Studien der Wissensverwendungsforschung belegen diesen Charakter des Wechselverhältnisses von Wissen in Praktiken (vgl. exemplarisch Keiner 2002) und erlauben eine Differenzierung von zwar unterschiedlichen, aber voneinander nicht vollständig getrennten Wissensformen (z. B. Vogel 1997); das aber legt es nahe, den so eingewöhnten Topos der ‚Theorie-Praxis-Differenz' auch ausgesprochen fruchtbar unter anderen Gesichtspunkten – z. B. als professionsbezogene Abgrenzungs- und (Selbst-)Legitimierungs- oder gar Immunisierungs- und Durchsetzungsstrategie der Akteure in pädagogischen Feldern (vgl. z B. Engelhardt 1979 oder Heid 1989; Heid 2011) – zu diskutieren, und das nicht nur in der Erziehungswissenschaft (vgl. z. B. Beck & Lau 1982).

Praxeologisch lässt sich daran zunächst unmittelbar anschließen, gilt doch auch und gerade hier, dass Wissen und Praktiken gleich in mehrfacher Weise miteinander verbunden sind: sei es zunächst dadurch, dass Wissen immer an Praktiken gebunden ist, auf die es sich einerseits bezieht und in denen dieses Wissen andererseits als spezifisches Wissen – z. B. als Erfahrungswissen im Alltag, wissenschaftliches Wissen im Labor oder religiöses Wissen in Glaubensgemeinschaften – ‚hervorgebracht' und sozial validiert wird; oder sei es, dass Praktiken selbst als (implizite) Wissensformen verstanden werden müssen und insofern – ganz ähnlich zur Argumentation Wenigers – ohne vielfache (aber nicht notwendig schon explizierte) Bezüge zu logischen, symbolischen und kulturellen Ordnungen gar nicht denkbar sind – was bedeutet, dass sie immer auch ‚ideell' strukturiert sind. Es ist diese Betonung eines durchgängigen ‚Ineinanders' (Weniger), das auch zur Problematisierung der – wenn auch etwas anders gelagerten – Differenz von Diskursen und Praktiken geführt hat (vgl. Reckwitz 2003 sowie Wrana & Langer 2007 und Wrana 2012). Dabei wird v. a. mit Blick auf Diskurse betont, dass Wissen bzw. Diskurse doppelt an Praktiken gebunden sind – nämlich einmal in Form hoch verdichteter und abstrakt codierter Symbolisierungen und Sinnbildungen in und von Praktiken und ein andermal in Form von ‚diskursiven Praktiken', weil Wissen, Diskurse etc. selbst praktisch verfasst sind, d. h. ‚getan' werden müssen. Kurzum – auch praxeologisch lässt sich kaum sinnvoll von einem Dualismus, einer Trennung und bloßen Entgegensetzung beider Momente sprechen.[4]

Vor diesem Hintergrund haben Überlegungen, die die Bedeutung der Differenz der beiden Momente des Duals einfordern, nun eher keine guten Aussichten. Tut man sie aber bloß als „Missverständnisse" (vgl. Nakamura et al. 2006) ab, dann vergibt man aber auch praxeologisch ein Differenzierungspotential – was an zwei Einwürfen kurz illustriert werden soll: So ist insbesondere in der phänomenologischen Theorietradition – insbesondere mit Blick auf die Frage nach dem Status der ‚Lebenswelt' (vgl. bereits Schütz 1981 sowie insbes. Blumenberg 2010) – immer wieder auf eine mit der Differenz von ‚Theorie' und ‚Praxis' verwandte Unterscheidung hingewiesen worden, die Blumenberg im Anschluss an Husserl als „lebensweltliche" (bzw. ‚natürliche') und „theoretische Einstellung" (Blumenberg 2010, S. 56) bezeichnet (vgl. als Einordnung auch Held 2012); denn während ‚Lebenswelt' mit Blumenberg eine

---

4   Die insbes. durch Alkemeyer in die Praxeologie eingetragene Differenz von ‚Praktiken'
    (als Muster, Arten und Weisen, etwas zu tun) und ‚Praxis' (als konkrete Auf- und Durch-
    führung einer ‚Praktik') bestätigt zwar die beobachtete ‚Vermischung' der Aspekte,
    steht aber zugleich doch in der Gefahr, alte Positionen des ‚Theorie-Praxis-Dualismus'
    in veränderter Begrifflichkeit zu wiederholen: hier Praktiken (als abstrakte Konzepte),
    dort Praxis (als konkretes Tun). Vgl. dazu auch Alkemeyer, Schürmann & Volbers 2015,
    S. 7–23 sowie Alkemeyer & Buschmann 2016.

„Sphäre der Unverlegenheit" (Blumenberg 2010, S. 14) bezeichnet, die nicht durch Kontingenzbewusstsein geprägt ist, sondern eine durch Selbstverständlichkeit, Stabilität und „Funktionstüchtigkeit definierte Welt" (Blumenberg 2010, S. 135) ohne Erklärungen markiert, heißt „theoretische Einstellung [...]: nichts als bewährt akzeptieren" – allerdings mit der Einschränkung: „So kann überhaupt kein Leben sein" (Blumenberg 2010, S. 56). Mit Blick auf das „Theorie-Praxis-Problem in der Pädagogik" hat Meyer-Drawe (1984) diesen phänomenologischen Grundgedanken aufgenommen und – deutlich weniger sphärenhaft – als Differenz zwischen „Vollzugssinn der Praxis" und ihrer „Thematisierung" (Meyer-Drawe 1984, S. 253) verankert. Gerade weil der ‚Vollzug einer Praxis' – schon zeitlich gesehen – nicht mit ihrer ‚thematisierenden Reflexion' in eins fallen kann, gilt es – auch wenn dadurch die Praxis nicht als „blind" gedacht werden darf (Meyer-Drawe 1984) – doch, die „Diskontinuität von Theorie und Praxis", ja die „prinzipielle Nicht-Koinzidenz von Reflexion und Vollzug" (Meyer-Drawe 1984, S. 254) jeweilig zur Geltung zu bringen.

Was zunächst an diesen Überlegungen einleuchtet – und auch praxeologisch in der Kennzeichnung der ‚Routinisiertheit' von Praktiken seinen Niederschlag gefunden hat –, wird aber schon in den folgenden Überlegungen irritiert: Zum einen dadurch, dass auch hier letztlich die – wenn auch unterscheidende – Verschränkung beider Aspekte betont wird, die erst einen „Überschuss" (Meyer-Drawe 1984, S. 255) freizusetzen vermag; zum anderen aber auch dadurch, dass die Trennung von ‚natürlicher' und ‚theoretischer Einstellung' in ihrer Radikalität bezweifelt wird – und das nicht nur, weil ‚Theoriewelten' nicht wirklich bewohnbar sind, sondern v.a. auch, weil die Lebenswelt selbst so stabil und homogen gar nicht ist (und sein kann), weil „die Menschen [...] sich nicht [einfach bzw. durchgängig] in der Lebenswelt halten und selbsterhalten können" (Blumenberg 2010, S. 52; vgl. auch S. 135) – was auch bedeutet, dass auch ‚Lebenswelt' von Thematisierungsformen ihrer selbst durchzogen ist und insofern in sich immer auch ‚brüchig' ist.

Diese Hinweise auf einen ‚epistemologischen Bruch' können praxeologisch nun doppelt gelesen werden:[5] Zum einen ist mit Blick auf die Differenz von Vollzug und Thematisierung gegenüber der Tendenz, das Wissen in Praktiken allzu schnell in eins fallen zu lassen, doch Vorsicht geboten; zum anderen aber ist auch die praxeologische Neigung zu einer in sich ‚homogenen' und ungebrochenen Praxis

---

5 Dass dieser ‚epistemologische Bruch' immer in Gefahr steht, mit einem ‚sozialen Bruch' zusammenzufallen bzw. als sozialer Bruch (v.a. zwischen – meist besser situierten – BeobachterInnen und Beobachteten) übersehen oder gar mit jenem verwechselt zu werden, darauf hat insbesondere Bourdieu mit dem Stichwort der „scholastischen Illusion" (Bourdieu 1998, S. 218) bzw. des „scholastischen Irrtums" (Bourdieu 2001, S. 64ff.) hingewiesen (vgl. dazu auch ausführlicher die Erläuterungen in Bourdieu 1998, insbes. S. 207, 210 u. 218).

letztlich eine Illusion. Gerade ihr gilt es, die Differenz und den Zusammenhang beider Momente entgegenzusetzen und Praktiken selbst als „undeutlich konturiert, leicht unbeständig, sozusagen ausgefranst" (Blumenberg 2010, S. 135) und insofern permanent ‚oszillierende' und auch ‚unstete Bewegungen' (Bollnow) zu begreifen. Dann aber scheint mir auch eines ihrer zentralen Bestimmungsmomente – die Routinisiertheit von Praktiken (vgl. Reckwitz 2003, S. 294 u. ö.) und der damit behauptete Charakter der Einheitlichkeit qua Selbstverständlichkeit derselben – nicht so einfach mehr zu konzipieren sein.

2   Zur Pädagogizität von Praktiken

Blickt man nun auf das, was soziale Geschehnisse und Verhalten zu Praktiken macht und als solche auch erkennbar macht, dann taucht eine zunehmend breit(er) differenzierte Liste möglicher Charakteristika auf. Dabei reicht das Spektrum dieser Gesichtspunkte – ohne Anspruch auf Vollständigkeit – *von* ihrem Kerngedanken, dass Praktiken ein „nexus of doings and sayings" (Schatzki 1996, S. 89) seien, die Akteure, Materialitäten und Sinnformationen umgreifen und sich raum-zeitlich vollziehen (vgl. insgesamt Schatzki 2012, S. 14, 18ff.), *über* die Betonung ihrer Stabilität und Routinisiertheit sowie Kollektivität, insofern einmaliges wie bloß individuelles Verhalten kaum dazu taugt, als Praktik erkannt und bezeichnet zu werden (vgl. als Diskussion auch Schäfer 2016a), *bis* hin zu vielfachen Momenten des subjektivierenden Charakters von Praktiken, z. B. durch Vorbahnungen von spezifischen Akteurspositionen und Selbstverhältnissen – z. B. durch die „Teleo-affektivität" von Praktiken (Schatzki 2016, S. 33f.) – sowie schließlich impliziten Wissensstrukturen (vgl. auch Alkemeyer & Buschmann 2016). Für die Frage der Erkennbarkeit von Praktiken wird zudem – insbesondere im Anschluss an ethnomethodologische Einsichten und eine eher späte Überlegung zum ‚footing' bei Goffman (1981, dt. Goffman 2005) – das Moment der Performanz und ihrer Performativität eingeführt; Praktiken müssen nicht nur vollzogen und insofern immer auch aufgeführt werden, sondern werden in ihren Aufführungen auch als eben diese oder jene Praktiken markiert. Es ist nun gerade dieses Moment, das sich auch als eine rekursive, d. h. rück- und selbstbezügliche Struktur in und von Praktiken verstehen lässt, das für die Frage des ‚sozialisierenden' bzw. subjektivierenden Charakters von Praktiken m. E. von besonderer Bedeutung ist – und eine weiterreichende pädagogische Bedeutung eröffnet.

Dabei ist die Einsicht, dass Praktiken strukturell subjektivierend sind, zunächst – insbesondere durch die genannten Momente – ausgesprochen plausibel:

Zum einen eröffnen Arten und Weisen, etwas zu tun, für die jeweiligen Akteure differente Subjektpositionen – z. B. 'SchülerInnen'- und ‚LehrerInnen'-Positionen –, die sich zu ‚Subjektformen'– z. B. als ‚verantwortliches Subjekt'– und jeweiligen (feldspezifischen) ‚Subjektkulturen' verdichten (lassen) (vgl. auch Reckwitz 2006 wie Reckwitz 2008); Subjektivierung meint hier dann zunächst Positionierung (in einem sozialen Feld) und Bezeichnung ‚als jemand'. Zum anderen aber werden in diesen Positionierungsprozessen auch Selbstverhältnisse und -verständnisse formiert, insofern Praktiken – z. B. aufgrund ihrer ‚Teleoaffektivität' (Schatzki) – Zwecke, Zielorientierungen und entsprechende affektive Lagen implizieren, die die Akteure gerade nicht – wie in Handlungstheorien unterstellt – vorher haben (müssen), um dann die Handlung ‚intentional' vollziehen zu können, sondern die sich in, durch und aus dem Vollzug eben dieser Praktiken herausbilden. Bereits diese subjektivierenden Momente können darauf aufmerksam machen, dass die Pädagogizität von Praktiken – als Frage nach deren Lernbarkeit – nicht nur in zwar darauf bezogenen, aber doch eigenständigen Akten (z. B. der Lehre) gesucht, sondern als Strukturmoment derselben veranschlagt werden muss. Anders formuliert: Praktiken werden – in ihren Formen, Funktionen und Logiken sowie Effekten – durch ihren ‚Mittvollzug', d. h. z. B. durch Gewöhnung, Erfahrung etc. ge- und erlernt, was nicht ausschließt, dass es dann auch – eigens eingerichtete – Formen und Arrangements der ‚intentionalen Lehre' samt erforderlicher ‚Übungen' geben kann.

Zwischen diesen beiden Formen des Lernens durch Erfahrung einerseits und Lehre und Übung andererseits aber lässt sich m. E. eine weitere Form rekonstruieren, die mit dem ‚Aufführungscharakter' von Praktiken, also ihrer Rekursivität verknüpft ist. Denn wenn Praktiken auch dadurch gekennzeichnet sind, dass sie als eben diese oder jene Praktik im Vollzug markiert werden (müssen) und insofern von anderen als eben diese oder jene Praktik dann auch gelesen werden (können) – z. B. mit Blick auf die unterschiedlichen Arten, eine Fußgängerzone ‚eilig' und ‚zielstrebig' oder ‚flanierend' und ‚sich treiben lassend' zu durchqueren bzw. in ihnen sich als ‚wartend' etc. aufzuführen –, dann sind Praktiken auch diesseits expliziter Zeigegesten (z. B. mit dem Finger) von Zeigemomenten durchzogen, die sich als Zeigen in einem weiteren Sinn, nämlich in Form des ‚jemanden etwas sehen lassen' (Wiesing 2013, S. 21 u. ö.), rekonstruieren lassen – wobei dieses ‚Sehen-Lassen' sowohl als ‚aufführendes' (durch den Akteur) als auch als ‚vernehmendes' (durch den Beobachter) Geschehen zu konzipieren ist, weil eine Zeigegeste ohne entsprechende Antwort auf sie in sich unvollständig bleibt bzw. keine Zeigegeste mehr ist (Wiesing 2013, S. 24; wie auch Ricken 2009). Anders formuliert: Die Lernbarkeit von Praktiken könnte – neben (von zumeist außen hinzu gedachter) gewöhnender Erfahrung und intentionalen Lehrarrangements samt Übung – auch an ihren (intern zu justierenden) rekursiven Momenten, an ihren auf sich selbst zurückweisenden und sich ‚als' spezifische Praktik ausweisenden Momenten hängen.[6] Diese Überlegung lässt sich nun nutzen, um die „Genese von Mitspielfähigkeit" (Alkemeyer & Buschmann 2017, S. 274) – wie das Alkemeyer und Buschmann jüngst mit dem Konzept des ‚Befähigens' unternommen haben – gerade nicht als äußerliches Moment, das zu Praktiken – z. B. pädagogisch initiiert – hinzutritt, sondern selbst als eines ihrer Strukturmomente zu fassen; gerade weil aber „Mitspielfähigkeit" (ebd., S. 274 u. ö.) durch die und „in der Teilnahme an Praktiken" (Alkemeyer & Buschmann 2017, S. 281) gelernt wird, ist es entscheidend, wie das, was bei Bourdieu eher grob als „implizite Pädagogik" (ebd., S. 277) bezeichnet wird, nun genauer zwischen „Einschleifen" und entsprechender Erfahrungsbildung einerseits und explizitem „Zeigen und [...] direkter Intervention" andererseits (vgl. Alkemeyer & Buschmann 2017, S. 284 und 285) situiert wird. Die Pointierung rekursiv-performativer Momente von Praktiken als Zeigemomenten in einem weiten Sinn, von denen her ja die Lesbarkeit und Verständlichkeit sozialer Verhaltensweisen als diesen oder jenen Praktiken rekonstruiert wird, ist dafür fruchtbar, insofern sie sich auch auf die Lernbarkeit von Praktiken beziehen lässt. Praktiken können durch und im Vollzug derselben gelernt werden, weil und indem diese ‚anzeigen', was für ein ‚Tun' sie sind. Zugleich muss aber betont werden, dass dieses ‚Anzeigen' kein bloß ‚stummes Geschehen' ist, sondern sich in Sozial- und Interaktionszusammenhängen vollzieht, die durch ‚Anerkennungsordnungen'– also durch Akzentuierungen dessen, was als legitime Praxis anerkennbar ist und nicht – strukturiert sind (vgl. Ricken 2013a, S. 84 u. ö.; wie auch Alkemeyer & Buschmann 2017, S. 288–290).

Mit dieser Weichenstellung ist zunächst verbunden, dass vielleicht die beiden erziehungswissenschaftlichen Grundbegriffe ‚Sozialisation' und ‚Erziehung' in gewisser Weise zu dichotomisch bzw. zu weit voneinander entfernt konzipiert werden, insofern mit ‚Sozialisation' oft einfach auf Erfahrung, Gewöhnung etc. und mit ‚Erziehung' auf intentionale Zeigearrangements abgestellt wird; der Zeigecharakter von Praktiken scheint mir diese Dichotomie hingegen zu unterlaufen. Zudem kann dadurch deutlich(er) werden, dass Praktiken – und das gilt in gewisser Hinsicht dann ‚immer'– durchgängig so strukturiert sind (und dann auch ebenso

---

6   Erst nach Abschluss dieser Überlegungen bin ich durch Hinweis von David Adler auf eine Arbeit von Stefan Hirschauer aufmerksam geworden, in der in dieser — wenn auch in anderer Perspektive – ebenfalls das ‚Zeigemoment' von ‚doings and sayings' herausarbeitet und die „öffentliche Schauseite" von Praktiken als „‚didaktische' Nebeneffekte allen Handelns" bezeichnet, die sich aus den „unterschiedliche[n] Grade[n] der Artikuliertheit" (Hirschauer 2016, S. 57) der jeweiligen Praktiken ergeben. Vgl. dazu die ähnlich, wenn auch bereits höherstufig ansetzenden Überlegungen zum ‚teaching by doing' bei Schindler (2011).

beschrieben werden müssen), dass sie auf ‚Neue', die sozial immer auftreten, reagieren und diese strukturell auf- und mithineinnehmen (können und müssen) – was
in den Lernkulturanalysen der Forschungsgruppe um Reh und Kolbe herum (vgl.
Kolbe & Reh 2009 sowie insbes. Reh et al. 2015) für das pädagogische Feld bereits
eindrücklich nachgezeichnet werden konnte. Verallgemeinert man schließlich
diesen Gedanken, dann fällt auf, dass viele der Gesellschaftsdiagnosen genau an
dieser Zweiteilung ‚laborieren': hier Gesellschaft mit einer je nach Perspektive
spezifischen Struktur (z. B. als ‚Wissensgesellschaft', ‚Erlebnisgesellschaft' etc.),
dort die Reproduktion der Gesellschaft durch ein eigens dafür ausdifferenziertes
(Erziehungs- und Bildungs-)System. Will (und kann) man dieser Spaltung nicht
folgen, dann wäre entscheidend, die soziale Reproduktion der (jeweils spezifisch
diagnostizierten) Gesellschaft aufgrund der Diskontinuität der Generationen –
pointiert: dass jeden Tag Menschen gehen und kommen, so dass die Fortführung
von Gesellschaft nicht einfach selbstverständlich ist – selbst als ein Strukturmoment
von Gesellschaft zu verstehen (vgl. auch Ricken & Reh 2018, S. 4) und über eine
praxistheoretische Argumentation, dass nämlich in Praktiken auf ‚Neue' reagiert
wird, denkbar zu machen.

3   Zum Problem des ‚Subjekts' in Praxistheorien

Folgt man den bisherigen Überlegungen, dann stellt die Problematisierung von
Rekursivität als Rück- und Selbstbezüglichkeit von und in Praktiken auch vor die
Frage, welche Bedeutung dem ‚Subjekt' in praxistheoretischen Überlegungen zukommt. Dabei scheint zunächst klar zu sein, dass praxistheoretische Konzeptionen
mit denen einer klassischen Subjekttheorie nicht einfach verbindbar sind; denn
während diese eine vorgängige Subjektivität – z. B. in Form einer prinzipiellen
„präreflexiven Selbstvertrautheit" (Frank 2017, S. 106) – mindestens transzenden-
taltheoretisch, wenn nicht sogar (quasi)ontologisch zur Geltung zu bringen suchen,
setzen praxistheoretische Überlegungen gänzlich anders an, indem sie die jeweilig
spezifische Form des ‚Subjekts' selbst als Resultat einer epigenetischen ‚Selbst-
Bildung' veranschlagen und dessen Formation aus der Perspektive sozio-kultureller
Praktiken und Logiken zu denken versuchen. Inzwischen scheinen sich aber doch
die eher scharfen (und wechselseitig sich dann ausschließenden) Trennungslinien
beider Theorieperspektiven aufzulösen – und zwar auf beiden Seiten: So gibt es
einerseits auch subjekttheoretisch doch gute (und zahlreiche) Gründe dafür, die
Anderen als Konstitutionsbedingung des Selbst zu denken, so dass es nun um ein
„Subjekt" geht, „das sich in seinem Kern als fremdbeobachtet weiß" (Frank 2017,

S. 116) und die anderen insofern nicht aus seiner Subjektivität ‚herausrechnen' kann; aber auch umgekehrt wird zugestanden, dass Selbstbezug – und sei es in Form einer nicht weiter ableitbaren ‚Selbstvertrautheit'– nicht bloß als ein abkünftiger Modus veranschlagt werden kann, weil sonst doch ungedacht bleiben muss, wie jemand etwas – z. B. von Anderen gemeint zu sein – überhaupt auf sich zu beziehen in der Lage sein soll (vgl. exemplarisch Alkemeyer et al. 2015 und Schulz 2015; wie auch mit Blick auf die Beschaffenheit des ‚Zu-Subjektivierenden' Ricken 2013b). Perspektivisch zeichnet sich hier daher ab, zwischen der jeweilig zu benennenden Form des Subjekts – z. B. der modernen Subjektform, sich selbst zugrunde zu liegen, sich selbst zu bestimmen, und insofern verantwortlich zu sein – als einem (aposteriorischen) Ergebnis von gesellschaftlich-kulturellen Subjektivierungsprozessen einerseits und der in sich differentiellen (apriorischen) Verfasstheit jener Entitäten, die in Praktiken subjektiviert werden können, andererseits zu unterscheiden. Fast zwangsläufig aber drängt sich dann die – kaum abzuweisende, aber auch kaum zu beantwortende, weil unweigerlich in alte Problem- und Frontstellungen der ‚Urheberschaft' zurückführende – Frage auf, wie Selbstbezüglichkeit und Anderenbezüglichkeit in ein (theoretisches) Verhältnis zueinander gesetzt werden können bzw. sollen; pointiert gefragt: Ist ‚Mit-Sein' bloß Folge von ‚Selbst-Sein' (gemäß der Logik, erst bin ‚ich' und dann treffe ich auf andere) oder differenziert sich ‚Selbst-Sein' aus ‚Mit-Sein' aus (so dass soziale Verbundenheit und Ansprechbarkeit dem Selbstbezug vorher gehen) oder entwickeln sich beide gleichermaßen aus etwas anderem? Spätestens hier – so ließe sich durchaus berechtigt einwenden – ist aber das Feld praxistheoretischer Konzeptionen zugunsten spekulativer Überlegungen doch bereits weit verlassen.

Mit Blick auf die Frage, wann in praxistheoretisch justierten ethnographischen Beschreibungen eigentlich das ‚Subjekt' als Problem auftaucht, hatten Sabine Reh und ich vor etlichen Jahren einige Überlegungen zum „‚Subjekt' der Praktiken" als einer „Leerstelle (in) der Praktikentheorie" (Reh & Ricken 2013) angestellt. Dabei waren wir darauf gestoßen, dass ‚das Subjekt' in mehrfacher Weise einen auch empirischen Ort haben könnte: Zum einen taucht ethnographisch zunächst als Problem auf, „dass es Abweichungen, Differenzen in der Ausführung der Praktiken und damit dann auch Transformationen und die Emergenz von Neuem, auch von neuen Praktiken" geben kann, „weil es wechselnde Beteiligte" gibt, so dass es „nicht egal ist, wer etwas tut" (Reh & Ricken 2013, S. 4). Zum anderen ist aber auch die Art und Weise, eine Praktik zu vollziehen und darin auch aufzuführen, dadurch gekennzeichnet, dass die Akteure sich „auch auf dieses Tun als ihr eigenes Tun […] beziehen" (Reh & Ricken 2013, S. 5); wie man also etwas tut, mit welchem Einsatz, welcher ‚Haltung' „findet nicht in der Praktik selbst seinen Grund" (ebd., S. 5). Will man aber an diesen Stellen nicht in ein anderes Sprachspiel verfallen und die Praktik von ihren Akteuren her – als ‚Subjekten' dieser Praktik, die etwas tun und daher der Praktik letztlich dann zugrunde liegen – beschreiben, dann stellt sich die Frage, wie sich dieses Problem praktikentheoretisch bearbeiten lässt. Vorgeschlagen hatten wir damals, das ‚Subjekt' als ‚Falte' bzw. ‚Faltung' zu verstehen. Dabei war – im Anschluss an Überlegungen von Deleuze (vgl. Deleuze 2000) – für das Aufgreifen der Metapher der ‚Falte' als einer Beschreibungsform der Differenz ausschlaggebend, dass die Falte – gerade nicht im Sinne einer Ver- oder Umhüllung von etwas Anderem – eine „Abweichung" (Deleuze 2000, S. 41) in der Oberfläche markiert, die als „Eingeschlossenes [...] virtuell ist" (ebd.), weil es kein nach außen kehrbares Innen gibt. Als ein Bruch, eine Einkerbung ist die Falte eine Abweichung oder Verwerfung im Außen, die kein ‚Innen' hat, das ‚entfaltbar' wäre, weil das Entfaltete gerade kein Inneres preisgibt, sondern nur ein weiteres Äußeres zeigt. Mit der ‚Falte' also ließe sich denken, dass jedes ‚Innen' immer (nur) eine Markierung in einem Außen ist, wie dies auch in der Kunst – z. B. in den Arbeiten Chillidas (vgl. Müller 2011) – reflektiert wird. Versteht man zudem ‚Falte' nicht als Verweis „auf ein Wesen, sondern vielmehr auf eine operative Funktion" (Deleuze 2000, S. 11), d. h. als ‚Faltung' oder ‚Falten', dann ließe sich mithilfe dieser Metaphorik ein für Praktiken wichtiges Moment, nämlich die in der Beobachtung sichtbare fremde Bezogenheit von jemandem auf etwas und darin auf sich selbst, auch beschreiben, ohne auf ein klassisch subjekttheoretisches Vokabular zurück- greifen zu müssen, das auf ein Inneres abstellt, dieses zu einer Entität hypostasiert und dann zugleich als ein Zugrundeliegendes ausweist.[7] Anders formuliert: Die in einem sozialen Geschehen immer auch beobachtbare fremde (Selbst)Bezüglichkeit ist weder bloß Projektion einer (solipsistisch-konstruktivistischen) Beobachtung, die anderen bloß in Analogie zu mir zu verstehen, noch Ausdruck eines substanzial unterstellten Inneren (z. B. eines Bewusstseins etc.), sondern selbst eine spezifische Tätigkeitsform – nämlich ein ‚Falten' (vgl. ausführlicher Reh & Ricken 2013, S. 8f.). Als Gewinn dieser Metaphorik hatten wir uns versprochen, die Aufmerksamkeit auch auf eine Differenz in Praktiken selbst lenken zu können – nämlich auf eine Doppelung wie z. B. das Erleben des Erlebens oder das Tun des Tuns –, ohne dafür

---

7   Als besonders eindrückliches Beispiel dafür hatten wir damals das Phänomen des ‚Blicks' benannt: Im Erblicken eines Blicks, so hatten wir formuliert, sehe ich nicht nur ein Auge als ein weiteres Gesehenes unter anderem Gesehenen; vielmehr sehe ich auch die „Sehe des Auges" (Platon 1977, S. 627/133b), also einen fremden Blick, der die Linearität und Zentrizität des eigenen Blicks unterbricht und eine Ab-Weichung, eine anders gerichtete Gerichtetheit sichtbar macht, wie dies eindrücklich in den Analysen des Blicks bei Sartre beschrieben wird (Sartre 1962, S. 338–397). Vgl. ausführlicher zum Blick auch Ricken (2017).

auf etwas anderes außerhalb dieser Praktiken zurückgreifen zu müssen, was ihnen dann zugrunde läge.

Der damalige Gedanke ist weitgehend liegen geblieben – und das neben der gewöhnungsbedürftigen Metaphorik vielleicht auch, weil mit ihm die verschiedenen Formen der Selbst- und Rückbezüglichkeit gerade nicht erklärt, sondern allenfalls beschrieben werden können. Und doch kann der Versuch, Selbstbezüglichkeit als strukturelles Moment von Praktiken zu denken, vielleicht davor schützen, Selbstbezüglichkeit sowohl ‚zu hoch' – z. B. in Form von (Selbst)Reflexivität – als auch als vorab gegeben oder gar – z. B. in Form einer ‚unmittelbaren Subjektivität' (Frank) – vorausgesetzt anzusetzen und damit in gewisser Weise auszublenden, dass Selbstbezüglichkeiten ihrerseits nicht fix gegeben, sondern selbst ausdifferenziert, entfaltet und gestaltet sowie ‚gezeigt' werden müssen – was umgekehrt einschließt, dass sie auch weniger oder mehr hervorgebracht werden und insofern vielleicht auch bis zur Unkenntlichkeit verschwinden könnten. Zentral dafür dürfte dann aber sein, dass Selbstbezüglichkeit immer über andere und Anderenbezüglichkeit vermittelt gedacht werden muss – und auch erst dann gedacht werden kann, wenn man sie selbst als ‚epigenetisch', also als etwas, was erst neu entsteht, denkt. Subjekttheoretisch wäre allerdings erst noch auszubuchstabieren, was es eigentlich heißt, dass es um ein „Subjekt" geht, „das sich in seinem Kern als fremdbeobachtet weiß" (Frank 2017, S. 116); Ansätze – und nicht nur anerkennungstheoretische[8] – lägen dafür durchaus vor.

4   Zur Fortsetzung des Gesprächs

Bilanziert man nun die hier angestellten und eher verstreut dargestellten Überlegungen, dann zeichnet sie eine – m. E. auch verblüffende – Nähe zu Überlegungen einer ‚Anthropologie in pragmatischer Hinsicht' (Kant) ab. Um diesen Fokus aber im Gespräch auch lohnend fortsetzen zu können, wäre zunächst – in der Anthropologie derzeit völlig unstrittig – eine oft anzutreffende Fehleinschätzung zurückzuweisen, in Anthropologie ginge es um eine Erkundung und (gar substanziale) Festschreibung des ‚Wesens des Menschen'; schon Kants anthropologischer Einsatz,

---

8   Es ist zwar ein besonderes Kennzeichen anerkennungstheoretischer Diskurse, die
     Genese von ‚Selbst'-Sein über das ‚Sein' mit und von Anderen her zu denken (vgl. den
     Überblick in Röhr & Ricken 2018), aber kein ‚Alleinstellungsmerkmal', wie z. B. auch
     die paradigmatisch anders ausgerichteten Überlegungen von Prinz (2013) zu zeigen
     vermögen.

danach zu fragen, „was er, als freihandelndes Wesen, aus sich selber macht, oder machen kann und soll" – und nicht auf das abzustellen, „was die Natur aus dem Menschen macht" (Kant 1964, S. 399) –, dementiert eine jede substanziale Anthropologie und ist praxistheoretisch ausgesprochen anschlussfähig, weil die Frage, als *wer* sich Menschen hervorbringen, unmittelbar darauf verweist, *wie* Menschen sich praktisch hervorbringen (vgl. Ricken 2004, S. 154). Zugleich ließen sich dann aber auch ausgewählte, für das Problem der Selbstbezüglichkeit ausgesprochen anregende Topoi der (nicht nur philosophischen) Anthropologie – und hier seien bloß summarisch das Problem der ‚anthropologischen Differenz' im Anschluss an Kamper (1973) und die damit verbundene Beobachtung des sog. ‚looping effects' von Hacking (2012), die Frage der Epigenese von ‚exzentrischer Positionalität' im Anschluss an Plessner und die damit verbundene Frage des ‚Dritten' (vgl. Krüger & Lindemann 2006) sowie schließlich die anthropologische Bedeutung der Generationendifferenz und das Problem des Lehrens (vgl. Gärdenfors & Högberg 2017) genannt – praxistheoretisch nutzen – und sei es einfach nur, um das Gespräch noch lange fortzusetzen.

Literatur

Alkemeyer, T. & Buschmann, N. (2016). Praktiken der Subjektivierung – Subjektivierung als Praxis. In H. Schäfer (Hrsg.), *Praxistheorie: Ein soziologisches Forschungsprogramm* (S. 115–136). Bielefeld: transcript.

Alkemeyer, T. & Buschmann, N. (2017). Befähigen: Praxistheoretische Überlegungen zur Subjektivierung von Mitspielfähigkeit. In M. Rieger-Ladich & C. Grabau (Hrsg.), *Pierre Bourdieu: Pädagogische Lektüren* (S. 271–297). Wiesbaden: Springer VS.

Alkemeyer, T., Buschmann, N. & Michaeler, M. (2015). Kritik der Praxis: Plädoyer für eine subjektivierungstheoretische Erweiterung der Praxistheorien. In T. Alkemeyer, V. Schürmann, & J. Volbers (Hrsg.), *Praxis denken: Konzepte und Kritik* (S. 25–50). Wiesbaden: Springer VS.

Alkemeyer, T., Schürmann, V. & Volbers, J. (Hrsg.) (2015). *Praxis denken. Konzepte und Kritik.* Wiesbaden: Springer VS.

Beck, U. & Lau, J. (1982). Die ›Verwendungstauglichkeit‹ sozialwissenschaftlicher Theorien. In U. Beck (Hrsg.), *Soziale Welt. Sonderband 1: Soziologie und Praxis: Erfahrungen, Konflikte, Perspektiven* (S. 369–394). Göttingen: Schwartz.

Bellmann, J. & Müller, T. (Hrsg.). (2011). *Wissen, was wirkt: Kritik evidenzbasierter Pädagogik.* Wiesbaden: VS Verlag für Sozialwissenschaften.

Benner, D. (2015). *Allgemeine Pädagogik: Eine systematisch-problemgeschichtliche Einführung in die Grundstruktur pädagogischen Denkens und Handelns* (8. überarbeitete Auflage, Erstauflage 1987). Weinheim: Beltz Juventa.

Bennewitz, H. (2011). ›doing teacher‹ – Forschung zum Lehrerberuf in kulturtheoretischer Perspektive. In E. Terhart, H. Bennewitz, & M. Rothland (Hrsg.), *Handbuch der Forschung zum Lehrerberuf* (S. 192–213). Münster u. a.: Waxmann.

Blumenberg, H. (2010). *Theorie der Lebenswelt*, hrsg. von Manfred Sommer. Berlin: Suhrkamp.

Bourdieu, P. (1998). *Praktische Vernunft: Zur Theorie des Handelns*. Frankfurt a. M.: Suhrkamp.

Bourdieu, P. (2001). *Meditationen: Zur Kritik der scholastischen Vernunft*. Frankfurt a. M.: Suhrkamp.

Breidenstein, G. (2006). *Teilnahme am Unterricht: Ethnographische Studien zum Schülerjob*. Wiesbaden: VS Verlag für Sozialwissenschaften.

Breidenstein, G. (2008). Allgemeine Didaktik und praxeologische Unterrichtsforschung. *Zeitschrift für Erziehungswissenschaft, 11* (Sonderband 9: Neue Perspektiven der Didaktik, hrsg. von Meinert Meyer), 201–218.

Deleuze, G. (2000). *Die Falte: Leibniz und der Barock*. Frankfurt a. M.: Suhrkamp.

Elias, F., Franz, A., Murmann, H. & Weiser, U. W. (Hrsg.). (2014). *Praxeologie: Beiträge zur interdisziplinären Reichweite praxistheoretischer Ansätze in den Geistes- und Sozialwissenschaften*. Berlin: de Gruyter.

Engelhardt, M. von (1979). Das gebrochene Verhältnis zwischen wissenschaftlichem Wissen und pädagogischer Praxis. In G. Böhme & M. von Engelhardt (Hrsg.), *Entfremdete Wissenschaft* (S. 87–113). Frankfurt a. M.: Suhrkamp.

Flitner, W. (1955). Theorie und Praxis in der Pädagogik. *International Review of Education, 1*(3), S. 304–312.

Frank, M. (2017). Subjektivität und Selbstbewusstsein. In K. Viertbauer & T. Hanke (Hrsg.), *Subjektivität denken: Anerkennungstheorie und Bewusstseinsanalyse* (S. 87–117). Hamburg: Meiner.

Gärdenfors, P. & Högberg, A. (2017). The Archaeology of Teaching and the Evolution of Homo docens. *Current Anthropology, 58* (2), pp. 188–201.

Garz, D. & Blömer, U. (2010). Qualitative Bildungsforschung. In R. Tippelt & B. Schmidt (Hrsg.), *Handbuch Bildungsforschung* (3. Aufl., S. 571–588). Wiesbaden: VS Verlag für Sozialwissenschaften.

Goffman, E. (1981). Footing. In ders., *Forms of talk* (S. 124–159). Philadelphia: University of Pennsylvania Press.

Goffman, E. (2005). Redestatus. In H. Knoblauch (Hrsg.), *Rede-Weisen: Formen der Kommunikation in sozialen Situationen* (S. 37–72). Konstanz: UVK.

Hacking, I. (2012). *Menschenarten: The looping effect of human kinds [1995]* (dt.-sprachige Erstausg.). Zürich: Sphères.

Haidle, M. N. (2017). How Teaching Performance Develops: Comment on Peter Gärdenfors and Anders Högberg, The archaeology of teaching and the evolution of Homo docens. *Current Anthropology, 58* (2), pp. 202–204.

Heid, H. (1989). Über die praktische Bedeutungslosigkeit pädagogisch bedeutsamer Forschungsergebnisse. In E. König & P. Zedler (Hrsg.), *Rezeption und Verwendung erziehungswissenschaftlichen Wissens in pädagogischen Handlungs- und Entscheidungsfeldern* (S. 111–124). Weinheim: Deutscher Studien Verlag.

Heid, H. (2011). Über Bedingungen der Anwendung erziehungswissenschaftlichen Wissens. In O. Zlatkin-Troitschanskaia (Hrsg.), *Stationen Empirischer Bildungsforschung: Traditionslinien und Perspektiven* (S. 490–508). Wiesbaden: VS Verlag für Sozialwissenschaften.

Held, L. (2012). ›Denken ist Ausnahmezustand‹: Hans Blumenbergs Theorie der Lebenswelt. *Actas Universitatis Carolinae | Interpretationes - Studia Philosophica Europeanea* (1), S. 85–101.

Herbart, J. F. (1997). Die erste Vorlesung über Pädagogik [1802]. In D. Benner (Hrsg.), *Johann Friedrich Herbart: Systematische Pädagogik - Bd. 1: Ausgewählte Texte* (S. 43–46). Weinheim: Beltz / Deutscher Studien Verlag.

Hillebrandt, F. (2014). *Soziologische Praxistheorien: Eine Einführung.* Wiesbaden: Springer VS.

Hirschauer, S. (2016). Verhalten, Handeln, Interagieren: Zu den mikrosoziologischen Grundlagen der Praxistheorie. In H. Schäfer (Hrsg.), *Praxistheorie: Ein soziologisches Forschungsprogramm* (S. 45–67). Bielefeld: transcript.

Hörning, K. H. (2004). Kultur als Praxis. In F. Jaeger & B. Liebsch (Hrsg.), *Handbuch der Kulturwissenschaften. Band 1: Grundlagen und Schlüsselbegriffe* (S. 139–151). Stuttgart & Weimar: Metzler.

Humboldt, W. von. (1966). Über die innere und äußere Organisation der Höheren wissenschaftlichen Anstalten in Berlin (1810). In ders., *Werke in fünf Bänden. Band 4: Schriften zur Politik und zum Bildungswesen,* hrsg. von Andreas Flitner und Klaus Giel (S. 255–266). Stuttgart: Klett-Cotta.

Kalthoff, H., Hirschauer, S. & Lindemann, G. (Hrsg.). (2008). *Theoretische Empirie: Zur Relevanz qualitativer Forschung.* Frankfurt a. M.: Suhrkamp.

Kamper, D. (1973). *Geschichte und menschliche Natur: Die Tragweite gegenwärtiger Anthropologiekritik.* München: Hanser.

Kant, I. (1793). Über den Gemeinspruch: Das mag in der Theorie richtig sein, taugt aber nicht für die Praxis. *Berlinische Monatsschrift, 11*(2), S. 201–284.

Kant, I. (1964). Anthropologie in pragmatischer Hinsicht (1798, 1802). In ders., *Werke in 6 Bänden. Band 6: Schriften zur Anthropologie, Geschichtsphilosophie, Politik und Pädagogik,* hrsg. von Wilhelm Weischedel (S. 397–690). Wiesbaden: Insel.

Keiner, E. (2002). Rezeption und Verwendung erziehungswissenschaftlichen Wissens. *Zeitschrift für Erziehungswissenschaft, 5* (1. Beiheft: Forschungsfelder der Allgemeinen Erziehungswissenschaft, hrsg. von Lothar Wigger), S. 241–249.

Keßler, C. I. (2016). *Doing School: Ein ethnographischer Beitrag zur Schulkulturforschung.* Wiesbaden: Springer VS.

Kolbe, F.-U. & Reh, S. (2009). Adressierungen und Aktionsofferten: Möglichkeiten und Grenzen der Bearbeitung der Differenz von Aneignen und Vermitteln in pädagogischen Praktiken von Ganztagsschulen - Zwischenergebnisse aus dem Projekt ‚Lernkultur- und Unterrichtsentwicklung an Ganztagsschulen' (LUGS). *Zeitschrift für Pädagogik, 55*(54. Beiheft), S. 168–187.

Krüger, H.-P. & Lindemann, G. (Hrsg.). (2006). *Philosophische Anthropologie im 21. Jahrhundert.* Berlin: Akademie.

Meyer-Drawe, K. (1984). Grenzen des pädagogischen Verstehens: Zur Unlösbarkeit des Theorie-Praxis-Problems in der Pädagogik. *Vierteljahrsschrift für wissenschaftliche Pädagogik, 60*(2), S. 249–259.

Müller, M. (2011). Eduardo Chillida - der Architekt der Leere. In M. Müller (Hrsg.), *Eduardo Chillida: Kunstmuseum Pablo Picasso Münster / 28.01.-22.04.2012* (S. 15–127). München: Hirmer Verlag.

Müller-Fohrbrodt, G., Cloetta, B. & Dann, H.-D. (1978). *Der Praxisschock bei jungen Lehrern: Formen, Ursachen, Folgerungen - eine zusammenfassende Bewertung der theoretischen und empirischen Erkenntnisse.* Stuttgart: Klett.

Nakamura, Y. M., Böckelmann, C. & Tröhler, D. (Hrsg.). (2006). *Theorie versus Praxis? Perspektiven auf ein Missverständnis.* Zürich: Pestalozzianum.

Peukert, H. (1984). Was ist eine praktische Wissenschaft? Handlungstheorie als Basistheorie der Humanwissenschaften. In O. Fuchs (Hrsg.), *Theologie und Handeln* (S. 64–79). Düsseldorf: Patmos.

Platon. (1977). Alkibiades I. In ders., *Werke,* hrsg. von Gunther Eigler (Bd. 1, S. 527–637). Darmstadt: Wissenschaftliche Buchgesellschaft.

Prinz, W. (2013). *Selbst im Spiegel: Die soziale Konstruktion von Subjektivität.* Berlin: Suhrkamp.

Proske, M. & Rabenstein, K. (Hrsg.) (2018). *Kompendium Qualitative Unterrichtsforschung. Unterricht beobachten – beschreiben – rekonstruieren.* Bad Heilbrunn: Klinkhardt.

Reckwitz, A. (2003). Grundelemente einer Theorie sozialer Praktiken: Eine sozialtheoretische Perspektive. *Zeitschrift für Soziologie, 32*(4), S. 282–301.

Reckwitz, A. (2006). *Das hybride Subjekt: Eine Theorie der Subjektkulturen von der bürgerlichen Moderne zur Postmoderne.* Weilerswist: Velbrück.

Reckwitz, A. (2008). *Subjekt.* Bielefeld: transcript.

Reh, S. (1995). *»Man gibt uns Unterricht statt Brot«: Arbeitslosenbildung zwischen Arbeitsmarkt und Wohlfahrtspflege in Hamburg 1914–1933.* Hamburg: Ergebnisse.

Reh, S. (2003). *Berufsbiographische Texte ostdeutscher Lehrer und Lehrerinnen als ›Bekenntnisse‹: Interpretationen und methodologische Überlegungen zur erziehungswissenschaftlichen Biographieforschung.* Bad Heilbrunn/Obb.: Klinkhardt.

Reh, S., Fritzsche, B., Idel, T.-S. & Rabenstein, K. (2015). *Lernkulturen: Rekonstruktion pädagogischer Praktiken an Ganztagsschulen.* Wiesbaden: Springer VS.

Reh, S. & Ricken, N. (2013). *Das ,Subjekt' der Praktiken – eine überholte Problemstellung? Leerstellen (in) der Praktikentheorie.* Vortrag auf der Tagung ›From Practice Turn to Praxeological Mainstream?‹. Institut für Höhere Studien, Wien, 3.6.2013. [https://www.ihs.ac.at/conferences/practices/program--day-1.html, abgerufen am 11.3.2018]

Reh, S. & Wilde, D. (Hrsg.). (2016). *Die Materialität des Schreiben- und Lesenlernens: Zur Geschichte schulischer Unterweisungspraktiken seit der Mitte des 18. Jahrhunderts.* Bad Heilbrunn: Klinkhardt.

Ricken, N. (2004). Menschen: Zur Struktur anthropologischer Reflexionen als einer unverzichtbaren kulturwissenschaftlichen Dimension. In F. Jaeger & B. Liebsch (Hrsg.), *Handbuch der Kulturwissenschaften. Band 1: Grundlagen und Schlüsselbegriffe* (S. 152–172). Stuttgart / Weimar: Metzler.

Ricken, N. (2009). Zeigen und Anerkennen: Anmerkungen zur Grundform pädagogischen Handelns. In K. Berdelmann & T. Fuhr (Hrsg.), *Operative Pädagogik: Grundlegung – Anschlüsse – Diskussion* (S. 111–134). Paderborn u. a.: Schöningh.

Ricken, N. (2013a). Anerkennung als Adressierung: Über die Bedeutung von Anerkennung für Subjektivationsprozesse. In T. Alkemeyer, G. Budde & D. Freist (Hrsg.), *Selbst-Bildungen: Soziale und kulturelle Praktiken der Subjektivierung* (S. 65–95). Bielefeld: transcript.

Ricken, N. (2013b). Zur Logik der Subjektivierung: Überlegungen an den Rändern eines Konzepts. In A. Gelhard, T. Alkemeyer & N. Ricken (Hrsg.), *Techniken der Subjektivierung* (S. 29–47). Paderborn: Fink.

Ricken, N. (2017). Der pädagogische Blick. *Zeitschrift für Kulturphilosophie, 11*(1), S. 173–198.

Ricken, N. & Reh, S. (2018). Leistung als Paradigma – eine Einführung in die Konzeption des Bandes. In S. Reh & N. Ricken (Hrsg.), *Leistung als Paradigma. Zur Entstehung und Transformation eines pädagogischen Konzepts* (S. 1–17). Wiesbaden: Springer VS.

Röhr, H. & Ricken, N. (2018). Art. Anerkennung. In J. Zirfas & G. Weiß (Hrsg.), *Handbuch der Bildungs- und Erziehungsphilosophie* (im Druck). Wiesbaden: Springer VS.

Ruhloff, J. (1980). *Das ungelöste Normproblem der Pädagogik: Eine Einführung.* Heidelberg: Quelle & Meyer.

Sartre, J.-P. (1962). *Das Sein und das Nichts: Versuch einer phänomenologischen Ontologie* [1943]. Reinbek: Rowohlt.

Schäfer, A. (2012). *Zur Genealogie der Pädagogik: Die Neu-Erfindung der Pädagogik als ›praktische Wissenschaft‹.* Paderborn u. a.: Schöningh.

Schäfer, H. (2016a). Praxis als Wiederholung: Das Denken der Iterabilität und seine Konsequenzen für die Methodologie praxeologischer Forschung. In H. Schäfer (Hrsg.), *Praxistheorie: Ein soziologisches Forschungsprogramm* (S. 137–159). Bielefeld: transcript.

Schäfer, H. (Hrsg.). (2016b). *Praxistheorie: Ein soziologisches Forschungsprogramm.* Bielefeld: transcript.

Schatzki, T. R. (1996). *Social practices: A Wittgensteinian approach to human activity and the social.* Cambridge: Cambridge University Press.

Schatzki, T. R. (2012). A Primer on Practices. In J. Higgs, R. Barnett, S. Billet, M. Hutchings & F. Trede (Hrsg.), *Practice-Based Education: Perspectives and Strategies* (S. 13–26). Rotterdam, Boston: Sense.

Schatzki, T. R. (2016). Praxistheorien als flache Ontologie. In H. Schäfer (Hrsg.), *Praxistheorie: Ein soziologisches Forschungsprogramm* (S. 29–44). Bielefeld: transcript.

Schatzki, T. R., Knorr Cetina, K. & Savigny, E. von (Hrsg.) (2001). *The Practice Turn in Contemporary Theory.* London: Routledge.

Schelle, C., Rabenstein, K. & Reh, S. (2010). *Unterricht als Interaktion: Ein Fallbuch für die Lehrerbildung.* Bad Heilbrunn: Klinkhardt.

Schindler, L. (2011). ›Teaching by Doing‹: Zur körperlichen Vermittlung von Wissen. In R. Keller (Hrsg.), *Körperwissen* (S. 335–350). Wiesbaden: VS Verlag für Sozialwissenschaften.

Schleiermacher, F. (2004). *Texte zur Pädagogik, Band 2: Grundzüge der Erziehungskunst (1826),* hrsg. von M. Winkler & J. Brachmann. Frankfurt a. M.: Suhrkamp.

Schmied-Kowarzik, W. & Benner, D. (1970). Art. Theorie und Praxis. In J. Speck & G. Wehle (Hrsg.), *Handbuch pädagogischer Grundbegriffe* (Bd. 2, S. 590–623). München: Kösel.

Schulz, R. (2015). Subjektivierung *durch* oder *als* Erfahrung? In T. Alkemeyer, V. Schürmann, & J. Volbers (Hrsg.), *Praxis denken: Konzepte und Kritik* (S. 215–234). Wiesbaden: Springer VS.

Schütz, A. (1981). *Theorie der Lebensformen: Frühe Manuskripte aus der Bergson-Periode [1924-1928],* hrsg. von Ilja Srubar. Frankfurt a. M.: Suhrkamp.

Tenorth, H.-E. (2006). Professionalität im Lehrerberuf: Ratlosigkeit der Theorie, gelingende Praxis. *Zeitschrift für Erziehungswissenschaft, 9*(4), S. 580–597.

Tenorth, H.-E. (2008). ›Theorie und Praxis‹ – Thesen zu einem unerledigten Thema. In G. Weigand, M. Böschen, & H. Schulz-Gade (Hrsg.), *Allgemeines und Differentielles im pädagogischen Denken und Handeln: Grundfragen – Themenschwerpunkte – Handlungsfelder. Wilhelm J. Brinkmann zum 20. Dezember 2007* (S. 193–202). Würzburg: Ergon.

Tenorth, H.-E. (2010). Historische Bildungsforschung. In R. Tippelt & B. Schmidt (Hrsg.), *Handbuch Bildungsforschung* (3. Aufl., S. 135–153). Wiesbaden: VS Verlag für Sozialwissenschaften.

Tervooren, A., Engel, N., Göhlich, M., Miethe, I. & Reh, S. (Hrsg.) (2014). *Ethnographie und Differenz in pädagogischen Feldern: Internationale Entwicklungen erziehungswissenschaftlicher Forschung.* Bielefeld: transcript.

Tyagunova, T. & Breidenstein, G. (2016). ›Was ist Unterricht?‹: Die Perspektive der Ethnomethodologie. In T. Geier & M. Pollmanns (Hrsg.), *Was ist Unterricht? Zur Konstitution
einer pädagogischen Form* (S. 77–101). Wiesbaden: Springer VS.

Vogel, P. (1997). Vorschlag für ein Modell erziehungswissenschaftlicher Wissensformen.
Vierteljahrsschrift für wissenschaftliche Pädagogik, 73(3), S. 415–427.

Weniger, E. (1952). Theorie und Praxis in der Erziehung. In ders., *Die Eigenständigkeit der
Theorie und Praxis der Erziehung* (S. 7–22). Weinheim.

Wiesing, L. (2013). *Sehen lassen: Die Praxis des Zeigens.* Berlin: Suhrkamp.

Wrana, D. (2012). Diesseits von Diskursen und Praktiken. In B. Friebertshäuser, H. Kelle,
H. Boller, S. Bollig, C. Huf, A. Langer, M. Ott & S. Richter (Hrsg.), *Feld und Theorie:
Herausforderungen erziehungswissenschaftlicher Ethnographie* (S. 185–200). Leverkusen:
Barbara Budrich.

Wrana, D. & Langer, A. (2007). An den Rändern der Diskurse: Jenseits der Unterscheidung
diskursiver und nicht-diskursiver Praktiken. *Forum Qualitative Sozialforschung, 8*(2),
Art. 20 (62 Absätze).

Verstehen als Gespräch – ein Abenteuer?
Wider die Negation des Nichtverstehens im Unterricht

Arno Combe

1 Einleitung

Eine der zentralen Herausforderungen für eine Unterrichtstheorie und Unterrichts-forschung ist die Wirkungsproblematik. Gerade auch einer sinnrekonstruierenden Unterrichtsforschung stellt sich die Frage, wie der pädagogische Anspruch des Unterrichts, auf Seiten der SchülerInnen Lernwirkungen hervorzurufen, empirisch eingelöst werden kann (vgl. hierzu Proske 2011, S. 15/16). Die Unterrichtstheorie und Unterrichtsforschung zeichnet sich dabei durch eine Art dualistische Spaltung von Innen und Außen aus. Bei dieser Parallelführung werden einerseits Interak-tionsverläufe und Kommunikationsprozesse als Bedingungen der Ermöglichung interpretiert, Hierzu werden subjektive Strukturen in Form von Äußerungen des Subjekts oft in normativer Weise in Beziehung gesetzt.[1]

Ein solch objekthaftes Gegenüber stellt nun nicht den typischen Fall für unser Verhältnis zur Welt dar, sondern dieses bleibt zunächst eingebettet in eine Welt, die uns durch unsere Praktiken erschlossen und vertraut ist. In einer praxistheoreti-schen Perspektive werden die subjektivierenden Effekte eingebettet in den Vollzug sozialer Praktiken erschlossen und rekonstruiert. Eine zentrale Dimension einer Praktik ist hierbei das Wechselspiel und die Verflechtung von Adressierung und Re-Adressierung. „Hier entstehen Positionen, die Individuen einnehmen können, die einzunehmen sie zu in der pädagogischen Ordnung anerkennbaren Subjekten macht und in denen sie sich und die Welt mit und durch die anderen auf je besondere Weisen erlernen" (Reh, Rabenstein & Idel 2011, S. 220). Mit einem solchen zudem anerkennungstheoretisch fundierten Zugang lassen sich vermutlich auch die sub-jektivierenden Effekte in Praktiken im Zuge von Gesprächen rekonstruieren, führt

---

[1] Man könnte von einem „cartesianischen" Dualismus sprechen. Zur Kritik, die vor allem auf das Potential sprachlicher Praktiken verweist, vgl. Rorty 1981.

© Springer Fachmedien Wiesbaden GmbH, ein Teil von Springer Nature 2019
K. Berdelmann et al. (Hrsg.), *Transformationen von Schule, Unterricht und Profession*, https://doi.org/10.1007/978-3-658-21928-4_3

man sich vor Augen, in welcher Weise sich Sabine Reh in ihrer Habilitationsschrift mit narrativen Interviews als Gesprächspraxis auseinandersetzt (Reh 2003). Bis heute ist die Rekonstruktion von Gesprächen im Unterricht als ein zentraler Untersuchungsgegenstand der Praxistheorie und -forschung anzusehen. Hier könnte auch ein vielfältig sich ausformender Bereich des Unterrichtsgesprächs und vor allem auch ein auf Verstehen zielendes Gespräch, das in diesem Beitrag im Mittelpunkt steht, in neuer Beleuchtung erscheinen. Wird Verstehen üblicherweise in der Innenwelt des Subjekts angesiedelt, so besteht nunmehr aus praxistheoretischem Blickwinkel vielleicht eine Chance, den Verstehensvorgang in einer diskursiven Außenwelt in Form von Praktiken und im Medium von Adressierungen und Re-Adressierungen zu dokumentieren und zu rekonstruieren. Ich komme darauf zurück.

Im Folgenden schließe ich an eine Publikation von Sabine Reh an, in der sie in der Auseinandersetzung mit dem Bildungsverständnis von Andreas Gruschka Spielräume und Grenzen des Unterrichts thematisiert. Sabine Reh bezieht sich auf den gesprächsweisen und interpretierenden Umgang mit einem hermetischen Gedicht im Unterricht, – auch eingedenk der Annahme eines gewissen, die Person erreichenden Resonanzraumes, den die ästhetische Erfahrung mittels ihrer „Fragegestalt" (Adorno 1970, S. 184) eröffnen könnte (vgl. Reh 2014, S. 327–344).

In Rehs Rekonstruktionen treten die Eigenarten und mitunter auch der Widerspruchscharakter der unterrichtlichen Annäherungsweisen an eine Sache deutlich hervor. Bezeichnend für die Zuwendung zu diesem hermetischen Gedicht ist die Adressierung der Schülerinnen und Schüler. Sie werden als „hermeneutisches Subjekt" aufgerufen (vgl. Reh & Rabenstein 2013), wobei die Frage ist, ob diese Ansprache der Schülerinnen und Schüler nicht nur für den speziellen Inhalt eines Gedichtes gilt, wie Reh und Rabenstein (2013) argumentieren, sondern generell für den mit Unterricht verbundenen Anspruch. Das Aufrufen der bei den Beteiligten vorhandenen hermeneutischen Kompetenzen manifestiert sich in einer auch für andere Sachzusammenhänge typischen Praktik. In einer Phase, in der die Verstehensprobleme für den Großteil einer Klasse nur ansatzweise entwickelt sind, gibt es schon „gewiefte Hermeneuten" (Combe & Gebhard 2012, S. 74), die artikulieren, was gemeint sein könnte.

Aber ist der Anspruch eines auf Verstehen zielenden Gesprächs einem Kunstwerk überhaupt angemessen? Und verfehlt nicht gerade der Anspruch, Kunstwerke müssten verstanden werden, die Besonderheit ästhetischer Erfahrung? (vgl. Reh 2014, S. 336) Auch schon Adorno erhob hier Einspruch. Die Kunstwerke pflegen, so Adorno, „am Ende den, der der Sache versichert sich fühlt, ein zweites Mal mit dem Was ist das zu überfallen" (Adorno 1970, S. 184). Was demgegenüber das Schulische im Umgang mit einer Sache, in diesem Fall auch den Umgang mit einem Gedicht kennzeichnet, ist der finale Zug in Richtung privilegierter, sogenannter eindeutiger Begriffe, die dem Interpretationsdiskurs schnell ein Ende machen.

Nun haben wir es, was die Leistungsfähigkeit und Bedeutung des (Unterrichts-) Gesprächs anlangt, mit einer unübersichtlichen Situation der Verkomplizierung, ja der „Hybridisierung" (Reckwitz 2010, S. 84ff.), also mit der Entstehung von Mischverhältnissen im unterrichtlichen Gesprächsfeld zu tun. In den Forschungen zur Ganztagsschule, die als eine Art Seismograph für Entwicklungstendenzen gesehen werden kann (Reh, Fritzsche, Idel & Rabenstein 2015), ist zu beobachten, dass mit dem klassenöffentlichen Gespräch über ein gemeinsames Thema unter dem Aspekt der Aushandlung von Bedeutung eine Formation fixiert wird, die sich nur noch als historische Form erweisen könnte (Idel & Rabenstein 2013). Zum anderen werden angesichts der Tendenz zur Formalisierung und des „Wissenmanagements" Formate gesucht, die wiederum „den Anspruch der Sache in den Mittelpunkt des Verhandlungsraums mit den Schüler/innen rücken" (Idel & Schütz 2018, S. 153).

Angesichts der widersprüchlichen Lage soll es im Folgenden deshalb darum gehen, Umrisse eines auf Verstehen hin angelegten Gesprächs anhand von sprachtheoretischen Überlegungen und mit Bezug auf Autoren wie Gadamer, Waldenfels und Humboldt – und dazu querliegend Luhmann – vergleichend freizulegen. In Frage gestellt werden die zur Selbstverständlichkeit gewordene Annahmen einer überkommenen und vor allem auf die sog. Geisteswissenschaften bezogenen Hermeneutik, ein Diskurs, der im Anschluss an Dilthey u. a. für eine gewisse Zeit eine paradigmatische Wirkung entfalten konnte (vgl. etwa Straub 2010). Dessen Prämissen sind bislang noch keineswegs „dekonstruiert". Gemeint ist etwa die Annahme einer abschlusshaften Eindeutigkeit und Beherrschbarkeit der Interpretation wie auch die Suggestion eines Einverständnisses und einer harmonisierenden Symmetrieunterstellung zwischen den Interpretierenden. Unterschlagen dabei wird, dass Anschlüsse des einen an den anderen verfehlt werden und Einverständnisse immer wieder schnell zerfallen können. Die Frage ist, ob bestimmte Strukturmomente der Hermeneutik nicht neu und radikaler gefasst werden müssen und ob dies überhaupt genügt. Im Kontext dieser o. g. Theorieansätze stellt sich vor allem die Frage, ob in den üblichen Sichtweisen des interpretierenden Gesprächs im Unterricht ein unproduktives, defizitäres Verständnis des Nichtverstehens mitgeführt wird, bei dem die „Produktivkraft des Unverständlichen" (Combe 2018) systematisch unberücksichtigt bleibt.

2 Die spezifische Verstehensproblematik im Unterricht: Übergänge als Balancearbeit zwischen Eigenem und Fremdem

Sobald wir den Boden des Unterrichts betreten, haben wir den Boden der Hermeneutik, also zu verstehen und Verstehbares im Austausch mit anderen hervorzubringen, immer schon betreten. Aber das Verstehensproblem im Unterricht ist zunächst Teil einer allgemeinen gesellschaftlichen Erfahrung, nämlich eines Umgangs mit dem Anderen, dem Fremden und Unbekannten. Was sich als Verstehensproblem speziell im Unterricht durch alle Fächer zieht, ist für die Schülerinnen und Schüler die Fremdheitszumutung, vom Zentrismus der Eigenperspektive in andere und fremde Horizonte und Aneignungsweisen springen zu müssen. Hinter solchen Übergängen und „Schwellenerfahrungen" (Waldenfels 1990, S. 33; 2006, S. 112) stehen biographische Geschichten des Hineinkommens in ein fremdes Symbol- und Sprachspektrum. Dieser Übergang aus den Gewissheiten alltäglicher Aussagesysteme in die von zeit- und ortsgebundenen Zutaten befreite und gewissermaßen perspektivisch entschränkte Welt gilt zum einen sicherlich für die Mathematik und die auf mathematische Berechenbarkeit ausgelegten Naturwissenschaften. Aber eine ebenso fremde Sinn– und Sprachwelt wird angetroffen, wenn in einem Roman den Innenzuständen eines Menschen in ungewohnter Weise Ausdruck gegeben wird. Viele alltägliche Phänomene lassen sich in die Allgemeinheit der Fachbegriffe nicht ohne Weiteres einfügen, was etwa für den Kraftbegriff der Newtonschen Mechanik gilt. Auf den Punkt gebracht heißt dies: Die besondere Verstehensproblematik im Unterricht ist darin zu suchen, dass die Eigenwelt und Aneignungsweisen der Schülerinnen und Schüler und die fachlichen und fachsprachlichen Sinnwelten aufeinander treffen.

Ich ziehe ein Beispiel für diese Übergangsproblematik heran, das die Balancearbeit zwischen Eigenem und Fremdem und zwischen je spezifischen Rationalitäts- und Erfahrungsformen verdeutlicht. Der folgende Text findet sich bei Riebling (2013, S. 142) und bezieht sich auf die 7. und 8. Jahrgangsstufe des Faches Chemie. Thema ist die „Glimmspanprobe". Das Beispiel soll Sinnmuster eines im Unterricht geforderten Übergangs sichtbar machen. Das beginnt mit der Durchführung eines Experiments, führt über den wechselseitigen Bericht des Geschehens und mündet schließlich in den Buchtext[2].

Text 1: (Zwei Schülerinnen experimentieren im Chemieunterricht.)
... Halt das mal. ... Jetzt glüht es. Tu es da rein. ... Ah, die Spitze leuchtet!

---

2   Eine didaktische Bewertung steht hier nicht zur Debatte.

Text 2: (Eine Schülerin stellt das Gruppenergebnis vor.)
Wir haben ein Holzstäbchen angezündet und dann ausgepustet. Den Stab haben wir dann so in unser Reagenzglas gehalten. Die Spitze hat wieder angefangen zu brennen.

Text 3: (Ein Text wird aus dem Lehrbuch übertragen.)
Die Glimmspanprobe
Sauerstoff ermöglicht und unterhält die Verbrennung. Diese Eigenschaft kann man nutzen, um Sauerstoff durch so genannte Glimmspanprobe nachzuweisen: Hält man einen an der Luft nur glimmenden Holzspan in Sauerstoff, so flammt er auf...

Wir sehen, wie sich die unterschiedlichen sprachlichen Mittel des Redens über den Gegenstand durch unterschiedlich gesetzte Rahmungen in charakteristischer Weise verändern. Im Text 1 spielt der situative Kontext eines Experiments eine zentrale Rolle, ohne dass dieser explizit benannt wird. Die im Text auftretenden Deiktika zur Charakterisierung der Situation (das, da) verweisen auf die face-to-face-Position der Handlungsträger/innen. Der Text 2 entfernt sich vom unmittelbaren Kontext. Das „wir" in Text 2 deutet schon an, dass hier berichtsartig ein Bezug auf andere und auf der Ebene eines „verallgemeinerten Anderen" (Mead 1975, S. 196) in Perfektform formuliert wird. Im Text 3 sind die Vorgänge zu einem prädikativen Aussagesatz zusammengezogen („Sauerstoff ermöglicht ..."). Ein Subjekt, ein Satzgegenstand, wird als Träger bestimmter Attribute vorgestellt, die sich nach wesentlichen oder unwesentlichen Aspekten differenzieren lassen[3]. Jedes persönliche Moment ist getilgt. Das „man" drückt wie das zeitlose Präsens eine Allgemeinheit der Erkenntnis und Erfahrung aus, die vom konkreten zeitlichen Bezug und vom Erfahrungssubjekt abgelöst ist.

Das Beispiel zeigt, wie veränderte Rahmenhandlungen und Kontexte veränderte Sprachspiele und Bedeutungsbezüge hervorbringen können. Gewiss, die fachspezifischen Begriffe müssen in zahlreichen eigensinnigen Kontextualisierungen allmählich eine Bedeutung für sich gewinnen und erst dies führt dazu, eine spezifische fachliche Weltsicht zu entwickeln, die in der Regel verschieden ist von der Welt, in der man lebt und aufgewachsen ist. Allerdings sind diese Bereiche wiederum

---

3   Wie dieser finale prädikative Zug zur Engführung des Prozesses und zur schnellen „Vereindeutigung" von Sinn führen kann, zeigt Kokemohr (1985; 2015). Die prädikative Struktur der Sprache legt hier nahe, den Gegenstand in Aussagesätzen und gleichsam geschlossenen Aussagesystemen als „dinghaften" Träger bestimmter Eigenschaften aufzufassen (Kokemohr 2015).

nicht trennscharf. Der Weg, um einen neuen Fachbegriff zu lernen, verlangt eine breite Repräsentation des Begriffs, unterstützende und sinnabgrenzende Beispiele, eine Abgrenzung gegenüber benachbarten fachlichen, aber auch alltagssprachlich gebräuchlichen Begriffen.

An diesem Beispiel wird deutlich, dass es eines Mediums bedarf, um den Übergängen flexibel justierend folgen zu können. Es zeichnet sich ab, dass in Bezug auf Übergänge im Unterricht die auftretenden Irritationen vor allem sprachlich bearbeitet werden müssen. Hier kommt es offensichtlich darauf an, um eine glückliche Formulierung von Rainer Kokemohr zu gebrauchen, „die Potentiale des Sprechens und Bedeutens zu entfalten" (Kokemohr 2017b, i. E.). Und bei Idel und Schütz wird dann direkt auf die Vollzugsform des Gesprächs Bezug genommen, wenn es gilt, „objektive Bedeutungsgehalte der Sache und die sich auftuenden Diskrepanzen der lehrer- und schülerseitigen Sinnzuschreibungen zu heben und zu vermitteln" (Idel & Schütz 2018, S. 153).

In den folgenden theoretischen Ansätzen rückt ein Strukturmoment des Dialogischen in den Vordergrund: das Risiko der Anschlussverfehlung und der damit geforderte Umgang mit Ungewissheit. Nicht selten richten sich hohe Erwartungen der Beherrschbarkeit an die „Kunst, ein Gespräch zu führen" (gadamer 1990, S. 572ff.). Gerade aber das Risiko der Anschlussverfehlung stellt ein auf Verstehen zielendes Gespräch auf eine neue und ungewohnte Grundlage und markiert dessen Möglichkeiten wie Grenzen. Missverständnisse und Unverständlichkeiten sind nicht einfach ein Anzeichen kollabierender Kommunikation, sondern sie stellen ein Irritationspotenzial dar, das zur Sinn- und Bedeutungssuche herausfordert und den Umgang mit der Vieldeutigkit eines Gegenstandes nahelegt.

3   Übergänge zwischen Eigenem und Fremden als Anschlussproblem. Skizzen zu Strukturen des hermeneutischen Gesprächs[4]: Gadamer, Waldenfels und Humboldt

Hermeneutik kommt nach Hans-Georg Gadamer dort ins Spiel, „wo etwas nicht unmittelbar verständlich ist" (Gadamer 1999, Bd. 8, S. 3). Hermeneutik „überbrückt" Fremdheit (Gadamer 1999, Bd. 8, S. 5). Hans-Georg Gadamer hat das Verstehen auf das Gespräch gegründet. Er hat einige differenzierte Figuren dessen heraus-

---

4   Dieses Kapitel über die theoretischen Grundpositionen ist eine stark gekürzte und veränderte Version von Combe (2018).

gearbeitet, was es heißt, den Dialog auf Verstehen und das „Eindringen in den Sinn" (Gadamer 1990, S. 271) auszurichten. Verstehen ist für Gadamer ein stets die eigenen Vorurteile zur Disposition stellende Befragung der Sache, die sich in Form eines „hermeneutischen" Zirkels, besser: einer Spirale, nach vorne dreht. Es ist vor allem die Kunst des Fragens und des Weiterfragens, die gewährleistet, dass es mit „der Entwicklung der Sache im Gespräch vorwärts geht" (Gadamer 1990, S. 349).

Gadamer rechnet zwar durchaus mit der Unausschöpfbarkeit des Verstehens, die die Deutung zu einem „unendlichem Abenteuer" macht. Aber trotz dieser Offenheit und Unabschließbarkeit der Interpretation besteht der Telos des Verstehens für Gadamer im „Einverständnis" (Gadamer 1999, S. 359), letztlich also in der Hervorhebung von Kontinuitätslinien, Verknüpfungen und einer „Horizontverschmelzung" (Gadamer 1990, S. 311) zwischen Text und Interpreten. So bleibt ein Gewissheitsversprechen und ein allzu harmonistisches Bild eines Einklangs zwischen den Protagonisten zurück.

Bei Bernhard Waldenfels begegnet uns das Fremde nicht nur als Frage. Er charakterisiert das Fremde mit dem vielschichtigen Begriff „Anspruch". Auf die Frage des Übergangs bezogen heißt dies: Bei Waldenfels liegt das Zentrum der Erfahrung der Befremdung in einer Konfliktspannung zwischen „Angesprochenwerden" und „Antworten" (Waldenfels 2006, S. 56f.) verorten. Kennzeichnend für einen fremden, in das Eigene einbrechenden Anspruch ist z. B. seine Appellhaftigkeit. Der Adressat dieses Anspruchs kann gar nicht anders, als sich daraufhin in irgendeiner Weise zu exponieren. Er kann nicht nicht antworten (Waldenfels 2012, S. 95). Waldenfels beschreibt hier ein „pathisches" Getroffensein, d. h., ein affektives und leibliches Alarmiertsein, ohne dass wir sofort zu sagen wüssten, was unsere Aufmerksamkeit verlangt, erregt, berührt und stört (vgl. Waldenfels 2012, S. 142). Auch diese pathische Dimension in ihrer Paradoxie der Herausforderung durch Unbestimmbares trägt zur Schwierigkeit des Antwortens bei.

Die Antwortmöglichkeiten lassen sich keineswegs einfach parat halten und abrufen. Der Antwortende befindet sich in der Offenheit einer Übergangssituation, in der eine Antwort fällig, aber noch nicht gegeben ist. Es wäre nun verkürzt, diesen Übergang als „Verknüpfung" zu fassen (Waldenfels 1987, S. 39ff.). Das würde die auftretenden Anschlussprobleme nur entschärfen. „Das Eigene kann an Fremdes nur anknüpfen" (Waldenfels 1994, S. 235). Was dem Geschehen in einem „Zwischen" von Anspruch und Antwort eher Ausdruck gibt, ist die Form einer „offenen Anknüpfung" (Waldenfels 1987, S. 39ff.).

Für dieses „Zwischengeschehen" wählt Waldenfels den Ausdruck „Diastase" (2002, S. 173), um eine Kluft und Bruchstelle festzuhalten. Der Begriff „Diastase" meint ein Auseinandertreten zwischen Getroffensein durch den Anspruch und dem Antworten, die Tatsache also, dass sich schon aus Gründen der zeitlichen und auch kontextuellen Verschiebung ein Spalt auftut, „der sich nicht schließt, und der eben deshalb nach erfinderischen Antworten verlangt" (Waldenfels 2002, S. 49). Waldenfels betrachtet also das Antworten nicht in Form der bloßen Entäußerung eines innerlich schon geformten Gebildes. Sinn entsteht erst im Antworten selbst. Ja, mehr noch: Erst im Vorgang des Antwortens vermögen wir unsere eigene Potentialität zu erkennen (vgl. Waldenfels 1997, S. 53)[5].

Bei Waldenfels zieht sich im Vergleich zu Gadamers Idee der Horizontverschmelzung eine nicht zu tilgende Spur von Unverständlichkeit durch alle Verständigung über den Sinn einer Sache. Die Fremderfahrung oszilliert zwischen Zugänglichkeit und Unzugänglichkeit. Die Gründe der Zugänglichkeit und Unzugänglichkeit sind vor allem auch in sprachlichen Bedeutungsnetzen zu suchen, in die wir biographisch „eingestrickt" sind, wie Wilhelm v. Humboldt ausführt.

Um eine Sache und sich selbst verstehen zu können, bedarf es der Mitwirkung und Antwort der anderen. Eine solche Mitwirkung und Reflexion im Spiegel der anderen basiert auf dem Fortspinnen von „Anrede und Erwiederung" (Humboldt 1968, S. 155). Humboldt verlegt also die verstehende Aneignung von Welt nicht in die Innerlichkeit des Subjekts. Das Eingesponnen-Sein in sprachliche Bedeutungsnetze konstituiert ein bestimmtes Verhältnis zur Sachwelt, oder wie Humboldt sagt: eine bestimmte „Weltansicht" (Humboldt 1968, S. 60). „Der Mensch lebt mit den Gegenständen hauptsächlich, ja (…) sogar ausschließlich so, wie die Sprache sie ihm zuführt" (Humboldt 1968, S. 60).

Aufgrund dieser eigensinnigen sprachlichen Zugriffe im Medium spezifisch konstellierter Bedeutungsnetze stoßen die Einzelnen bei der Verständigung mit anderen über den Sinn und die Bedeutung eines Sachverhalts immer wieder an Grenzen der Verständigung. damit berühren wir die in den vorherigen Ansätzen thematisierte Frage, ob und wie der Sinn einer Rede beim Anderen ankommt. Aus diesem je individuellen Eingewobensein in sprachlich vermittelte Bedeutungsnetze von Welt-Anderen-Bezügen resultieren befremdliche Differenzbrüche ebenso wie Verwandtschaften des Gebrauchs.

Humboldt beschreibt hinsichtlich der Konsitution von Bedeutung eine spannungsvolle Bewegung. Zunächst geht er von der Notwendigkeit des „Hinüberversetzens" einer Vorstellung in den Bereich der Objektivität aus, bei der die eigenen Vorstellungen und Worte „an Andren versuchend geprüft (werden)" (Humboldt 1968, S. 155), was auf einen kulturell zu regelnden Gebrauch sprachlicher Ausdrücke und sprachlichen Anschließens verweist. Aber die Beimischung eines unveräußerlichen „singulären" Moments beim Übergang zu einer Objektivität in Form der Einbindung in spezifische Bedeutungsnetze lässt zugleich die oben

---

5   Diese für die Professionalisierung wichtigen Gedanken verfolge ich in Combe (2018).

erwähnte potentielle Anschlussverfehlung zum Vorschein kommen. Wir denken an Verschiedenes, während wir meinen, über dasselbe zu sprechen. Das singuläre Moment der Sinnkonstruktion führt oft dazu, dass im Verhältnis zu einem Sachverhalt „in jedem entsprechende, nicht aber dieselben Begriffe hervorspringen" (Humboldt 1968, S. 170). Diese Einsicht Humboldts ist, nicht nur das hermeneutische Gespräch betreffend, von großer Tragweite (vgl. zu den bildungstheoretischen Implikationen Kokemohr 2017a).

Fassen wir zusammen: Sowohl die responsive Phänomenologie von Waldenfels als auch das sprach- und bildungstheoretische Verständnis Humboldts gehen von einem dialogischen Verständigungsprozess über die Bedeutung eines Sachverhalts aus, in dem Differenzbrüche chronisch immanent sind. Die Protagonisten agieren aus einer Situation des Entzugs von Sinn, die sie der Zukunftsoffenheit, der Ungewissheit und der Bewährungsdynamik des Antwortens aussetzt. Waldenfels wie Humboldt räumen dem Nichtverständlichen und Unbestimmbaren keinen nur vorläufigen Platz im Verstehensprozess im Rahmen eines Gesprächs ein, wie das bei Gadamer der Fall ist. Dennoch werden solche Erfahrungen von Differenzbrüchen und der notorisch sich einstellenden Bedeutungsabstände nicht mystifiziert. Eine Scheiternsphilosophie ist nicht das letzte Wort. Damit gelangen wir zu einigen theoretischen Positionen, ohne vollständig, direkt, normativ und gleichsam „übergriffig" praktische Handlungsanweisungen darstellen zu wollen und zu können.

4   Theoretische Modelle der Bearbeitung der Kontingenz von Anschlüssen und der Abarbeitung von Übergängen[6]

4.1   Niklas Luhmann und die Einschränkung des Möglichkeitsraumes

Greifen wir nochmals etwas aus. Ich gehe von einem Gedanken Niklas Luhmanns aus, dessen Arbeiten eine Art Plattform für die folgende Darstellung der Abarbeitung von Anschlussrisiken sind. Was funktionssichernde Anschlüsse angesichts eines immer Anders-Möglichen, also von Kontingenz sind, kann eben mit dem Rück-

---

6   Dass diese Abarbeitung von Übergängen ein weit über den Unterricht hinausgehendes und „sozialisatorisch" zentrales Lebensthema ist, bei dem ein Verharren in einem dichotomen und eindimensionalen Stadium Entwicklungsprozesse abweisen und blockieren kann, sei hier nur erwähnt.

griff auf Luhmann angedeutet werden (vgl. ausführlich Combe 2015). Luhmann
hat in Zusammenhang mit der Kontingenzbearbeitung vor allem den Begriff der
„Erwartung" ins Spiel gebracht (Luhmann 1984, S. 397). Wie ist das zu verstehen?
Ego und Alter sind genötigt, Selektionen aus Auswahlmöglichkeiten, dem
besagten, Kontingenz heraufbeschwörenden Anders-Möglichen, zu treffen. Ob
diese Selektionsentscheidungen zusammenstimmen und zueinander Passendes
eintritt, ist offen. Diese Unwägbarkeit besteht für beide Seiten. Hierin besteht das
Doppelte der „doppelten Kontingenz" (Luhmann 1984, S. 154). Eine Problemlösung
besteht nun nach Niklas Luhmann in einer Sinnordnung, mit der sich die Fülle der
Möglichkeiten und Anschlusspunkte verknappen lässt. Eine solche Möglichkeit
stellt nach Luhmann die Etablierung von Erwartungen dar. Eine hervorstechende
Eigenschaft der Herausbildung von Erwartungen ist nämlich ihre Funktion zur
„Einschränkung des Möglichkeitsspielraumes" (Luhmann 1984, S. 397).

Erwartungen verweisen auf ein grenzziehendes Handeln. Die angesprochenen funktionssichernden Grenzziehungen lassen sich in einer Sach-, Sozial- und
Zeitdimension beschreiben (Meseth et al. 2011, S. 212ff.; Baumert & Kunter 2006).
Allerdings muss festgehalten werden, dass auch Erwartungen durch die Interpre-
tationsoffenheit von Bedeutungen gekennzeichnet und dem Wechsel der Kontexte
und der zeitlichen und individuellen Verschiebung von Blickpunkten ausgesetzt
sind. Somit sind die Eingrenzungen alles andere als eindeutig und krisenfest. Ein
grundlegend anderes Modell lässt sich im Anschluss an Wilhelm v. Humboldts
Zugang für den Umgang mit der Kontingenz des Übergangs, den Differenzbrüchen
und den Bedeutungsabständen zwischen den Protagonisten festhalten.

4.2   Humboldt: Die Gegeneinanderführung von Lesarten im Interpretationsdiskurs[7]

Bei der Annäherung an einen Gegenstand spielen lebensgeschichtlich erworbene
Spuren wechselseitiger Ansprache, Gruppengewissheiten, Milieugeographien und
einiges mehr zusammen. Hier konstituieren sich singuläre „Sprachgeschichten". Die
subtilen Verschiedenheiten der Bedeutungskonstruktion und der in einer Interpre-
tationsgruppe immer wieder manifest werdende Perspektivismus implizieren also
einerseits das Risiko der Anschlussverfehlung, wie wir eingangs argumentiert haben.
Zum anderen kann diese Verschiedenheit die Achtsamkeit gegenüber Nuancen von
Differenz zwischen den Protagonisten in ihrem Verhältnis zur Sache stimulieren.

---

7   Vgl. hierzu auch Combe (2013), insbesondere das Konzept der „Öffnung zur interpre-
     tativen Kontingenz".

Das letztere ist die Position Humboldts. Entsprechend lässt sich Hans-Christoph Kollers Humboldt-Interpretation heranziehen. Humboldts konstruktive Idee ist, so Koller, „die Individualitäten so in Beziehung zu setzen, dass deren Differenz nicht nur erhalten bleibt, sondern ‚fruchtbar' zu werden vermag" (Koller 2003, S. 527). Damit ist der Umgang mit Differenzbrüchen im Gespräch in den Raum gestellt, die Frage also, wie und inwiefern Deutungsalternativen und unterschiedlichen Lesarten Ausdruck gegeben werden kann.

Überträgt man diesen Grundgedanken auf ein Gesprächsformat im Unterricht, so gilt es etwa unterschiedliche lehrerseitige und schülerseitige Perspektiven in einen Dialog zu bringen bzw. Vergleichshorizonte der Interpretationen gegeneinander zu führen (Combe & Gebhard 2012, S. 31). Eine solche Gegeneinanderführung wird allerdings nur erkenntnisproduktiv in einer Art Offenheit, bei der Raum für die Artikulation von Irritation und der Erfahrung von Fremdheit bleibt. Knauth (2015) hat in seinen Rekonstruktionen Möglichkeitsfelder des Sprechens erschlossen, die vor allem an Bruchstellen der Unterrichtsroutine zum Tragen kommen: die Ausrichtung des Gesprächs auf die kommunikativen Initiativen der Schülerinnen und Schüler; tastende Formulierungshandlungen der Beteiligten; der in Form einer Wechselrede gestartete Versuch des Herausarbeitens aus Irritationen sowie die Entstehung einer forschenden Rahmung, in der sich die Lehrerrolle von einem Instrukteur und Moderator zu einem primus inter pares im Sog der Sache und der gemeinsamen Suche nach einer Problemlösung verschiebt (Knauth 2015, S. 136ff.; Nystrand 2003).

Eine komparative Analyse, die auf der Idee der Gegeneinanderführung (s. o.) beruht, impliziert nun die vielleicht als kritikwürdig empfundene Annahme gemeinsamer Bezugs- und identifizierbarer Vergleichspunkte von Ego und Alter. Erst dadurch wird ja ein Vergleich erst möglich gemacht. Damit scheint ein „radikales" Moment einer letztlich uneinholbaren Differenz, auf deren ärgerliche Tatsache wir aufmerksam machten, nivelliert. Halten wir aber fest: Die Unterscheidung zwischen radikaler und relativer Differenz, die ja auch in den Schriften von Waldenfels zunehmend an Gewicht gewinnt (vgl. etwa Waldenfels 1997; 2012), ist zum Verständnis der komplexen Interaktionsbasis des Verstehensprozesses wichtig. Zugleich aber ist eine schlichte Entgegensetzung zwischen einem Noch-Zuänglichen und einem Unzugänglichen für den konkreten Fall problematisch. Nicht in Rechnung gestellt wird, dass sich Zugänglichkeit und Nichtzugänglichkeit im Vorwege nicht bestimmen lassen, sondern im Zustand einer gewissen unentwirrbaren Verwicklung in Erscheinung treten. Würde man darüber hinaus die Erfahrung der radikalen Differenz und Unbestimmbarkeit ausschließen, so würde auch ein gut Teil dessen negiert, was den Umgang mit Irritationen ausmacht. Die Unzugänglichkeit führt einerseits zum Scheitern, sie entzieht sich gleichermaßen, wie sie sich aufdrängt und fordert uns andererseits zu immer erneuten Versuchen der Erschließung von Sinn heraus.

Für den Umgang mit solchen Differenzbrüchen hat Waldenfels schließlich eine Denkfigur vorgeschlagen. Es geht dabei um „ein Arbeiten von zwei Seiten aus, wo man sich, wenn es gutgeht, in einem gemeinsamen Feld trifft, ohne dass Ausgangsbedeutungen und Bewegungsrichtungen zur Deckung gebracht werden können" (Waldenfels 1995, S. 31). Damit dürfte Waldenfels eine Art „Arbeitsinterim" (Lüders 2003, S. 191; Helsper 2002, S. 123) im Auge haben. „Abstimmungen" stehen dann unter dem Vorbehalt, nur ein zeitweise stabilisierter Haltepunkt eines konflikthaften Austauschs zu sein, der jedem Beteiligten dennoch auf je eigene Weise zugänglich ist. Die implizite Botschaft dieses Vorschlags ist letztlich, dass auch dann, wenn wir nicht dieselbe Sprache sprechen und Differenzen sichtbar sind, eben doch zusammenarbeiten und zusammen handeln. In Bezug auf die Komplexität der Perspektivendifferenz und deren Gegeneinanderführung kehren wir nochmals zu dem von Sabine Reh eingangs geschilderten Fall der „Erarbeitung" eines Gedichts im Unterricht zurück.

Schon im Zuge der allgemeinen Typisierung und des scheinbar routinierten Verlaufs, der der Fixierung von Bedeutungen gilt, können überraschend Konfrontationen und reflexive Momente entstehen, die die Artikulation von Sinnoptionen und das Denken in Möglichkeiten freisetzen. Solche Konfrontationen und reflexiven Momente können aber auch durch Interventionen der Lehrperson entstehen. Gerade auch die „Anbahnung von Konfrontation" (Rumpf 2004, S. 156) setzt aber in der Profession eine Sichtweise voraus, die das Nichtverstehen als Ansatzpunkt und Zentrum ihrer Tätigkeit und nicht als bloße Belastung oder als defizitär versteht. So erhebt auch Sabine Reh Einspruch gegen die gesprächsweise auf schnelle Einordnung fixierte Erarbeitung eines Gedichts, in dem den Spuren von Nichtverstehen kein Raum gegeben wird. Im Gegensatz zum Wegfiltern von Unverständlichem und der Herstellung eines widerstandsarmen Passungsversuchs erachtet Sabine Reh die Frage als wesentlich produktiver und als einen Kern des didaktischen Geschäfts, „ob es einem Lehrer oder einer Lehrerin gelingt, ein Nichtverstehen der Schüler und Schülerinnen – über Umwege vielleicht – hervorzurufen und schließlich zur Äußerung zu bringen" (Reh 2014, S. 337).

5 Die Manifestation des Verstehens in konkret sichtbaren Ausdrucksgestalten. „Rahmenkomplementarität" als Sicherung der Anschlussfähigkeit?

Zum Schluss soll anhand eines sehr abgekürzten Interpretationsversuchs geprüft werden, ob sich die „Produktionslogik" von Verstehen als etwas erweisen könnte, was eigens in Praktiken konstruiert und adressatenanalytisch in Ausdrucksgestalten des Tuns und des Sagens konkret fassbar wird sowie schließlich aus einer Perspektive der Subjektivation interpretiert werden kann[8]. Theoretisch orientiert sich das folgende Beispiel an der Figur der „Rahmenkomplementarität", die als eine auf der Ebene der Interaktionsorganisation gebaute Brücke zwischen den heterogenen Bedeutungswelten in Schulklassen angesehen wird (vgl. Martens & Asbrand 2017).

Wie wird nun der Umgang mit der „Heterogenität" des Bedeutens in Schulklassen von einem Konzept der „Rahmenkomplementarität" (Martens & Asbrand 2017, S. 72ff.) ausgehend gedacht? Welche Form der Bearbeitung des Risikos der Anschlussverfehlung liegt bei dem mit Rahmenkomplementarität Bezeichneten vor, angesichts der oben beschriebenen Befunde der „doppelten Kontingenz" (Luhmann), der zumeist „offenen Anknüpfung"(Waldenfels) und der Kontingenz sich kreuzender und verfehlender Schnittlinien von sprachlich eingebundenen „Weltansichten" (Humboldt)? Ob überhaupt und in welcher Weise schlägt sich zudem der Umgang mit Verstehen und Nichtverstehen in erkennbaren linguistischen Formen und Diskursketten nieder? Wie also wird Verstehen und Verständigung angezeigt und hergestellt?

Martens und Asbrand führen die Spezifität dieses Rahmenkonzepts in einem längeren Zitat folgendermaßen ein: „Überraschend ist …, dass die Unterschiedlichkeit der Orientierungsrahmen im Interaktionsverlauf nicht zu Abbrüchen der Interaktion führt. Sie lässt sich daher nicht mit dem für derartige Sachverhalte normalerweise verwendeten Begriff der „Rahmeninkongruenz" beschreiben. Unsere Analyse zeigt", so schreiben die Autoren weiter, „dass die Orientierungsrahmen zwar verschieden, aber miteinander vereinbar sind. Wir sprechen deshalb von „Rahmenkomplementarität"." (Martens & Asbrand 2017, S. 84). Notwendig wäre

---

8   Die damit verbundene Idee, insonderheit bezüglich des Verstehens an konkrete Ausdrucksgestalten des Tuns und Sagens anzuknüpfen, verfolgt etwa auch der Ansatz der sog. „Verstehensdokumentation" in Form einer „interaktionalen Linguistik" (Deppermann, o.J.). Von einer Verfolgung dieser wie anderer in diesem Kapitel ausgelegten Spuren, sich einem so mystifizierten Gegenstand wie Verstehensprozessen linguistisch-figurativ und adressaten-analytisch zu nähern, muss ich aus Platzgründen weitgehend Abstand nehmen.

nun sicher eine detaillierte Klärung des Konzepts des Orientierungsrahmens, aber ich möchte beispielhaft fragen, wie ein solcher Prozess der wechselseitigen Verfertigung von Komplementärpositionen aussehen und wie er rekonstruiert werden kann. Ziehen wir die von Martens und Asbrand berichtete Fallsequenz heran, die ich eigens, wenn auch in wenigen Strichen, interpretieren möchte.

Bei der Präsentation einer Aufgabenstellung fällt eine partikelhafte Äußerung der Lehrerin auf: „Ihr überlegt einfach mal, was müsste man, alles herausfinden …" (Martens & Asbrand 2017, S. 79). Mit dieser Zentrierung um einen Abtönungspartikel „einfach" wird eine spezifische Relation und „Figuration" (Reh et al. 2015, S. 311) von Positionen hergestellt, die ein Verhältnis der Beteiligten zueinander sowie das jeweilige Verhältnis zur Sache sichtbar machen. Trotz aller zukunftsoffenen Vagheit dieser Positionierungsaktivität seitens der Lehrerin, der sequentiell weiter nachgegangen werden müsste, werden die Adressat/innen ganz selbstverständlich für die Güte des zu Erarbeitenden in die Pflicht genommen. Im Lichte des Verstehens gesagt werden die AdressatInnen als die über entsprechende Bearbeitungsmöglichkeiten verfügende Fähigkeitsbesitzer angesprochen. Damit kommen auch normative Implikationen der Intelligibilität und Anerkennbarkeit der Adressatinnen und Adressaten ins Spiel. Interessant erscheint nun, wie die Schüler/innen auf diese Adressierung reagieren. Eine Schülerin fragt, ob hier die sogenannten W-Fragen zu stellen seien, was die Lehrerin bejaht. Somit klagt die Schülerin – in einer Re-Adressierung – wiederum eine Art informative Bringschuld in Bezug auf verstehensnotwendige Informationen ein, und der die Probleme herunterspielenden Definition des Verstehensproblems seitens der Lehrerin wird nicht gefolgt.

Schon hier ergibt sich ein Zug zu einer wechselseitig einklinkenden Positionierung von Lehrerin und Schülerinnen und Schülern im Verhältnis zum Gegenstand und dessen Bearbeitung. Die wechselseitige Verfertigung hat, wie die Fallsequenz andeutet, nicht nur eine „interaktionsorganisatorische" Seite, wie Martens und Asbrand meinen (ebd. 2017, S. 72), sondern eine Seite, bei der im Austauschs der Beteiligten auch eine epistemische Dimension zum Tragen kommt. Mit den wechselseitigen Adressierungsinitiativen wird auf subtile Weise ein „common-ground"[9] von „Erwartungserwartungen" etabliert, wobei der Versuch gemacht wird, an einen gemeinsamen Übereinstimmungsfundus anzuknüpfen. Bezüglich des epistemischen Entwurfs ist hier auch von Bedeutung, dass die Anschlusserwartungen auf einer kognitiv-sprachlichen Ebene bis in die sprachlichen Annäherungsformen an die Sache und die Form eines bestimmten Anschlussszenarios – die W-Fragen – unter

---

9   Diese Formulierung stammt aus der interaktionalen Linguistik, vgl. Deppermann, o. J.,
      S. 3.

der Maßgabe der Einengung von Optionen gebunden werden. Wird damit, wie die Martens und Asbrand meinen, eben ein „reibungsloses Funktionieren" (Martens & Asbrand 2017, S. 72) gesichert? In der Tat sprechen die genannten Gesichtspunkte für eine entsprechende Bindung durch Komplementärpositionen. Aber wie bindungsfest ist diese Grundfigur?

Was geschieht etwa, wenn die interaktionsorganisatorisch eingeführte Versuchsanordnung brüchig wird und wenn latent gehaltene Inkompabilitäten in der Sache aufbrechen? Dies wird etwa dann manifest, wenn angesichts den unterschiedlichen von den Schüler/innen erarbeiteten Fragekomplexen das Problem der Perspektivenverschränkung im Raum steht. Diese an der Pinnwand veröffentlichten Fragekomplexe kommentiert die Lehrerin mit den folgenden Worten: „Also ähnliche Sachen könnt ihr euch zusammen dann ranpinnen (wenn das die gleiche Frage ist, dann lass[10])" (Martens & Asbrand 2017, S. 81). Die Lehrerin steht an solchen Strukturstellen, die auch auf der Ebene von Rückmeldungen zum Verstehen und zur Entwicklung eines Sachverständnisses liegen, vor der Entscheidung, Bedeutungsunterschiede in der Sache thematisieren zu müssen, etwa wenn die Klärung des weiteren Verlaufs ansteht[11].

Es mag im vorliegenden Fall der Rückgriff auf ein eingeübtes Ordnungsformat und eine robuste Routine sein, die den Verlauf stabilisieren, ohne Bedeutungsunterschiede stark machen zu müssen. Im Falle aufbrechender Bedeutungsunterschiede müssten aber unter hohem interpretatorischen Risiko Sinnanschlüsse erfunden, gesucht oder entdeckt werden. Eine Haltung der Interpretation und eine tentative sprachliche Annäherung an Bedeutungen wäre gefragt – von Bedeutungen, die sich nicht nur von selbst verstehen und die schließlich mit offenem Ausgang erschlossen werden müssen. Damit ist die Handlungsbasis der Protagonisten fragiler, als es das von Martens und Asbrand begrifflich isolierte Formmuster der Rahmenkomplementarität verspricht. Fällt dieser die Interaktionsorganisation allzu sehr isolierenden Betrachtungsweise auch das Doppelgesicht des Rahmens und der Bedeutung von Rahmenstrukturen zum Opfer?

Zu Anfang der Sequenz sehen wir Formen der eingrenzenden, gewissermaßen Gegenständlichkeit erst schaffenden Fokussierung. Martin Heidegger (1993, § 32) hat die entsprechende Wahrnehmung als „als-Struktur" bezeichnet, die ein Erfassen von etwas „als etwas" aufruft, immer auch im Versuch, gemeinsames, zukunftsgerichtetes Handeln möglich zu machen. Aber der kollektiv geschaffene Rahmen ist, wie der vorliegende Fall zeigt, nur ein Rahmen auf Zeit, bis zu dem

---

10 Die Lehrerin spricht hier einen Schüler/eine Schülerin an.
11 Zum Aufschließen des Geschehens vgl. auch die von Reh und Ricken (2012) sowie von Reh et al. (2015) entworfenen Fragenkomplexe.

Moment, da jemand Unverständnis äußert, dessen Gültigkeit bestreitet oder die Blickpunkte und Umstände und damit Bedeutungen sich verschieben, und sei dies nur in Form der Wiederholung. Die Stabilisierung hält, bis es die Annäherung an den Gegenstand mit der Perspektivendifferenz zu tun bekommt und ein unbestimmter Sinnüberschuss ins Gespräch gerät.

An solchen Störungen der Linearität und der Sinnkohärenz (vgl. hierzu Kokemohr 2017b) könnte nun eine andere und produktive Funktion eines Rahmenentwurfs zum Zuge kommen, nämlich die Kraft der gedankenexperimentellen Erfindung und des Entwurfs neuer oder fiktiver Kontexte, die, auch um des besseren Verstehens einer vorliegenden Situation oder Ausdrucksgestalt willen, Sprachspiele optional variieren und vervielfachen (vgl. Wittgenstein 1977). Hier spielen die Ausdrucks- und Transformationspotentiale der Sprache in Form eines oft tentativen Entwickelns eine zentrale Rolle. In dieser Dimension verweist der Rahmenbegriff auf eine narrativ-hermeneutische, in ihrer Dynamik nicht kontrollierbare Spur.

Schon angesichts der nur kursorisch reinterpretierten Fallsequenz und der Organisation von Positionierungskonstruktionen ist zu ersehen, dass sich beide Dimensionen, die eingrenzende Strukturierung und die Öffnung zur interpretativen Kontingenz und zur weiten Aufmerksamkeit, in einer Konfliktspannung befinden, was sich zuspitzend in einer Entscheidungskrise der Lehrpersonen und in der Auseinandersetzung zwischen eigentlich unterschiedlichen, aber gleichzeitig auftretenden und zur Auswahl stehenden Formmustern und entsprechenden Logiken von Praktiken der Öffnung und Schließung äußern kann (vgl. hierzu auch Paseka & Schrittesser 2018, S. 31ff.). Kommen wir aber zum Schluss.

Das Beispiel sollte vor allem auch die Möglichkeit eines praxistheoretischen Zugangs zur Erforschung eines hermeneutischen, auf Verstehen ausgerichteten Gesprächs erproben. Ein solcher Zugang verlegt sich weder auf die Innenwelt des Subjekts, etwa auf Intentionen, noch auf einen übergreifenden Code. In den Vordergrund rückt vielmehr die „Streuung einer Äußerlichkeit" (Reh 2003, S. 72), wie Reh schon in ihrer Habilitationsschrift in Bezug auf die Ausdrucksgestalten des Sprechens und Tuns formuliert. Auch Verstehen wird, so lautet nun mein Ergebnis, ähnlich wie die Fabrikation von „richtigen Antworten" (Kalthoff 1995), in sozialen Praktiken als Verstehen erst hervorgebracht, sichtbar gemacht sowie immer wieder neu hergestellt. Die Beteiligten werden über die Adressierungs- und Re-Adressierungspraktiken in ein Verhältnis zur Sache und zugleich zu sich selbst und zueinander gesetzt. In diesem Zugleich sehe ich das Erkenntnispotenzial dieses Ansatzes. Die Untersuchung eines hermeneutischen Gesprächs mit praxistheoretischen Mitteln könnte das Nachdenken über Verstehen und die Vorstellungen über den Verlauf und die interaktive Generierung von Verstehensprozessen vom Kopf auf die Füße stellen.

Literatur

Adorno, Th. W. (1970). *Ästhetische Theorie. Gesammelte Schriften*. Bd. 7. Frankfurt am Main: Suhrkamp.

Baumert, J. & Kunter, M. (2006). Professionelle Kompetenz von Lehrkräften. *Zeitschrift für Erziehungswissenschaft 9*(4), S. 469–520.

Combe, A. (2013). Perspektiven der Unterrichtstheorie. Eine Diskussion neuerer theoretischer Konzeptualisierungen von Unterricht. *Zeitschrift für interpretative Schul- und Unterrichtsforschung 2*, S. 158–173.

Combe, A. (2015). Schulkultur und Professionstheorie. Kontingenz als Handlungsproblem des Unterrichts. In J. Böhme, M. Hummrich & J.T. Kramer (Hrsg.), *Schulkultur. Theoriebildung im Diskurs* (S. 117–135). Wiesbaden: Springer VS.

Combe, A. (2018). Ungewissheit als Risiko der Anschlussverfehlung. Verstehen als Gespräch. Eine differenztheoretische Konzeptualisierung von Unterricht. In A. Paseka, M. Keller-Schneider & A. Combe (Hrsg.), *Ungewissheit als Herausforderung für pädagogisches Handeln* (S. 81–104). Wiesbaden: Springer VS Verlag.

Combe, A. & Gebhard, U. (2012). *Verstehen im Unterricht. Die Rolle von Phantasie und Erfahrung*. Wiesbaden: Springer VS.

Deppermann, A. (o. J.). Was ist eine „interaktionale Linguistik des Verstehens"? http://www.gespraechsforschung-ozs.de/heft20 11/ga-barth-weingarten. pdf. Zugegriffen am 01.03.2018.

Gadamer, H.-G. (1960/1990). *Wahrheit und Methode. Gesammelte Werke*, Bd. 1. Tübingen: Mohr.

Gadamer, H.-G. (1985/1999). *Ästhetik und Hermeneutik. Gesammelte Werke*, Bd. 8 (S. 1–8). Tübingen: Mohr.

Gadamer, H.-G. (1985/1999). *Grenzen der Sprache. Gesammelte Werke*, Bd. 8 (S. 350–361). Tübingen: Mohr.

Heidegger, M. (1993). *Sein und Zeit*. Tübingen: Niemeyer.rdt.

Helsper, W. (2002). Lehrerprofessionalität als antinomische Handlungsstruktur. In M. Kraul, W. Marotzki & C. Schweppe (Hrsg.), *Biographie und Profession* (S. 64–102). Bad Heilbrunn: Klinkhardt.

Humboldt, W. von (1968). *Gesammelte Schriften* 6 & 7. Hrsg. von A. Leitzmann. Berlin: de Gruyter.

Idel, T. S. & Rabenstein, K. (2013). „Sich als Zeigender zeigen". Verschiebungen des Zeigens in Gesprächsformaten im individualisierten Unterricht. *Zeitschrift für interpretative Schul- und Unterrichtsforschung 2*, S. 38–57.

Idel, T. S. & Schütz, A. (2018). Steigerung von Ungewissheit im Wandel von Lernkultur. In A. Paseka, M. Keller-Schneider & A. Combe (Hrsg.), *Ungewissheit als Herausforderung für pädagogisches Handeln* (S. 141–162). Wiesbaden: Springer VS Verlag.

Kalthoff, H. (1995). Die Erzeugung von Wissen: Zur Fabrikation von Antworten im Schulunterricht. *Zeitschrift für Pädagogik 41*, S. 925–939.

Knauth, T. (2015). Dialog und Sinnkonstitution im Religionsunterricht. In U. Gebhardt (Hrsg.), *Sinn im Dialog* (S. 126–146). Wiesbaden: Springer.

Kokemohr, R. (1985). Modernisierung und Validierung in schulischen Lehr-Lern-Prozessen. In R. Kokemohr & W. Marotzki (Hrsg.), *Interaktionsanalysen in pädagogischer Absicht* (S. 177–235). Frankfurt am Main: Lang.

Kokemohr, R. (2015). Fremdheit im schulischen Einheitsprinzip des Wissens. In R. Buchenhorst (Hrsg.), *Gesellschaft und Kultur in Bewegung* (S. 41–68). Bielefeld: transcript.

Kokemohr, R. (2017a). Der Bildungsvorhalt im Bildungsprozess. In Ch. Thompson & S. Schenk (Hrsg.), *Pädagogische Zwischenwelten*. Paderborn: Schöningh (im Erscheinen).

Kokemohr, R. (2017b). Wahrheit, Gewissheit, Ungewissheit – Bemerkungen zu einer Theorie des Bildungsprozesses. In Bähr, I. et al. (Hrsg.), *Irritation im Fachunterricht – didaktische Wendungen der Denkfigur transformatorischer Bildungsprozesse*. (im Erscheinen).

Koller, H.-Ch. (2003). „Alles Verstehen ist daher ein Nicht-Verstehen". Wilhelm von Humboldts Beitrag zur Hermeneutik und seine Bedeutung für eine Theorie interkultureller Bildung. *Zeitschrift für Erziehungswissenschaft 6*(4), S. 513–531.

Luhmann, N. (1984). *Soziale Systeme*. Frankfurt a. M.: Suhrkamp.

Lüders, M. (2003). *Unterricht als Sprachspiel. Eine systematische und empirische Studie zum Unterrichtsbegriff und zur Unterrichtssprache*. Bad Heilbrunn: Klinkhardt.

Martens, M. & Asbrand, B. (2017). Passungsverhältnisse: Methodologische und theoretische Reflexionen zur Interaktionsorganisation des Unterrichts. *Zeitschrift für Pädagogik 1*, S. 72–90.

Mead, G. H. (1968). *Geist, Identität und Gesellschaft aus der Sicht des Sozialbehaviourismus*. Herausgegeben und eingeleitet v. Morris, Ch. W. Frankfurt a. M.: Suhrkamp.

Meseth, W., Proske, M. & Radtke, F.-O. (Hrsg.) (2011). *Unterrichtstheorie in Forschung und Lehre* (S. 223–240). Bad Heilbrunn: Klinkhardt.

Nystrand, M. (2003). Questions in time investigating the structure and dynamics of unfolding classroom discourse. *Discourse Processes 35*, S. 135–198.

Paseka, A. & Schrittesser, I. (2018). Muster von Schließungen im Unterricht. Über fruchtbare Momente in Lernprozessen und wie sie unerkannt verstreichen. In A. Paseka, M. Keller-Schneider & A. Combe (Hrsg.), *Ungewissheit als Herausforderung für pädagogisches Handeln* (S. 31–52). Wiesbaden: Springer VS Verlag.

Proske, M. (2011). Wozu Unterrichtstheorie? In Meseth, W., Proske, M. & Radtke, F.-O. (Hrsg.). *Unterrichtstheorie in Forschung und Lehre* (S. 9–23). Bad Heilbrunn: Klinkhardt.

Reckwitz, A. (2010). *Das hybride Subjekt*. Weilerswist: Velbrück Wissenschaft.

Reh, S. (2003). *Berufsbiographische Texte ostdeutscher Lehrer und Lehrerinnen als „Bekenntnisse."Interpretationen und methodologische Überlegungen zur erziehungswissenschaftlichen Biographieforschung*. Bad Heilbrunn: Klinkhardt.

Reh, S. (2014). Bildung als Zueignung – Zueignung statt Bildung? In C. Leser, T. Pflugmacher, M. Pollmanns, J. Rosch & J. Twardella (Hrsg.), *Zueignung. Pädagogik und Widerspruch* (S. 327–344). Opladen, Berlin und Toronto: Verlag Barbara Budrich.

Reh, S., Fritzsche, B, Idel, T. S. & Rabenstein, K. (2015). *Lernkulturen. Rekonstruktionen pädagogischer Praktiken an Ganztagsschulen*. Wiesbaden: Springer VS Verlag.

Reh, S. & Rabenstein, K. (2013). Die soziale Konstitution des Unterrichts in pädagogischen Praktiken und die Potentiale qualitativer Unterrichtsforschung. Rekonstruktionen des Zeigens und Adressierens. *Zeitschrift für Pädagogik 59*, S. 291–308.

Reh, S., Rabenstein, K. & Idel, T.-S. (2011). Unterricht als pädagogische Ordnung. Eine praxistheoretische Perspektive. In W. Meseth, M. Proske & F.-O. Radtke (Hrsg.), *Unterrichtstheorien in Forschung und Lehre* (S. 209–222). Bad Heilbrunn: Klinkhardt.

Reh, S. & Ricken, N. (2012). Das Konzept der Adressierung. Zur Methodologie einer qualitativ-empirischen Erforschung von Subjektivation. In I. Miethe, & H.-R. Müller (Hrsg.), *Qualitative Bildungsforschung und Bildungstheorie* (S. 35–56). Opladen/Farmington Hills: Barbara Budrich.

Riebling, L. (2013). Heuristik der Bildungssprache. In I. Gogolin, I. Lange, U. Michel & H.H. Reich (Hrsg.), *Herausforderung Bildungssprache – und wie man sie meistert* (S. 106–153). Münster u. a.: Waxmann.

Rorty, R. (1981). *Der Spiegel der Natur.* Frankfurt a. M.: Suhrkamp.

Rumpf, H. (2004). *Diesseits der Belehrungswut – Pädagogische Aufmerksamkeiten.* Weinheim-München: Juventa.

Straub, J. (2010). Das Verstehen kultureller Unterschiede. Relationale Hermeneutik und komparative Analyse in der Kulturpsychologie. In G. Cappei, S. Shimada & J. Straub (Hrsg.), *Interpretative Sozialforschung und Kulturanalyse* (S. 39–100). Bielefeld: transcript Verlag.

Waldenfels, B. (1987). *Ordnung im Zwielicht.* Frankfurt a. M.: Suhrkamp.

Waldenfels, B. (1990). *Der Stachel des Fremden.* Frankfurt a. M.: Suhrkamp.

Waldenfels, B. (1994). *Antwortregister.* Frankfurt a. M.: Suhrkamp.

Waldenfels, B. (1995) *Deutsch-französische Gedankengänge.* Frankfurt a. M.: Suhrkamp.

Waldenfels, B. (1997). *Topographie des Fremden.* Frankfurt a. M.: Suhrkamp.

Waldenfels, B. (2002). *Bruchlinien der Erfahrung.* Frankfurt a. M.: Suhrkamp.

Waldenfels, B. (2006). *Grundmotive einer Phänomenologie des Fremden.* Frankfurt a. M.: Suhrkamp.

Waldenfels, B. (2012). *Hyperphänomene. Modi hyperbolischer Erfahrung.* Berlin: Suhrkamp.

Wittgenstein, L. (1977). *Philosophische Untersuchungen.* Frankfurt a. M.: Suhrkamp.

(Nichtgelehrte) Gelehrtenkommunikation im Medium des Briefes

Walter Guyers Korrespondenzen als Musterfall einer vergangenen Praktik?

Andreas Hoffmann-Ocon

Während bis in die 1960er und 70er Jahre das Briefgespräch zwischen Hochschullehrern, Gelehrten, aber auch Lehrerbildnern eine Praxis der disziplinären Debatte und Kritik darstellte, gerät aktuell die lange Phase der Briefkorrespondenzen in der Erziehungswissenschaft häufig aus dem Blick. Ein Grund dafür könnte sein, dass aus dem historisch standortgebundenen Verständnis des „digitalen Zeitalters" heraus, demzufolge das 18. Jahrhundert das Jahrhundert des Briefes gewesen sei (Schmid 2003, S. 113), der Meinungsaustausch von Gelehrten im 20. Jahrhundert im Medium des Briefes als epigonale Sonderform gewertet wird. In Feldern der Biografie- und historischen Forschung gelten Briefe zwar nicht als unproblematische, aber ergiebige Quelle (Anderegg 2001, S. 7). Als Medien lassen diese sich daraufhin untersuchen, inwieweit sie zum Knüpfen netzartiger Systeme u. a. in Politik, Wissenschaft und Kunst beitrugen (Herres & Neuhaus 2002, S. 9). Walter Guyers (1892–1980) Beitrag zu einer Kulturpraxis des Anlegens sowohl von pädagogischen und erziehungswissenschaftlichen Denkdepots als vor allem auch des Aufbaus eines Kommunikationsnetzes von Akteuren der pädagogischen Disziplin durch Korrespondenzen soll im Zentrum des Artikels stehen. Unter vielfachen Blickwinkeln – z. B. derjenigen der Pädagogik, der Psychologie, Psychoanalyse der Philosophie und der geistigen Landesverteidigung – führte Guyer Briefgespräche mit bedeutsamen Exponenten im deutschsprachigen Raum – etwa mit den Pädagogen, Erziehungswissenschaftlern und Psychologen Hans Aebli, Wolfgang Brezinka, Wilhelm Flitner, Paul Geheeb, Heinrich Hanselmann, Bärbel Inhelder, Rudolf Lochner, Herman Nohl, Heinrich Roth, Willi Schohaus, Eduard Spranger, Hans Stettbacher und Hans Wymann. Aber auch mit Persönlichkeiten anderer geisteswissenschaftlicher Disziplinen und aus dem Feld der Belletristik suchte Guyer den Meinungsaustausch oder wurde zum Adressaten. Hier wären etwa der Philosoph Karl Jaspers, der Historiker Ulrich Im Hof oder die gegen Mitte des 20. Jahrhunderts bekannte Autorin biografischer und historischer Romane

© Springer Fachmedien Wiesbaden GmbH, ein Teil von Springer Nature 2019
K. Berdelmann et al. (Hrsg.), *Transformationen von Schule, Unterricht und Profession*, https://doi.org/10.1007/978-3-658-21928-4_4

Mary Lavater-Sloman zu nennen. Guyers Korrespondenz liefert womöglich den „Musterfall einer vergangenen Praktik" und „enthält sämtliche Ingredienzen vergangener Praktiken" (Haasis & Rieske 2015, S. 7). Zu seiner alltäglichen Praxis als Seminarlehrer, Seminardirektor und, später, als Oberseminardirektor tonangebender Ausbildungsstätten für Lehrpersonen in der deutschsprachigen Schweiz gehörten ebenfalls Korrespondenzen mit weiteren Seminardirektoren, Universitätsleitungen und -professuren, kantonalen Erziehungsdirektionen und Fachgesellschaften, aber auch mit (ehemaligen) Seminarkandidatinnen und -kandidaten oder gar ihren Eltern. Auch diesen *kleinen* Kommunikationen könnte nachgespürt werden, denn die Briefgespräche über das Fach und den Zustand der Pädagogik, über den Ort des Pädagogischen, über die *gute* Lehrpersonenausbildung setzte sich aus „vielfältigen, historisch spezifisch verorteten Praktiken und ihren Vollzugskontexten [...] zusammen: Praktiken des Wahrnehmens, des Kommunizierens, des Schreibens" (Brandes & Zierenberg 2017, S. 6).

Der vorliegende Beitrag ist von der Vermutung geleitet, dass die Briefkorrespondenzen von Walter Guyer vor dem Hintergrund mehrerer krisenhafter Horizonte, die wesentlich in den Zeitraum der 1930er und 40er Jahre fallen, „durch Interpretationen gestiftete Zusammenhänge" (Jaeggi 2014, S. 106) Einblicke in die Formierung des disziplinären Feldes der Pädagogik und Erziehung ermöglichen. Guyer, geboren 1892 in der Gemeinde Hirslanden bei Zürich, verkörpert mit dem sozialen Aufstieg aus der wirtschaftlichen Unsicherheit einer Familie, die durch den frühen Tod seines Vaters in eine prekäre Situation geriet, durch das 1912 im Lehrerseminar Küsnacht erlangte Primarlehrerpatent eine personifizierte Zwischenstellung zwischen ruraler und bürgerlicher Kultur. Neben seiner anschließenden neunjährigen Unterrichtstätigkeit an Volksschulen studierte er berufsbegleitend an der Universität Zürich Philosophie, Pädagogik und Geschichte und schloss 1920 mit einer Doktorprüfung ab. Überdies absolvierte er ein sprachlich orientiertes Sekundarlehramtsstudium und stieg mit diesem Hintergrund als Hauptlehrer ins Seminar Mariaberg in Rorschach ein. 1928 erfolgte der Übertritt an die renommierte Sekundarlehramtsschule St. Gallen, an der er auch durch die Produktion von pädagogischen Werken (z. B. Guyer 1934; 1939) auffiel, die als Beiträge zur geistigen Landesverteidigung gedeutet werden können. Nachdem er 1938 dieser Lehrerbildungsanstalt vorstand, wechselte er 1941 nach Basel als Direktor des Seminars, das mit seinen maturitätsgebundenen Ausbildungs- und Studiengängen eher einem Pädagogischen Institut glich. Nach weniger als einem Jahr erfolgte die nächste Veränderung: Guyer wurde als Gründungsdirektor des Oberseminars in seinem Heimatkanton Zürich berufen, um in der Limmatstadt ebenfalls an einer nachmaturitären Institution der Lehrpersonenbildung zu wirken (Hoffmann-Ocon 2015, S. 39). Guyers Berufsbiografie kann als Ausdruck einer Karriere im Feld der

Lehrerbildung verstanden werden, obgleich der ‚ungeordnete', sich schnell ablösende Ortswechsel auch als Element einer Lehrer-Krisenbiografie deutbar wäre (Hirsch 1990, S. 83–84): Der ‚Lehrerbildner' befand sich zu Beginn der 1940er Jahre auf einer überspannten Suche nach einem Ort, der anfechtungsfreier sowohl die Arbeit mit angehenden Unterrichtenden als auch die Produktion von verschiedenen pädagogischen und erziehungswissenschaftlichen Wissen zulässt.

In welche Praktiken waren die Pädagogen und Erziehungswissenschaftler wie Guyer verstrickt, wenn sie einander Briefe schrieben? Wie haben sie miteinander korrespondiert, um andernorts wissenschaftliche Ergebnisse hervorzubringen und zu ordnen? Gehörte die Briefkorrespondenz in ihren Kontexten zu den Praktiken, die wissenschaftliche Aussagen hervorbrachte und sich wechselseitig beeinflusste? Worüber haben die gelehrten Pädagogen genau in ihren Briefen kommuniziert, gab es Aspekte „die von heute aus betrachtet fremd oder unsinnig erscheinen" (Daniel 2001, S. 366)? Welcher eigenen Zeitlichkeit und Taktung folgte die historische Briefpraxis (Haasis 2015, S. 311)? Unter diesem Blickwinkel sollen exemplarisch die Briefgespräche vor allem zwischen Walter Guyer und Wilhelm Flitner sowie mit dem Zürcher Erziehungsdirektor Robert Briner gebündelt, vorgestellt und moderat angelehnt an Aussagen der historischen Praxeologie in Augenschein genommen und auf ihren Alltagscharakter hin ausgelotet werden.

Insbesondere, so eine These, die Spuren, welche auf eine berufliche Arrivierungsstrategie von Guyer verweisen, und damit ein feinkörnigeres Bild ergeben, können durch die Sichtung und Deutung von Korrespondenzen aus der ersten und „aus der zweiten Reihe" erschlossen werden. Diese Briefwechsel, die womöglich weniger einer strategisch-intendierten Netzwerkbildung dienen sollten, sondern „impulsiver" geschrieben und verschickt wurden, eröffnen Einsichten, die schon fast an das für alltägliche Praktiken bedeutsame implizite, inkorporierte Wissen (Reckwitz 2008, S. 192) damaliger Akteure heranreichte. Daher soll in diesem Beitrag nicht nur auf die Briefgespräche geschaut werden, denen bereits mit der Auswahl des Adressaten „beschworene Kontemplation[en]", „kluge Formulierungen, scharfe Analysen oder gewagte Schlussfolgerungen" zugeschrieben werden (Hess 2015, S. 85), sondern auch auf jene Texte, die abseits des gelehrten Rituals entstanden sind. Solche konnten sich auf den Aufbau einer Infrastruktur des disziplinären Feldes durch Fachzeitschriften, Fachenzyklopädien, Lehrerhandbücher oder aber auch auf verschiedene Facetten von Stellenpolitik beziehen (Hofstetter & Schneuwly 2011, S. 20–25).

Der Brief mit wissenschaftlich relevantem Inhalt schien den zeitlich versetzten Dialog von Schreibenden und Lesenden vorauszusetzen, wobei diese spezifische Textsorte auch aus der Erfahrung bestand, dass bestimmte Briefe nicht abgesendet wurden oder nicht eintrafen resp. unbeantwortet blieben, obgleich sie einen

Adressaten hatten (Schneider 2004, S. 11). Korrespondenzen fanden, so zumindest gemäß vielen Anspielungen in den Briefen an und von Guyer, auch in unterschiedlich sozialräumlichen Atmosphären statt. Damit deutet sich an, dass die Briefbearbeitung eine affektiv aufgeladene Praktik darstellen konnte (Laube 2017, S. 66). Neben dem Arbeitszimmer in der privaten Wohnung konnte der Ort der Briefproduktion auch ein Hotelzimmer oder Ferienhaus sein, welcher wiederum sich auf Affekte wie Unterstreichungen, Annotationen, Notizen und Zeichnungen auswirkte. Soziale Praktiken lassen sich auch dadurch charakterisieren, dass zu ihnen eine je spezifische affektive Gestimmtheit gehört. Zum Praktikenkomplex der Briefkorrespondenz zwischen gelehrten Lehrerbildnern, der durch kollektives Wissen getragene überindividuelle Verhaltensroutinen enthält – etwa mit Briefformeln zur Einleitung, Grüße etc. –, gesellen sich „spezifische Lust- oder Unlusterregungen, die sich an bestimmte andere Subjekte, Dinge oder Vorstellungen heften" (Reckwitz 2015, S. 39). So können sich aus dem Vollzug von Briefpraktiken neue, andersartige Affizierungen ergeben, wenn etwa das Briefpapier zum Träger von weiteren Informationen wird.

Welchem kollektiv impliziten Wissen, welchen Verhaltensroutinen und welchen Affekten lässt sich anhand einer umfangreichen Quellenbasis aus dem Nachlass Walter Guyers (Forschungsbibliothek Pestalozzianum, PH Zürich), der eine Reihe von Gelehrtenkorrespondenzen von den 1920er Jahren bis 1980 enthält, nachspüren? Zunächst werden dazu Ausschnitte von Briefgesprächen zwischen Walter Guyer und Wilhelm Flitner herangezoomt. Anschließend wird die behördlich orientierte Korrespondenz zwischen Walter Guyer und dem Zürcher Erziehungsdirektor Robert Briner genauer in den Blick genommen.[1]

1   Korrespondenz mit Wilhelm Flitner

1.1   Leerstellen und eine Einladung als Problemlösungsversuch

Wilhelm Flitner gehörte zu den prominenten Wissenschaftlern, mit denen Walter Guyer in Briefkontakt stand. Zum Zeitpunkt des Korrespondenzbeginns 1938 befand sich Flitner, der sich 1930 für einen deutschen Professor erstaunlich

---

1   Der vorliegende Beitrag zielt auf Kontexte zum SNF-Projekt 166008 „Wissenschaft – Erziehung und Alltag. Orte und Praktiken der Zürcher Primarlehrer/innenbildung in der ersten Hälfte des 20. Jahrhunderts".

deutlich öffentlich zur Weimarer Republik bekannte, aber zur NS-Zeit auch kein Widerstandskämpfer war, in einer prekären Situation (Faulstich 2015, S. 34). 1929 als Ordinarius für Erziehungswissenschaften an die Hamburger Universität berufen, suchte Flitner bewusst eine maßgebliche Rolle an der jungen Universität Hamburg, die durch einen Beschluss der hamburgischen Bürgerschaft 1926 sich darauf festgelegt hatte, zukünftig die Ausbildung der Volksschullehrpersonen in den Hochschulbetrieb zu integrieren (Nicolaysen 2015, S. 7–8; Herrmann 2015, S. 49). In der NS-Zeit blieb Flitner im Amt, doch viele ihm nahestehende Kollegen wie etwa Ernst Cassirer und der für pädagogische Debatte bedeutsame Psychologe William Stern wurden aus („rassen"-)politischen Gründen entlassen. Wie andere geisteswissenschaftlich orientierte Pädagogen ebenfalls, z. B. Herman Nohl, hielt Flitner ein Zusammenspiel von (ehemals) individualpädagogisch orientierten Pädagogen nach der NS-Machtübernahme mit dem neuen Regime für möglich. Der Grad an Fehleinschätzung des Nationalsozialismus ist in der Forschungsliteratur strittig (z. B. Klafki & Brockmann 2002, S. 59; Herrmann 2015, S. 62–63). An die Stelle fast geschichtsoptimistischer Zuversicht trat dann sukzessive die Vermutung über eine Selbsttäuschung. Nicht nur geriet im privaten Bereich Flitners Frau Elisabeth, promovierte Nationalökonomin, die nach den NS-Rassegesetzen in die Kategorie „Halbjüdin" fiel, in das Visier des Regimes, sondern in der beruflichen Sphäre wurde dem Professor für Erziehungswissenschaft ab 1936 mit der Einrichtung der Hochschulen für Lehrerbildung (Hoffmann-Ocon 2009, S. 36–39) das Hauptbetätigungsfeld der Ausbildung von Volksschullehrpersonen genommen, dessen Inhalte und Ausbildungsziele seinen wissenschaftlichen Interessen entgegengekommen waren. Konfrontiert mit dieser Aushöhlung seines akademischen Wirkungsbereichs, begann er in der Zeit der Briefkorrespondenz mit Guyer, in seinen universitären Veranstaltungen die Lehrinhalte mit Aspekten der Philosophie-, Literatur- und Kulturgeschichte deutlich anzureichern (Nicolaysen 2015, S. 9).

Ein am 9. Juli 1938 in „Kleinflottbek" (Hamburg-Altona), also im Privathaus, verfasstes Schreiben von Flitner, eine Antwort auf den ersten, impulssetzenden Brief von Guyer, verweist auf eine spezifische Gewohnheit, das Briefgespräch unter wissenschaftlich produktiven Pädagogen aufzunehmen:

> „Sie waren so gütig, mir ihren freundlichen Zuspruch zu meiner Goethe-Arbeit in der ,Einführung' brieflich mitzuteilen. Für ein so ermutigendes Wort eines Gleichstrebenden muss man stets dankbar sein, in meiner besonderen Lage hatte ich zehnfachen Anlass mich darüber zu freuen und ich danke Ihnen von ganzem Herzen" (Nachlass W.G., IX, 8, Brief Flitner an Guyer, 09. 07.1938, S. 1).

Mit hoher Wahrscheinlichkeit bezog sich Flitner damit auf Guyers 1934 publiziertes Buch „Unsere schweizerische Schule. Ihr Geist – Ihr Standort – Ihre nationale

Aufgabe" oder auf das kurz nach dem ersten Briefwechsel entstandene Werk „Du Volk und deine Schule. Ein Gespräch über Erziehung im Angesicht des Vaterlandes" (1939). Guyer reklamierte mit seinen Überlegungen ein sowohl politisches als auch pädagogisches Ordnungsdenken, demzufolge die Lehrperson als Interventionsagent anzusprechen sei. Die kommunikative Figuration des Volkes und des Volkskörpers ließ sich nach seinen Ausführungen auf die Schulklasse beziehen, die „ein Politikum im Kleinen" vor dem Hintergrund darstelle, dass Politik nichts anderes heiße, „als Ordnung eines Vielfältigen nach bestimmten Gesichtspunkten" (Guyer 1934, S. 49). Lehrer stünden vor Schulklassen, „die Kinder aus verschiedenstem Milieu, aus verschiedenen Konfessionen und verschiedenen Parteien, Kinder mit verschiedener Begabung, verschiedenem Charakter und verschiedenem Temperament" umfassten (Guyer 1934, S. 48). Guyers Interventionsideen nahmen Bezug auf einen belletristisch-kulturellen Wertehorizont. Der ‚Lehrerbildner' Guyer rekurrierte auf die bekannten schweizerischen Dichter des 19. Jahrhunderts wie Gotthelf, Keller, Meyer, Spitteler sowie auf die im deutschsprachigen Raum als ‚Geistesaristokraten' geltenden Schriftsteller und Philosophen wie Lessing, Schiller, Goethe und Nietzsche (Guyer 1934, S. 90), immer wieder auch auf Pestalozzi. In der Phase einer Hegemonie nationalen und nationalistischen bis hin zu nationalsozialistischen Denkens bestand die Schwierigkeit darin, in der Schweiz deutsche Autoren als bedeutsame Kulturträger zu verteidigen und nicht „nationaler Abschliessung und engem Eigenwahn das Wort zu reden" (Guyer 1934, S. 85). Die Kulturen der Ausbildung von Volksschullehrpersonen in literarisch informierte und geisteswissenschaftlich inspirierte Lebensformen eingehen zu lassen und in den Zusammenhang mit diversen Formen wissenschaftlichen Wissens zu bringen, bildete einen interpretativen Rahmen, den Guyer und Flitner teilten und der „Ensembles von Praktiken und Orientierungen" nach sich zog (Jaeggi 2014, S. 104). Die „besondere Lage", auf welche Flitner in seinem Brief anspielte und die den ganzen Briefwechsel unter Spannung setzte, wurde auch in weiteren Ausführungen eher verrätselt als aufgeklärt:

> „Warum mir Ihr Brief eine ganz besondere Freude und Stärkung war, das darf ich Ihnen vielleicht einmal mündlich sagen. Ich hätte Ihnen gern mit diesem Dank – und darum verzögerte ich ihn – eine zweite Abhandlung geschickt, die schon länger im Satz steht, aber nicht erscheint, so dass ich nicht länger warten mag. [...] Einstweilen aber lassen Sie mich Ihnen für Ihren Aufsatz über die Schweizer Volksschule und für Ihr Werk über das Bildungswesen in der Schweiz danken [...]. Ihre Teilnahme an meiner Arbeit erweckt in mir den Wunsch, Ihnen einmal einen Besuch abstatten zu dürfen, sobald uns die Reisen in Ihr Land einmal wieder möglich sind" (Nachlass W.G., IX, 8, Brief Flitner an Guyer, 09. 07.1938, S. 2).

Interessanterweise werden die Inhalte der aufgerufenen Werke kaum entfaltet. Allerdings verstärken die Andeutungen das Verbindende der beiden Pädagogen; ein Treffen in Zeiten sich verschärfender Einreisebestimmungen wurde ersehnt, in dem die geheimnisvollen Hintergründe für Guyer näher in einem persönlichen Gespräch beleuchtet werden könnten. In diesem Brief wurde ein Schreib-Prinzip deutlich: Das Aufrufen von Texten des Korrespondenzpartners, um seine Haltungen, Befindlichkeiten oder persönlich vertrackten Situationen anzudeuten resp. ansatzweise zu charakterisieren. Der hier präsentierte Korrespondenzausschnitt zielte letztlich auf eine gemeinsame Reflexion der eigenen pädagogischen resp. erziehungswissenschaftlichen Produktionspraxis. Aus heutiger Sicht ist es schwer auszuloten, welche Erfahrung Flitner Guyer *nur* mündlich mitteilen wollte oder konnte. Nicht die seinerzeit vorgefundene *Wirklichkeit* bildete Flitner in seinem Brief ab, sondern er nahm zugleich Stellung in ihr und bediente sich zu diesem Zweck der Konvention der Andeutung und Anspielung. Flitner stellte durch seinen Brief die Kontemplationen Guyers „nicht durch kluge Formulierungen, scharfe Analysen oder gewagte Schlussfolgerungen" her (Hess 2015, S. 85), sondern durch einen speziellen Gestus, mit dem er das Schreibwerkzeug gegriffen habe: als eine gefährdete Person. Flitner markierte gegenüber Guyer eine berufsbiografische Umbruchssituation, in der es sich für ihn als schwierig erwiesen hatte, seine Schriften zu publizieren. Diese ‚Praxis der Anspielung' wies eine unverkennbare politische Dimension auf. Sie machte behelfsmäßig auf womöglich verborgene Prozesse der Selbstanpassung und des Stillhaltens, aber vor allem auch auf ausbleibende Förderung und auch auf die Selbstwahrnehmung als Opfer in hoher sozialer Anspannung aufmerksam. Aus Sicht von Guyer, der die Verhältnisse in Deutschland nur schwer einschätzen konnte, fanden sich in diesen Textpassagen Ungewissheiten darüber, welche Möglichkeiten, sich beruflich zu entfalten, er seinem Korrespondenzpartner zu- oder absprechen konnte. Flitners Anmerkung, dass ein Text von ihm nicht erscheint, könnte als ein Entfremdungshinweis verstanden werden, wenn Entfremdung als das Hinzutreten einer fremden Macht verstanden wird, die nur schwer identifizierbar sei und die Akteure sich in ihrem Handeln nicht wirklich präsent vorkämen (Jaeggi 2016, S. 85–86). Für Guyer blieb es eine Leerstelle, welche Spielräume Flitner an der Hamburger Universität blieben. Zwar konnte Flitner an der Universität Hamburg sein Professorenamt fortsetzen, da er aber im für ihn zentralen Lehramtsstudiengang für die Volksschule nicht mehr wirken konnte, gelang es ihm in der NS-Zeit nicht mehr, „über die Verhältnisse Macht zu gewinnen" (Meier 2014, S. 20). Bereits drei Wochen später, am 30. Juli 1938, erhielt Guyer von Flitner einen weiteren Brief, diesmal geradezu in gelöster Stimmung:

„Ihr freundlicher Gruss mit der überaus liebenswürdigen Einladung, Sie im schönen Davos zu besuchen, erreichte mich nach Umwegen auf einer Alpenwanderung. Haben Sie herzlichen Dank und entschuldigen Sie mich, wenn ich einer [...] ehrenden Einladung in diesem Sommer nicht folge; ich habe die seltene Freude mit Frau und Kindern einen ganz freien Alpenaufenthalt genießen zu können [...]. Wie ich höre, ist die Schweiz durch das letzte Abkommen wieder zugänglich für uns geworden und so will ich die Hoffnung behalten, Ihr schönes Vaterland und Sie in einem anderen Jahr besuchen zu dürfen" (Nachlass W.G., IX, 8, Brief Flitner an Guyer, 30.07.1938, S. 1).

Tatsächlich hatte Guyer eine Besuchseinladung ausgesprochen, jedoch schien Flitners drei Wochen zuvor schriftlich geäußerter Wunsch nun nicht mehr so dringlich zu sein. Aus praxeologischer und eben auch produktionsästhetischer Perspektive dürfte der Entstehungsort des Briefes womöglich nicht irrelevant gewesen sein. Als Entstehungsort ist nun nicht mehr Kleinflottbek angegeben, sondern Hindelang im Allgäu, also der Ort, an dem Flitner sich mit seiner Familie in den Wander-Ferien befand und ein Freiheitsgefühl empfand, das in dieser Schilderung fast kitschig und etwas floskelhaft wirkt.

1.2   Orte, Repräsentationsräume sowie Nutzungsspuren als Desinteresse und immanente Kritik

Die Korrespondenz wurde 1955 fortgeführt, allerdings unter dem Einsatz weiterer Materialien. Waren die Briefe von 1938 mit Tinte auf ein etwa DIN A5 großes Papier geschrieben, nutzte Flitner nun mit Titel, Namen und Adresse vorbedrucktes DIN A4 großes Briefpapier, das maschinenschriftlich bearbeitet wurde. Mit einem Brief vom 12. Februar 1955 fragte Flitner seinen schweizerischen Kollegen um Mitarbeit für den Didaktikband eines großen Handbuchs an. „Das ganze Unternehmen soll den methodisch und didaktisch sehr verworren denkenden Lehrern eine Hilfe werden. [...]. Eine solche Kodifizierung wird auch allgemein erwartet, nicht nur in Deutschland, sondern auch im Ausland [...]. Da ich überzeugt bin, mit Ihnen auf gleicher Basis zu arbeiten, so empfinde ich es als Verpflichtung der Öffentlichkeit gegenüber, dass wir diese Gemeinsamkeit auch praktisch mobilisieren" (Nachlass W.G., IX, 8, Brief Flitner an Guyer, 12.02.1955, S. 1), betonte Flitner. Die fast intimen Andeutungen Ende der 1938er Jahre lebten so nicht mehr auf. Das krisenhafte Empfinden, gefährdet zu sein, schien nun einer anderen Zeit zuzugehören. Während Flitner mit den Goethe-Studien zur NS-Zeit aus Vergangenem etwas sprechen ließ, das nur verfremdet Gegenwartsnähe aufweisen konnte, ging es ihm nun um die pragmatische didaktische Erneuerung der Lehrpersonenbildung, für die er Guyer gewinnen wollte. Aus einem ebenfalls fast zwei Wochen später maschinengeschriebenen Brief geht hervor, dass Flitner, um die Mitarbeit am Handbuch zu konkretisieren, sich erlaubt anzufragen, ob er seinen schweizerischen Kollegen in Zürich im April aufsuchen dürfe (Nachlass W.G., IX, 8, Brief Flitner an Guyer, 24.02.1955, 1). Das erhaltene Briefpapier ist auffällig mit einigen großen (Kaffee-) Flecken versehen, auf der Rückseite steht in krakliger Handschrift Guyers „Sitzung [– unleserlich –] UP / Büschlen Papier / Buch Weber" (Nachlass W.G., IX, 8, Brief Flitner an Guyer, 24.02.1955, S. 2).

Am 10. Mai 1955 berichtete Flitner, nun wieder in einem mit Tinte geschriebenen Brief, dass er den Verlag beauftragen möchte, sich mit Guyer zwecks Vertragsunterzeichnung in Verbindung zu setzen. Außerdem wollte Flitner Guyer ebenfalls für einen Zeitschriftenartikel gewinnen: „Ich hoffe sehr, dass die Zusammenarbeit, die wir verabredeten, auf beiden Feldern, im Handbuch wie in der ‚Zeitschrift für Pädagogik', recht fruchtbar werde. Ich bin mit dem wiederholten Studium Ihres Buches über das Lernen beschäftigt, lerne daraus und freue mich der weitreichenden Übereinstimmung" (Nachlass W.G., IX, 8, Brief Flitner an Guyer, 10.05.1955, S. 2). Mit dem nun wieder mit Füllfederhalter verfassten Schreiben ließ sich Flitner der „Frau Gemahlin" für ihre Gastlichkeit beim vorausgegangenen Treffen empfehlen (Nachlass W.G., IX, 8, Brief Flitner an Guyer, 10.05.1955, S. 2). Tatsächlich wurde über die Korrespondenzen ein Treffen arrangiert, an welchem – dem Briefwechsel zufolge – Flitner seinen schweizerischen Kollegen für zwei Schreibprojekte gewinnen wollte.

Der nächste Brief vom 25. Mai 1955 wird für den darauf folgenden Zeitraum von fast 20 Jahren der letzte gewesen sein, der handschriftlich und mit Tinte verfasst wurde: „Sehr verehrter Herr Kollege! Ihr Brief hat mich […] erschreckt, aber ich habe ihn bei näherem Bedenken nicht als eine endgültige Absage betrachten mögen" (Nachlass W.G., IX, 8, Brief Flitner an Guyer, 25.05.1955, S. 1). Flitner rekapitulierte, dass Guyer mit dem Verleger Westermann keine Übereinstimmung darüber fand, inwiefern Guyers neues Hauptwerk „Wie wir lernen" (1952) genügend als eigenständiger Baustein gewürdigt werden könnte. Im Dezember 1955, nach einer längeren Korrespondenzpause, legt die Form des nun wieder maschinengeschriebenen DIN-A4 Briefs einen etwas unerfreulicheren Fortgang des Briefgesprächs nahe. Die „Frage klarzustellen" (Nachlass W.G., IX, 8, Brief Flitner an Guyer, 16.12.1955, S. 1), ob Guyer nun am Handbuch mitwirken wolle und ob die Vorstellungen Flitners und des Verlags dazu passten, war das inhaltlich angegebene Ziel. Dieser Brief weist ebenfalls ungewöhnliche Gebrauchsspuren auf: In Guyers krakliger Schrift steht dort „Velofahren ohne [-unleserlich-]" (Nachlass W.G., IX, 8, Brief Flitner an Guyer, 16.12.1955, S. 1). Aus dem ein Jahr später an ihn adressierten Schreiben Flitners geht hervor, dass der Hamburger Pädagogikprofessor lange Zeit nichts von Guyer gehört habe, aber wüsste, dass Guyer aus seiner Theorie des Lernens zu einem allfälligen Handbuchprojekt keinen Beitrag zu leisten gedenke. Da der Jahreswechsel Flitner dazu gemahne, an Verbündete zu denken, möchte er Guyer noch einmal mit dem Angebot „locken", aus dem Gebiet der Allgemeinen Erziehungslehre und Theorie der Bildung einen Artikel zu formen; diese Anfrage würde verbunden mit dem Gedankengang, sich noch einmal auszusprechen und zu verständigen (Nachlass W.G., IX, 8, Brief Flitner an Guyer, 19.12.1956, S. 2). Werden Praktiken als Schnittstellen verstanden, in denen sich die Logik überindividueller Diskurse und die implizite Logik der konkreten Situation kreuzen (Neu 2015, S. 60), wäre weiter überprüfenswert, ob Flitners alltägliches (Schreib-)Handeln auch von der Deutungsgemeinschaft und vom „Standort des verantwortlichen Erziehers" erfolgte, einer wertmäßigen Festlegung, die nicht täglich reflektiert werden musste (Oster-loh 2002, S. 64). Seine Pragmatik gegenüber Guyer könnte von der idealtypischen Verschränkung eines starken Subjekts und eines guten Mitglieds der Gemeinschaft sowie an dem Glauben eines positiven Fortgangs in Sachen Arbeitsgemeinschaft mit Guyer getragen gewesen sein. So wäre eine normative geisteswissenschaftliche Wissenskonzeption in die Briefkorrespondenz eingesickert, wie sie Flitner reflektierte (z. B. 1961) und als Erziehungswissenschaftler mit Pädagogisierungsambitionen anderen gegenüber auch praktizierte.

In dem Brief Flitners vom 6. September 1958 kann man nachverfolgen, wie der ehemalige Initiator einer Pädagogik-Handbuch-Idee diese selbst in Frage stellte und sich sehr sorgfältig und eingehend mit der Frage auseinandersetzte, wie das Scheitern gedeutet werden könnte:

> „Ich darf Ihnen gestehen, dass ich eine zeitlang über das ganze Unternehmen sehr skeptisch gedacht habe. Ich glaube, ich habe die Situation in der jüngeren Generation und zwar die der Praktiker nicht richtig eingeschätzt, als ich der Meinung war, man dürfe jetzt darangehen, die Erfahrungen mehrerer Jahrzehnte zusammenfassend für einen größeren Kreis darzustellen. Es erwies sich aber, dass die vierzehn Jahre des Naziregimes und die darauf folgende schwierige Besatzungszeit eine ganze Generation so gut wie unproduktiv gemacht hat" (Nachlass W.G., IX, 8, Brief Flitner an Guyer, 06.09.1958, S. 1).

Das maschinengeschriebene Format mag hier nicht so recht zu dem inhaltlichen Geständnischarakter des Schreibens passen. Aus einer produktionsästhetischen Perspektive fällt auf, dass das Eingeständnis des Scheiterns, das Reflektieren über die eigene Skepsis und das kritische Beobachten wissenschaftlicher Kolleg/innen auf den Schreib-Ort Oberstdorf, also wieder eine Situierung im Allgäu, zurückgehen. Auch wenn die Fokussierung auf den Ort des Autors kaum ausreichend für eine Interpretation von Flitners skeptischen Aussagen sein kann, bietet es sich in einer praxeologischen Perspektive auch an, nach den nicht unbedingt intendierten sozialräumlichen Konstitutionselementen des Geschriebenen zu achten. Um nicht dem Schachtel- resp. Container-Denken als Denkhindernis zu unterliegen, liegt es in diesem Fall nahe, „Repräsentationsräume als ‚klandestine' Räume" zu verstehen, „durch die sich Widerstand gegen etabliert Strukturen artikuliert" (Günzel 2017, S. 81). So könnte das Ferienhaus im Allgäu ein Ort gewesen sein, an dem Kritik an vorherrschenden Situationen leichter zu formulieren war. Flitner wollte auf die Lähmung einer ganzen Generation von Pädagog/innen und Erziehungswissenschaftler/innen durch das NS-Regime aufmerksam machen. Die in der Literatur früh geäußerte und mit Vorwürfen gepaarte Kritik gegenüber Flitners mangelndem Politikbewusstsein und gesellschaftskritischen Denken (etwa: Beutler 1967; Heller 1972; Heinen 1973, S. 257; Uhle 1976; Osterloh 2002, S. 65) manifestiert sich zugleich auch an dieser Stelle. Wenn Flitner zufolge das Naziregime Generationen unproduktiv gemacht habe, folgte er in der Analyse einer „Leerstellen-Theorie": Völkische Kontinuitätslinien in der Reformpädagogik, rassenanthropologische Vorformulierungen und Konzeptionen, autoritäre Orientierungen von Hochschullehrpersonen seit Beginn des 20. Jahrhunderts blieben weitgehend unbeachtet, das NS-Regime erschien demnach mit seiner barbarischen Herrschaft als unerklärliches Phänomen ganz plötzlich (Osterloh 2002, S. 66). Diese aus heutiger Sicht unterkomplexe Deutung war allerdings anschlussfähig an das Vorverständnis breiter bürgerlicher Kreise in der Restaurationsphase zumindest in Westdeutschland bis hin zu auch in der kritischen Erziehungswissenschaft gängigen Narrativen vom Niedergang der Bildung nach 1933 und einer „NS-Unpädagogik" (Blankertz 1982, S. 273), die womöglich analytisch mehr verdeckten als zur historischen Aufklärung und Erschließung beitrugen (Finger 2016, S. 22). Auf der Ebene des Quellenmaterials fällt auf, dass der an Guyer gerichtete Brief vom Adressaten bearbeitet wurde. Auch an diesem Brief finden sich Nutzungsspuren: „Zahnbürste Paste/Bürste Strähl/gelbe Handtücher/Sandalen (Schuhgestell)/Ärmelschaft (Betz)", notierte Guyer, womöglich selbst eine Reise planend.

Abb. 1

Nutzungsspuren
(Nachlass W.G., IX, 8,
Brief Flitner an Guyer,
06.09.1958, S. 1, Rück-
seite)

Das ehemals angestrebte Buchprojekt wurde nicht mehr aufgegriffen und der nächste
Briefkontakt wurde erst wieder 1962 hergestellt. Der Blick auf die Korrespondenz
der beiden pädagogischen Gelehrten kann dazu verhelfen, die Dynamik der Briefgespräche besser zu verstehen. Einige Gesichtspunkte sollen nochmals hervorgehoben
werden: Guyer und Flitner bearbeiten in ihrer Korrespondenz ein Feld, in dem es
u. a. um Regulierung von wissenschaftlichem und berufspraktischem Wissen für
Lehrpersonen ging. Das dahinterstehende Muster ließe sich analytisch in die Nähe
von „boundary concepts" zwischen Wissenschaftlern und Berufspraktikern rücken,
die gemeinsame wissenschaftliche und operative Vorhaben zum Gegenstand haben (Reinhardt 2010, S. 360). Aus dieser Perspektive kann ihr Briefwechsel als ein
Beitrag zur weiteren Herausbildung eines schulfeldnahen Wissensfeldes betrachtet
werden. Die dahinterstehende Überzeugung beider Exponenten, schulfeldnahes
Wissen zu erzeugen, ermöglicht es, die Fragen nach jenen Praktiken zu stellen,

durch die dieses spezifische Wissen konstituiert wurde (Nigro 2015, S. 80). Mit welchen konkreten Praktiken und „Praxisformationen" diese Wissensproduktion zusammenhängen konnte, zeigen Flitners Schreibmuster, die vom Ort des Schreibens beeinflusst sein konnten und Guyers alternative Gebrauchsweisen des Briefpapiers von Korrespondenzpartnern. Flitner schrieb im Allgäu anders als am angestammten Schreibtisch in seiner norddeutschen Wohnung. Auch wenn in den Kontext der Nutzung des Briefpapiers durch Guyer Papiermangel oder eine enge Verwertung eine Rolle gespielt haben dürfte, könnte die Umfunktionierung zum Sudelblatt ab einem gewissen Zeitpunkt ein relativ deutlich entstandenes Desinteresse Guyers an der Mitarbeit in Flitners Projekten zum Ausdruck gebracht haben.

2 Korrespondenz mit Robert Briner

Die immer wieder auftretenden Nutzungsspuren in den Briefen durch Guyers Bearbeitung könnten als in eine Korrespondenzpraxis eingelagerte Randerscheinungen gelten. Bedeutsam werden diese Spuren, wenn sie mit dramatischen Krisensituationen und Auffälligkeiten der Autoren verbunden werden, die den Beteiligten womöglich selten bewusst gewesen waren. In der Korrespondenz mit Regierungsrat Robert Briner finden sich auf den Rückseiten der an Guyer adressierten Briefe Panoramaskizzen von Berglandschaften, die, darauf deuten alle Anzeichen hin, nach einer Lektüre von Guyer angefertigt worden sind. Die Briefe wurden dadurch nicht ‚überschrieben' oder der Inhalt zerstört – vielmehr wird aus der Retrospektive die Auseinandersetzung mit diesen Schreiben stärker provoziert. Guyer band Text- und bildnerische Gestaltungselemente zusammen und verspannte sie miteinander. Die damit verbundene ‚Verunklärung' des Behördentextes verleiht diesem eine größere interpretative Driftzone und lässt die Kontextualisierung notwendig erscheinen. Briner war von 1935 bis 1951, also auch zum Zeitpunkt der Korrespondenz mit Guyer 1949, Regierungsrat des Kantons Zürich, zunächst Polizei- und Militärdirektor, ab 1943 Vorsteher der Erziehungsdirektion. Als Mitglied der Demokratischen Partei setzte er sich für die Unabhängigkeit der Schweiz ein und unterstützte eine Regierungsbeteiligung der Sozialdemokraten (Bürki 2002; ders. 2010).

Zu Beginn des Jahres 1949 gehörte zum Geschäftsbereich der Erziehungsdirektion die Frage nach dem neuen Inhaber des Lehrstuhls für Pädagogik an der Universität Zürich. Neben Guyer galt vor allem Leo Weber als valabel, der als ‚Schüler' des Philosophie- und Pädagogik-Professors Eberhard Grisebach betrachtet wurde und für den in einem Gutachten sich die Philosophische Fakultät Zürich bereits 1948 ausgesprochen haben sollte. Dieser stand, in seiner beruflichen Biografie Guyer nicht unähnlich, dem Lehrerseminar in Solothurn vor und war als Verfasser von Studienbüchern und Redaktor pädagogischer Periodika bekannt (Grunder 2012). Weber wollte theoretische und methodische Eigenständigkeit außerhalb des Seminarzusammenhangs zeigen und zudem nicht als ‚ewiger Lehrerbildner' gelten, weshalb er in seinen Schriften Überlegungen zur – „theoretischen Bemeisterung der Praxis" (Weber 1949, S. 890) zurückwies; Guyer soll ihn um sein universitäres Amt beneidet (Criblez 2011, S. 67), seinen Ansatz aber auch als elitär eingestuft haben. Guyer störte sich insbesondere daran, dass Weber im geistigen, kulturphilosophischen Fahrwasser der Grisebachschen Schrift „Die Grenzen des Erziehers und seine Verantwortung" (Grisebach 1924) seine epigonalen Positionen entwickle, denen zufolge es dem Pädagogen versagt bleibe, einen fremden Menschen zur Persönlichkeit zu formen.

Anlässlich einer Unterredung zwischen Erziehungsdirektor Briner und Guyer am 25. März 1949, in der sich das Gespräch um das Thema eines vollen Extraordinariates an der Universität Zürich für den Direktor des Oberseminars rankte, versah Guyer die ihm zugesandte Aktennotiz mit Bemerkungen, welche er umgehend an Briner zurückschickte. Der Aktennotiz von Briner zufolge, wollte der Erziehungsdirektor sich dezidiert nicht für ein volles Extraordinariat Guyers einsetzen, der ansonsten nicht glaubwürdig das Oberseminar führen könne. Da Leo Weber für ein Extraordinariat als gesetzt schien, schlug Briner vor, dass Weber und Guyer, die beide dasselbe Lehrgebiet lesen wollten, ihre Lehrveranstaltungen miteinander koordinieren sollten. Guyer lehnte die Überlegungen strikt mit dem Hinweis ab, dass dies nicht der Sinn zweier Extraordinariate sein könne. Wie Briner – der für die an Guyer verschickte protokollartige Aktennotiz zeichnete, in der alle Akteure in der dritten Person aufgeführt werden – die Auseinandersetzung während des Gesprächs genau erlebt hat, erfährt der heutige Leser nur vermittelt durch eine bürokratisch orientierte Sprache. Dennoch lässt die durch das Administrative gebrochene Versprachlichung des Erlebten die Emotionalität des Treffens erahnen:

„Die Ablehnung Dr. Guyers einer Doppelvertretung der systematischen (nicht ‚allgemeinen!') Pädagogik gilt […] grundsätzlich; bei Dr. Weber als Vertreter Grisebachscher Auffassungen ergibt sich nur ein verschärftes Beispiel, nicht etwa eine persönliche Ablehnung. Dass Dr. Weber bei der Uebernahme der systematischen Pädagogik durch Dr. Guyer die ‚zweite Geige' zu spielen habe, sagte nicht der letztere. Dr. Guyer wollte aber zu bedenken geben, dass er bei dem ihm gemachten Vorschlag, nur jedes vierte Semester die systematische Pädagogik lesen zu dürfen, auch die vierte Geige (die es nirgends gibt) zu spielen verurteilt wäre" (Nachlass W.G., VIII, 1, Brief Briner an Guyer, 28.03.49, S. 1).

Womöglich wähnte sich Guyer in der Funktion nur als Seminardirektor in der wissenschaftlichen Sackgasse und dennoch wollte er in dieser Angelegenheit neben einem vollen Extraordinariat für systematische Pädagogik, für das Leo Weber vorgesehen war, nicht mit einem kleinen Extraordinariat in eine subordinierte Position geraten. Guyer schien aufgebracht und gereizt gewesen zu sein. Allerdings konnte für diese Erregung die quasi-behördliche Korrespondenz mit dem Erziehungsdirektor Briner, seinem Vorgesetzten, kein Austragungsort oder gar ‚Kampfplatz‘ sein. Guyer schien dennoch mindestens drei Darstellungsorte gefunden zu haben, in denen das von ihm Erlebte zur strittigen Frage des Extraordinariats formulierbar war, er vielleicht sogar eine „Sprachrohrposition" (Raapke 2015, S. 86) innehatte.

Erstens: Zunächst wandte sich Guyer an den Zürcher Regierungsrat Rudolf Meier, der 1949 sowohl dem Departement der Justiz und des Innern vorstand als auch Nationalrat in Bern für die Bauern-, Gewerbe- und Bürgerpartei (BGB) war. Guyer sprach den Politiker in einer persönlichen Angelegenheit an und beabsichtigte seinen Worten zufolge, dass wenigstens ein Mitglied des Regierungsrates, der Spitze der kantonalen Exekutive, von seiner Perspektive richtig unterrichtet sei:

> „Zuerst darf ich vielleicht sagen, dass ich von der Erziehungsdirektion richtiggehend verulkt worden bin. Man operierte mit dem Argument, ich müsse dem Oberseminar erhalten bleiben, und dies machte mir Eindruck. Dann merkte ich, dass ich damit einfach auf ein dekoratives kleines Extraordinariat abgedrängt werden sollte. [...] Jetzt aber heisst es, ich hätte neben dem Oberseminar keine Zeit mehr zu wissenschaftlicher ‚Forschung‘. [...] Dann gab es einige weitere Unterredungen, [...] wobei schliesslich ein Zugeständnis herauskam, ich könne sie [die Systematische Pädagogik] alle v i e r Semester lesen. Darauf verzichte ich, und jetzt bin ich ‚erledigt‘. Mein guter Wille, mit der Praxis in Verbindung zu bleiben und nicht im luftleeren Raum Theorie zu spinnen, hat mich also ans Messer geliefert (Nachlass W.G., VIII, 1, Brief Guyer an Meier, 29.03.1949, S. 1).

Ähnliche Situationen sind vielfach beschrieben worden, etwa von Joachim Radkau im Zusammenhang mit der „akademischen Kampfzeit" von Max Weber, der sich immer wieder in der Nähe von „Prügelszenen" um die „akademische Futterkrippe" befunden hatte, „die an dem ‚idealistischen‘ Image der Gelehrtenwelt kratzten" (Radkau 2005, S. 631). Guyer, der 1949 neben vielen Schriften zur Schweizer Schule im Rahmen der geistigen Landesverteidigung in den 1930er Jahren (z.B. Guyer 1934; 1939), eine „Erziehungs- und Bildungslehre" (1949) insbesondere für seine Lehrveranstaltungen am Oberseminar vorgelegt hatte (Oberseminar Jahresbericht 1948/49, 16), gerade an seinem großen Werk „Wie wir lernen" (1952) schrieb, sah sich prädestiniert für eine wissenschaftliche Laufbahn, wobei zwischen Wissenschaft und (Schul-) Praxis für ihn ein unlösbarer Zusammenhang bestand. Guyer sah sich nicht als scheuklappenbehafteten Spezialisten, der Theorien im luftleeren

Raum (wie aus seiner Perspektive Grisebach und Weber es getan haben) ersann, sondern als einen vielseitig wissenschaftlich orientierten Pädagogen, der für die Produktion nützlichen und schulfeldrelevanten Wissens die Grenze zwischen Theorie und Empirie routinemäßig überspringen konnte und damit seinem Konkurrenten Leo Weber überlegen war.

Zweitens: Guyers anlässlich der Aktennotiz Briners an die Erziehungsdirektion zurückgeschickten Bemerkungen wurden wiederum mit einem „kühlen" Schreiben der Behörde resp. Briners beantwortet. Der Empfang seiner Antwort wurde bestätigt und hinzugefügt, dass eine Reaktion oder Unterzeichnung nicht erwartet werde. Mit diesem Korrespondenzhandeln seitens der Erziehungsdirektion sollte Guyer mit seinen Bemerkungen wohl ins Leere stoßen. Den letzten fast polemischen Hieb setzte Briner mit den abschliessenden Zeilen: „Es trifft zu, dass der Ausdruck ‚erste, bzw. zweite Geige' nicht von Ihnen, sondern vom Unterzeichneten gebraucht wurde. Sie haben jedoch den diesbezüglichen Ausführungen des Unterzeichneten ausdrücklich zugestimmt" (Nachlass W.G., VIII, 1, Brief Briner an Guyer, 08.04.49, S. 2). Die beiden Rückseiten dieses Schreibens sind jeweils mit einer Alpenpanorama-

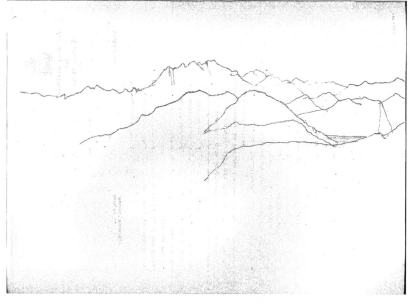

Abb. 2　　Nutzungsspuren (Nachlass W.G., VIII, 1, Brief Briner an Guyer, 08.04.1949, Rückseite S. 1)

Skizze versehen, die vermutlich Guyer gezeichnet haben wird. Bereits aus dem Briefwechsel mit Wilhelm Flitner ging hervor, dass der Zürcher Seminardirektor zur Erholung gerne in die Bündner Alpen fuhr. Der auch mit feinen und weniger feinen Seitenhieben versehene Briefwechsel zwischen Guyer und Briner klärte es endgültig: Guyer musste seinen pädagogischen und erziehungswissenschaftlichen Ambitionen außerhalb der Universität Zürich nachgehen. Auch Guyers Versuch, von dem Regierungsrat Rudolf Meier Hilfe zu bekommen, scheiterte. So wurde 1949 für Guyer ein schweres, krisenbehaftetes Jahr.

Abb. 3   Nutzungsspuren (Nachlass W.G., VIII, 1, Brief Briner an Guyer, 08.04.1949, Rückseite S. 2)

Drittens: Die ganze Angelegenheit um das nicht zustande gekommene volle Extraordinariat ließ Guyer nicht mehr los. Wohl für seine nähere Umgebung verfasste er mehrere Memoranden. Aufschlussreich ist ein Manuskript Guyers mit dem Titel „Unverdaute Pädagogik". Anlass dieses dreiseitigen Papiers Guyers war die Antrittsvorlesung Leo Webers, die dieser am 19. November 1949 hielt und welche gekürzt in der NZZ und vollständig in der Schweizerischen Lehrerzeitung erschien.

Guyers vorangestelltes Urteil lautete, dass der Eindruck für den Hörer und Leser nicht anders als bemühend sein könne, die Perspektiven für die Vertretung der Pädagogik an der Universität aber zum Aufsehen mahnen. Auf drei Seiten wird in verschiedenen Varianten der Vorwurf formuliert, Weber sei nur ein Nachahmer Grisebachs und zeige immer nur die Grenzen der Erziehung auf. Und auch die letzte Passage fragte letztlich mit diesen Ingredienzen danach, ob kein talentvollerer Pädagoge für die Hochschule hätte gefunden werden können:

> „Aber der Pferdefuss in der ganzen Sache schaut ja deutlich genug hervor. Es ist die Theorie des verstorbenen Herrn Eberhard Grisebach, die durch seinen Schüler Leo Weber getreulich vertreten wird, nunmehr noch etwas verziert und vergeistreichelt durch Aussprüche Heideggers und anderer Heiliger der philosophischen Fakultät I der Universität Zürich. [...] Herr Grisebach hat ein tragisches Ende genommen in seiner Laufbahn; er ging daran zugrunde, dass niemand mehr an seine Theorien glaubte. Ist nun aber die Aufgabe eines neuen Pädagogikprofessors [...], wiederum nur immer Grenzen zu nennen und eine ganz repräsentativ sein sollende Antrittsvorlesung darauf zu verwenden, nicht ein einziges positives Moment eigener pädagogischer Forschung aufzuzeigen und statt dessen in Allgemeinheiten nichtssagender Natur im rein Negativen zu verharren? War dies [!] der Sinn dieser umstrittenen Wahl auf den Lehrstuhl für Pädagogik" (Nachlass W.G., VIII, 1, Guyer Manuskript Unverdaute Pädagogik [1949], S. 3)?

Ein Mann von dem Scharfblick Guyers erkannte womöglich 1949 die Heftigkeit seiner Formulierungen nicht mehr. Ob die Kritik an Webers Antrittsvorlesung, die Guyer niederschrieb, zur Veröffentlichung gedacht war, bleibt unklar. Insgesamt zeigt sich an diesem Korrespondenzbündel, dass der auf die anstehende Berufung Leo Webers gereizt reagierende Guyer sicherlich mehr unbewusst als bewusst drei Arenen fand, in denen seine Enttäuschung über die ausbleibende eigene Wahl zum vollen Extraordinarius für das Fach Pädagogik zum Ausdruck kommen konnte. Diese Praxis diente womöglich Guyer dazu, zu demonstrieren, wo in der Hierarchie der öffentlich wahrgenommenen Pädagogen er einzuordnen war.

3   Resümee

Die ausgewählten Beispiele von Guyers Briefkorrespondenzen zeigen: Dass eine pädagogisch und erziehungswissenschaftlich gelehrte Person Briefgespräche mit anderen Gelehrten oder vorgesetzten Exekutivpolitikern führt, gibt noch nicht Auskunft darüber, welchen Status jeweils dem verwendeten Wissen zuerkannt wird. Mit der Korrespondenz zwischen Guyer und Flitner wird sichtbar, dass der

Ort der Briefentstehung einen bedeutsamen Anlass geben kann, sich praxeologisch den Quellen zu nähern. Mit dem biografischen Verlauf der wissenschaftlich orientierten ‚Lehrerbildner' können sich unterschiedliche Sprechpositionen resp. Sprechverortungen ergeben, die wiederum mit unterschiedlichen Verstehensregistern zusammenhängen. In einer vom Konfliktort mehr oder weniger losgelösten Position kann über Reizbarkeit oder eine Leidenserfahrung berichtet werden (Raapke 2015, S. 85). Mit dieser Perspektive überrascht es daher nicht, dass Flitner für seinen Korrespondenzpartner Guyer unter dem Gesichtspunkt der Erzählbarkeit in seinen Ferien Auffassungen über Verflechtungszusammenhänge seiner professoralen Kollegenschaft mit der NS-Zeit besser in eine narrative Struktur bringen konnte. Wird in dieser Korrespondenz wiederum nach der Briefpraxis gefragt, die sich in Guyers alltäglichen Routinen manifestierte, macht ein mikrohistorischer Blick deutlich, dass der Gebrauch des Briefpapiers als Notizzettel für Einkäufe oder als Sudelblatt Hinweise auf eine abnehmende Bedeutungszuschreibung der in den Briefen projizierten Handbuchprojekte geben kann. In dieser akribischen Aufbereitung der Quellen als eine Fundgrube von Alltäglichem kann eine Stärke dieser Perspektive gesehen werden. So kann herausgearbeitet werden, „wie ‚irrational' der Entstehungszusammenhang neuzeitlicher Wissenschaft häufig war" (Daniel 2001, S. 366).

Die geführte Korrespondenz zwischen Guyer und Rudolf Briner erwies sich für den Seminardirektor ‚en passant' als „Affektgenerator", der „wilde" und „unberechenbare" Elemente entstehen ließ (Laube 2017, S. 75; Reckwitz 2015, S. 41), die banal anmutend oder künstlerisch sein konnten. Der korrespondierende Erziehungswissenschaftler mag als disziplinierter Autor bzw. Körper gedacht werden, der beim Briefeschreiben stillgestellt sich auf die Verfertigung von Anschlussgedanken und weiteren Formulierungen konzentriert – in der Praxis produzierte er Nutzungsspuren der anderen Art, etwa Alpenskizzen. Diese waren jedoch für Guyers korrespondierendes Gegenüber weder sicht- noch wahrnehmbar. Schweigen gegenüber der eigenen Anstellungsbehörde, ausgelöst durch Reizbarkeit und Empfindsamkeit, ließe sich auch als ein „intelligibles Saying" deuten (Raapke 2015, S. 86). Mit dieser Spurensuche zu Schreibpraktiken, Briefgesprächen und vor allem auch den Affekten, worüber der akademische Diskurs ansonsten kaum ein Wort verliert, werden die scheinbar nichtgelehrten Anteile der Gelehrtenkorrespondenz ein wenig sichtbarer und zugänglich für Versuche, sich den Lücken anzunähern und Erklärungsangebote zu entwickeln (Raapke 2015, S. 77).

Mit dem hier verfolgten Ziel, neben den beruflichen Arrivierungsstrategien durch Briefkorrespondenzen auch den verschiedenartigen Nutzungsspuren (etwa den Sudelblättern und den freien Zeichnungen) als Elementen mit Historizitätswert nachzuspüren, wird eine „Fokussierung auf die Rationalität sozialen Handelns

oder auf die Logik von Systemen als Erklärungsmodell" überwunden und stattdessen die „Materialität und Affektivität sozialen Handelns" ebenfalls mit in den
Blick genommen (Freist 2015, 62). Die Frage nach den Orten des Sozialen wird so
noch einmal neu gestellt, wobei in den hier untersuchten Fällen nicht abschließend geklärt ist, inwiefern genau die besonderen Nutzungsspuren mit und ohne
Kunstanspruch wiederum als Teile übersubjektiver, kollektiver Handlungsmuster
und Alltagsroutinen betrachtet werden können. Damit ist eine Schwäche eng ge-
fasster praxeologischer Perspektivierung angesprochen: Handlungsnormalitäten
im Alltag aufzuspüren, kann bedeuten, auf Passungen sozialer Vollzüge besonders zu achten und einem eher deterministischen Verständnis sozialer Praktiken
Vorschub zu leisten. Aspekte der Kreativität des sozialen Handelns sind schwerer
in Praktiken der Vergangenheit forschend zu fassen und zu theoretisieren, wenn
Handeln auf Routinen reduziert wird (Freist 2015, 74). Die historisch kontextua-
lisierten Sudelblätter auf dem Briefpapier und Zeichnungen Guyers, welche sich
als situative, improvisierende und teilweise reflexive Reaktionen auf Herausforderungen innerhalb einer Praxis identifizieren lassen (Haasis und Rieske 2015,
S. 207), stehen für eine Sensibilisierung gegenüber Gleichzeitigkeiten von Routine
und Unberechenbarkeit von Alltagspraxen und -praktiken. Überraschung und
Irritation können so als Alltagsroutinen ergänzende, praxeologisch relevante
Momente gelten, die einen fast subversiven Referenzrahmen (Füssel 2015, 137)
zur Selbstverortung für die Akteure bildeten.

Quellen
Ungedruckte Quellen

Nachlass Walter Guyer [W.G.] (1892–1980). Korrespondenz mit Verschiedenen 1920–1950,
    VIII, 1 (Forschungsbibliothek Pestalozzianum).
Nachlass Walter Guyer [W.G.] (1892–1980). Korrespondenz Flitner, IX, 8 (Forschungsbib-
    liothek Pestalozzianum).

Gedruckte Quellen

Flitner, W. (1961). *Europäische Gesittung. Ursprung und Aufbau abendländischer Lebens-
    formen.* Zürich: Artemis.
Grisebach, E. (1924). *Die Grenzen des Erziehers und seine Verantwortung.* Halle: Niemeyer.
Guyer, W. (1952). *Wie wir lernen. Versuch einer Grundlegung.* Erlenbach-Zürich: Rentsch.
Guyer, W. (1949). *Grundlagen einer Erziehungs- und Bildungslehre.* Zürich: Hirzel.
Guyer, W. (1939). *Du Volk und deine Schule.* Frauenfeld: Huber.
Guyer, W. (1934). *Unsere schweizerische Schule.* Frauenfeld, Leipzig: Verlag von Huber & Co.

Oberseminar des Kantons Zürich (1949). *Jahresbericht Schuljahr 1948/49.* Zürich: [Forschungsbibliothek Petsalozzianum ZH HF II, 2]

Weber, L. (1949). Die Aufgabe der theoretischen Pädagogik im Erziehungsganzen. *Schweizerische Lehrerzeitung 47,* S. 887–893.

Literatur

Anderegg, J. (2001). *Schreibe mir oft! Das Medium Brief von 1750 bis 1830.* Göttingen: Vandenhoeck & Ruprecht.

Beutler, K. (1967). Die konservative Pädagogik und ihr Verhältnis zur Politik. *Westermanns Pädagogische Beiträge 19,* S. 64–69.

Blankertz, H. (1982). *Die Geschichte der Pädagogik.* Wetzlar: Büchse der Pandora.

Brandes, S. & Zierenberg, M. (2017). Doing Capitalism. Praxeologische Perspektiven. *Mittelweg 36, 26,* S. 3–24.

Bürki, M. (2002). Demokratische Partei. In *Historisches Lexikon der Schweiz (HLS).* Version vom 07.05.2010. http://www.hls-dhs-dss.ch/textes/d/D17383.php.

Bürki, M. (2002). Briner, Robert. In *Historisches Lexikon der Schweiz (HLS).* Version vom 30.12.2002. http://www.hls-dhs-dss.ch/textes/d/D5918.php.

Criblez, L. (2011). Pädagogik an der Universität Zürich. Eine Disziplin für unterschiedliche Professionsansprüche. In R. Hofstetter & B. Schneuwly (Hrsg.), *Zur Geschichte der Erziehungswissenschaften in der Schweiz* (S. 45–68). Bern: hep.

Daniel, U. (2001). *Kompendium Kulturgeschichte.* Frankfurt a. M.: Suhrkamp.

Faulstich, P. (2015). Hinweise auf Ambivalenzen – Impulse zum Weiterdenken. In R. Nicolaysen (Hrsg.), *Wilhelm Flitner (1889–1990) – ein Klassiker der Erziehungswissenschaft* (S. 25–42). Hamburg: Hamburg University Press.

Finger, J. (2016). *Eigensinn im Einheitsstaat. NS-Schulpolitik in Württemberg, Baden und Elsass 1933–1945.* Baden-Baden: Nomos.

Freist, D. (2015). Historische Praxeologie als Mikro-Historie. In A. Brendecke (Hrsg.), *Praktiken der frühen Neuzeit. Akteure – Handlungen – Artefakte* (S. 62–77). Köln: Böhlau.

Füssel, M. (2015). Die relationale Gesellschaft. Zur Konstitution ständischer Ordnung in der Frühen Neuzeit aus praxeologischer Perspektive. In D. Freist (Hrsg.), *Diskurse – Körper – Artefakte. Historische Praxeologie in der Frühneuzeitforschung* (S. 115–138). Bielefeld. Transcript Verlag.

Grunder, H.-U. & Weber, L. (2012). Historisches Lexikon der Schweiz (HLS). Version vom 16.11.2012. http://www.hls-dhs-dss.ch/textes/d/D9088.php.

Günzel, S. (2017). *Raum. Eine kulturwissenschaftliche Einführung.* Bielefeld: Transript.

Haasis, L. (2015). Papier, das nötigt und Zeit, die ~~drängt~~ übereilt. Zur Materialität und Zeitlichkeit von Briefpraxis im 18. Jahrhundert und ihrer Handhabe. In A. Brendecke (Hrsg.), *Praktiken der frühen Neuzeit. Akteure – Handlungen – Artefakte* (S. 305–319). Köln: Böhlau.

Haasis, L. & Rieske, C. (2015). Historische Praxeologie. Zur Einführung. In A. Brendecke (Hrsg.), *Historische Praxeologie. Dimensionen vergangenen Handelns* (S. 7–54). Paderborn: Ferdinand Schöningh.

Haasis, L. & Rieske, C. (2015). Was ist und was kann die Historische Praxeologie. Ein runder Tisch (zusammen mit Nikolaus Buschmann, Dagmar Freist, Marian Füssel, Frank Hillebrandt und Achim Landwehr). In L. Haasis & C. Rieske (Hrsg.), *Historische Praxeologie. Dimensionen vergangenen Handelns* (S. 199–237). Paderborn: Ferdinand Schöningh.

Heinen, K. (1973). *Das Problem der Zielsetzung in der Pädagogik Wilhelm Flitners. Eine kritische Interpretation.* Bern, Frankfurt a. M.: Lang.

Heller, A. (1972). *Wilhelm Flitner – Sein Beitrag zur Pädagogik als Wissenschaft.* Tübingen (= Dissertation, Typoskript, 134 S.).

Herres, J. & Neuhaus, M. (Hrsg.) (2002). *Politische Netzwerke durch Briefkommunikation. Briefkultur der politischen Oppositionsbewegungen und frühen Arbeiterbewegungen im 19. Jahrhundert.* Berlin: Akademie-Verlag.

Herrmann, U. (2015). Wilhelm Flitner zum 125. Geburtstag. Pädagoge – Goetheforscher – Kulturphilosoph. In R. Nicolaysen (Hrsg.), *Wilhelm Flitner (1889–1990) – ein Klassiker der Erziehungswissenschaft?* (S. 43–76). Hamburg: Hamburg University Press.

Hess, V. (2015). Schreiben als Praktik. In A. Brendecke (Hrsg.), *Praktiken der frühen Neuzeit. Akteure – Handlungen – Artefakte* (S. 82–99). Köln: Böhlau.

Hirsch, G. (1990). *Biographie und Identität des Lehrers. Eine typologische Studie.* Weinheim: Juventa.

Hoffmann-Ocon, A. (2015). Die realistische Wendung als geisteswissenschaftliches Projekt? – Bildungshistorische und disziplintheoretische Annäherung an paradoxe Entstehungszusammenhänge. In E. Glaser & E. Keiner (Hrsg.), *Unscharfe Grenzen – eine Disziplin im Dialog: Pädagogik, Erziehungswissenschaft, Bildungswissenschaft, Empirische Bildungsforschung* (S. 35–50). Bad Heilbrunn: Klinkhardt.

Hoffmann-Ocon, A. (2009). *„Die Deutsche Schule" im Nationalsozialismus.* 10. Beiheft der Zeitschrift DDS – Die Deutsche Schule. Münster: Waxmann.

Hofstetter, R. & Schneuwly, B. (2011). Einleitung. In R. Hofstetter & B. Schneuwly (Hrsg.), *Zur Geschichte der Erziehungswissenschaften in der Schweiz* (S. 15–44). Bern: hep.

Jaeggi, R. (2016). *Entfremdung. Zur Aktualität eines sozialphilosophischen Problems.* Suhrkamp. Berlin.

Jaeggi, R. (2014). *Kritik von Lebensformen.* Berlin: Suhrkamp.

Klafki, W. & Brockmann, J.-L. (2002). *Geisteswissenschaftliche Pädagogik und Nationalsozialismus.* Weinheim, Basel: Beltz.

Laube, St. (2017). „Dax! Der Dax! Hooooi!". Zur praxeologischen Fundierung finanzkapitalistischer Fundierung. *Mittelweg 36 26,* S. 66–80.

Meier, Ch. (2014). *Der Historiker und der Zeitgenosse. Eine Zwischenbilanz.* München: Siedler.

Neu, T. (2015). Die Ambivalenz der Aneignung. Möglichkeiten und Grenzen diskursiven Handelns in vormodernen Verfassungskonflikten. In L. Haasis & C. Rieske (Hrsg.), *Historische Praxeologie. Dimensionen vergangenen Handelns* (S. 55–72). Paderborn: Schöningh.

Nicolaysen, R. (2015). Vorwort. In R. Nicolaysen (Hrsg.), *Wilhelm Flitner (1889–1990) – ein Klassiker der Erziehungswissenschaft? Zur 125. Wiederkehr seines Geburtstags* (S. 7–12). Hamburg: Hamburg University Press.

Nigro, R. (2015). *Wahrheitsregime.* Zürich: Diaphanes.

Osterloh, J. (2002). *Identität der Erziehungswissenschaft und pädagogische Verantwortung. Ein Beitrag zur Strukturdiskussion gegenwärtiger Erziehungswissenschaft in Auseinandersetzung mit Wilhelm Flitner.* Bad Heilbrunn: Klinkhardt.

Raapke, A. (2015). Die Ruhe nach dem Sturm. Praxeologische Annäherungen an das Schweigen. In L. Haasis & C. Rieske (Hrsg.), *Historische Praxeologie. Dimensionen vergangenen Handelns* (S. 73–88). Paderborn: Schöningh.

Radkau, J. (2005). *Max Weber. Die Leidenschaft des Denkens.* München: Hanser.

Reckwitz, A. (2008). Praktiken und Diskurse. Eine sozialtheoretische und methodologische Relation. In H. Kalthoff, St. Hirschauer & G. Lindemann (Hrsg.), *Theoretische Empirie: zur Relevanz qualitativer Forschung* (S. 188–209). Frankfurt a. M.: Suhrkamp.

Reckwitz, A. (2015). Praktiken und ihre Affekte. *Mittelweg 36 25*, S. 27–45.

Reinhardt, C. (2010). Regulierungswissen und Regulierungskonzepte. *Berichte zur Wissenschaftsgeschichte 33*, S. 351–364.

Schmid, G. (2003). Briefe. In F. Beck & E. Henning (Hrsg.), *Die archivalischen Quellen* (S. 111–118). Köln: Böhlau.

Schneider, M. (2004). Verkehr mit Engeln und Gespenstern. – Eine kurze Literaturgeschichte des Briefs. *Literaturen 5*, S. 6–11.

Uhle, R. (1976). *Geisteswissenschaftliche Pädagogik und kritische Erziehungswissenschaft.* München: Kösel.

„Zeitdiagnostik"
Praktiken einer pädagogischen Argumentform

Heinz-Elmar Tenorth

Nicht nur die Welt der Erziehung konstruiert sich historisch wie aktuell über ein Ensemble von Praktiken, wie wir jetzt immer neu lesen können, auch die Erziehungswissenschaft hat darin ihre Praxis. Die Philosophen und Wissenschaftstheoretiker haben das schon vor längerer Zeit gesagt, als sie uns den konstruktiven Charakter von Wissenschaft zeigten, und seither an Methoden und Theorien, Argumentformen und Verfahren im Umgang mit Welten und Wissen im Allgemeinen und im Besonderen die Leistungsfähigkeit dieser Praktiken diskutieren. Die „Revolution ihrer Denkart", die Kant in der „Kritik der reinen Vernunft" konstatiert hat (KrV B xiii) bestand in den Wissenschaften bekanntlich darin, der Metaphysik abzuschwören und sich der Praxis der wissenschaftlichen Beobachtung von Welt und den Formen und Möglichkeiten, Bedingungen und Praktiken disziplinär organisierter Erkenntnis zuzuwenden. Schon weil die Welt kein Komplize unserer Erkenntnis ist, ist das sorgfältige Studium und die gewissenhafte Handhabung des Ensembles der dafür notwendigen Praktiken aber auch dringend geboten.

Bekanntlich hat nun die Wissenschaft von der Erziehung, ein „Monstrum", wie einer ihrer älteren Beobachter etwas indigniert gesagt hat (Lochner 1963, S. 42), ein „deutsches Syndrom", wie ein Komparatist uns meinte trösten zu können (Schriewer 1983), kontinuierlich Schwierigkeiten damit gehabt, die Praktiken ihres Umgangs mit Welt und Wissen in ihrem geltungstheoretischen Status begründet auszuweisen. Schon die Beschreibung ihrer spezifischen Position innerhalb der Wissenschaften und damit ihre „Autonomie" als Wissenschaft waren strittig, Revierkämpfe nach innen und Abgrenzungen nach außen waren immer neu an der Tagesordnung. Erst aktuell versucht die „Empirische Bildungsforschung" sich den bekannten Schwierigkeiten der wissenschaftlichen Pädagogik durch Flucht in die Praktiken der empirischen Sozialforschung zu entziehen, um nicht von „Erziehungswissenschaft", gar „Kritischer", und von Philosophischer Pädagogik kontaminiert zu werden. Sie tut das sogar ohne Angst davor, den disziplinären Status der Erziehungswissenschaft zu

© Springer Fachmedien Wiesbaden GmbH, ein Teil von Springer Nature 2019
K. Berdelmann et al. (Hrsg.), *Transformationen von Schule, Unterricht und Profession*, https://doi.org/10.1007/978-3-658-21928-4_5

verlieren, wenn sie sich in den Theorien, leitenden Konzepten und gesellschaftlichen Referenzen gar nicht mehr „pädagogisch" versteht. Allein einige selbstkritischere Akteure dieser Fraktion sehen die selbst auferlegten Grenzen und Risiken dieser Strategie (z. B. Cortina/Pant 2018).

Insofern ist es im Sinne der Selbstbeobachtung der Erziehungswissenschaft immer noch sinnvoll, die Handhabung der Instrumente kritisch zu begleiten, mit denen sie in ihrer Praxis die Welt konstruiert, die sie dann und damit als Welt der Erziehung meint erkennen zu können. In diesem Sinne soll im Folgenden eine Praxis untersucht werden, die man als „Zeitdiagnose" bezeichnen kann, als, generell gedacht, Beobachtung der Zeit „sub specie educationis", deutlich unterscheidbar von der Selbstbeobachtung der Erziehungswissenschaft (Horn 2014). Diese Praxis ist, explizit wie implizit, in der Erziehungswissenschaft seit langem sehr verbreitet, es gibt eine Zeitschrift, die sich im Untertitel der „kritischen Zeitdiagnostik in Pädagogik und Gesellschaft" verschreibt und als „Pädagogische Korrespondenz" darüber zur Einheit formen will. Die Neigung der Disziplin wiederum, die Lage der Welt und die Rolle der Bildung darin zu beschreiben, zu analysieren und zu kritisieren, ist hinlänglich bekannt und wird immer neu praktiziert. Aber wie geschieht das konkret, ist es unterscheidbar von den Praktiken – jetzt: der Zeitdiagnose überhaupt (ohne dass ich die breite Metaanalyse von Zeitdiagnostik hier vergleichend rekapitulieren will)[1] – , die in anderen Disziplinen und intellektuellen Kontexten ebenfalls intensiv gehandhabt werden? Hat es eine geltungstheoretisch relevante Struktur, sieht man eindeutig die Leistungen und Folgeprobleme?

Zur Klärung dieser Fragen, die Auskunft geben sollen über die Besonderheiten des erziehungswissenschaftlichen Gebrauchs des zeitdiagnostischen Arguments, wird im Folgenden zunächst das Thema und Problem der Zeitdiagnose an einem

---

1   Ich nenne, exemplarisch, nur Reese-Schäfer (1996), der die Tradition soziologischer Zeitdiagnose im 20. Jahrhundert analysiert, aber auch ihre „didaktische Relevanz" (S. 387f.) in der Ausbildung nicht ignoriert; als „Eigenrationalität der Zeitdiagnostik" „vermutet" er im Übrigen „vier Faktoren: 1. Interessantheit 2. Plausibilität 3. Solide Recherche 4. Innere Stringenz." (S. 383). Seine „Kriterien" vergleichender Analysen bezeichnen aber m. E. nur das Handwerk guter Argumentation, nichts Spezifisches. Als distanzierter Überblick zum Thema hilfreich auch Bogner (²2015), bei dem der Hinweis auf Max Weber und die Konstruktion von Idealtypen nicht fehlt: „Mit Max Weber könnte man sagen, sie zielen darauf ab, durch eine ‚einseitige Steigerung eines oder einiger Gesichtspunkte' (Weber 1988a: 191)" [d. i., meine Ergänzung, H.-E.T: ein Zitat aus: Max Weber: Die „Objektivität" sozialwissenschaftlicher und sozialpolitischer Erkenntnis. (1904) In: Ders.: Gesammelte Aufsätze zur Wissenschaftslehre. 1973, S. 146–214] „das zentrale Wesensmerkmal der Gesellschaft sowie die Perspektiven ihrer Entwicklung auf den Begriff zu bringen. Die derart konstruierten Gesellschaftsbilder werden allerdings meist nicht als Idealtyp, sondern als Realtyp verstanden" (Bogner 2015, S. 10).

historischen Beispiel eingeführt (1.), von dem aus die Praktiken vorgestellt werden sollen, mit denen in der Erziehungswissenschaft dieses Argument gebraucht wird (2.), bezogen auf die leitenden Begriffe, die eine Diagnose eröffnen (2.1), auf die Schematisierung von Zeiten, die dem Argument die Struktur geben (2.2), nach den Gütekriterien, die hier die Geltung der Aussagen sichern sollen (2.3), und in der Frage nach der Einheitsform, in der Diagnose und Zeitschematisierung zur Einheit geformt werden. Das ist die „Aufgabe" (2.4), mit der Pädagogen die argumentativ definierte und analysierte Situation schließlich in ihre Welt, d. h. in die reflexive wie handelnde Gestaltung von Gegenwart und Zukunft des Menschen über Erziehung, heimholen. Ein knappes Fazit (3.) soll resümieren, welchen Status die Diagnosen von Zeit in der Erziehungswissenschaft haben, ob sie für die Disziplin insgesamt vergleichbar praktiziert werden und nützlich sind, und auch, ob man sie weiterempfehlen kann.

Die Referenzen für die Analyse finden sich in der Erziehungswissenschaft insgesamt in großer Fülle, die hier nicht angemessen vorab repräsentiert oder in der Analyse insgesamt und explizit abgearbeitet werden kann. Im Detail werden die Referenzen in den einzelnen Analyseschritten jeweils expliziert. Dabei dominieren, wie zu Beginn eingeräumt werden soll, schon aus arbeitspragmatischen Gründen, weil Referenzen sonst uferlos würden, Texte der deutschsprachigen Pädagogik, hier noch vornehmlich der bildungstheoretisch argumentierenden Pädagogik des 20. Jahrhunderts, also etwa von „Spranger bis Gruschka". Ich spare damit die Frage aus, ob und wie sich z. B. Deweys Erziehungsphilosophie oder außerdeutsche Erziehungswissenschaften hier ebenfalls zuordnen lassen, schon weil deren Argumentstruktur sich bekanntlich deutlich von der deutschsprachigen unterscheidet (Keiner 1999; Keiner/Schriewer 2000; Zapp/Marques/Powell 2017). Zeitdiagnose, das ist die leitende These, die ich explizieren und belegen will, ist in der Erziehungswissenschaft eine Argumentationsform eigener Art, von theoriegeleiteter und datenbasierter Forschung, die in ihrem Wirklichkeitszugang historisch oder aktuell bestimmt sein mag, eindeutig unterscheidbar, aber in den Konsequenzen für die Praxis, den Status und das öffentliche Bild der Disziplin offenbar trotz aller Probleme unentbehrlich.

1   „Diagnostiker der Zeit" im Gespräch – ein Einstieg

Bei der Suche nach System und Methode erziehungswissenschaftlicher Gegenwartsanalyse gehe ich von einem Diskurs aus, der bereits 1929 über die methodischen Möglichkeiten von Zeitdiagnosen geführt wurde. Mein Bezugsautor, dessen Praxis ich zuerst diskutiere, um sie nachher kühn generalisierend auf die Disziplin insgesamt zu beziehen, ist Eduard Spranger. Meine Thesen zu den Besonderheiten seiner Methode und die Kriterien ihrer Beurteilung entnehme ich zugleich und zuerst einem Beobachter, und zwar den einschlägigen Hinweisen von Karl Mannheim, seinem soziologischen Zeitgenossen, der ja selbst auch zeitdiagnostisch hinreichend ausgewiesen ist und zudem den Vorzug hat, in der Beobachtung Sprangers die Erfahrung aus einer anderen Disziplin als der Erziehungswissenschaft bzw. der Erziehungsphilosophie mitzubringen.[2]

Zum Ausgangspunkt konkret: In einem Brief an Eduard Spranger bedankt sich Karl Mannheim am 12. April 1929 für die Übersendung eines Sonderdrucks, d. i. die Akademierede Sprangers über den „Sinn der Voraussetzungslosigkeit in den Geisteswissenschaften" (Spranger 1980/1929), lobt den Autor in überschwänglichen Tönen, aber markiert auch die Differenzen, die er für sich selbst und seine eigene Methode der – wie er sagt – „Situationsanalyse" bedeutsam findet. Das bedeutet im Einzelnen, und zunächst sei nur das Lob zitiert: „Sie können sich gar nicht vorstellen in welcher Spannung ich ihre Arbeit las, setzt doch die Art und Weise ihrer Betrachtung so viele Punkte und Zusammenhänge in unserer Gegenwartslage plötzlich in helles Licht, dass man Sie gerne zu den besten Diagnostikern der Zeit rechnen möchte."[3] Hier ist also mein Thema, „Zeitdiagnose", ganz explizit. Dann folgt die Begründung für das Lob und d.h. die zustimmende Qualifizierung von Sprangers Methode in der Diskussion und Klärung des Zusammenhangs – hier – von Weltanschauung und Wissenschaft in der Wahrnehmung durch Karl Mannheim: „Satz für Satz stößt man auf scharf umrissene Feststellungen, die Gruppen und Problemkomplexe zusammen schauen, deren Zusammengehörigkeit man gar nicht angenommen hätte, oft ist es hinwiederum für mich geradezu gespenstisch, wie Feststellungen die ich etwa in Zürich gemacht habe, oder in meinem in ca. 20 Tagen erscheinenden Buche enthalten sind (beide[4] werde ich mir erlauben Ihnen

---

2   Man denke nur an seine Arbeiten über die Differenz von Ideologie und Utopie (1929) – dazu die Rezension von Horkheimer (2012/1930), natürlich an die Wissenssoziologie, die Diskussion der Begriffe von „Generation" und „freischwebender Intelligenz", vor allem aber an seine Diagnosen des Zustands der Demokratie, die auch er als „Krise" bezeichnet, aber nur so bezeichnen kann, weil er auch theologische Denkmittel nutzt.

3   Meine Zitate entstammen dem Original des Briefes, den ich im Bundesarchiv Koblenz, Nachlass Eduard Spranger, gefunden, eingesehen und kopiert habe.

4   Mannheim bezieht sich wohl auf den Vortrag „Die Bedeutung der Konkurrenz im Gebiete des Geistigen", den er bei den Verhandlungen des Sechsten Deutschen Soziologentages (17. – 19. September 1928) in Zürich gehalten hat (vgl. den Abdruck in Meja/Stehr 1982), sowie die nachfolgende zeitgenössische Diskussion (ebd. S. 371–401), sowie auf das baldige Erscheinen von „Ideologie und Utopie" (Mannheim 1929).

zuzuschicken) bei Ihnen im selben Sinne vorhanden sind und man eine helle Freude
daran hat, wie dieselbe Lebenslage verwandte Feststellungen emporgetragen sieht."[5]
Mannheim stimmt deshalb ausdrücklich der „Grundthese" zu – „der mutigen
Anerkennung der Tatsache, dass in den Geisteswissenschaften metatheoretische
Voraussetzungen enthalten sind" –, er ist „dankbar" für „die Fülle jener Beleh-
rungen", die Spranger gibt, er ist auch „völlig [Sprangers] … Ansicht, dass wir
aus der gegenwärtigen Lage dadurch keineswegs herauskommen, dass wir die
vorhandenen Schwierigkeiten vor uns verdecken", und er stimmt auch zu, „dass
man diese Situation nicht zur Sprengung der Wissenschaft benutzen darf, sondern
dass das Denken so viel Selbstvertrauen zu sich selbst aufzubringen hat, dass es Mut
hat, diese Schwierigkeiten selbst zum Thema zu machen – ist doch gerade durch
diesen Schritt der wesentlichste Teil der Schwierigkeiten bereits überwunden"[6] –
ausdrücklich spricht er von einer „fruchtbaren Krise", die Spranger „glänzend […]
charakterisiert" habe (6).

Dann, selbstverständlich, meldet Mannheim auch Reserven an, methodische
Reserven, und plädiert für „Ergänzungen", vor allem „in der Richtung des Soziologischen"[7]: Gegen den Begriff des „Geistes", der bei Spranger dominiert, erinnert
er an die „gesellschaftlichen Kräfte", gegen die „Spiritualität" (4), d.h. gegen die
protestantische Tradition seit Luther, führt er die „Relevanz sozialer Faktoren" (5)
ins Feld. Seine eigenen Studien, methodisch ja vergleichbar, versteht er systematisch
„als Beiträge zu einer Soziologie des Geistes"[8] und, epistemologisch gesehen, gegen
die „Lehre von // der strengen theoretischen Immanenz" (3/4) formuliert – und
man erkennt im Hintergrund den Neukantianismus als den Gegner, an dem man
sich abarbeiten muss, und an dem sich ja auch Spranger kontinuierlich abgearbeitet
hat (Sacher 1988). Mannheim räumt deshalb zwar die Nähe seiner Argumente zu
Sprangers Aussagen über die Weltanschauungen ein, auch in „all den Fragen die
Dialektik und Synthese betreffen" (3), verteidigt aber Marx und sichert sich zugleich
gegen den Marxismus-Vorwurf ab, kurz: Mannheim erinnert Spranger daran, dass
er auch etwas von dem Thema versteht, das Spranger behandelt, und dass nicht
allein Geschichts- und Geistphilosophie, sondern auch Soziologie zur Zeitdiagnose
gehören. Es ist nicht zuletzt diese disziplinäre Differenz der Argumentationsweisen,
die Mannheim sichtbar macht, die man schließlich systematisch für die Analyse
pädagogischer Gegenwartsdiagnosen nutzen kann – und für die Frage, was uns
dieses historische Exempel aus Sprangers Philosophie, also aus dem Kontext und

---

5   Mannheim, ebd., Bl. 1//2.
6   Hervorhebung bei Mannheim, durchgestrichen dto., Bl. 2.
7   Mannheim, ebd., Bl. 3.
8   So die Formulierung in Mannheim 1928, Anm. 1, S. 369.

der Tradition der Geisteswissenschaften (die Mannheim ja selbst intensiv studiert
hatte) heute noch zu sagen hat.

2   Zeitdiagnose als Argument

Zunächst wird man dann eher Schwierigkeiten sehen und offenbar auch systematisch einräumen müssen. In vielem sieht in Mannheims Beschreibung der Methode
Sprangers die Argumentform der Zeitdiagnose nämlich eher einer rhetorischen als
einer wissenschaftlichen Arbeitsweise ähnlich. Mannheim betont – und lobt – die
Erzeugung von Überraschungen, die Bündelung des Unerwarteten, emotive Prämissen, z. B. das Mut-fassen (etc.). Das klingt insgesamt wie ein Geschäft ohne die
sonst im Wissenschaftsbetrieb praktizierten theoretisch-methodischen Regeln und
Standards. Aber das ist offenbar nur die eine Seite. Daneben stehen die expliziten
theoretischen und methodischen Zuschreibungen, die auch schon persönliche und
disziplinäre Differenzen in der Handhabung des zeitdiagnostischen Arguments
anzeigen, z. B. in der Kritik am „Geist" als einheitsstiftender Kategorie oder in der
Wertschätzung von Marx. Aber – und überraschenderweise – noch die Differenzen
verweisen eher auf basal übereinstimmende Erwartungen an die argumentative
Form der Zeitdiagnose, als dass sie systematischen Dissens indizieren.

Betrachtet man nämlich die Form der Argumentation, wie sie sowohl Mannheim
als auch Spranger wie selbstverständlich praktizieren und akzeptieren, dann gibt
es durchaus ein System, und es ist sogar ein System, das zugleich personen- bzw.
disziplinbezogene Variation erlaubt. Ich will die systematischen Dimensionen
dieser Argumentform resümieren und dabei zugleich auf Besonderheiten der pädagogischen Zeitdiagnose bis heute verweisen. Meine systematisierende Pointierung
formuliere ich in vier Punkten, um zu zeigen, dass Spranger wie Mannheim auch
heute noch Beachtung verdienen, dass aber auch sichtbar wird, dass die pädagogische Zeitdiagnose seit den 1920er Jahren bis heute nur wenige, relativ stabile
Referenzen ausbildet und kommunikativ tradiert, also im Prozess auch kaum aus
ihrer Praxis gelernt hat.

2.1   Leitbegriffe und Unterscheidungen – die Konstitution
des Ausgangspunktes der Diagnose

Aus der prominenten Rolle, aber auch aus der Opposition von „Geist" vs. „Sozialen
Faktoren" ziehe ich den ersten Schluss: Ohne einen basalen, hinreichend abstrakten,

grundlegenden *Leitbegriff* bzw. eine ihn tragende Leittheorie oder -Unterscheidung kommt die Gegenwartsanalyse nicht voran. Spranger wie Mannheim (er hat das ja auch mit dem Begriff der Generation gezeigt)[9] belegen diese zentrale Voraussetzung in der Zurechnung von Thema und Problem ihrer Beobachtungen und Analysen auf „Geist" oder „soziale Faktoren" (und ich will hier nicht systematisch fragen, ob, wie und wo die variierenden Leitdifferenzen mehr als eine Differenz, vielleicht sogar einen Fortschritt signalisieren oder doch nur je autorspezifisch Einheit und Zurechenbarkeit organisieren und allein positionsspezifische Überraschung generieren). Der Historiker der Pädagogik und nicht nur ein Außenbeobachter wie der Soziologe Helmut Schelsky, der die Pädagogik bekanntlich „Magd einer gedankenbeherrschenden Disziplin" genannt hat (Schelsky 1975, S. 301), weil sie ihre Leitbegriffe nicht selbst finden konnte, sondern importierte, wird zuerst daran erinnert, dass die Pädagogik Mühe hatte und hat, „einheimische" Leitbegriffe zu finden, die in der Zeitdiagnose denen anderer Disziplinen funktional äquivalent sind. Entweder arbeitete sie – wie Spranger – mit allgemeinen Konzepten, wie dem in der deutschen Tradition so bekannten Begriff des „Geistes", oder sie nutzt die allgemein genutzten, aber in die Erziehungsphilosophie importierten Begriffe wie „Bildung" (Nohl), „Kultur" (bei Litt), auch „Krise" (bei Weniger) oder „Kritik" (bei Mollenhauer) oder das „Subjekt" (gelegentlich sogar das „transzendentale" (Heitger) oder die „Person", jetzt katholisch (bei Böhm) oder sozialphilosophisch (bei Wiersing). Auch „Vernunft und Menschlichkeit" (Schmitt) angesichts der Zeit der Aufklärung sind in dieser Funktion zu erkennen, ebenso wie die politischen Begriffe der Gleichheit, Demokratisierung, Solidarität (ebenfalls Klafki und dann viele andere). Ab und an hören und sehen Erziehungsphilosophen sogar „ein Lachen der Materie" (Meyer-Drawe, 1996, S. 175ff.)[10], wenn sie „Menschen im Spiegel ihrer Maschinen" betrachten, während andere nur das Reservoir bildungsbürgerlicher

---

9   Mannheim unterschied darin 1928 auch bereits zwei methodische Zugänge: „Zwei Wege hatte die Fragestellung bei dem Problem der Generationen eingeschlagen: einen positivistischen und einen romantisch-historistischen. Zwei Arten des Welterlebens standen sich hierbei einander gegenüber und errangen sich von zwei Seiten her den Zugang zum Thema. Der erste Weg sah sein Ideal in der Quantifizierbarkeit der Problematik; er suchte die Grenzdaten des Mensch-Seins quantitativ zu erfassen. Der andere Weg hatte einen qualitativen Zugriff, verzichtete auf das mathematische Tageslicht und verinnerlichte das Problem." (Mannheim 1928)

10   Die pädagogischen Erben Heideggers, der Phänomenologie und ihre französisierende Aktualisierung, also von Ballauff bis Meyer-Drawe und der jüngeren Generation, zeigt mit ihrer gelegentlich so hohen Ambition, die Lage des Subjekts in der Welt zu bestimmen, nicht selten doch nur pseudoanthropologisch verkleidete Metaphysik, nicht Zeitdiagnose.

Vorurteile in ihrer Diagnose reproduzieren.[11] Die Pädagogik übernimmt – im
weiteren 20. Jahrhundert – auch die Leitformeln anderer Metatheorien, nicht nur
die „Dialektik" der kritischen Methode von Adorno (der Gruschka folgt) oder die
Leitbegriffe bei Habermas und Luhmann oder Ulrich Becks „Risikogesellschaft"
und seine „Individualisierung"-sthese.[12] Auch je aktuelle flinke Zeitdiagnosen mit
publizistisch großem Nachhall wie zuletzt Rosas „Beschleunigung" oder jetzt die
„Resonanz" ziehen unmittelbar die entsprechende Pädagogik nach sich; die „Singula-
ritäten" von Andreas Reckwitz werden auch bald kommen, wie die „Ichlinge" schon
präsent sind. Nicht zu vergessen ist natürlich auch die „Wissensgesellschaft",[13] sogar
international, die schon in der gesellschaftstheoretischen Diagnose die Bedeutung
von Bildung impliziert, wie das für „Digitalisierung" sich jetzt andeutet, wobei dann
wieder eine Diagnose wie die sich ausbreitende „Digitale Demenz" (Spitzer 2012)
doch wieder überrascht. Immer neu wird dabei in der Karriere solch modischer
Begriffe auch die etwas boshafte These von Friedrich Wilhelm Graf bestätigt, dass
große Thesen und Metatheorien endgültig ihr Verfallsdatum signalisieren, wenn
sie als Leitbegriffe in pädagogischen Schriften erscheinen.

Die eigenen Begriffe der Pädagogik machen extern dagegen keine Karriere.
Aber sie sind – sieht man von Bildung ab – nicht selten auch Konzepte mit großem
Anspruch, aber aufgeweichtem Erkenntnispotential: „Gemeinschaft" z. B. war bei
Tönnies – 1887! – noch eine scharfe Kategorie, denn er begründete sie als im Kern
„rationalistisch" und „empiristisch".[14] Das gilt so heute wohl nicht mehr, auch
nicht in ihrer Transformation im Kommunitarismus (z. B. bei Brumlik/Brunkhorst
1993). Gleiches gilt z. B. für „Erlebnis" oder „Bewegung", oder für die dominant
wertthematische Argumentation, die sich im Dual von „Reform" vs. „Restaura-
tion" oder „Reaktion" erhalten hat, oder gesellschaftskritisch und allgemein, mit
Begriffen wie „Widerspruch" (Heydorn; Koneffke; Pongratz), „bürgerliche Kälte"

---

11 Bei Spranger (1930) findet man deshalb nicht nur diskutierbare Begriffe wie das „Ei-
    gengesetz gegenständlicher Erkenntnis" (S. 224) oder „geistiges Wagnis" (224), sondern
    auch Entgleisungen, z. B. die Verachtung für das „Primitive und Niggerhafte" (S. 217),
    die Abwehr des „Liberalismus" (218) oder von „Gruppendiktatur: Bolschewismus und
    Faschismus" (S. 221) und der „nivellierten Gesellschaftsordnung" (S. 226), die Neurosen
    produziere.
12 Ein schönes Exempel zum Beleg ist z. B. Wittpoth (2001).
13 Die windigen Ergebnisse der von da aus inspirierten Zeitdiagnosen belegt, eher un-
    freiwillig, Prisching (2008 – dazu meine Rezension in Soziologische Revue 33(2010),
    S. 5–12).
14 Tönnies (1887, ³1991), dort in der Vorrede zur ersten Auflage 1887 in expliziter Abgren-
    zung zur „historischen" Methode.

(Gruschka), und, immer noch, mit Kapitalismuskritik oder, aktuell, mit Affekten gegen den „Neoliberalismus".

Für die Leitbegriffe der Pädagogik scheint mir aus der historischen Betrachtung typisch, dass sie ihre Diagnose- und Orientierungsfunktion in der Regel aus ihrer Normativität gewinnen, aus der binären Codierung und dann z. B. aus der expliziten Unterstellung einer „guten Erziehung" als regulativem Prinzip der Analyse, wie es z. B. Wilhelm Flitner offen einräumt,[15] oder aus impliziten Normalitätskonstrukten, die dann auch die Diagnose von „Pathologien" erlauben, wie z. B. bei Hentigs Diagnose der Schule, oder aus vielen als gültig unterstellten Kritikreferenzen – von Marx bis zur Bibel, von Habermas bis Foucault –, die im Gestus der Überlegenheit kulturkritisch genutzt werden. Dabei gewinnen sie, betrachtet man ihre Leistung aus der Distanz, ihre Geltung allein aus der schlichten Konfrontation einer ideologisch problematisierten Weltsicht mit einer anderen, als gültig antizipierten Weltkonstruktion, die dann die Alternative darstellen muss, ohne sie mehr als global zu suggerieren – kaum plausibler als die attackierte Version der Erzählung über die Welt, die sich daraus ergibt (und „Narrative" erzeugt, wie man jetzt auch liest). Dieses Gefüge und der epistemische Status der Leitbegriffe, gelegentlich, wie bei der „Kälte" kaum mehr als eine wenig konsolidierte Metapher (Tenorth 1990), ist deshalb auch verantwortlich für den dominierenden Duktus der pädagogischen Zeitdiagnostik, für den bekannten Ton von Programmatik, Klage und Kulturkritik, der nur selten durch nüchterne Diagnosen konterkariert wird. Aber „Realismus" ist eine Position, die in der Pädagogik wenig beliebt ist; anerkannt und erprobt bei Litt, problematisch schon bei Petersen, korrumpiert bei Krieck, dann selbst Ideologie.

2.2   Zeitschematisierungen und die Eigenzeit des Erzieherischen

Keine Gegenwartsanalyse (sie werden ja trotz erkennbarer Probleme weiter praktiziert) kommt, zweitens, ohne eine *Zeitschematisierung* aus. Das ist trivial in dem Sinne, dass es notwendig und unvermeidbar ist, aber es ist zugleich höchst folgenreich, wenn man den argumentativen Gebrauch der Zeitschematisierung betrachtet. Die

---

15 Flitner (1983/1933) referiert so auf „gute Erziehung", wie auch andere Disziplinen seines
    Musters auf „gerechtes Recht, öffentliche Sitte, gedeihliche Politik" – immer verbunden
    mit der Prämisse, dass ein „Konsens" der „Erziehungsgemeinschaft" notwendig sei,
    damit Erziehung möglich ist.

einfachste Form lautet: Vergangenheit – Gegenwart – Zukunft,[16] aber diese Schematisierung ist selbst zeitabhängig, sie referiert auf mehrere, je implizierte Zeiten
und weitere Schematisierungen. Jede Zeitdiagnose, das ist unvermeidbar, braucht
zunächst die Vergangenheit, besser: eine Vergangenheit, um die Gegenwart als
Ergebnis von Veränderung zu beschreiben, wie immer qualifiziert, ameliorierend
oder demeliorierend, und Zukunft ist notwendig, um den eigenen Absichten einen
Horizont zu geben. Bei Spranger und seinen Zeitgenossen wird diese Schematisierung aber immer schon in andere Begriffe und Vorlieben transferiert, vor allem
für die Vergangenheit, die nicht einfach als Überlieferung gesehen wird, sondern
als „Tradition" und „Klassik", natürlich je nach ideologisch politischem Kontext
sozialistisch (Günther 1988 oder Riemeck 2014) oder sonstwie weltanschaulich
codiert, wie z. B. die katholischen Klassiker, die noch bis ins frühe 20. Jahrhundert
in der „Bibliothek der katholischen Pädagogik" gesammelt wurden, die von Kunz
ediert (z. B. 1896, u. ö.) natürlich bei Herder erscheint. Solche Wertbegriffe gehören
in diese Praktiken der Beobachtung von Vergangenheit, abgegrenzt meist auch von
dem „Erbe", das die Überlieferung präsentiert und selbst der Bewertung bedarf,
bevor es bewahrenswerte „Tradition" wird. Retrospektiv kann man die Vergangenheit auch idyllisieren und die Gegenwart problematisieren, auch außerhalb der
Pädagogik und dann z. B. mit Sedlmayr kulturkritisch als „Verlust der Mitte" oder
als Indiz für das „Leiden der Zeit"[17] betrachten. Schon eine Diagnose wie die von der
„Gleichzeitigkeit des Ungleichzeitigen", die Ernst Bloch als „Erbschaft dieser Zeit"
1935 vorschlägt, hat nicht nur die Faschismusanalyse orthodoxer Parteimarxisten
irritiert, bevor sie zum Slogan verkommt. Pädagogisch wird die Überlieferung
normativ eindeutig sortiert und dann auf die als Verpflichtung begriffene Vergangenheit reduziert, also nicht etwa historisiert. Sie allein wird als gegenwärtige
Vergangenheit behandelt, aber damit wird zeitliche Schematisierung zugleich in
soziale überführt, während vergangene Gegenwarten, die eine Historisierung von
Traditionen ermöglichen, schon weniger beliebt sind, und vergangene Zukünfte
schon gar nicht, weil sie Reformambitionen enttäuschen.

---

16 Klafki (1958) gibt dazu bereits eine systematische Übersicht und nutzt – als weitere
    Schematisierung – die Unterscheidung von „Traditionalismus", „Aktualismus" und
    „Utopismus", bevor er eigene Lösungen diskutiert, und zwar „die dialektische Aufhebung
    der drei Momente Vergangenheit, Gegenwart und Zukunft in einem Strukturzusam-
    menhang, der sich von einer dynamisch verstandenen Gegenwart aus gliedert" (zit.
    S. 24).
17 Sedlmayr (1983/1948). In seinen Überlegungen zur „Methode" der Zeitdiagnostik
    rechtfertigt er nicht nur den Symptomstatus der Kunst, sondern operiert auch mit dem
    Dual von „wesentlichen" vs. „unwesentlichen" „Erscheinungen, die es zu unterscheiden
    gelte (S. 5–11).

Die „Gegenwart" dagegen wird meist geringgeachtet, sie gilt als das „Gegebene",
das wenig Anerkennung verdient und wird im gängigen Modus der Kritik der je
aktuellen Wirklichkeit nur abgewertet. Gegenwart ist deshalb auch eher ein Thema
skeptischer Theologen[18] und (konservativer) Soziologen und Philosophen.[19] Der
„Zeitgeist" gar hat, trotz der zahllosen Arbeiten von Hans-Joachim Schoeps (z. B.
Schoeps 1959; ders. 1980), heute schon eher pejorative Konnotation, jedenfalls billigt
man dem Begriff wenig analytische Kraft zu. Wenn Pädagogen über Gegenwart
schreiben, dann im Lichte der Tradition, auch der Tradition der Reform, wie z. B.
1927, im Pestalozzi-Jahr (Hager/Tröhler 1996). Hier wird der große Schweizer in
eigentümlicher Zeitlosigkeit präsentiert, sogar Jesus gleich als Messias für Pädagogik
und Pädagogen (Tenorth 1996), aber auch als Nothelfer für die Republik, so dass
man an eine Frage Ernst Blochs angesichts der Aktualisierung eines philosophischen
Klassikers erinnert wird: „Woher weiß Hegel von uns?", hatte Bloch gefragt – und
gegenüber Pestalozzi wäre die Frage auch notwendig, ohne dass die Pädagogen sie
ernsthaft genug stellen oder distanziert gegenüber ihren Traditionen geprüft hätten.

„Zukunft" wiederum wird in der Regel positiv besetzt, als die bessere Zukunft, die durch Erziehung, durch die junge Generation, durch das Kind oder die
pädagogische Bewegung (etc.) herbeigeführt wird. Diese Zukunft gehört in den
Diskurs der Pädagogik seit alters her, seit sie Utopien rezipiert oder sich selbst als
Utopie inszeniert (Grunder 2018; Tenorth 2018). Zukunft trifft man deshalb eher
als Argument in der sich selbst als progressiv verstehenden Fraktion an, auch im
politischen Kontext. Sie sieht Erziehung als Medium der „werdenden Gesellschaft"
und diagnostiziert die Situation von da aus. Sie ist jedenfalls weniger um das Gegebene besorgt als die Katheederpädagogen oder konservative Theoretiker, für die
„Zukunftspädagogik" mit Beweislasten konfrontiert wird, die in ihrer Propaganda
in der Regel nicht eingelöst werden kann, aber auch nicht eingelöst werden soll.
Zukunftsrhetorik erzeugt damit die Karikatur des Reformers: Das sind bekanntlich Menschen, die bereit sind, Zustände mit bekannten Nachteilen gegen solche

---

18 Grisebach z. B. liefert unter dem Titel „Gegenwart" 1928 eine „kritische Ethik" – aber,
    wie man zur Warnung hinzufügen muss, schon bei Peter Petersen (1937) wird die Zu-
    wendung zur Gegenwart zu einem „Realismus" der Gegenwart umgedeutet, der auch
    NS-Ideologie akzeptieren hilft.
19 Die Bedeutung der Zeitdiagnosen von Hans Freyer (1955) – und die „Paradoxie des
    Erbes" (ebd., S. 191ff.) für die geisteswissenschaftliche Pädagogik – ist m. E. noch nicht
    hinreichend bildungshistorisch und disziplingeschichtlich untersucht; Freyer gehörte
    im Übrigen wie Arnold Gehlen zur Leipziger intellektuellen Umwelt, genauso wie Litt
    oder Helmut Schelsky. Bei Flitner wiederum sind ganz andere Referenzen bedeutsam,
    z. B. ein theoretisch reflektierter Sozialdemokratismus, wie ihn Ernst Heimann reprä-
    sentiert (vgl. Tenorth 1991).

mit unbekannten Nachteilen auszutauschen). Aber bezogen auf Zukunft werden
nicht Beweislasten akzeptiert, sondern nur Prognosen, Versprechen und Aufgaben angesichts ungelöst-drohender Probleme formuliert. Widerlegungen solcher
Prognosen, z. B. der „Katastrophen"-diagnosen Pichts, sind dann Aufgaben der
Historiker[20] – Pädagogen kümmert das nicht.

Irritierend – zumindest für mich – ist die Tatsache, dass die Pädagogik in ihrer
zeitbezogenen Diagnose nur selten die Frage der Eigenzeit thematisiert, auch systematisch nicht sehr erfolgreich,[21] und wenn, dann nur in der Konfrontation von
je individueller subjektiver Zeit und der als objektiv beurteilten gesellschaftlichen
Zeit. Schon in der Nutzung von Hegels Zuschreibung an die Philosophie, sie sei
‚ihre Zeit … in Gedanken erfasst',[22] wird „ihre Zeit" meist auf Gesellschaft und
extern attribuiert, aber nicht auf die Zeit des Gedankens / Geistes. Dabei wissen
doch die Historiker sehr viel über die Beharrungskraft – also die Eigenzeit – z. B.
der pädagogischen Institutionen und Professionen, von dem spezifischen Zeitmuster
von Lernprozessen und Milieuerfahrungen, die nicht mit den großen Einheiten
zeitlich einsinnig kovariieren. Eigensinn und Eigendynamik zeigen sich auch, wenn
man Erziehungsverhältnisse in Diktaturen untersucht. Man sollte sich also nicht
zu rasch dem alten Diktum von Friedrich Paulsen anschließen, dass der Erziehung
die „Eigenbewegung" gegenüber den gesellschaftlichen Verhältnissen fehle[23] – und
entsprechende Diagnosen rasch akzeptieren. Das Gegenbeispiel und der Beleg für
Eigenzeit, ja die Vielfalt eigenständig-eigenartiger Zeiten,[24] sind dabei vor allem
die häufig verachteten und kritisierten alltäglichen Erziehungsverhältnisse in ihrer
Reformresistenz, also gerade nicht zuerst und primär die pädagogischen Bewegungen, die so sehr auf ihre Eigenlogik pochen. Die spiegeln fast am ehesten den
(reformerischen) Zeitgeist ihrer Milieus, sind eingebunden in breitere intentional
inspirierte Veränderungen und haben Mühe, sich gegenüber anderen sozialen Bewegungen in ihrer Eigenart zu zeigen. Aber Nacktkultur ist Nacktkultur, sie wird
– so wenig wie Natur oder Bewegung – schon dadurch anders in ihren Praktiken
und Effekten, wenn man sie pädagogisch recodiert.

---

20 Mit breitem Belegmaterial jetzt exemplarisch und exzellent bei Radkau (2017), zu Picht
    S. 210–241, und ergänzend zu Picht auch Tenorth (2017).
21 Die Analysen in Schmidt-Lauff (2012) gelten diesem Thema, im Ergebnis freilich nicht sehr
    befriedigend, vgl. meine Rezension in Zeitschrift für Pädagogik 59 (2013)6, S. 935–938.
22 Hegel 1821, Rechtsphilosophie, Vorrede, S. XXIf..
23 Paulsens These ist ja, „dass das Bildungswesen keine Eigenbewegung hat, sondern
    von dem großen Gang der allgemeinen Kulturbewegung bestimmt wird" (Paulsen im
    Vorwort von 1906 zu Paulsen 1912, o. S.).
24 Karlheinz A. Geißler hat darüber seit langem intensiv gearbeitet, zeitdiagnostisch wie
    analytisch, und nicht nur im pädagogischen Kontext.

2.3   Gütekriterien der zeitdiagnostischen Argumentation

Die Gegenwartsanalyse hat, drittens, eigene – und eigenartige – Gütekriterien der
Argumentation von ganz heterogener Art. Mannheim lobt die Überraschungs-
effekte, die Bündelung des vermeintlich Fremden als Zusammengehöriges, die
Zuspitzung des Verschiedenartigen zum Typischen, die Artikulation des Geistes
der Epoche, Einheitsambitionen also – wenn und weil man sich zutraut, darüber
zu reden (aber das scheint notwendig, damit es überhaupt Zeitdiagnose gibt).[25] An
der historisch-systematischen Methode,[26] die der Beobachtung der Vergangenheit
die Logik des Prozesses ablauschen wollte, haben die Pädagogen nach 1960 bereits
die offenbar unvermeidlichen Schwächen solcher Argumentformen diskutiert. Vor
allem die petitio principii kann man anscheinend kaum vermeiden, so dass sich in
der Analyse eher Bestätigungen für Unterstellungen als Beweise für Situationsdia-
gnosen finden (zumal, wenn Philosophen oder Theologen die Epoche sondieren),
Historizismus also permanent durchschlägt. Je nach dem unterstellten Prinzip ist
die prognostische oder diagnostische Validität der Behauptungen deshalb schwierig
einzulösen. Axel Honneth (1992) z. B. hält zu Recht wenig von Zeitdiagnosen in
geltungstheoretischer Hinsicht,[27] ohne sich gehindert zu sehen, selbst eine vorzulegen,
sogar zur „moralischen Grammatik sozialer Konflikte", und die These zu bestätigen,

---

25 Der Essay gilt entsprechend als geeignete Form, spezifische Sensibilität als notwendig,
    wie sie z. B. Habermas an Simmel rühmt: „eine Mentalität, die gekennzeichnet ist durch
    ein empfindliches Sensorium für zeittypische Reize, für ästhetische Neuerungen, für
    geistige Tendenzwenden und Orientierungsschwünge im großstädtisch konzentrierten
    Lebensgefühl, für subpolitische Einstellungsänderungen und schwer greifbare, diffuse,
    aber verräterische Alltagsphänomene. Kurzum, die Membrane für den Zeitgeist waren
    weit geöffnet." (Habermas 1983, S. 244).

26 Zu dieser Argumentform meine Kritik aus der Perspektive der historischen Forschung
    (Tenorth 1975), die Reaktualisierung bei Bellmann/Ehrenspeck (2006) überzeugt im
    Versuch der Rehabilitierung dieser Argumentation nur begrenzt, schon philosophisch
    wird die „Problemgeschichte", die im Kontext des Neukantianismus entwickelt wurde,
    nur sehr unvollständig rezipiert.

27 Wie Bogner (2015, S. 11) zitiert, man müsse – so referiert Bogner aus Honneths „Kampf
    um Anerkennung" – „Zeitdiagnosen ein erhebliches Maß an Skepsis" entgegenbringen.
    Denn sie seien „Produkte einer Überverallgemeinerung von gesellschaftlichen Entwick-
    lungen", die nur eine beschränkte historische oder soziale Reichweite besitzen. „Kaum
    ein theoretisches Unternehmen wird heute voreiliger und unbesonnener betrieben als
    das der Zeitdiagnose." (ebd.: 7) Keine soziologische Zeitdiagnose der jüngeren Vergan-
    genheit habe, so Honneth weiter, „die Phase der gründlichen empirischen Überprüfung
    unbeschadet überstanden."

dass massenmediale Aufmerksamkeit theoretische Geltung substituiert.[28] Manche Unterstellungen, zumal holistische, haben natürlich den Vorzug, nicht widerlegbar zu sein (Popper 1957), andere den Nachteil, nur noch zu trivialen Ergebnissen zu führen, wenn wir wiederholt über das Wirken des Weltgeistes oder des Kapitals belehrt werden. Wer Gegenwartsanalyse betreibt, tut deshalb gut daran, sich gegen Einwände zu wappnen. Das Hantieren mit „Widersprüchen", „Ambivalenzen", „Paradoxa" und „Dissonanzen" wird vielleicht auch dadurch am Leben erhalten; gibt es doch dem Zeitanalytiker einen soliden Schutz gegen zu rasche Widerlegung durch die Daten.

Die Karriere der Soziologie oder der empirischen Sozialforschung rührt deshalb auch daher, dass sie methodisch zu sichern verspricht und prüfbar zu machen scheint, was noch bei Spranger wie künstlerische Inspiration ausschaut. Aber die unverkennbare Skepsis der Soziologen sollte zur Behutsamkeit mahnen. Langfristanalysen sind offenkundig kaum erprobt, Trendaussagen implizit von Annahmen abhängig, schon Beschreibungen schwierig. Mehr als plausible Zusammenhänge und Details – Zahlen von Schulen, Schülern, Lehrern, materielle oder ökonomische Situation von Kindern, Wohn- oder Einkommensverhältnisse – lassen sich kaum empirisch beglaubigen. Und schließlich, welcher auf Zukunft gestimmte Reformer wird seine eigenen Bemühungen schon von Fliegenbeinzählern abhängig machen? „Umso schlimmer für die Wirklichkeit", das wird ein zentrales zeitdiagnostisches Argument gegen die Empirie und gegen alle, die sich dem Gegebenen verpflichtet fühlen und deren Kleinmut sich deshalb so gut tadeln lässt. Denn das bezeichnet doch die Konsenszone erziehungswissenschaftlicher Gegenwartsanalyse: „Nur nicht unkritisch sein!" Das führt zu meinem letzten Punkt – zu der Frage, wodurch die erziehungswissenschaftliche Zeit- und Gegenwartsanalyse zur Einheit bündelt, was doch so disparat ist, die Gegenwart nämlich und die „Zeit".

---

28 Damit u.a. wird Gesellschaftsanalyse und Zeitdiagnose unterschieden, vgl. Osrecki (2011). Unter Berufung auf Osrecki sagt z.B. ein Rezensent von Ulrich Becks letztem, posthum erschienen Buch, das „primäre Anliegen" der Zeitdiagnose sei „die Attraktion medialer Aufmerksamkeit" (Tobias Werron zu U.B.: Die Metamorphose der Welt. Ffm. 2016, in FAZ 23.12.2016).

2.4   Die pädagogische „Aufgabe" – Einheitsform der zeitdiagnostischen Argumente und pragmatische Implikation

Gebündelt werden solche Gegenwartsanalysen innerhalb des pädagogischen Reviers anscheinend immer noch durch einen Begriff und ein Bewußtsein der pädagogischen „Aufgabe", samt den Topoi, mit denen sie definiert und konkretisiert wird. „Notwendige Reformen" oder „Handlungsbedarf" nennen das aktuelle Gutachten. Auch scheinbar durch die Pädagogik unabweisbare „Herausforderungen" von Demografie / Technologie / Politik / Globalisierung / Digitalisierung (etc.), gelegentlich zu „Great Challenges" stilisiert, werden so argumentativ eingeführt. Es muß also nicht die „griesgrämige Sorge" sein, „die das Charakteristikum noch jeder Pädagogik gewesen ist" (Rutschky 1994, S. 250) – gelegentlich soll die Arbeit mit Kindern ja auch so viel Spaß machen wie nicht allein Katharina Rutschky oder Karl-Heinz Bohrer[29] das Schreiben von leicht boshaften Texten im Kontext von Erziehung oder Pädagogik als Wissenschaft.

Dieser Weg der Vereinheitlichung und Orientierung der Gegenwartsanalyse durch ein Aufgabenbewusstsein gilt anscheinend unbestritten. „Bildung" ist auch dafür die Formel, um die Form und die Praxis der Realisierung des Anderen und Erwünschten zu bezeichnen, ihre Betrachtung in geschichtsphilosophischer Perspektive die Methode. Eine explizit oder implizit unterstellte Annahme oder Vision der pädagogischen Aufgabe, oder, säkularisiert und nicht selten kryptonormativ, der Funktion öffentlicher Erziehung, scheint mir das Medium, in dem sich Leitbegriffe, Zeitschematisierungen und Gütekriterien bündeln lassen – und auf die hin die Pädagogen und Erziehungswissenschaftler nicht nur die Welt analysieren, sondern die Welt *sub specie educationis* analysieren können, aus der Distanz und zugleich doch mit der Erwartung, das Handeln zu orientieren – und immer zukunftsbezogen, weil der Bildungsbegriff eine Perfektibilitätsvorstellung impliziert, der gegenüber das Gegebene, etikettiert als „das vergesellschaftete Dasein" aus der Perspektive des kritischen Beobachters „immer schon ein defizienter Modus der Möglichkeiten des Menschen ist", und zwar deswegen, weil „die gesellschaftlichen Implikationen des Heranwachsens prinzipiell dasjenige reduzieren, was als Mündigkeit doch die erklärte Norm dieses Vorgangs sein sollte" (Mollenhauer 1964, S. 65). Die Pädagogik sucht deshalb praxisbezogen und generell den optimistisch-mutigen Lehrer, das richtige, gerechte und egalisierende Bildungssystem und hofft auf die

---

29 Bohrer (2017, S. 69) nennt die Erziehungswissenschaft als Fach „das Verstaubteste, was man sich vorstellen konnte", und zu Studienzeiten wunderte er sich, dass sein Freund Klaus Mollenhauer, dessen Intellektualität er schätzte, ausgerechnet dieses Fach studierte.

Beförderung gesellschaftlichen Glücks und individueller Emanzipation. Spranger denkt wahrscheinlich von der Kulturaufgabe aus, Erich Weniger thematisierte die Krisenbewältigung durch Erziehung, Heydorn und seine Erben die Emanzipation der Gattung durch Bildung (etc.). Anscheinend lässt sich Gegenwartsanalyse in pädagogischer Absicht ohne eine solche Aufgabenstellung nicht organisieren. „Pessimismus" ist jedenfalls nicht erlaubt (Twardella 2008),[30] die optimistische Anthropologie[31] das ethische Fundament.

Von dieser Orientierung aus wird auch deutlicher die Spezifik pädagogischer Begrifflichkeit und Zeitschematisierung erklärbar, dass sie das ‚Hier-und-Jetzt' zwar achtet, aber doch auf Zukunft setzt, ohne sie anders als im Medium der eigenen Zukünftigkeit – vermittelt also über das Kind – vorwegnehmen zu können. Diese paradoxe Antizipation sorgt wahrscheinlich auch für viele der Eigentümlichkeiten, die sich – aus der Perspektive außenstehender Beobachter – an pädagogischen Zeitdiagnosen finden lassen: Während das „noch nicht" vielleicht für viele Reviere gilt, scheint mir das „dennoch" (Weniger 1929, S. 78) nicht nur für Erich Weniger, sondern insgesamt charakteristisch für die Pädagogen, auch für ihre so notwendigen Illusionen. Spranger kann das Argument in paradoxer Manier nutzen, wenn er die Gleichzeitigkeit von Historizität und Geltung der Bildungsideale zu seinem Lebensthema macht. Versöhnung findet er dann freilich immer weniger in der Philosophie, sondern in der Religion. Eigentümlich finde ich deshalb solche pädagogische Zeitdiagnostik, weil sie sich nicht einmal um die Empirie ihrer eigenen Praxis schert, zu schweigen von der Realität der Welt, sondern im kontrafaktischen Argument immer neu ihre Zuflucht sucht, und dennoch meint, die Welt sub specie educationis zu betrachten.

3   Kurzes Fazit

Resümiert man den Befund und die Ergebnisse der einzelnen Analyseschritte des Versuchs, die Praktiken der Zeitdiagnose im pädagogischen Milieu zu identifizieren, dann ist das Ergebnis eher wenig ermutigend. Ohne Zweifel als eigene

---

30 Twardella (2008) liefert die einschlägige Kritik des Syndroms aus der Perspektive der Gruschka-Schule. Aber man vermisst in der Literatur natürlich eine provozierende Studie wie die von Ludwig Marcuse (1953), der Pessimismus „ein Stadium der Reife" nannte.

31 Die hat Habermas (1961) schon zu Zeiten des Deutschen Ausschusses gegen soziologische Einwände vehement verteidigt.

Argumentform entwickelt, hat die pädagogische Zeitdiagnose ihre eigene Gestalt doch anscheinend nur dadurch entwickelt, dass sie in einer normativen Grundierung des Gesamtarguments von einer Orientierung an einer auch nur ideologisch, d. h. allein positionsspezifisch begründeten, normativ interessiert und kontrafaktisch elaboriert entfalteten und gerechtfertigten Aufgabe aus die Wirklichkeit betrachtet und zukünftige Praxen der Pädagogik entwickelt. Sicherlich, die Welt lässt sich „sub specie educationis" betrachten, im analytischen Potential und in der Diagnose dabei auch im Unterschied zu anderen Diagnosen – theologischen, politischen oder sozialkritischen – ausarbeiten, aber die Zeitdiagnose bleibt dabei das, was sie offenbar generell ist: Eine Argumentform zwischen wissenschaftlicher Beobachtung und Alltagsverstand, philosophisch grundierter und prinzipienorientierter Betrachtung und kontrafaktisch ansetzender Konstruktion zukünftiger Welten. Derart entwickelt, erzeugt sie die Suggestion eines reflektierten Umgangs mit dem Gegebenen und der Vielfalt seiner Möglichkeiten, erliegt aber nur, in der Handlungsorientierung, einer meist nicht eingestandenen, durch die Beobachtung von Wirklichkeit auch kaum zu erschütternden petitio principii, weil Handeln letztlich wichtiger ist als Analyse. In der Regel fehlen theoretische Modelle, die die Wirklichkeit nachprüfbar und zurechenbar ordnen, Konstrukte, die spezifisch Ursachen und Handlungskomplexe isolieren und diskutierbar machen, und es fehlt auch die Distanz zu den eigenen Zielen.

Problematisch an dieser Methode ist vor allem, dass die pädagogische Zeitdiagnose in der Regel zu zwei Formen der Erkenntnis gleichermaßen Distanz hält, die der Diagnose ein Fundament und der Handlungsorientierung reflexive Distanz eintragen könnten, der empirischen und der historischen Bildungsforschung. In Bezug auf die Gegenwart könnte die pädagogische Reflexion über das Zusammenspiel von Faktoren lernen, von denen die Situation von Bildung und Erziehung je aktuell bestimmt ist, und aus der historischen Bildungsforschung könnte sie, wie aus Nachrichten über vergangene Versuche der Gestaltung der Welt der Erziehung, als Längsschnitt rekonstruierbar und in der Verknüpfung von Intention und Ziel, Prozess und Ergebnis methodisch studierbar, zumindest erfahren, welche Wirkungen und Nebenwirkungen, gewollte, nicht-intendierte und kontraintentionale Effekte sich mit pädagogischen Praxen verbinden können und in der Vergangenheit verbunden haben. Wenn die spezifische Wissensform von „Pädagogiken" (Paschen 1979) sich innerhalb der Vielfalt der Wissensformen über Gesellschaft als „reflektierte Reflexion" beschreiben lässt (Durkheim 1922, bes. S. 55 ff.), von der man die kluge Nutzung von Forschungswissen zur Gestaltung von Alltagssituationen erwartet, also mehr als nur Beobachtung, aber auch anderes Wissen als nur die normative Bekräftigung des eigenen Standpunktes, dann trägt pädagogische Zeitdiagnose als disziplineigene Argumentform bisher wenig dazu, diese Argumentform zu bereichern. Reflektierte Reflexion, also das praxisbezogene Argument innerhalb der Erziehungswissenschaft, ist jedenfalls zeitdiagnostisch nur wenig sensibler für die Wirklichkeit und relevanter für die Gestaltung pädagogischer Aufgaben geworden. In der Regel ist die Zeitdiagnose doch nur gut gemeint, Kritik in der Absicht, das eigene Programm zu rechtfertigen, Fortschreiben der Positionen, die in der Gegenwart immer schon galten und ihre eigene Tradition zur Selbstlegitimation konstruieren.

Literatur

Bellmann, J. & Ehrenspeck, Y. (2006). Historisch/systematisch – Anmerkungen zur Methodendiskussion in der pädagogischen Historiographie. *Zeitschrift für Pädagogik 52*, 2, S. 245–264.

Bloch, E. (1935). *Erbschaft dieser Zeit.* Zürich.

Bohrer, K.-H. (2017). *Jetzt. Geschichte meines Abenteuers mit der Phantasie.* Frankfurt a. M.: Suhrkamp.

Brumlik, M. & Brunkhorst, H. (Hrsg.) (1993). *Gemeinschaft und Gerechtigkeit.* Frankfurt a. M.: Fischer.

Bogner, A. (²2015). *Gesellschaftsdiagnosen. Ein Überblick.* Weinheim: Beltz.

Cortina, K. & Pant, H. A. (2018). Ignorierte Differenzen, illegitime Disparitäten – Über Betriebsblindheit im Disparitätendiskurs der empirischen Bildungsforschung. *ZfPäd 64*, 1, S. 71–89.

Durkheim, E. (1922). *Erziehung und Soziologie.* Düsseldorf: Schwann 1972.

Flitner, W. (1933). *Systematische Pädagogik.* Breslau 1933 (auch: Ges. Schr. Bd. 2)

Freyer, H. (1955). *Theorie des gegenwärtigen Zeitalters.* Stuttgart.

Grisebach, E. (1928). *Gegenwart. Eine kritische Ethik.*

Günther, K.-H. (1988). *Über Pädagogische Traditionen. Aus Schriften und Reden zur Geschichte der Erziehung.* Berlin: Volk und Wissen.

Grunder, H.-U. (2018). Alle gleich oder jede(r) anders? Erziehungs- und Bildungsideen in utopischen Konzepten. In I. Leser und J. Schwarz (Hrsg.), *utopisch dystopisch. Visionen einer ,idealen' Gesellschaft.* Wiesbaden (i. Dr.).

Habermas, J. (1961). Pädagogischer Optimismus vor Gericht einer pessimistischen Anthropologie. *Neue Sammlung 1*(1961), S. 251–278.

Habermas, J. (1983). Simmel als Zeitdiagnostiker. In: G.S.: Philosophische Kultur. (1923) Berlin 1983, S. 243–253.

Hager, F.-P. & Tröhler, D. (Hrsg.) (1996). *Pestalozzi – wirkungsgeschichtliche Aspekte. Dokumentationsband zum Pestalozzi-Symposium 1996* (S. 423–447). Bern, Stuttgart & Wien.

Hegel, G. W. F. (1821). *Philosophie des Rechts.*

Honneth, A. (1992). *Kampf um Anerkennung. Zur moralischen Grammatik sozialer Konflikte.* Mit einem neuen Nachwort. Frankfurt a. M.: Suhrkamp (2003).

Horkheimer, M (1928). Ein neuer Ideologiebegriff? In M. Horkheimer, *Gesammelte Schriften Bd. 2: Philosophische Frühschriften 1922-1932*, Fischer, Frankfurt am Main 1987.

Horn, K.-P. (2014). Pädagogik/Erziehungswissenschaft der Gegenwart – Zur Entwicklung der deutschen Erziehungswissenschaft im Spiegel ihrer disziplinären Selbstreflexion (1910–2010). In R. Fatke & J. Oelkers (Hrsg.), *Das Selbstverständnis der Erziehungswissenschaft: Geschichte und Gegenwart* (S. 14–32) (60. Beiheft der ZfPäd). Weinheim & Basel.

Keiner, E. (1999). Erziehungswissenschaft 1947–1990. Eine empirische und vergleichende Untersuchung zur kommunikativen Praxis einer Disziplin. (Beiträge zur Theorie und Geschichte der Erziehungswissenschaft Bd. 21) Weinheim: Deutscher Studien Verlag.

Keiner, E. & Schriewer, J. (2000). Erneuerung aus dem Geist der eigenen Tradition? Über Kontinuität und Wandel nationaler Denkstile in der Erziehungswissenschaft. *Schweizerische Zeitschrift für Bildungswissenschaften/Revue suisse des sciences de l'éducation/ Rivista svizzera di scienze dell' educazione 22*, H.1, S. 27–50.

Klafki, W. (1958). Bildung und Erziehung im Spannungsfeld von Vergangenheit, Gegenwart und Zukunft In W. Klafki (1963), *Studien zur Bildungstheorie und Didaktik* (S. 9–24). Weinheim: Beltz.

Kunz (Hrsg.) (1896). *Bibliothek der katholischen Pädagogik*. Freiburg: Herder.

Lochner, R. (1963). *Deutsche Erziehungswissenschaft*. Meisenheim a. G.: Verlag Anton Hain.

Mannheim, K. (1928). „Die Bedeutung der Konkurrenz im Gebiete des Geistigen". In V. Meja und N. Stehr (Hrsg.) (1982), *Der Streit um die Wissenssoziologie* (S. 325–370). 1. Bd., Frankfurt a. M.: Suhrkamp.

Mannheim, K. (1928). Das Problem der Generationen. *Kölner Vierteljahreshefte für Soziologie 7*(1928), 2, S. 157–185, 3, S. 309–330.

Mannheim, K. (1929). *Ideologie und Utopie*. Bonn: Vittorio Klostermann.

Marcuse, L. (1953). *Pessimismus. Ein Stadium der Reife*. München: Szczesny.

Meyer-Drawe, K. (1996). *Menschen im Spiegel ihrer Maschinen*. München: Fink.

Mollenhauer, K. (1964). Pädagogik und Rationalität. In K. Mollenhauer (Hrsg.), *Erziehung und Emanzipation* (S. 55–74). München: Juventa 1968.

Osrecki, F. (2011). *Die Diagnosegesellschaft. Zeitdiagnostik zwischen Soziologie und medialer Popularität*. Bielefeld: transcript Verlag

Paschen, H. (1979). *Die Logik der Erziehungswissenschaft*. Düsseldorf: Schwann.

Paulsen, F. (1912). *Das deutsche Bildungswesen in seiner geschichtlichen Entwicklung. 3. Aufl*. Leipzig: Teubner.

Petersen, P. (1973 [²1937]). *Pädagogik der Gegenwart*. Reprint der 2. Aufl. Weinheim & Basel: Beltz.

Popper, K. (1957). *Die offene Gesellschaft und ihre Feinde*. 2 Bde., (2. Aufl. 1970). Bern & München: Francke.

Prisching, M. (2008). *Bildungsideologien. Ein zeitdiagnostischer Essay an der Schwelle zur Wissensgesellschaft*. Wiesbaden: Springer VS.

Radkau, J. (2017). *Geschichte der Zukunft. Prognosen, Visionen, Irrungen in Deutschland von 1945 bis heute*. München: Hanser.

Reese-Schäfer, W. (1996). Zeitdiagnose als wissenschaftliche Aufgabe. *Berliner Journal für Soziologie 6*, 3, S. 377–390.

Riemeck, T. (2014). *Klassiker der Pädagogik. Von Comenius bis Reichwein*. Marburger Sommervorlesungen 1981/1982/1983 mit Quellentexten. Hrsg. Von H.-C. Berg u. a., Marburg: Tectum.

Rutschky, K. (1994). *Merkur 540*, S. 250

Sacher, W. (1988). *Eduard Spranger 1902–1933. Ein Erziehungsphilosoph zwischen Dilthey und den Neukantianern*. Frankfurt a. M.: Lang.

Schelsky, H. (1975). *Die Arbeit tun die anderen*. Opladen: Westdeutscher Verlag.

Schmidt-Lauff, S. (Hrsg.) (2012). *Zeit und Bildung. Annäherungen an eine zeittheoretische Grundlegung*. Münster, New York, München & Berlin: Waxmann.

Schoeps, H. J. (1959). *Zur Theorie und Praxis der Zeitgeistforschung*. Göttingen: Musterschmidt.

Schoeps, H. J. (1980). *Ein weites Feld. Gesammelte Aufsätze*. Berlin: Haude & Spener.

Schriewer, J. (1983). Pädagogik – ein deutsches Syndrom. Universitäre Erziehungswissenschaft im deutsch-französischen Vergleich. *Zeitschrift für Pädagogik 29*(1983), S. 359–389.

Sedlmayr H. (1948). *Verlust der Mitte. Die bildende Kunst des 19. und 20. Jahrhunderts als Symptom und Symbol der Zeit*. Salzburg usw. ¹⁰1983.

Spitzer, M. (2012). *Digitale Demenz: Wie wir uns und unsere Kinder um den Verstand bringen*. Stuttgart.

Spranger. E. (1929). Der Sinn der Voraussetzungslosigkeit in den Geisteswissenschaften: In: Spranger, Werke, Bd. 6, 1980, S. 151–183.

Spranger, E. (1930). Zur geistigen Lage der Gegenwart. In: Ges. Schr. V, S. 211–232.

Tenorth, H.-E. (1975). Historische Forschung in der Erziehungswissenschaft und historisch-systematische Pädagogik. In W. Böhm und J. Schriewer (Hrsg.), *Geschichte der Pädagogik und systematische Erziehungswissenschaft* (S. 135–156). Stuttgart: Klett.

Tenorth, H.-E. (1990). Adorno, das Wetter und wir. *Pädagogische Korrespondenz*, H. 7, S. 41–49.

Tenorth, H.-E.: (1991). „Das Selbstverständnis der Erziehungswissenschaft in der Gegenwart" – Wilhelm Flitners Bestimmung des methodischen Charakters der „theoretischen Pädagogik". In H. Peukert und H. Scheuerl (Hrsg.), *Wilhelm Flitner und die Frage nach einer Allgemeinen Erziehungswissenschaft im 20. Jahrhundert* (S. 85–107), (26. Beih.d. ZfPäd). Weinheim & Basel.

Tenorth, H.-E. (1996). Pestalozzis Rolle in der Preußischen Lehrerbewegung seit ihren Anfängen bis 1927. In F.-P. Hager und D. Tröhler (Hrsg.), *Pestalozzi – wirkungsgeschichtliche Aspekte*. Dokumentationsband zum Pestalozzi-Symposium 1996. (S. 423–447). Bern, Stuttgart & Wien:

Tenorth, H.-E. (2017). Pichts „Bildungskatastrophe". *Die Politische Meinung Nr. 547*, 62, Nov./Dez., S. 77–84.

Tenorth, H.-E. (2018). Neu wird der Mensch! Der lange Marsch der Bildungsutopien. In Kursbuch-Stiftung, *Kursbuch 193* (S. 51–64). Hamburg.

Tönnies, F. (1887). *Gemeinschaft und Gesellschaft. Grundbegriffe der reinen Soziologie*. ³1991. Darmstadt:

Twardella, J. (2008). *Pädagogischer Pessimismus. Eine Fallstudie zu einem Syndrom der Unterrichtskultur an deutschen Schulen*. Frankfurt a. M.

Weniger, E. (1929). Die Autonomie der Pädagogik. In E. Weniger, *Die Eigenständigkeit der Erziehung in Theorie und Praxis. Probleme der akademischen Lehrerbildung*. Weinheim: Beltz 1952, S. 71–87).

Wittpoth, J. (Hrsg.) (2001). *Erwachsenenbildung und Zeitdiagnose*. Paderborn: Schöningh.

Zapp, M., Marques. M. & Powell, J. W. (2017). Two worlds of educational research? Comparing the levels, objects, diciplines, methodologies, and themes in educational research in the UK and Germany, 2105–2015. *Research in Comparative and International Education, 12*(4), p. 375–394.

Die Anfänge einer intimen Öffentlichkeit
Konturierung des Klassenunterrichts um 1800[1]

Marcelo Caruso

1 Problem: Entstehung und Transformation des Klassenunterrichts

Der Theologe und Lehrer Johann Friedrich Wilhelm Lange (1786–1848) gehörte seinerzeit zur Reformelite der Schulwelt. Er war Lehrer am Philanthropin Salzmanns in Schnepfenthal, leitete eine bekannte Stadtschule in Schlesien, hielt sich zweimal an den Schulen Pestalozzis auf und wurde auch Lehrer an der berühmten Reformschule von Fellenberg in der Schweiz. In seinem bewegten Schulleben erlebte er vieles, aber der Besuch der Normalschule seines Freundes Carl August Zeller (1774–1846) in Königsberg im Jahr 1810 verblüffte ihn besonders. Dort hatte Zeller aus dem Waisenhaus eine Normalschule gemacht, in der er eine Reihe von Neuerungen unter dem Banner eines „Schulstaates" mit eigenem Papiergeld eingeführt hatte (Zeller 1809, S. 87). Lange führt in seinen *Memoires* eine Liste von Zellers Missgriffen an, aber besonders hatte ihm die Klassifikation von Kindern im Religionsunterricht missfallen. Zeller teilte seine Zöglinge in drei Klassen ein, je nach Fortschritt im Religionsunterricht. Diese Klassen hießen in aufsteigender Reihenfolge „Heiden", „Juden" und „Christen". Lange berichtet: „Ich selber hörte einen Knaben, den Zeller fragte: auf welcher Religionsstufe stehst du? sagen: ‚ich bin erst noch ein Heide, denke aber bald eine (sic) Jude zu werden!'" (Lange 1855, S. 54). Nicht zuletzt aufgrund dieser und anderer schrulliger Vorkommnisse wurde Zeller nach kurzer Zeit seines Amtes enthoben (Lichtenstein 1955). Sein System zur Gruppierung von Schülern überlebte nicht.

---

[1] Die Recherche, auf deren Grundlage die folgenden Ausführungen basieren, wurde durch das von der DFG geförderte Forschungsprojekt „Entstehung und Steuerung ‚gemischter' unterrichtsorganisatorischer Normen im Transfervergleich (Spanien, Irland, Indien, ca. 1840–1900)" unterstützt.

© Springer Fachmedien Wiesbaden GmbH, ein Teil von Springer Nature 2019
K. Berdelmann et al. (Hrsg.), *Transformationen von Schule, Unterricht und Profession*, https://doi.org/10.1007/978-3-658-21928-4_6

113

Eine angemessene Gruppierung von Kindern in Schulen, nicht nur im Religionsunterricht, blieb lange Zeit eine offene Frage in der Geschichte der Entwicklung moderner Schularbeit. Im Folgenden soll ein vertiefter Blick auf die Dynamik der Gruppierung und Umgruppierung von Lernenden als kritische Stelle in der Schulgeschichte geworfen werden. Dabei rückt die unverkennbare Natur des Klassenunterrichts als eigens präparierte Öffentlichkeit in den Blick. Diese speist sich nicht allein aus der Zahl der Anwesenden, die ja stark variieren kann, sondern vielmehr auch aus der organisatorischen Lösung einer kollektiven Ansprache der Lehrenden, die in der spezifischen Übermittlung der Botschaft an eine Gruppe als gleichzeitige Absage an die rein individualisierende Adressierung zu verstehen ist. Öffentlichkeit wird somit unterrichtsorganisatorisch angestrebt, aber in ihrer Ausdehnung auch skeptisch beäugt. Die Einwirkung auf das einzelne Kind wird durch rein gruppenorientierte Adressierung mitunter bezweifelt (Anonym 1783, S. 29–30 und 32).

In dieser für pastoralen Beziehungen typischen Spannungskonstellation zwischen der Führung einer Gruppe und der Führung des Einzelnen (Foucault 2004) bestand eine erfolgreiche Lösung darin, diese Öffentlichkeit in der Form eines erweiterten Familienverbandes zu definieren. Wenn im Folgenden die Rede von einer intimen Öffentlichkeit bemüht wird, geht es nicht um die Intimität der Liebenden. Es geht um die familiäre Intimität, die eine Gruppendimension mit sich bringt, wo die Gruppensituation mit Vertrautheit und persönlichen Verbindungen kombiniert wird. Lehrer, Inspektoren und Pädagogen fanden zunehmend, das Klassenzimmer solle diese Öffentlichkeit, die „Nähe" zulässt, verkörpern. Dort sollte ein besonderes Band zwischen Lehrenden und Lernenden unter Bedingungen öffentlicher Kommunikation geknüpft werden. Diese Problemlage kann man mit Recht als Vorläufer der jüngsten individualisierenden Transformationen der Unterrichtsordnung deuten, in der neue Konstellationen zwischen dem Einzelnen und der Gruppe ausgehandelt werden (Reh 2011, 2012). Die Konturierung dieser spezifischen Öffentlichkeit soll im Folgenden im Zentrum der Analyse stehen. Ausgehend von der zweiten Hälfte des 18. Jahrhunderts, als der Umbau „vormoderner" Unterrichtsszenarios in systematische Unterrichtsarrangements begann (Petrat 1979, S. 193–200), fokussiert der Beitrag auf die Konturierung der Klassenbildung um 1800 in deutschsprachigen Ländern, obwohl diese Sachlage sicherlich auf die Transformation von Unterrichtsszenarien in ganz Europa zu übertragen ist (Caruso 2015). Dabei wird Klassenbildung nicht nur formell-organisatorisch, sondern darüber hinaus als Variante von Gruppierungspraktiken thematisiert.

2 Theoretische Modellierung: Gruppierung als Praktik

Gruppieren und Umgruppieren im Unterricht stellen zentrale Strategien der Gestaltung der Unterrichtssituation, und zwar nicht nur des modernen, systematischen Klassenunterrichts dar. Die Operation der Gruppierung bzw. der Gruppenbildung wird in neueren Soziologien als Ausgangspunkt des gesellschaftlichen Bandes überhaupt angesehen. Unter dem Banner, keine Soziologie des Gebildes „Gesellschaft", sondern die Spurensicherung von „associations" zu betreiben, stellt Bruno Latour Gruppenbildung als unumgängliche Größe von Sozialanalysen dar und kontrastiert explizit Gruppenbildung mit den von Reifizierungen kolonisierten, feststehenden Gruppen. Gruppenbildung wird eher prozessual und nicht dinghaft konzipiert, was die konstitutive Rolle von Umgruppierungen – d. h. von neuen Verbindungen und Grenzen – mit einschließt. Bei Latour stehen jedoch Gruppenbildungen im Vordergrund, die man als „spontan" bzw. „emergierend" charakterisieren kann. Bei unterrichtlichen Gruppenbildungen, die hier im Zentrum stehen, sind vielmehr die Funktion des Beobachters und seines Wissens für diese Gruppenbildung bestimmend. Wichtig in der *actor-network-theory* ist die Beobachtung, dass das Spiel der Grenzziehung, die für die Gruppenbildung konstitutiv ist, im Spannungsverhältnis mit der gleichzeitigen Bildung von „anti-groups" zusammenzudenken ist (Latour 2005, S. 27–42) ist. Wenn Gruppenbildung in der Entstehung des modernen Klassenunterrichts eine Operation der Einschließung und der inneren Inklusion der Subjekte darstellt, sollte man jedoch diese Operationen nicht ohne die korrespondierenden Differenzierungen analysieren.

Wenn Gruppieren und Umgruppieren konstitutiv für die Öffentlichkeit des Klassenunterrichts sind, sollte man die Spezifik des Begriffes der Praktiken in Bezug auf den Unterricht in aller Kürze einbeziehen. Im Unterricht finden so genannte integrative Praktiken statt. Integrative Praktiken zeichnen sich dadurch aus, dass sie nicht nur über gemeinsame, oftmals implizite Wissens- und Verstehensformen strukturiert sind, sondern auch über explizite Organisationsregeln (Schatzki 1996, S. 98–110). Diese beinhalten Pläne, Ziele, Regeln, die sich auch in dem Wissen zeigen, das der Gruppierung bzw. der Umgruppierung zugrunde liegt. Die strukturierende Wirkung solcher Regeln in integrativen Praktiken bedeutet, dass explizite (Regeln) und implizite Wirkungsweisen im Klassenunterricht zusammenwirken. In jedem Fall ist für den Unterricht eine Dimension, diejenige der Materialität der Praktiken, zentral. Materialität bietet Ankerpunkte, an denen sich Praktiken abarbeiten und orientieren. Schließlich ‚zeigen' sich Normen in Artefakten (Schmidt 2012, S. 51–70).

In Kürze: Gruppieren und Umgruppieren (hier transitiv formuliert und nicht als Spontan- bzw. als Selbstbildung eines Kollektivs) sind eng mit dem Prozess der Klassenbildung verbunden. Die Dynamik der Gruppierung und Umgruppierung erschöpft sich jedoch keineswegs in organisatorischen Maßnahmen. In der Bildungshistoriographie hat sich als These etabliert, dass die Klassenbildung und der „Zusammenunterricht" sich am Ende des 18. Jahrhunderts vielerorts zumindest auf den Ebenen der Leitbilder und amtlicher Normsetzung konsolidierten (Jenzer 1991; van Horn Melton 1988; Boyer 2003). Produktivitätsgedanken, kollektive Ordnungsmuster und die Intensivierung von gelenkten Interaktionen standen hierbei Pate. Es war in der Tat eine dramatische Verschiebung, die sich in diesen Jahrzehnten nach und nach ergab und mit jahrhundertelangen Traditionen der Gruppierung brach. Klassenbildung als solche blieb zwar der Angelpunkt der Gruppierung, aber sowohl auf der Ebene der Differenzierungspraktiken (der Formierung von Gegengruppen) als auch auf der Ebene der feineren Gruppierung unterhalb der Klassifizierung der Kinder in Klassen blieben Praktiken wirksam, die die Spezifik der Klassenöffentlichkeit konturierten und binnendifferenzierten.

3 Klassenbildung und Ausschließung

Gewiss war der forcierte Anlauf zur Klassenbildung in Schulen eine Maßnahme, die die vertiefte Inklusion der beteiligten Lernenden als Ziel hatte. Überlegte Klassenbildung sollte durch die Bereitstellung von Aufmerksamkeits- und Sichtbarkeitsfeldern zu einer durchdringenden Elementarunterweisung verhelfen, wie im Folgenden gezeigt werden soll. Klassenbildung aus der Perspektive der Gruppenbildung bedeutete jedoch auch Ausschluss und Exklusion. Es gab Situationen, in denen Klassenbildung sich einfach aus Abwesenheit ergab, und zwar im Geflecht von Familie, Ökonomie und Schulbesuch. In einer bestimmten Zeit, in der Erntezeit, vereinfachte sich faktisch die Klassenzimmersituation allein dadurch, dass die älteren Kinder ihren Eltern auf dem Acker halfen und nicht zur Schule gingen. Noch im frühen 19. Jahrhundert hörte man „die Klage (…), daß sie (die Lehrer, MC) aber im Sommer oft nicht einen einzigen Größeren haben; lauter Kinder von sechs bis neun Jahren, mit denen sich nichts anfangen lasse" (Anonym 1809, S. 109). Diese Situation begründete folgende Forderung von einigen Kommentatoren: „Wäre es nicht rathsam, den Größeren ganz früh einige Lehrstunden allein, und den übrigen Tag zur Unterstützung der Eltern frey zu geben; die Kleinern aber nachher auch zu unterrichten? So könnten beide Zwecke, das Fortlernen in der Schule und die Unterstützung der Eltern in ihren Geschäften, recht gut erreicht werden" (Anonym 1806, S. 102).

Hier zeigten sich Vorzüge und Nachteile einer grob nach Alter gegliederten Unterrichtssituation. Man ersah in der homogenen Gruppe der Kinder einen

Vorteil, aber gleichzeitig musste man zunehmend die Differenzierung begründen. Erst hier, in der Begründung der Differenz und in der Bestimmung einer Gegengruppe, kamen verstärkt bewusste und nicht situative Maßnahmen für Einteilungen zur Entfaltung. Vielen dieser Maßnahmen gemeinsam war zunächst die aus dieser stärkeren Einteilung resultierende kürzere Unterrichtszeit. Die Schulordnung für die niederen Schulen des Fürstlichen Hochstifts Würzburg von 1774 wurde beispielsweise wie folgt kommentiert: „Die zwo (sic) ersten Klassen nämlich, welche nur ABC und Buchstabiren lernen, und ohne Anweisung nichts lernen können, sondern nur Tumult und Unruhe machen, werden nach empfangnem (sic) Unterricht eine Stunde früher der Schule entlassen. Es sind dies auch meistens diejenigen Kinder, welche des Laufens und Springes am nöthigsten haben, und denen das lange Stillsitzen in der Schule wehe thut (...)" (Anonym 1777, S. 73–74). Auch in der Garnisonschule im preußischen Neuruppin war die Klassenteilung auf Kosten der Unterrichtszeit durchgesetzt worden. Die Kinder wurden in vier Klassen eingeteilt, die von zwei Lehrern nacheinander für drei Stunden unterrichtet wurden: „Und da der Unterricht wegen der Klasseneinrichtung ihrem Alter und ihren Fähigkeiten angemessen sein kann, so lernen sie gewiß mehr, als wenn sie den ganzen Tag in vermischten Haufen in der Schule sitzen müssen" (Stuve 1784, S. 425). Auch in der lutherischen Stadtschule in Dessau am Ende des Jahrhunderts waren in jeder dieser Klassen früher „eine Menge kleiner und großer Knaben und Mädchen untereinander" gewesen: „Jetzt wurden die Geschlechter nicht allein abgesondert; sondern die Kleinern wurden auch von den Größern getrennt, so daß jeder Lehrer jetzt 2 Klassen, statt einer, erhielt (...)." Diese wurden aber weniger Stunden unterrichtet (Anonym 1797, S. 153).

Die Formierung von Gegengruppen arbeitete nicht nur mit der Strategie der einfachen Ausgrenzung, sondern auch mit der Differenzierung der Lernorte. Im Fall der Industrieschule in Göttingen, so berichtete Joachim Heinrich Campe (1746–1818), war die Frau des Schulmeisters für die Beaufsichtigung eines zweiten Raumes nötig. „Dann brauchte der Schullehrer jedesmahl nur etwa sechs oder acht Kinder auf einmal zu sich in das kleine Zimmer kommen zu lassen, um sie jedesmahl um etwa eine halbe Stunde lang zu unterrichten" (zit. in Keck 1995, S. 71). Intensivierung der Interaktion und Momente des Zusammenunterrichts durch separate Räume waren gewiss Spielvarianten von Verdichtung und Systematisierung durch Formierung von Gegengruppen. Während die Tätigkeit der Frau des Schulmeisters sich vermutlich auf die Beaufsichtigung der Kinder beschränkte – das alte Schulehalten –, waren in weiteren Arrangements andere Räume und Funktionszuweisungen möglich. In der im Mai 1800 eröffneten Freischule in Gotha erfolgte die Einteilung in Klassen nach einer Differenzierung von zwei Momenten der Unterweisung wie folgt: Es gab ein „Lehrzimmer", in dem unterrichtet wurde, und einen „Arbeits-Saal", in dem im Sinne der Industriosität gearbeitet wurde (Löffler 1802, S. 7). Die Gruppierung in zwei Klassen erfolgte in diesem Fall nach der Logik einer Verdopplung der Funktion der Schule in „Lernen" und „Arbeit" als organisatorisch und räumlich distinkte Momente. Die Abteilung in Klassen in einigen preußischen Garnisonsschulen war deshalb möglich, weil man eine Klasse gleich an die angeschlossene Industrieschule schickte und die andere allein unterrichten konnte. Johannes Hahn (1768–1826) propagierte dieses Modell als Teil eines Programms der „Simplicität der Lehrmethode", so dass die Arbeit des Lehrers nicht von der anderen Klasse gestört werden konnte (Hahn 1800, S. 312).

Kontextuelle Faktoren wie die Ernte und pädagogische Normen wie die Separation der Geschlechter in der Unterweisung und die Differenzierung von Momenten im Schulleben, die auch räumlich fassbar waren, bildeten Formen des kontrollierten Ausschlusses aus der unterrichtlichen Interaktion, die wiederum eine Konzentration auf die Unterrichtung einer bestimmten Gruppe ermöglichten. Dem Klassenunterricht als öffentlicher Adressierung haftete aus der Perspektive der Gruppierung und Umgruppierung ein Moment des Ausschlusses als zentrale Möglichkeitsbedingung an.

4 Gruppenbildung als Klassenbildung: Lehrmittel, Alter, Adressierungen

Für die höheren Schulen änderte sich in dieser Zeit der Schwerpunkt der Gruppenbildung weg vom „Fach" hin zur Klasse. Sabine Reh und Joachim Scholz haben – für Preußen – den Abschluss dieser Ersetzung mit dem Jahr 1837 markiert, dem Jahr, als ein Erlass ein Mindestalter für die Aufnahme der Kinder in die Gymnasien einführte und somit eine „Homogenisierung des Anfangs" (Luhmann 2004) vornahm (Scholz & Reh 2016). Auf jeden Fall wird man angesichts dieser Verlagerung nicht eine einfache Übertragung der Klassenbildungstechniken von den höheren Schulen in die Elementarschulen voraussetzen können.

Die Durchsetzung des Zusammenunterrichts – dieser Begriff war im süddeutschen Raum und in Österreich gebräuchlich – und die Verdichtung der Interaktionen über bewusste Gruppierungen richteten sich nicht nur gegen die Abwesenheit von Klassenbildung, sondern darüber hinaus auch gegen eine längere Tendenz der Klassenbildung: Die Einteilung von Schülern lief lange Zeit über das benutzte Lehrmittel, besonders Schulbücher. Der kurfürstliche geistliche Rat Heinrich Braun (1732–1792) in Bayern, der seit 1768 schulpolitisch in Erscheinung getreten war, verstand das Prinzip des „Zusammenunterrichts" als eines, das eng an die

Diskussion der passenden Bücher durchzusetzen war (Braun 1774, S. 62). Bei der „systematische(n) Gleichförmigkeit des Unterrichts in öffentlichen Schulen" verstand man im Bayern, „daß auch gleichförmig und systematische Lehrbücher eingeführt und in den Schulen erhalten werden". Im § 28 der Churfürstlichen Schulverordnung von 1778 wurde beispielsweise bei der Einteilung in eine erste und eine zweite Klasse nur der Lesestoff im Auge behalten. Man hat „A, B, C oder Buchstaben Tabelle neben der Erklärung" und „A, B, C, Namen- und Buchstabierbüchlein", die sich offensichtlich von dem „Lesebüchlein für die II Klasse der Kinder" unterschieden. Für den Katechismus, das Schreiben und Schönschreiben gibt es wiederum ein anderes Buch (Churfürstliche Schulverordnung 1778, S. 15). Die Zuweisung von Büchern trat hier an die Stelle der erwarteten Kriterien für eine Klasseneinteilung, wie auch in Österreich, wo sog. Lektionstabellen für die Definition von Klassen zentral waren (Lambrecht 2004). Den Einsatz von Schulbüchern als Fernsteuerung von Unterricht kannte man mindestens seit der Reformation. Nun aber ging es nicht um die Kontrolle der Inhalte der Unterweisung, sondern eher um die Dynamik der Gruppierung und Umgruppierung von Kindern. In den vielen Fällen, in denen Klasseneinteilungen vorgegeben, aber keine näheren Vorschriften gemacht wurden, wie im Falle der erwähnten Freischule in Gotha, ist die Vermutung am Platz, dass das Schulbuch als gegenständliche Vorgabe für Sequenzierung das primäre Kriterium für Klassenbildung blieb (Löffler 1804, S. 6; für Dessau: Anonym 1797, S. 135–136).

Die vererbte Kultur der Zuweisung von Kindern nach Maßgabe des Schulmaterials löste jedoch das Problem der erstrebten öffentlichen Adressierung nicht. Wilhelm von Türk (1774–1846) beobachtete in einer Berliner Schule in den 1770er Jahren: Die Schüler „waren nach den verschiedenen Büchern in verschiedene Klassen geteilt, und man stieß von unten an zuerst auf die Fiblisten, oder auf solche Kinder, welche in der Fibel buchstabirten; dann folgten die Catechismusschüler; dann einige mit Schatzens ABC-Buchstabier- und Lesebüchlein, welches noch jetzt für 2. gr. in Berlin bei mehreren Buchbindern zu haben ist. Auf diese folgten die Evangelisten, wie man die Kinder nannte, welche, mit den sonderbarsten und abentheuerlichsten Holzschnitten gezierte, Evangelienbuch hatten, und die Neu-Testamentler machten den Beschluß. Der ganzen Bibel bedienten sich die Schreiber vorzugsweise als Lesebuch." Aber diese Art der Gruppierung der Kinder, so seine alarmierte Beobachtung, korrelierte nicht unbedingt mit einer erhöhten Interaktionsdichte: „So unzweckmäßig nun auch immer eine solche Abtheilung ist, so wäre es doch noch zu verzeihen gewesen, wenn jede Klasse gemeinschaftlich bearbeitet worden wäre, aber auch das geschah nicht, sondern jedes Kind der genannten Klassen kam einzeln vor und sagte auf; das heißt: buchstabirte eine, zwei, drei bis vier Zeilen einzeln her"(von Türk 1806, S. 269–270).

Offensichtlich garantierte Klassenbildung nach Lehrmitteln Zusammenunterricht keineswegs. Eine Klassifizierung der Kinder nach den Büchern verleitete
Lehrer vielerorts zu einer geordneten Fortführung älterer, rein individualisierender
Unterweisungsszenarios. Gruppierungen und Umgruppierungen sollten nunmehr
zu einer regelrechten kollektiven Adressierung führen, aber dafür waren die in
Gegenständen gespeicherten Möglichkeiten unzureichend. Die Bildung von Klassen
konnte deshalb zunehmend von der Vorgabe „Schulbuch" verselbstständigt und
somit tendenziell de-materialisert werden. Sie wurde zunehmend zu einer Funktion expliziten Wissens, sei es Beobachtungs- bzw. in Schulordnungen verankertes
Anweisungswissens. Erst im Laufe des 19. Jahrhunderts wurden Schulbücher nach
zuvor festgesetzten Klassengrenzen (Wissen oder Alter) geschrieben, und nicht
Klassen nach der Durchnahme von bestimmten Schulbüchern definiert.

Wenn das Buch nicht länger als Hauptkriterium für die Herstellung einer Klassenöffentlichkeit diente, dann standen mit Alter und Kenntnisstand zwei weitere bereits
bekannte, jedoch unterschiedlich gehandhabte Kriterien zur Verfügung. Insgesamt
wurden seit dem späten 18. Jahrhundert grobe Altersgrenzen gezogen, in der Regel,
um Extremvariationen auszuschließen. In Dessau wurde durch die Hochfürstliche
Verordnung vom 18. Oktober 1787 ein Mindestalter für den Schulbesuch (5 Jahre)
sowie eine grobe Aufteilung der Kinder in Klassen (Anonym 1797, S. 155–159) bestimmt. Ähnlich verhielt es sich in der Verordnung für niedere Schulen der Stadt
Fulda (1775). Dort wurde das Altersprinzip ebenfalls verankert, und zwar in der
Form von zwei Klassen: Die untere Klasse umfasste alle Kinder zwischen dem 5.
und dem 8. Lebensjahr, die obere reichte bis zum 11. Jahr (Anonym 1775a, S. 565).
Abgesehen von dieser groben Strukturierung blieb die Klasseneinteilung sehr basal.
Außer der Differenzierung zwischen einer ersten und einer zweiten Klasse – wie
im Falle der an das Lehrerseminar in Hannover angeschlossenen Freischule mit
500 Kindern (Anonym 1788, S. 93) – blieben weitergehende Gliederungsversuche
vielerorts aus. Bereits eine Gliederung in drei Klassen – wie für den Fall der 300
Kinder umfassenden Schule in der mecklenburgischen Stadt Wittenburg – erforderte einen „Rektor", einen „Kantor" und einen „Küster", so dass dieses Modell
schwerlich auf Durchschnittsschulen übertragbar war und Reminiszenzen der
alten Stadtschulen mit einer Kombination aus Elementar- und höheren Klassen
trug (Beyer 1793, S. 149–150). Auch wenn in dieser etwas stärkeren Differenzierung
Alterskriterien (hier jünger als 7, 7 bis 11 und älter als 11) zum Zuge kamen, blieb
dies nur eine Übergangslösung: „Die Kinder bis zum 7ten Jahr kommen vor der
Hand in die dritte, die vom 7ten bis zum 11ten in die zweite, und die übers 11te
Jahr in die erste Classe. In der Folge werden sie öffentlich nach ihren Kenntnissen
versetzt" (Beyer 1793, S. 150). Hier wird ersichtlich, welchen provisorischen Status das Alterskriterium für die Produktion minimaler Übersichtlichkeit durch

Gruppierungen hatte. Denn die altersmäßige Einteilung in Klassen wurde vom Wissensstand als Kriterium eindeutig überlagert.

Pädagogische Überlegungen mischten sich in vielfältiger Weise mit diesen bekannten Kriterien. In einer Lehranweisung des Hamburgischen Ministeriums für die Schulmeister im Jahr 1756 wurde eine Unterscheidung eingeführt, die bei der Gruppierung von Kindern Folgen haben sollte. Dort wurde das Hauptgeschäft unterrichtlichen Handelns – das Katechisieren – in zwei Teile differenziert. Zum einen ging es um die „prüfende Catechisation", „die nur Rechenschaft von Angeeignetem", und zum anderen um die „unterweisende" Katechese, die „bewußt auf den Prozeß verständnisvollen Erfassens" eingestellt war (zit. in Peter 1934, S. 63). Nicht zuletzt aufgrund dieser Unterscheidung der Adressierung von Kindern spricht sich die Anweisung für einen geschlossenen Klassenunterricht im unterweisenden Teil aus. Während bis dahin die Klasse, falls vorhanden, eine Summe von Individuen war, ging mit dieser Neuerung des Klassenunterrichts dann die Vorstellung einer Gruppe einher, die als solche adressiert war. Unabhängig von ihrer Ausprägung setzte sich in Hamburg die Ansicht durch, die Gliederung der Schulen wäre unumgänglich. „Manche Schulmeister, die dessen nicht gewohnt sind, stellen sich dies oft schwer vor, und machen dagegen viel Einwendungen, als ob sich die Kinder nicht darein würden zu finden wissen, und wollen so ungern von ihrer alten Weise ablassen" (Peter 1934, S. 71). In den Augen vieler Schullehrer standen Mühe und Ertrag nicht in einem günstigen Verhältnis. Ein böhmischer Pastor kommentierte dies zu Ende des Jahrhunderts: „Alle wollen vielleicht mit einer solchen Eintheilung der Kinder in mehrere Klassen nicht zufrieden sein: weil sie dieselbe für zu mühsam, und zum Theile auch für gesetzwidrig halten. Daß es etwas mehr Mühe kosten mag, wenn man die Kinder in mehr Klassen eintheilet, und für jede Klasse derselben eine besondere Christenlehre hält, will ich wohl eingestehen, allein diese Mühe ist vielleicht kleiner, als man sich vorstellet" (Lauber 1790, S. 128). Für Schulreformer waren diese Zweifel nicht statthaft, wie die Hamburger Behörden bei der Reform des katechetischen Unterrichts vermerkten: „Der Schaden bey der ersten Weise, und der Vortheil von der andern Art, ist auch so groß und handgreiflich, daß es den Schulmeistern Gewissen halber nicht zu verstatten ist, bey ihrer alten Weise zu bleiben" (Peter 1934, S. 72).

Aus der damaligen Raumsituation, in der jede Klasse keineswegs einen eigenen Raum zur Verfügung hatte, ergab sich bei diesen Klassenbildungen ein abgeleitetes Ordnungsproblem, nämlich das der still sitzenden bzw. still arbeitenden Klassen und Abteilungen, die gerade nicht direkt durch Unterricht kollektiv adressiert wurden. Es handelte sich um eine Grenzsituation, in der die Klassenbildung nicht durch den Ausschluss der älteren, der jüngeren, der Jungen oder der Mädchen erfolgte, die Gruppierungen in Klassen und Abteilungen aber dennoch einen exkludierenden

Akzent hatte. Die Gleichzeitigkeit von Einschluss und Ausschluss ist das Merkmal des Stillsitzens (Caruso 2010, S. 231–237). Alle Klassen und Abteilungen blieben zwar Teil des Interaktionssystems in dem Sinne, dass sie raumbestimmten Kommunikationen ausgesetzt waren; direkt adressiert wurde jedoch nur eine nach der anderen , wobei auf die Macht des Mithörens gehofft wurde: „In diesem Zimmer sitzen die Kinder auf verschiedenen Bänken, so gut sie sich den Lectionen und Jahren nach, abtheilen lassen, beyeinander. Die kleinern auf den Lesebänken hören es zwei, drey bis vier Jahre mit an, wenn die älteren auf den anderen Bänken ihren Catechismus, nebst den Beweissprüchen der heiligen Schrift nach der Reihe hersagen" (Timäus 1760, S. 1343). Zusammen- und dabei Stillsitzen blieben Herausforderungen, weil es schwerfiel, „diese unbeschäftigte Klasse in der Ruhe, Stille und Ordnung zu erhalten" (Anonym 1791, S. 1006). Die Situation des Stillsitzens blieb lange Zeit das Residuum von der Disparität zweier Transformationen der Gruppierung. Einerseits wurde eine Verfeinerung bei der Bildung von Klassen und Abteilungen vorgenommen, und zwar zunehmend möglichst unabhängig vom Schulbuch und von anderen Lehrmitteln. Andererseits hielt die räumliche Differenzierung nicht mit dieser Differenzierung der Beobachtung und der Klassifizierung Schritt. Die Durchschlagskraft materieller Bedingungen bei der Konfiguration von Praktiken erhielt sich in diesem störenden Rest der still sitzenden und still arbeitenden Klassen und Abteilungen sehr lange.

5   Gruppenbildung unterhalb der „Klasse": Die Lokation

Klassenbildung sollte die Herstellung einer Klassenöffentlichkeit erleichtern. Die Strukturierung dieser Öffentlichkeit erschöpfte sich nicht in der Gruppierung und Umgruppierung jedoch nicht. Die Formierung von Gruppen und der damit einhergehenden Konkurrenzgruppen war durchaus möglich und sogar erwünscht unterhalb von und quer zur Klasseneinteilung. Bereits die Rede von Abteilungen innerhalb der Klassen verrät die Ansicht, dass die Letzteren nur eine grobe Einteilung darstellten, die der weiteren Untergruppierung bedurften. Hier finden sich erste Hinweise, dass die kollektive Adressierung in der Klassenöffentlichkeit unter Umständen zu fern wirkte, so dass Verfeinerung und Nähe durch weitere Einteilungen ermöglicht werden sollten. Dies ist weiterhin nicht überraschend, wenn man sich der langen Wirkung der vormodernen Individualisierung in den Praktiken des kollektiven Einzelunterrichts und der damals üblichen großen Schülergruppen vergegenwärtigt.

Mit Lokation bezeichnete man seit Jahrhunderten die Ordnung der Reihenfolge der Kinder hinsichtlich der Plätze und der Sitze, also die Platz-Bestimmung und Rangordnung innerhalb der Klasse. An sich waren Lokationen Praktiken der Serienbildung, weil die Vorstellung einer Rangordnung Individuen in Serien einreihte. Lokation wurde jedoch zu einer Praktik der Gruppierung insofern, als die Rangordnung mit Sitzordnungen gekoppelt wurde und dadurch bestimmte Interaktionen wahrscheinlicher wurden als andere. Die Entscheidung für bestimmte Sitzplätze beruhte auf dem Wohlverhalten und/oder auf der Leistung der Schüler. Lokationen waren fester Bestandteil einiger Schulen in der Frühen Neuzeit, die es in verschiedenen Variationen, je nach Zeitraum der Umgruppierung (stehende, veränderliche-wöchentliche) und je nach Reichweite (für die gesamte Unterrichtszeit galten oder für bestimmte Fächer), gab. Insgesamt erhoffte man sich hierbei einen Ansporn für die gegenseitige Nachahmung der Schüler und die besondere Adressierung des Ehrgefühls bzw. des Ehrtriebs.

Obwohl Lokationen quer durch regionale und konfessionelle Bildungskulturen auszumachen waren, lassen sich auffallend viele Quellen aus Württemberg finden. Die Erneuerung des Schulunterrichts in der zweiten Hälfte des 18. Jahrhunderts scheint von der Möglichkeit der Gruppierungen und Umgruppierungen innerhalb der Klassen sehr häufig Gebrauch gemacht zu haben. Dort ging es eindeutig um die optische Rangordnung der Schüler innerhalb des Klassenverbands, wobei diese in disziplinarischer Hinsicht erfolgte. Es war eine Form der Feingruppierung nach Sitzordnung, die quer zur Klassenbildung erfolgte. Hier saßen die besseren Schüler aller Klassen näher am Lehrer und die anderen weiter hinten (Herbert 1982, S. 224). Noch im frühen 19. Jahrhundert war das Lokationswesen dort durchaus differenziert. Der Autor eines bekannten Handbuchs für Landschullehrer machte die Unterscheidung zwischen einer allgemeinen oder einer Hauptlokation, die beispielsweise beim Schuleintritt bzw. alle sechs Monate durchgeführt werden könnte, und Nebenlokationen für neue Schüler bzw. für kleinere Korrekturen der Gruppierung. Diese Nebenlokationen sollten aber nicht zu zahlreich und auch mitunter nicht so explizit und feierlich begangen werden wie die Hauptlokationen (Völter 1810, S. 301–302).

Während die Lokation des Öfteren eine Mischung aus lernbezogenen und disziplinarischen Motiven kombinierte, gab es auch Gruppierungen und Umgruppierungen unterhalb der Klassenebene, die stärker auf das Lernen abzielten. Ein gutes Beispiel ist in der Mainzer Schulordnung von 1773 zu finden. Ein Kommentator dieser Schulordnung bemerkte, dass der Klassenunterricht, als „gemeinschaftlicher Unterricht" bezeichnet, mit besonderem Akzent auf das Chorsprechen durchgeführt wurde. Aber die Klassen waren so breit definiert, dass eine feinere Gruppierung beim Lernen gefordert wurde: „Schüler, die beinahe einerley Fähigkeit oder einerley

Kenntniß gleich gut besitzen, müssen zusammen genommen, und folglich die ganze Klasse in mehrere Gesellschaften eingetheilt werden. Diese kleinen Gesellschaften muß man manchmal zugleich aufrufen, und sie anhalten, das besonders zu verrichten, womit sonst die ganze Klasse beschäftigt ist. Man kan (sic) auch dergleichen noch weiter theilen, und zuweilen nur drey oder zween (sic) Schüler zusammen, manchmal aber auch nur einzelne, ohne sich an eine Ordnung zu binden, aufstehen oder vortreten lassen" (Anonym 1775b, S. 529).

Lokationen, so verbreitet sie auch waren, verursachten auch Ängste wegen einer übermäßigen Anstachelung des Ehrgefühls, und Fragen nach der gewiss nicht intendierten Förderung von Neid und Missgunst wurden immer wieder kritisch in diesem Zusammenhang aufgeworfen. Als ein Schullehrer sein System der Lokation in einer Württembergischen Lehrerzeitschrift 1798 darstellte, musste er sich in einer Fußnote rechtfertigen: Er „locierte noch", „doch so, daß ich dabei fast immer auf alle Fächer zugleich Rücksicht nehme, und die Kinder zuvor nichts merken lasse" (Völter 1798, S. 76). Aufgrund der Kritiken gegen die Lokation war ihre „pädagogische Begründung" dringend nötig. Ein anderer Lehrer versuchte, die Lokation zu verteidigen und in die Öffentlichkeit der Schule hinein zu transportieren. Einerseits, so in seiner Musteransprache an die Schüler, trug er vor, „daß es euch nicht gleichgültig ist, welchen Platz ich euch unter euren Mitschülern anweise, ob ihr weit unten oder oben sizet, dies freuet mich von Herzen (…)". Andererseits: „Freilich soll jene Auszeichnung durch vorzügliche Plätze nicht die hauptsächliche und einzige Triebfeder eures Fleisses und der guten Aufführung sein (…)" (Ch. Fr. V. K. in T. 1799, S. 57–58).

Diese Vorsicht war angesichts der wichtigen Stellung der Lokation angemessen. Nicht nur wurde diese meistens feierlich durchgeführt, ihre Ergebnisse wurden eingetragen, ihre Einhaltung kontrolliert. Darüber hinaus war die Sitzordnung derart fühlbar – für Kinder und für Beobachter – dass an dieser Stelle Konflikte hätten entstehen können. In Bezug auf die Schüler waren Lokationspraktiken derart mit der Ökonomie der Aufmerksamkeit, der Belohnung, der Bestrafung und der Zuwendung, kurz mit der emotionalen Dynamik des Klassenzimmers verbunden, dass Vorsicht oberstes Gebot war. Die schwierige Frage war, wen diese Vorsicht schützen sollte. Für einige Lehrer stand fest, dass diejenigen Lehrer, die systematisch Kinder als Helfer, Korrektoren und Übungsleiter nahmen, den Kindern das „Locieren" unter keinen Umständen überlassen sollten (Völter 1796, S. 626). Denn einerseits war das Locieren ein Akt der Autorität, und diese war keineswegs teilbar; andererseits sollten Helfer und Korrektoren nicht dieser aufgeladenen Situation ausgesetzt werden. Andere sahen hingegen die Autorität des Lehrers selbst als schutzwürdig. In einem anderen Artikel stellte er sein „ungewöhnliches" Verfahren dar, das diesem Bedenken Rechnung trug. Das Verfahren bestand darin, dass die Kinder in einer offenen Abstimmung für die Plätze ihrer Mitschüler votierten, so dass der Lehrer von den negativen Konsequenzen des Locierens, der Missgunst der nicht favorisierten Schüler, befreit blieb (Völter 1798). In Bezug auf die Erwachsenen konnten Lokationen auch Irritationen in dem festen Standesgefüge lokaler Gemeinschaften auslösen, denn die Sichtbarkeit der Lokation endete nicht im dem zwar öffentlichen, aber weiterhin abgetrennten Raum des Unterrichts: „Als es noch Sitte war, daß die Konfirmanden nach derjenigen Ordnung gestellt wurden, nach welcher sie in der Schule sassen, wollte einmal ein gewisser Vorsteher den Sohn eines angesehenen Bürgers dem Knaben eines ärmern vorziehen, und las jenen würklich vor diesem ab. Allein noch am nämlichen Abend schickte der brave Vater des erstern seine Frau dem Vorsteher ins Haus, und ließ denselben bitten, daß sein Sohn unter dem ärmern stehen bleiben dürfe, weil er keinen höhern Platz verdiene: Denn wenn dies wäre, so sei er überzeugt, daß ihm der Schullehrer schon längst diese Gerechtigkeit hätte widerfahren lassen" (Anonym 1799, S. 75). Diese positive Anekdote über die Anerkennung der Lehrerautorität wurde explizit deshalb veröffentlicht, weil man sich mehr von diesen Szenen wünschte, d. h. weil man davon ausging, dass Lokationspraktiken im Kontext einer Standesgesellschaft ein gewisses Konfliktpotential bargen.

Im Württembergischen war der Stellenwert von Lokationen so fest geprägt, dass zuweilen einer Ambivalenz zwischen Klasse und Lokation als primäre Organisationseinheiten festzustellen ist. Ein Lehrer hat dort beispielsweise die Klasse nicht als Rahmen für die Lokation gesehen, sondern in Umkehrschluss die Definition einer Klasse als die Möglichkeitsbedingung für die Lokation vorgeschlagen: „Man theile die Schüler nach dem Grad ihrer Kenntnisse in Klassen, und zwar so, daß alle miteinander verbundene und certirende in einerlei wissenschaftlichen Fächern unterrichtet, geprüft und locirt werden können" (Ch. Fr. V. K. in T. 1799, S. 58–59). Hier standen basale und abgeleitete Überlegungen Kopf: Eine Klasse ist „so einzurichten, daß die zu einer jeden gehörigen Schüler in einerlei und in gleich vielen Lektionen geprüft und locirt werden können, auch geschicktere und ungeschicktere, bessere und schlechtere Köpfe immer wenigstens einige finden, mit welchen sie wetteifern und um die Behauptung einer höheren Stelle streiten können" (Ch. Fr. V. K. in T. 1799, S. 60). Hier zeigt sich eindeutig, dass für die Praktiken der bewussten Gruppierung und Umgruppierung von Schülern die Schulklasse nicht unbedingt und in jeder Hinsicht den Status der Vorrangigkeit genoss.

Insgesamt begleitete die Frage der Lokation, eine Frage, die im Zusammenhang von räumlichen Ordnungen in der Produktion von Status und Rangordnungen für die Frühe Neuzeit mit gebotenem Detail noch zu untersuchen ist, die Konsolidierung des Interaktionssystems Unterricht und die Ausdifferenzierung der Unterrichtsszenarios in räumlich separaten Klassen. Die Quellenlage bezüglich der konkreten Umsetzungen der Lokation ist alles andere als günstig, aber nicht nur immer wiederkehrende Diskussionen über die Zweckmäßigkeit dieser Einrichtung (Anonym 1830), sondern auch einzelne Vorgänge, wie die explizite Abschaffung der Lokation in den Volksschulen Münchens im Jahr 1899 (Caruso 2003, S. 364–366), sprechen von der Langlebigkeit dieses Gruppierungskalküls.

6   Ausblick: Direkte Adressierung und die Lehrer-Schüler-Ratio im 19. Jahrhundert

Die Geschichte der Klassenöffentlichkeit ist gewiss vielschichtiger als dieser Entwurf nahelegt. Entgegen der Selbstzeugnisse des späteren 18. Jahrhunderts, die öfters den Siegeszug der Klassenbildung gegen die alte Methode und eine neue Zeit der Schulbildung feierten, gibt es keinen Nullpunkt, an dem die Reformer einsetzten und der als Beginn der Klassenöffentlichkeit datiert werden kann. Wenn man die damalige Entgegensetzung zwischen altem kollektiven Einzelunterricht und modernem Gruppenunterricht *in toto* übernimmt, akzeptiert man Stilisierungen und Heroisierungen der Akteure vor und nach 1800 kritiklos. Dennoch ist die Schwelle vor und nach 1800 nicht zu unterschätzen. Klasseneinteilungen, die ältere Schulordnungen nur einzeln und unpräzise vorsahen, standen nun überall und mit zunehmender Präzision in den Schulordnungen. Die pädagogische Diskussion mit ihren Invektiven gegen den alten Einzelunterricht verstärkte die Thematisierung von Klassenunterricht als öffentliche Adressierung einer Gruppe.

Die Distanz, die eine öffentliche Adressierung durch eine Lehrkraft mit sich bringt, wurde zur vielleicht meist diskutierten, unbeabsichtigten Folge des Siegeszuges des Gruppenunterrichts während des 19. Jahrhunderts. Es ging um eine pastorale Kritik an der tendenziellen Anonymität der Adressierung. Als mit den englischen Schulen des wechselseitigen Unterrichts eine noch größere Klassenöffentlichkeit von mehreren Hundert Kindern angestrebt wurde – größere Schülergruppen in einem Raum, dafür aber in kleineren Gruppen unter der Leitung von Kinderlehrern eingeteilt – äußerten sich deutsche Pädagogen skeptisch. Der Lehrer müsse ja selbst „ein Auge" auf die Lernfortschritte behalten (Müller 1823, S. 158) bzw. auch „jeden Einzelnen" beobachten können (Roger 1844, S. 292). Die Leitung des Unterrichts durch den Lehrer sollte deshalb „fühlbar" bleiben, was man bei sehr großen Gruppen nur schwer bewerkstelligen konnte. Die Norm der Nähe wurde kurz vor 1900 wie folgt verschärft: „Nur durch den fortgesetzten Umgang mit Kindern und durch das ununterbrochene Bestreben, die Charaktereigentümlichkeit eines jeden Kindes, dessen Denken, Fühlen und Wollen zu erforschen und darnach die geeigneten

Unterrichts- und Erziehungsmittel auswählen und anwenden zu können (Individualisieren), ist ein guter Unterricht zu gestalten" (zit. in Caruso 2003, S. 240).

Aus diesem Grund war man in der Schulverwaltung und in der pädagogischen Publizistik davon überzeugt, dass die Senkung der Schüler-Lehrer-Ratio das geeignete Gegenmittel gegen die Distanziertheit der Klassenverhältnisse unter den Bedingungen der Klassenöffentlichkeit ist. Der Vorgang einer Reduzierung der Schülerzahl unter einer hauptamtlichen Lehrkraft war eine Jahrhundertaufgabe, die noch weit ins 20. Jahrhundert reichte. Globale Zahlen sprechen dafür, dass der Abbau dieser ungünstigen Relation – bis auf Konjunkturen, in denen sich eine massive demographisch bedingte Zunahme der Schülerzahl bemerkbar machte – konsequent verfolgt wurde. Wenn das Jahrhundert ab 1830 als Referenz genommen wird, dann sinken die Schüler-Lehrer-Relationen in den Volksschulen überall stark, und zwar sowohl in den größten Bundesstaaten wie Preußen (1830: 77; 1931: 41) und Bayern (1860: 89; 1931: 40) als auch in den mittleren Staaten wie Hessen (1830: 88; 1931: 44) und Sachsen (1830: 102; 1931: 36) sowie in Städten wie Hamburg (1880: 109; 1931: 27!) oder Bremen (1860: 45; 1931: 31) (Nath & Titze 2016, S. 399).

Das Programm einer ‚intimen' Öffentlichkeit, in der familiäre Leitbilder die Präferenz für kleinere Gruppen zum Ausdruck brachten, zeigte zunehmend Prägekraft. Dennoch, im Kontext des etablierten Klassenunterrichts, erfolgt die gegenwärtige Individualisierung im Unterricht in einem eminent durchorganisierten Raum. Somit bleibt der Charakter des Unterrichts als integrative, weil organisierte Praktik, auch im Horizont der neuen Individualisierung, unangetastet. Ob diese Transformation des Klassenunterrichts mit dem pädagogischen Fortschrittspathos der siegreichen Reformer des 19. Jahrhunderts und der reformpädagogischen Nachfolger und Nachfolgerinnen uneingeschränkt positiv ist, oder wir uns doch in einer eigenartigen Krise der Klassenöffentlichkeit befinden, sind Fragen, die in einer Verschränkung von historischer und Schulforschung, jeweils praxeologisch konzipiert und mit starken Anleihen an Kategorien der *Actor-network-theory*, zu erhellen sind.

Literatur

Anonym (1775a). Hochfürstlich Fuldische Verordnung in Betref der niedern Schulen in der Residenzstadt Fulda. *Allgemeine Bibliothek für das Schul- und Erziehungswesen in Teutschland*, 3(2), S. 560–570.

Anonym (1775b). Allgemeine Instruktion für die öffentlichen Lehrer der Trivial- Real- und Mittelschulen in den Churmainzischen Landen. *Allgemeine Bibliothek für das Schul- und Erziehungswesen in Teutschland*, 3(2), S. 524–535.

Anonym (1777). Schulordnung für Würzburg. *Allgemeine Bibliothek für das Schul- und Erziehungswesen in Teutschland*, 5(1), S. 67–78.

Anonym (1783). *Freymüthige Beurtheilung der Oesterreichischen Normalschulen und aller zum Behuf derselben gedruckten Schriften*. Berlin, Stettin: Friedrich Nicolai.

Anonym (1788). Nachricht von dem Schulmeister-Seminario in Hannover, und andern die Verbesserung der niedern Schulen bezweckenden Anstalten. *Annalen der Braunschweig-Lüneburgischen Churlande*, 2(4), S. 75–94.

Anonym (1791). Nützlicher Gebrauch der Schiefertafeln in den Schulen. *Taschenbuch für teutsche Schulmeister*, 6, S. 1006–1008.

Anonym (1797). Von der neuen Einrichtung der sämtlichen Schulen im Fürsterthum Anhalt-Dessau. *Deutsche Monatsschrift*, 1, S. 128–164.

Anonym (1799). Zusätze eines Schullehrers zu der voranstehenden Beantwortung. *Der Landschullehrer*, 2(4), S. 70–76.

Anonym (1806). Über die Theilung der Schulen in Classen. *Zeitschrift für Pädagogik, Erziehungs- und Schulwesen*, 1(2), S. 93–105.

Anonym (1809). Ueber Vernachlässigung der Unterklassen (ein Auszug aus dem 4ten Bande ‚der kleinen Reden an künftige Volksschullehrer, 8, Halle 1803'). *Theoretisch-practisches Handbuch für deutsche Schullehrer und Erzieher*, 1(2), S. 108–129.

Anonym (1830). Ueber Rangordnung der Schüler einer Classe. *Allgemeine Schulzeitung*, 7(91), S. 721–723.

Beyer, G. G. (1793). Nachricht von der veränderten Schuleinrichtung in Wittenburg (mit Tabellen). *Mecklenburgische Gemeinnützige Blätter*, 2, S. 147–162.

Boyer, L. (2003) Elementarunterricht zur Zeit der maria-theresianischen Schulreform in Österreich. *Jahrbuch für historische Bildungsforschung*, 9(2003), S. 145–72.

Braun, H. (1774). *Gedanken über die Erziehung und den öffentlichen Unterricht in Trivial-, Real- und lateinischen Schulen*. Ulm: bey Johann Conrad Wohler.

Caruso, M. (2003). *Biopolitik im Klassenzimmer. Zur Ordnung der Führungspraktiken in den Bayerischen Volksschulen (1869–1918)*. Weinheim, Basel & Berlin: Beltz.

Caruso, M. (2010). *Geist oder Mechanik. Unterrichtsordnungen als kulturelle Konstruktionen in Preußen, Dänemark/Schleswig-Holstein und Spanien (ca. 1800–1870)*. Frankfurt a. M.: Peter Lang.

Caruso, M. (Hrsg.) (2015). *Classroom Struggle. Organizing Elementary School Teaching in the 19th Century*. Frankfurt a. M.: Peter Lang.

Ch. Fr. V. K. in T. (1799). Beantwortung der pädagogischen Frage: Welches sind die Vortheile und Regeln, die man bei dem Lociren oder Certiren der Schüler anzuwenden hat, damit nicht mehr Schaden als Nuzen daraus erwachse? *Der Landschullehrer*, 2(2), S. 54–70.

Churfürstliche Schulverordnung für die bürgerliche Erziehung der Stadt- und Landschulen in Baiern. (1778). München: n.d.

Foucault, M. (2004). *Geschichte der Gouvernementalität I: Sicherheit, Territorium, Bevölkerung.* Frankfurt a. M.: Suhrkamp.

Hahn, J. Z. H. (1800). Bescheidene Prüfung der Circularverordnung Sr. Königl. Majestät von Preußen Friedrich Wilhelm des Dritten. *Monatsschrift für Deutsche, 1,* S. 270–315.

Herbert, M. (1982). *Erziehung und Volksbildung in Altwürttemberg. Umbruch und Neuorientierung in der zweiten Hälfte des 18. Jahrhunderts.* Weinheim, Basel: Beltz.

Jenzer, C. (1991). *Die Schulklasse. Eine historisch-systematische Untersuchung.* Explorationen. Studien zur Erziehungswissenschaft. Edited by Jürgen Oelkers Bern, Berlin, Frankfurt am Main, New York, Paris, Wien: Peter Lang.

Keck, R. W. (1995). Die Armeleutebildung in den Bildungsvorstellungen und Schulplänen der Philanthropen. In P. Albrecht & E. Hinrichs (Hrsg.), *Das niedere Schulwesen im Übergang vom 18. zum 19. Jahrhundert* (S. 49–74). Tübingen: Max Niemeyer Verlag.

Lambrecht, K. (2004). Tabelle und Toleranz. Johann Ignaz von Felbingers Reform der Volksschulbildung in Ostmitteleuropa. *Das achtzehnte Jahrhundert in Österreich, 18,* S. 153–167.

Lange, Dr. (1855.) *Erinnerungen aus meinem Schulleben in Schnepfenthal, Königsberg i. Pr., Züllichau, Hofwyl, Yverdon, Vevai, Burg und in anderen Verhältnissen.* Potsdam: Verlag der Riegel'schen Buchhandlung.

Latour, B. (2005). *Reassembling the Social. An Introduction to Actor-Network-Theory.* Oxford, New York: Oxford University Press.

Lauber, J. (1790). *Praktische Anleitung zum Seelensorgeramte oder Pastoraltheologie für wirkliche und künftige Seelensorger.* Brünn: bei Johann Georg Gastl.

Lichtenstein, E. (1955). Aus dem Krisenjahr der Pestalozzischulreform in Preußen. *Zeitschrift für Pädagogik, 1,* S. 83–108.

Löffler, J. F. C. (1802). *Nachricht von der Frey=Schule in Gotha.* Gotha: mit Reyherischen Schriften.

Löffler, J. F. C. (1804). *Nachricht von der Frey=Schule in Gotha.* Gotha: mit Reyherischen Schriften.

Luhmann, N. (2004). Die Homogenisierung des Anfangs: Zur Ausdifferenzierung der Schulerziehung. In D. Lenzen (Hrsg.), *Schriften zur Pädagogik* (S. 123–158). Frankfurt a. M.: Suhrkamp.

Müller, F. J. (1823). *Die Erziehung in Volksschulen.* Kempten: Dannheimer.

Nath, A., & Titze, H. (Hrsg.) (2016). *Differenzierung und Integration der niederen Schulen in Deutschland 1800–1945.* Göttingen: Vandenhoeck & Ruprecht.

Peter, R. (1934). Eine Lehranweisung des Hamburgischen Ministeriums für die Schulmeister aus dem Jahre 1756. *Zeitschrift des Vereins für Hamburgische Geschichte, XXXIV,* S. 25–74.

Petrat, G. (1979). *Schulunterricht: Seine Sozialgeschichte in Deutschland 1750–1850.* München: Ehrenwirth.

Reh, S. (2011). Individualisierung und Öffentlichkeit. Lern-Räume und Subjektivierungsprozesse im geöffneten Grundschulunterricht. In S. Amos, W. Meseth & M. Proske (Hrsg.), Öffentliche Erziehung revisited. Erziehung, Politik und Gesellschaft im Diskurs (S. 33–52). Wiesbaden: VS.

Reh, S. (2012). Historische Veränderungen der pädagogischen Interaktionsform Unterricht – Gegenwärtige Herausforderungen für den Lehrerberuf. In *Beiträge zur Lehrerinnen- und Lehrerbildung, 30(10),* S. 105–113.

Roger (1844). Resultate bezüglich der – seit dem November 1842 in der Knaben-Elementarschule zu Esslingen angewendeten – wechselseitigen Schuleinrichtung. *Die Volksschule. Eine pädagogische Monatschrift des Württembergischen Volksschullehrervereines. 4,* S. 289–314.

Schatzki, T. (1996). *Social Practices. A Wittgensteinian Approach to Human Activity and the Social*. Cambdrige, New York: Cambridge University Press.

Scholz, J., & Reh, S. (2016). Auseinandersetzungen um die Organisation von Schulklassen. Verschiedenheit der Individuen, Leistungsprinzip und die moderne Schule um 1800. In G. Kluchert, C. Groppe & E. Matthes (Hrsg.), *Bildung und Differenz. Historische Analysen zu einem aktuellen Problem* (S. 93–113). Wiesbaden: VS.

Schmidt, R. (2012). *Soziologie der Praktiken. Konzeptionelle Studien und empirische Analysen*. Frankfurt a. M.: Suhrkamp.

Stuve, J. (1784). Nachricht von der Ruppinischen Garnisonsschule. *Berlinische Monatschrift, 1, S.* 422–429.

Timäus (1760). Gedanken über die Art des Unterrichts in den niedrigen Schulen auf dem Lande und in kleinen Städten. *Hannoversche Beyträge zum Nutzen und Vergnügen, 2, S.* 1337–1358.

van Horn Melton, J. (1988). *Absolutism and the eighteenth-century origins of compulsory schooling in Prussia and Austria*. Cambridge: Cambridge University Press.

Völter, P. J. (1796). Ist es ratsam, die grösseren Kinder der obern Klasse zu Aufsehern über die Kinder der niedern Klassen zu machen?. *Taschenbuch für teutsche Schulmeister, 11, S.* 611–650.

Völter, P. J. (1798). Versuch einer ungewöhnlichen Location. *Der Landschullehrer, 1(4), S.* 76–79.

Völter, P. J. (1810). *Praktische Anleitung in die sämmtlichen Amtsverrichtungen und Verhältnisse eines deutschen Elementar-Schullehrers mit Hinsicht auf die Zwecke der Pestalozzischen Lehrart*. Heilbronn: bey J. D. Claß.

von Türk, W. (1806). *Beiträge zur Kenntniß einiger deutschen Elementar-Schulanstalten, namentlich der zu Dessau, Leipzig, Heidelberg, Frankfurt am Mayn und Berlin*. Leipzig: bey Heinrich Gräff.

Zeller, C. A. (1809). *Das Ziel der Elementarschule*. Königsberg: Heinrich Degen.

„Transferierte" Praktiken
Die deutsche Unterrichtsausstellung auf der Weltausstellung in Brüssel 1910

Eckhardt Fuchs

Seit ihrem Beginn mit der Great Exhibition von London 1851 hinterließen die Weltausstellungen im öffentlichen zeitgenössischen Bewusstsein einen nachhaltigen Eindruck. Sie fungierten als Arenen nationaler Selbstdarstellung und Fremdwahrnehmung, aber auch als Medien internationaler Transfer-, Austausch- und Popularisierungsprozesse. Weltausstellungen waren in ihrem Kern gigantische didaktische Veranstaltungen, die die Menschheit über den Stand ihrer Entwicklung buchstäblich unterrichteten und das Wissen durch ihre Struktur ordneten und klassifizierten. Bildung wurde seit der Pariser Weltausstellung von 1867 ein zentraler Bestandteil des gesamten Ausstellungsdesigns und die Weltausstellungen waren, wie ein Zeitgenosse beobachtete, „not only [as] an exhibit of education, but is itself one of the best educators" (Waterman 1893, S. 120).[1] Dieser pädagogische Impetus beruhte auf dem Konzept von Bildung durch direkte Anschauung der Ausstellungsgegenstände. Die verschiedenen nationalen Unterrichts- und Bildungsausstellungen, die auf den Weltausstellungen präsentiert wurden, dienten nicht nur der Popularisierung von Bildung, sondern demonstrierten zugleich die Funktion von Bildung in der Nationalstaatsentwicklung des 19. und beginnenden 20. Jahrhunderts.[2] Die diesen Ausstellungen innewohnende Ambivalenz bestand darin, dass sie einerseits ein politisch instrumentalisiertes Repräsentationsforum der Nationalstaaten und andererseits eine Bühne des internationalen Informationsaustausches mit dem Ziel einer „internationalen Erziehung" bildeten (Fuchs 1999). Über die Unterrichtsausstellungen, die sich im Verlauf von der Darstellung singulärer Ausstellungsgegenstände zu umfassenden nationalen Präsentationen ausweiteten, wurden immer auch Konkurrenzkämpfe um kulturelle Hegemonie

---

1 Siehe aus amerikanischer Sicht Hovt (1870, S. 15–17). Allgemein vgl. Barth (2007).
2 Eine Zusammenfassung der Forschungsliteratur geben Geppert (2002) und Geppert, Coffey und Lau (2006).

© Springer Fachmedien Wiesbaden GmbH, ein Teil von Springer Nature 2019
K. Berdelmann et al. (Hrsg.), *Transformationen von Schule, Unterricht und Profession*, https://doi.org/10.1007/978-3-658-21928-4_7

ausgetragen, eigneten sie sich doch bestens, kulturelle und bildungspolitische Traditionen zu propagieren und als Mittel auswärtiger Kulturpolitik zu nutzen. Zugleich, und dies ist in der Forschung bislang vernachlässigt worden, nahmen die Unterrichtsausstellungen auch die Funktion wahr, über innovative Trends in Bildung, Erziehung und Unterricht zu informieren. Sie stellten eine Plattform dar, Reform(en) von Schule und Ausbildung gegenständlich zu demonstrieren. Weltausstellungen erhoben daher den Anspruch, das Forum zu sein, auf dem konventionelle, aber auch neue und alternative Bildungskonzeptionen, etwa die technische Erziehung im letzten Drittel des 19. Jahrhunderts oder die *new education* mit ihrer Konzentration auf das Kind am Beginn des 20. Jahrhunderts, vorgestellt, diskutiert und transferiert wurden.

Die Geschichte der Weltausstellungen bis zum Ersten Weltkrieg ist ein in der Forschung gut bestelltes Feld,[3] das sich am Beginn vor allem auf die politischen und wirtschaftlichen Aspekte der Ausstellungen konzentrierte, seit den 1990er Jahren zunehmend die populäre und kulturelle Dimension einbezog und in den letzten Jahren die Perspektive kulturhistorisch auf die unterschiedlichen Darstellungs-, Repräsentations-, Wahrnehmungs- und Mediationsformen der Ausstellungsobjekte gelenkt hat (siehe auch: Kaiser 1999, 2000). Obwohl der Anspruch auf „Bildung" des Publikums von Beginn an die Weltausstellungen durchzog, gibt es bislang jedoch nur wenige wissenschaftliche Studien zur pädagogischen und bildungspolitischen Rolle der Ausstellungen (Greenhalgh 1993; Provenzo 2012; Gonon 1999; Dittrich 2010). Dies verwundert insofern, als die vielfältigen Überlieferungen zu den Weltausstellungen einen bemerkenswerten Fundus für die Forschung bilden. Aus ihnen lassen sich staatliche Intentionen, Selbst- und Fremdwahrnehmungen, aber auch pädagogisches Wissen filtern, was sich, wenn es etwa um im Unterricht angewendete Methoden und Praktiken geht, nur schwer mit anderen Quellengattungen eruieren lässt.

Das Ziel des vorliegenden Aufsatzes besteht darin, anhand der deutschen Unterrichtsausstellung auf der Brüsseler Weltausstellung von 1910 zu untersuchen, inwieweit diese Ausstellung schulreformerische Bestrebungen des Kaiserreichs präsentierte und welche Rückschlüsse sich auf im Unterricht angewendete Praktiken daraus ziehen lassen.

Dabei wird die Brüsseler Ausstellung und deren Wahrnehmung durch deutsche Schulmänner und die Öffentlichkeit unter systematischen Gesichtspunkten auf Grundlage offizieller Beschreibungen und individueller Berichte untersucht. Im

---

3 Allgemein zur Geschichte der Weltausstellungen siehe Geppert (2001); Greenhalgh (1988); Pelle und Findling (1990); Rydell (1992), (1999); Schröder-Gudehus und Rasmussen (1992); Wörner (2000).

Mittelpunkt steht die Frage, inwieweit und mit welchem Gehalt Unterrichtsausstellungen Rückschlüsse auf Unterrichtspraktiken und didaktische Methoden zulassen.

1   Die deutsche Unterrichtsausstellung in Brüssel

Nachdem 1862 erstmals Ideen zur Einrichtung von speziellen Bildungsausstellungen
im Rahmen der Weltexpositionen geäußert wurden, bildeten Erziehung und Bildung
seit der Pariser Ausstellung von 1867 eine eigene Gruppe in den Ausstellungsklassi-
fikationen.[4] In den Folgejahrzehnten expandierten diese Unterrichtsausstellungen
und umfassten ganze Schulhäuser und Lehrgebäude. Insbesondere in Chicago
1893, in Paris 1900 und in St. Louis 1904 nahmen die Unterrichtsausstellungen
einen prominenten Platz innerhalb der gesamten Weltausstellung ein und boten
ein beeindruckendes Panorama der nationalen Entwicklungen in allen Bereichen
des Bildungssystems.

Die Brüsseler Weltausstellung von 1910 war in 22 Gruppen unterteilt, wobei
die erste Unterricht und Bildung umfasste. Den Schwerpunkt der Ausstellung des
Deutschen Reiches bildete die Maschinenabteilung, aber auch andere Industrie-
zweige wie Feinmechanik und Optik, Eisen- und Automobilindustrie, die Plauener
Spitzenindustrie, die Spielwaren-, Musikinstrumenten- und Nahrungsmittelin-
dustrie waren vertreten (Sächsisches Hauptstaatsarchiv, Außenministerium).
Nicht zuletzt wegen einer vor allem in der deutschen Industrie vorherrschenden
allgemeinen „Ausstellungsmüdigkeit" setzte sich der Kanzler für eine Beteiligung
der deutschen Bildung an der Weltausstellung in Brüssel ein: „Die Abneigung der
Deutschen Industrie, diese Ausstellungen zu beschicken, wird zur Folge haben,
daß solche Gebiete des deutschen Lebens in besonderem Umfange zur Vorführung
gebracht werden müssen, die mehr einen ideellen Wert darstellen. Ich hege daher
den Wunsch, daß sowohl in Brüssel als auch namentlich in Tokio eine Darstellung
des deutschen Unterrichtswesens gegeben wird." (Geheimes Staatsarchiv Preußischer Kulturbesitz).[5] Auch in Brüssel war 1910 daher das Deutsche Reich mit einer
Unterrichtsausstellung vertreten, an der sich neben der preußischen Unterrichtsverwaltung das sächsische Kultusministerium und die Oberschulbehörde der Stadt
Hamburg beteiligten.

---

4   Auf der internationalen Ausstellung in St. Martin's Hall in London 1854 wurde zum
    ersten Mal eine Erziehungsausstellung, wenn auch nur mit geringer ausländischer
    Beteiligung, organisiert. Vgl. Waterman (1893, S. 125–126).
5   In Tokio sollte 1912 eine Ausstellung stattfinden.

Im Unterschied zur Weltausstellung in St. Louis im Jahr 1904 hatte das Deutsche Reich in Brüssel darauf verzichtet, das gesamte Bildungswesen auszustellen, sondern konzentrierte sich auf das niedere und höhere Schulwesen. Die Organisation der Ausstellung oblag dem Königlich-Preußischen Ministerium der geistlichen, Unterrichts- und Medicinal-Sachen unter Leitung von Oberlehrer Dr. Mosch vom Berliner Mommsengymnasium. Sie konzentrierte sich darauf, „aus dem Gebiet der Schuleinrichtung praktische Beispiele vorzuführen" (Müller ca. 1910, S. 3). Für die einzelnen Bereiche wurden Schulmänner ernannt: der Posener Provinzialschulrat Bock für die Volksschuleinrichtungen im Regierungsbezirk Bromberg, Prof. Ficker aus Berlin für die Schulhygiene, Prof. Johannesson vom Berliner Sophien-Gymnasium für die physikalischen Schülerübungen und Unterrichtsapparate, Prof. Johannesson, Direktor der 14. Realschule in Berlin, für die Schülerbibliothek für höhere Lehranstalten, Prof. Pallat aus Berlin für den Zeichenunterricht sowie die Knaben- und Mädchen-Handarbeit, Dr. Schönichen, Oberlehrer am Berliner Helmholtz-Realgymnasium für Biologie, Dr. Steinicke, Direktor des Realgymnasiums in Essen für Erdkunde, Prof. Stöwer, Direktor der Comenius-Schule in Berlin für die Handbibliothek für höhere Schulen und Prof. Wickenhagen vom Berliner Prinz-Heinrich-Gymnasium für Turnen und Sport (Stoffers 1910, S. 144). Die Ausstellung beinhaltete die Darstellung der „Organisation und Unterrichtsmethoden an Gymnasien, Realanstalten, Seminaren und Volksschulen" sowie der Entwicklung „einzelne(r) Unterrichtsfächer, wie Physik, Biologie und Zeichenunterricht" (Stoffers 1910, S. 143; siehe auch: Bode 1910, S. 537–550). Auf 1224 Quadratmetern hatte der Architekt und Direktor der Kunstgewerbeschule Berlin, Bruno Paul, 23 möblierte Zimmer angeordnet, darunter zwei „Musterschulräume" und einen Raum für physikalische Schülerarbeiten.[6] Zahlreiche Schulmänner wurden als offizielle Delegierte nach Brüssel entsandt, darunter 26 Lehrer aus Sachsen, die je 200 Reichsmark Reisebeihilfe erhielten, und die nach ihrer Rückkehr schriftliche, archivalisch überlieferte Berichte an die jeweiligen Unterrichtsverwaltungen versandten (Sächsisches Hauptstaatsarchiv, Ministerium des Kultus und öffentlichen Unterrichts).

---

6   Siehe Katalog, insbesondere Bd. 1. Bd. 2 enthielt die in der Ausstellung befindlichen Bibliotheken. Vgl. auch: Müller (ca. 1910).

2   Unterrichtsausstellung und Schulreform

Wenn in der Presseberichterstattung zur deutschen Unterrichtsausstellung betont wurde, dass „nur die Bewegung, die wir unter dem Namen ‚Schulreform' zusammenfassen" (*Sachsen auf der Weltausstellung,* 1910b, S. 1; P., 1910; Schumann 1911, 6. u. 19. Januar), vertreten sei, entsprach dies den mit der Ausstellung verbundenen bildungspolitischen Intentionen. Ziel der Ausstellung war es, wie es in der Einleitung zum Ausstellungskatalog hieß, „die Richtung (zu) veranschaulichen, welche die gegenwärtige Entwicklung des Schulwesens nimmt; sie kann die Seiten hervorheben, auf welche Nation und Regierung zurzeit einen besonderen Wert legen, und die Fortschritte sichtbar machen, welche daraus entspringen" (Lehrmann 1910, S. 3). Nicht also eine Präsentation des gesamten deutschen Bildungswesens und aller darin agierender pädagogischer Richtungen, wie noch auf den vorhergehenden Weltausstellungen, stand im Zentrum des Ausstellungskonzeptes, sondern die Zurschaustellung der Fortschritte von Schule und Unterrichtsmethoden. Dazu gehörten vor allem Entwicklungen aus den seit dem letzten Viertel des 19. Jahrhunderts vollzogenen Schulreformen und neue pädagogische Trends, die unter anderem ausgehend vom reformpädagogischen Denken der Jahrhundertwende Eingang in das staatliche Schulwesen gefunden hatten. Der Ausstellungskatalog benannte dazu zentrale Aspekte: Die deutsche Unterrichtaustellung stand, so auch die öffentliche Wahrnehmung, im „Zeichen des pädagogischen Fortschritts" und repräsentierte das „neue Leben in der Schule": „Neuere pädagogische Bestrebungen haben bereits in einer Ausdehnung praktische Anwendung gefunden, die zuweilen auch den Fachmann überrascht" (Muthesius 1910, S. 576–577). Didaktische Postulate und Unterrichtspraktiken wurden mit einem bildungspolitischen Ziel verknüpft, nämlich als „kulturelle Erziehungsmittel" zur Charakterbildung beizutragen, die letztlich einen das politische System unterstützenden Staatsbürger heranziehen sollte. Der Lehrer Georg Pöge spezifizierte im Kontext der generellen Bestrebungen, eine „engere Fühlung zwischen Schule und Leben herzustellen", drei Einzelreformen: „mehr Sorgfalt in der Ausbildung und Pflege des Körpers", „eine verstärkte, im Dienste des Ganzen stehende Wohlfahrtspflege in der Schule" und „mehr Übung für Auge und Hand und damit gröszere Selbstbetätigung der Schüler" (Pöge, S. 126).

Der Blick auf die deutsche Unterrichtaustellung lässt dementsprechend drei Narrative erkennen: Erstens betrifft dies das Narrativ des „einseitigen Intellektualismus", das mit einer Kritik am humanistischen Gymnasium einherging. Trotz ihrer Errungenschaften würde die „Schulerziehung „an einer Einseitigkeit" leiden, „die dem Ideal nicht entsprach, das ihr selbst vorschwebte." (Lehrmann 1910, S. 3–4). Mit dem Fokus auf „theoretisches" Lernen, die Schulung des Verstandes, wurden zwar

die für die Bildung zentralen „ästhetischen" und „ethischen Elemente" vermittelt,
nicht aber körperliche, technische und künstlerischen Fähigkeiten. Damit hätte das
humanistische Gymnasium seine „Fühlung mit dem Leben" verloren (Lehrmann
1910, S. 5). Mit Rekurs auf die Rede Wilhelms II. auf der Schulkonferenz im Jahr
1890, in deren Rahmen Vertreter aus Schulen und Ministerien vor allem den Gegensatz zwischen humanistischer und realistischer Bildung kontrovers diskutierten,
wurden für die Ausstellung die Reformen im Hinblick auf körperliche Erziehung
und Schulhygiene äußerst exponiert dargestellt. Die Ausstellung demonstriere,
so der Bericht eines Teilnehmers, dass „unsere Schule auf dem Wege ist, sich vom
Wort- und Buchwissen zum Sachwissen zu entwickeln" (Muthesius 1910, S. 578).

Eine solche Bewertung findet sich in zahlreichen der überlieferten Berichte
von Schulmännern, die die Ausstellung besucht hatten: „Der Ruf nach Anschaulichkeit hat [...] die experimentell-demonstrierende Methode in Gunst gebracht."
(Trampe 1910, S. 468). Ein anderer Besucher schrieb: „Der reine Intellektualismus,
die Fülle von Wissen und Ideen, erreichen allein nicht das Erziehungsideal vollen
Menschentums. Die rein humanistische Bildung kann zur Einseitigkeit führen,
da die Bildungsziele allzusehr auf theoretischem Wege erzielt werden sollen. Die
Fühlung mit dem praktischen Leben muß einerseits durch körperliche Erziehung,
andererseits durch technische und künstlerische Ausbildung bei selbstschöpferi-
scher Arbeit gewonnen werden" (Groß, S. 65–66). In diesem Sinne ging ein weiterer
Bericht ausführlich auf Wanderungen und Ausflüge als ein Mittel zur Förderung
der Anschauung und „sachlichen Beobachtung" ein (Arldt, S. 167–169).

Ein zweites Narrativ bezog sich auf den sogenannten Handfertigkeitsunterricht.
Dieser sollte die praktischen Fähigkeiten der Schüler fördern und damit „die Schulbildung über die Grenzen eines rein theoretischen Wissens hinaus zum Können und
über die bloße Fähigkeit zur Aufnahme und Reproduktion hinweg zu einer gewissen
produktiven Tätigkeit" führen (Arldt, S. 7). Sport, Kunst und Handwerk müssten
die drei Pfeiler sein, um die Kluft zwischen niederem und höherem Schulwesen zu
überbrücken. So äußerte sich ein Teilnehmer: „Das sollen unsere Schüler wissen.
Dafür müssen wir sie erziehen: Innere Wahrhaftigkeit deutscher Erzeugnisse und
werkliche Gediegenheit aller Arbeit müssen ihnen zur unentbehrlichen Forderung
werden. Es lassen sich in den vielen Unterrichtsstunden eines Jahres zahlreiche
Übungen unter diesen Gesichtspunkt stellen. Hier können alle Schüler gleichstark
herangezogen werden, auch die, denen die Fertigkeit der Hand fehlt. Wenn ihnen
hier Verständnis und Sicherheit im Geschmack und Urteil mitgegeben werden, so
werden sie als Erwachsene, als Käufer und Genießer der neuen Kulturwerte, nicht
bloß selten irren, sondern auch bewußte, starke Träger der Ausdruckskultur, des
Echtheitsgedankens sein können" (Groß, S. 66).

Das dritte Narrativ war mit der Neuausrichtung des Schulwesens im Kaiserreich am Ausgang des 19. Jahrhunderts, vor allem im höheren Schulwesen, verbunden. Postuliert wurde das „Eindringen und Vordringen neuer Prinzipien der Schulerziehung" und damit „eine höhere Schätzung der unmittelbaren gegenüber der mittelbaren Erkenntnis, der Anschauung gegenüber der Abstraktion, der Gegenwart und jüngeren Vergangenheit gegenüber der einseitigen Wertung der klassischen Epochen" (Groß, S. 10). Dies betraf auch die Frage der „künstlerischen Erziehung", die neben die „verstandesmäßige Bildung" rückte und didaktische Aspekte wie Anschaulichkeit, Förderung der individuellen Anlagen und Beobachtung mit dem bildungspolitischen Ziel hervorhob, „die Schule in den Dienst dieser Kulturaufgabe" zu stellen (Groß, S. 6).

3 Die Vergegenständlichung von Praktiken

Wie nun wurden diese „Fortschritte", also die neuen Methoden und Unterrichtspraktiken insbesondere in den naturwissenschaftlichen Fächern auf der Unterrichtsausstellung präsentiert? In systematischer Hinsicht wird im Anschluss an die drei „Narrative des Fortschritts" nach drei Aspekten unterschieden: 1. Schulhygiene; 2. Anschaulichkeit; 3. Selbsttätigkeit und Individualisierung.

3.1 Schulhygiene

Bei der Gestaltung der beiden ausgestellten Schulräume von einer höheren und einer Volksschule spielten zum einen Fragen der Hygiene und Zweckmäßigkeit eine wichtige Rolle. Zum anderen demonstrierten sie, wie durch die Schlichtheit, Einfachheit und Multifunktionalität von Raum, Mobiliar und Geräten eine „ästhetische" Lernatmosphäre geschaffen werden konnte, die Schulen nicht als „Drillanstalten", sondern als eine lernmotivierende Umgebung präsentierten, die mit „denkbar einfachsten Mitteln die vielfachen pädagogischen, hygienischen, technischen und wirtschaftlichen Anforderungen weitestgehend [...] erfüllen" und zugleich als „ethisch-erzieherisches Moment" hinsichtlich einer Wertschätzung von guter handwerklicher Arbeit wirkten (Müller ca. 1910, S. 7). Besondere Betonung lag daher auf der Präsentation von multifunktionalen und mechanischen Holzkonstruktionen, die handwerksmäßig und nicht in Massenproduktion hergestellt wurden.

3.2   Anschaulichkeit

Viele der Ausstellungsräume demonstrierten Exponate, die der Förderung der Anschauungskompetenz von Schülern dienten. Zeichenbretter, Modellkästen, Klassenschränke für Lehrmittel oder Kartenhalter verwiesen auf anschauungsbezogene Unterrichtspraktiken. Die einzelnen Fächern gewidmeten Räume enthielten solche Ausstellungsgegenstände, die den Unterricht „lebendig" gestalten sollten. So schrieb die Kölnische Zeitung im Juli 1910, dass schon in den ersten Ausstellungsräumen das Bestreben deutlich wurde, „den Unterricht durch Heranziehung der Schüler zur Mitarbeit und zu selbständigem Schaffen zu beleben" (*Die deutsche Abteilung der Brüsseler Weltausstellung,* 1910a). Im Erdkunderaum gehörten dazu nicht nur eine Vielzahl von Globen, sondern diverse in Schulen angefertigte Papp- und Holzmodelle, aber auch Arbeiten aus Ton und Knete, Fotoalben sowie Aufsätze von Schülerinnen und Schülern. Ein Raum stellte ausschließlich Lehr- und Anschauungsmittel aus. Dazu gehörten mathematische Modelle für den Geometrieunterricht, Fibeln und Lesebücher, Unterrichtsmittel für den Musik- und Zeichenunterricht, Sprechapparate für den Sprachunterricht, Sparautomaten, Geräte und Apparate für den erdkundlichen Unterricht wie beispielsweise ein Tellurium-Lunarium, ein Nutations- und Präzessionsapparat, ein Planetarium, ein Meridianapparat oder Anschauungsbilder (Stoffers 1910, S. 150). Die Räume für physikalische Schülerübungen und Unterrichtsapparate spiegelten in der zeitgenössischen Wahrnehmung die Entwicklungen in den Naturwissenschaften und der Technik der vergangenen Jahrzehnte wider. Sie zeigten mit ihren Objekten die Veränderungen des Physikunterrichts, nämlich die Abkehr von der auf einer „einseitigen Verstandesbildung beruhenden philologischen Richtung" und die Hinwendung zu „der mehr aufs Praktische gerichteten Erziehung" (Stoffers 1910, S. 153).

3.3   Selbsttätigkeit und Individualisierung

Diese auf Anschauung und Praxis ausgelegten Exponate implizierten den Anspruch, dass die oder der Lernende nicht nur Experimente durch die Lehrperson demonstriert bekommt, sondern durch Schülerübungen mit speziellen Apparaten in physikalischen Kabinetten selbst „zum Beobachter und Forscher" wird (Stoffers 1910, S. 153). Die Ausstellungsräume präsentierten neben den unterschiedlichsten Instrumenten, Schülerapparaten und physikalischen Baukästen auch verschiedene Formen der Schülerübungen von Klassen- bis Gruppenübungen und den entsprechenden Methodiken wie „Arbeiten in gleicher Front" oder die „regellose Arbeitsweise" (Stoffers

1910, S. 154), die alle zur „Selbsttätigkeit" der Schülerinnen und Schüler anregen sollten. Auch der sogenannte „Werkstattunterricht" sollte demonstrieren, wie die „verstandesmäßige" Erziehung ergänzt und den Schülern zugleich Kenntnisse für das „praktische Leben", also „gewerbliche Sachkenntnisse" vermitteln werden können (Stoffers 1910, S. 155). Der Ausstellungsraum zum Biologieunterricht war darauf ausgerichtet, die mit dem Übergang vom Naturkunde- zum Biologieunterricht verbundenen neuen didaktischen Methoden, die darauf abzielten, „die Gestalten der belebten Schöpfung in ihrer Abhängigkeit von den Einflüssen der Umwelt zu besprechen" (Stoffers 1910, S. 164), und entsprechend neue Lehrmittel, darunter Präparate, Schulbücher und Anschauungstafeln, darzustellen. Auch hier lag ein großes Gewicht auf der Darstellung der praxisorientierten Selbstbetätigung der Schülerinnen und Schüler, etwa in der Präsentation von Schulgärten, Schulexkursionen oder Spezialkursen, Schülerzeichnungen oder -modellen. Dieser didaktische Wandel wurde auch in der Presse hervorgehoben: „So hat namentlich die Methodik des biologischen und physikalischen Unterrichts in der jüngsten Zeit eine große und bedeutsame Änderung erfahren. Während früher der Demonstrationsunterricht des Lehrers fast ausschließlich den Schülern die Kenntnisse vermittelte, tritt jetzt mehr und mehr die Eigenarbeit des Schülers in den Vordergrund" (*Die deutsche Abteilung der Brüsseler Weltausstellung*, 1910a).

Ähnliches lässt sich zum Zeichenunterricht sagen, der um die Jahrhundertwende dahingehend reformiert wurde, dass Zeichnen nicht mehr einem primär künstlerischen, sondern einem allgemeinbildenden, auf die zeichnerische Darstellung der Wirklichkeit und die individuelle Ausdrucksfähigkeit ausgerichteten Ziel folgte (Stoffers 1910, S. 166). Die ausgestellten Exponate bestanden daher aus zahlreichen Schülerzeichnungen, methodisch-didaktischen Schriften und Lehrmittelverzeichnissen (*Die deutsche Abteilung der Brüsseler Weltausstellung*, 1910a). Aber nicht nur in den spezifischen Unterrichtsfächern gewidmeten Räumen, sondern auch in den Ausstellungsräumen zu den in Deutschland existierenden Schultypen – Volksschule, Realschule, Oberrealschule, Realgymnasium und Gymnasien – wurden von ausgewählten Schulen[7] Exponate über die Schulverwaltung, die Unterrichtsorganisation, den Schulalltag sowie Schülerarbeiten, Tage- und Klassenbücher, Verzeichnisse von Lehrmitteln und Lehrplänen sowie in den Schulen benutzte Geräte zur Schau gestellt. Daraus lässt sich insgesamt auf Praktiken des Unterrichts wie Selbstverwaltung oder leistungsabhängiger Gruppenunterricht sowie Sonderkurse oder Studientage

---

7 In der Ausstellung zum Volksschulwesen wurde u. a. das Modell einer 1909 eröffneten Charlottenburger Gemeindedoppelschule im Maßstab 1:100 ausgestellt, im Ausstellungsraum das Modell einer Waldschule für kranke oder lernschwache Kinder im Maßstab 1:200.

schließen. Individuelles Lernen als Unterrichtspraxis und der Anspruch, hochwertige und zeitgemäße Lehr- und Lernmittel zur Verfügung zu stellen, kamen in den Exponaten immer wieder deutlich zum Ausdruck (für die Volksschule siehe: Stoffers 1910, S. 170, S. 172). Dies verwundert nicht angesichts der Tatsache, dass eine Reihe von Reformschulen für die Unterrichtsausstellung ausgewählt wurden, etwa das Goethegymnasium in Frankfurt, eine nach dem von Karl Reinhard 1892 eingeführten „Frankfurter System" reformierte Schule.

4   Ergebnisse

Die deutsche Unterrichtsausstellung in Brüssel stand im Kontext der umfangreichen Reformen des niederen und höheren Schulwesens seit dem letzten Drittel des 19. Jahrhunderts und reformpädagogischer Impulse. Beide Entwicklungen drückten sich in der Unterrichtsausstellung aus. Die zentralen Ausstellungsnarrative bestanden zum einen im kritischen Hinterfragen der humanistisch-gymnasialen Tradition, zum anderen in einem praxisorientierten Anschauungsunterricht sowie in der Individualisierung von Schule und in der Selbsttätigkeit der Lernenden. Im Ausstellungsdesign wurde dies durch die Präsentation neuer didaktischer Ansätze und Unterrichtspraktiken wie Werkstattunterricht, Gruppenarbeit, Experimental- und Arbeitsunterricht umgesetzt. Es wurden nicht nur Lehrmittel für die Lehrenden präsentiert, sondern ein besonderer Fokus auf die Darstellung von Schülerarbeiten und Schülerleistungen gelegt. Die Verbindung von Schule sowohl mit dem „alltäglichen Leben" als auch mit der „Natur" waren reformpädagogische Postulate, die sich in der Ausstellung durch die Abkehr vom Prinzip eines „passiven Anschauens" und die Betonung des praktischen Lernens, etwa durch die Präsentation von Handarbeits-, Arbeits- und Werkstattunterricht, ausdrückte.

Allerdings setzte die deutsche Unterrichtsausstellung damit auch Ansätze fort, die bereits auf vorherigen Weltausstellungen eine nicht unbedeutsame Rolle spielten. Dies bezog sich beispielsweise auf die Schulhygiene, den Zeichen- oder den handwerklichen Unterricht. Einige der Ausstellungsberichte von 1910 betonten daher auch, dass die auf den praktischen Unterricht ausgerichteten Ausstellungteile wenig Neues geboten hätten. So schrieb der Geographielehrer Berlet aus Glauchau mit Blick auf seine Erfahrungen: „Den Schüler beim erdkundlichen Unterricht von Anfang an ins Freie zu führen, ist ein Grundsatz, der in Sachsen schon in der Volksschule befolgt wird. Ebenso wird teilweise auch schon hier der Werkunterricht und die häusliche Beschäftigung in den Dienst dieses Faches gestellt" (Berlet, S. 152–153). Der Oberlehrer Theodor Arldt aus einer Realschule in Radeberg interessierte sich für alles, „was sich auf die Selbsttätigkeit der Schüler, auf die Ausführung von praktischen Übungen bezog, da diese ja gerade für den neuzeitlichen Betrieb des Unterrichts an Schulen aller Art charakteristisch ist" (Arldt, S. 166). Auch der Fokus auf die „Arbeitsschule" als Alternative zum gymnasialen „Bücherstudium" ist in manchen Berichten durchaus kritisch gesehen worden (Pöge, S. 126).

Obwohl nicht bis in die konkreten Unterrichtspraktiken hinein rekonstruiert werden kann, welche Bedeutung die Unterrichtsausstellung mit ihrem auf Praktiken und Methoden ausgerichteten Design auf die deutsche Lehrerschaft hatte, konstatierten viele der entsandten Schulmänner, dass sie „Anregungen mannigfachster Art (…) nicht nur für Ausländer, sondern auch für den einheimischen Lehrer" (Trampe 1910, S. 466) bot. Auch hatten die drei beteiligten deutschen Länder nur eine geringe Zahl von Lehrern entsandt. Allerdings lassen die Teilnehmerzahlen an den während der Weltausstellung stattfindenden pädagogischen Kongressen darauf schließen, dass einige hundert Lehrerinnen und Lehrer aus Deutschland die Weltausstellung besuchten (vgl. allgemein: Fuchs 1996, S. 156–177). Ein weiterer Indikator für eine nachhaltige Rezeption der Unterrichtsausstellung kann in der permanenten Sicherung der Ausstellung gesehen werden. Bereits im Gefolge der Wiener Weltausstellung von 1873 waren zwei deutsche Schulmuseen in Stuttgart und München entstanden. Fehlende finanzielle Mittel und wenig staatliches Interesse führten allerdings dazu, dass die großen deutschen Unterrichtsausstellungen von Chicago, Paris und St. Louis wieder aufgelöst wurden, obwohl die Fülle und Vielfalt der Exponate das Bedürfnis von Schulmännern und Lehrervereinen nach Einrichtung einer nationalen Dauerausstellung bzw. eines Schulmuseums geweckt hatten (Fuchs 2006, S. 137–151; Ziehen 1903). Daher wurde auch im Kontext der Brüsseler Weltausstellung von 1910 gefordert, „die Unterrichtsabteilung in Form eines Schulmuseums dauernd zu erhalten und auszubauen" (Stoffers 1910, S. 185).[8] Die Städte Berlin und Frankfurt erklärten sich bereit, der „Kommission für die deutsche Unterrichtsausstellung Brüssel 1910" öffentliche Gebäude für den Erhalt der Ausstellung bereitzustellen. Im Jahr 1912 konnte die „Dauernde Deutsche Unterrichtsausstellung", die aus den Abteilungen Lehrerbibliothek für höhere Schulen, Schülerbibliothek für höhere Schulen, Schulhygiene, Physik, Chemie, Biologie, Naturkunde und Geographie, Zeichnen, Handfertigkeit und angewandte Psychologie bestand, in Berlin eröffnet und der 1899 gegründeten „Auskunftstelle für Lehrbücher des höheren Unterrichts" angefügt werden. Damit waren Teile der deutschen Unterrichtsausstellung dauerhaft gesichert und öffentlich zugänglich. Das

---

8 Siehe auch der Wunsch nach der Gründung eines Reichsschulmuseums von Georg Pöge (Lehrer an der Chemnitzer Höheren Knabenschule): Pöge (126/4); Dankler (1911, S. 70–72).

Schulmuseum wurde anschließend Bestandteil des 1915 gegründeten Zentralinstituts für Erziehung und Bildung und damit Teil einer Einrichtung, die, wie es in den Statuten hieß, als „Sammlungs-, Auskunfts- und Arbeitsstelle für Erziehungs- und Unterrichtswesen" diente (Zit. nach: Böhme 1971, S. 259).

Zusammenfassend lässt sich anhand der Brüsseler Weltausstellung 1910 feststellen, dass den Unterrichtsausstellungen ein innovatives Potenzial innewohnte, das über die mit den Weltausstellungen verbundenen ideologischen und politischen Interessen der beteiligten Nationalstaaten hinausging. Sie boten den Besucherinnen und Besuchern einen Einblick in neueste schulische Entwicklungen und pädagogische Trends. Letztere bezogen sich zunehmend nicht nur auf die Präsentation von Bildungsphilosophien oder Erziehungskonzepten, sondern dienten als eine Art Laboratorium für den Unterricht. Aus den Exponaten lassen sich Schlussfolgerungen für zeitgenössische Unterrichtspraktiken ziehen, die sich aus anderen Quellen nur bedingt erschließen lassen. Gerade die Materialität dieser Ausstellungen gibt ergänzend zum bildungspolitischen und pädagogischen Diskurs, wie er sich aus gedruckten Schriften der Zeit rekonstruieren lässt, einen Einblick in die „reale" Unterrichtswelt.

Literatur

Arldt, T. *An das hohe Ministerium des Kultus und öffentlichen Unterrichts*, Sächsisches Hauptstaatsarchiv, Ministerium des Kultus und öffentlichen Unterrichts, Nr. 14327.
Barth, V. (2007). *Mensch versus Welt. Die Pariser Weltausstellung von 1867.* Darmstadt: WGB.
Berlet. *Bericht über die Ausstellung v. 29.6.1911,* Sächsisches Hauptstaatsarchiv, Ministerium des Kultus und öffentlichen Unterrichts, Nr. 14327.
Bode, P. (1910). Die deutsche Unterrichts-Ausstellung auf der Weltausstellung in Brüssel und die dort abgehaltenen Kongresse. *Pädagogisches Archiv, 52* (9), S. 537–550.
Böhme, G. (1971). *Das Zentralinstitut für Erziehung und Unterricht und seine Leiter. Zur Pädagogik zwischen Kaiserreich und Nationalsozialismus.* Karlsruhe: Schindele.
Dankler, M. (1911). Die Deutsche Schule auf der Weltausstellung Brüssel. *Zeitschrift für Lehrmittelwesen und pädagogische Literatur, 7* (3), S. 0–73.
Die deutsche Abteilung der Brüsseler Weltausstellung. Die Unterrichtsausstellung (1910a, 8. Juli). *Kölnische Zeitung.*
Dittrich, K. (2010). *Experts going transnational. Education at world exhibitions during the second half of the nineteenth century.* Diss. University of Portsmouth.
Fuchs, E. (1996). Wissenschaft, Kongreßbewegung und Weltausstellungen. Zu den Anfängen der Wissenschaftsinternationale vor dem Ersten Weltkrieg. *Comparativ, 6* (5/6), S. 156–177.
Fuchs, E. (1999). Das Deutsche Reich auf den Weltausstellungen vor dem Ersten Weltkrieg. *Comparativ, 9* (5/6), S. 61–88.

Fuchs, E. (2006). Von der Weltausstellung zum Museum. Zur Repräsentation von Bildung um die Jahrhundertwende. In B. Graf & H. Möbius (Hrsg.), *Zur Geschichte der Museen im 19. Jahrhundert 1789-1918* (Berliner Schriften zur Museumskunde, Bd. 22, S. 137-154). Berlin: G + H Verlag.

Reichskanzler an Kultusministerium v. 29.02.1908, Geheimes Staatsarchiv Preußischer Kulturbesitz, I. HA, Rep. 76 Vc, Sekt. I, Titel XI, Teil VI, Nr.1, Bd. 14.

Geppert, A. C. T. (2001). Exponierte Identitäten? Imperiale Ausstellungen, ihre Besucher und das Problem der Wahrnehmung. 1870-1930. In U. v. Hirschhausen & J. Leonhard (Hrsg.), *Nationalismen in Europa. West- und Osteuropa im Vergleich* (S. 180-203). Göttingen: Wallstein.

Geppert, A. C. T. (2002). Welttheater: Die Geschichte des europäischen Ausstellungswesens im 19. und 20. Jahrhundert. Ein Forschungsbericht. *Neue Politische Literatur, 2002* (1), 10-61. https://doi.org/10.3726/91453_10

Geppert, A. C. T., Coffey, J. & Lau, T. (2006, 1. November). *International Exhibitions, Expositions Universelles and World's Fairs, 1851-2005. A Bibliography.* Zugriff am 28.05.2018. Verfügbar unter http://www.geschkult.fu-berlin.de/e/fmi/astrofuturismus/publikationen/ Geppert_-_Expo_bibliography_3ed.pdf

Gonon, P. (1999). Weltausstellungen im 19. Jahrhundert als Ansporn für Schulreformen. In L. Criblez, C. Jenzer, R. Hofstetter & C. Magnin (Hrsg.), *Eine Schule für die Demokratie. Zur Entwicklung der Volksschule in der Schweiz im 19. Jahrhundert* (Explorationen, Bd. 27, S. 377-401). Bern: Lang.

Greenhalgh, P. (1988). *Ephemeral vistas. The expositions universelles, great exhibitions and world's fairs, 1851-1939* (Studies in imperialism). Manchester: Manchester Univ. Press.

Greenhalgh, P. (1993). Education, Entertainment and Politics. Lessons from the Great International Exhibitions. In P. Vergo (Ed.), *The new museology* (pp. 74-98). London: Reaktion Books.

Groß, P. *Eindrücke und Anregungen von der deutschen Abteilung auf der Weltausstellung in Brüssel 1910 mit besonderer Beziehung auf Zeichnen und Werkarbeit an den höheren Schulen Sachsens,* Sächsisches Hauptstaatsarchiv, Ministerium des Kultus und öffentlichen Unterrichts, Nr. 14327, Bd. 2.

Hovt, J. W. (1870). *Report on Education: Paris Universal Exposition, 1867* (Reports of the United States Commissioners). Washington.

Kaiser, W. (1999). Vive la France! Vive la République? The Cultural Construction of French Identity at the World Exhibitions in Paris 1855-1900. *National Identities, 1* (3), S. 227-244. https://doi.org/10.1080/14608944.1999.9728113

Kaiser, W. (2000). Die Welt im Dorf. Weltausstellungen von London 1851 bis Hannover 2000. *Politik und Zeitgeschichte* (22/23), S. 3-10.

Lehrmann, R. (1910). Einleitung. In *Führer durch die Ausstellung* (Deutsche Unterrichts-ausstellung auf der Weltausstellung in Brüssel 1910, Bd. 1). Berlin: Weidmannsche Buchhandlung.

Müller, P. J. (ca. 1910). *Die deutschen Muster-Schulräume auf der Weltausstellung in Brüssel 1910.* Berlin.

Muthesius, K. (1910). Die deutsche Schule auf der Weltausstellung zu Brüssel. *Die deutsche Schule, 14*(9), S. 576-583.

P., U. (1910, 27. November). Eindrücke von der Unterrichtsausstellung der Brüsseler Weltausstellung. *8. Beilage zum Chemnitzer Tageblatt und Anzeiger.*

Pelle, K. D. & Findling, J. E. (1990). *Historical dictionary of world's fairs and expositions. 1851–1988.* New York: Greenwood.

Pöge, G. *Bericht über das Unterrichtswesen auf der Brüsseler Weltausstellung 1910,* Sächsisches Hauptstaatsarchiv, Ministerium des Kultus und öffentlichen Unterrichts, Nr. 14327, Bd. 2.

Provenzo, E. F. (2012). *Culture as Curriculum. Education and the International Expositions (1876–1904)* (History of Schools and Schooling, vol. 2). New York: Lang.

Rydell, R. W. (Hrsg.). (1992). *The Books of the Fairs. Material about World's Fairs, 1824–1916.* Chicago: American Library Association.

Rydell, R. W. (1999). Wissenschaft im Dienste von Macht – Macht im Dienste von Wissenschaft. *Comparativ,* 9(5/6), S. 127–142.

Sachsen auf der Weltausstellung (1910b, 21. Juni). *Leipziger Tageblatt.*

Denkschrift, betreffend die Beteiligung des Deutschen Reichs an der Weltausstellung in Brüssel 1910, Sächsisches Hauptstaatsarchiv, Außenministerium, Nr. 7832.

Sächsisches Hauptstaatsarchiv, Ministerium des Kultus und öffentlichen Unterrichts, Nr. 14327.

Schröder-Gudehus, B. & Rasmussen, A. (1992). *Les fastes du progrès. Le guide des expositions universelles, 1851–1992.* Paris: Flammarion.

Schumann, P. (1911, 6. u. 19. Januar). Sächsisches Schulwesen in Brüssel. *Dresdner Anzeiger.*

Stoffers, G. (1910). *Deutschland in Brüssel 1910. Die Deutsche Abteilung der Weltausstellung.* Köln: Dumont Schauberg.

Trampe, A. (1910). Die deutsche Unterrichtsausstellung auf der Weltausstellung in Brüssel 1910. *Pharus,* 1(11), S. 465–469.

Waterman, R. (1893). Educational exhibits at World's Fairs since 1851. *Educational review,* 5, S. 120–129.

Wörner, M. (2000). *Die Welt an einem Ort. Illustrierte Geschichte der Weltausstellungen.* Berlin: Reimer.

Ziehen, J. (1903). Über den Gedanken der Gründung eines Reichsschulmuseums. Ein Vortrag. Leipzig: Kesselring.

Die unglückliche Profession
Blicke in die Schulmännerliteratur

Michael Kämper-van den Boogaart

Dieser Beitrag reiht sich in die literatur- und kulturwissenschaftlichen Betrachtungen eines Korpus literarischer „Schultexte" ein, das Luserke 1999 in seinem kleinen Band „Schule erzählt" für noch zu entdecken erklärte (Luserke 1999, S. 5), obschon Mix' Monographie „Die Schulen der Nation" bereits 1995 wesentliche Akzente gesetzt hatte (Mix 1995). So gilt das Augenmerk seitdem vornehmlich dem bildungskritischen Diskurs, der sich in der Literatur um 1900 ausprägt und der durch Autoren wie Hermann Hesse, Heinrich und Thomas Mann, Rainer Maria Rilke, Robert Musil oder Alfred Döblin sehr prominent besetzt ist. Diese Autoren finden sich auch in marktgängigen Anthologien wieder (vgl. Michels 1972, Quak 2007).

Die umfangreiche Studie „Überbürdung – Subversion – Ermächtigung" beansprucht 2013, das von Luserke skizzierte Korpus „erstmals systematisch aus einer diskurs- und wissensgeschichtlichen Perspektive" zu erschließen (Whittaker 2013, Klappentext). Dieser Anspruch ist ein wenig heikel. Whittaker nämlich erweckt den Eindruck, als konzentriere sich das „richtige" Textkorpus auf die Zeit zwischen 1880 und 1918. Dem ist nicht unbedingt zu widersprechen, sofern man einzuräumen bereit ist, dass literarische Reflexionen eines Überbürdungsdiskurses und die Perspektive auf die vom System lädierten Schüler konstitutiv sind. Doch auch unter dieser Prämisse bleibt Whittakers Zuschnitt problematisch: namentlich die Exklusion „komischer Behandlungen des Gegenstands" leuchtet nur in dem Maße ein, wie die Behauptung trägt, dass das Komische mit anthropologischen Konstanten und figuralen Stereotypen operiere, während das schließlich gewählte Korpus eine „problematisierende Haltung" einnehme (Whittaker 2013, S. 32f.).[1] In jedem Fall sähe eine Korpuskonstitution anders aus, legte man den Fokus nicht allein auf die Schülerleiden, sondern bezöge stärker die Gestaltung von Lehrerschicksalen

---

1 In dieser Hinsicht halte ich die Einbeziehung der Arbeiten Robert Walsers für eher verfehlt.

© Springer Fachmedien Wiesbaden GmbH, ein Teil von Springer Nature 2019
K. Berdelmann et al. (Hrsg.), *Transformationen von Schule, Unterricht und Profession*, https://doi.org/10.1007/978-3-658-21928-4_8

ein, so die Anthologie Diwischs (Diwisch 1969) oder die erstmals 1941 erschienene Betrachtung Lehmanns (Lehmann 1955), zu der jüngst eine Untersuchung zur neuesten Lehrerliteratur hinzugetreten ist (Emeis 2017). Diese Fokussierung kann allerdings einen sehr weit gespannten Korpusrahmen motivieren, zumal wenn man jede Fiktion, die eine Lehrerfigur aufweist, integrierte. Grenzziehungen fallen hier nicht leicht: Gehörte Martin Walsers Novelle „Ein fliehendes Pferd" (1978) dazu, weil eine Zentralfigur Lehrer (im Urlaub) ist? Wie entscheidend ist es, dass Jurek Beckers Protagonist in „Schlaflose Tage" (1978) als Lehrer entlassen wird oder dass es in Anna Katharina Hahns Roman „Am Schwarzen Berg" (2012) ein Deutschlehrer ist, der kurz vor der Pensionierung steht? Ich möchte, zumal in diesem kleinen Beitrag, solche Fragen nicht entscheiden, sondern konzentriere mich auf wenige Texte, in denen das Unterrichten selbst eine herausragende und wenig beglückende Rolle spielt. Wesentlich handelt es sich zudem um literarische Arbeiten, deren Autor*innen als Lehrkräfte tätig waren.

1   Die Schule „doktern"

Mein erstes Beispiel bildet Jeremias Gotthelfs zweibändiger Roman „Leiden und Freuden eines Schulmeisters", der 1838 bzw. 1839 in seiner ersten Fassung erschien. Gotthelf (bzw. Sigmund Frdr. Bitzius, 1757–1824) wirkte seit 1818 für eineinhalb Jahre als Vertretungslehrer an einem Berner Progymnasium, unterrichtete dann immer wieder als Vikar in der Schule, engagierte sich zwischen 1835 und 1845 – in schulpolitisch unruhigen Zeiten – als Schulkommissär des Kommissariatskreises Lützelflüh und unterrichtete 1834 bis 1836 als Lehrerbildner Schweizer Geschichte (Mahlmann-Bauer et al. 2009). Die pädagogischen und schulpolitischen Konflikte kannte Gotthelf mithin aus erster Hand, sodass er hier virulente Positionen in den Roman einmontieren konnte, wie Hofer (2014) unlängst auf der Basis der Quellen zeigen konnte. In Abhandlungen zur Lehrer- und Schulliteratur wird Gotthelfs Roman zumeist in sozialgeschichtlicher Perspektive rezipiert (Weber 1999, S. 347ff.), da im Roman die bittere Armut des Ich-Erzählers und Dorfschulmeisters Peter Käser eindrucksvoll beschrieben wird. Darin geht die Not des fiktiven Lehrers allerdings nicht völlig auf. Neben der materiellen Pein (und damit laufbahnstrategisch verbunden) bekümmern Käser nämlich immer wieder die Zweifel an seiner Kompetenz. Dabei spielt nicht zuletzt der Konflikt zwischen dem in Ausbildung unverständig Angelernten – der neuesten „Wissenschaft" – und der Funktion eine Rolle, die diesem Angelernten oder Vorgeschriebenen im Praxiswissen der Lehrkraft zukommt. Unglück stiftet dies bei Gotthelf aus doppeltem Grund: Der herrschenden Unterrichtsmethodik folgend, kommt dem Auswendiglernen seitens der Lehrernovizen große Bedeutung zu. Hierbei und bei den zu trainierenden Prozeduren des Konstruierens geht es kaum um Textverständnisse. Wie der Unterricht zu wenig, so Käser, die Sprache und den kognitiven Entwicklungsstand der Jungen adressiert, gehen auch die Instruktionen der Lehrerbildner an den jungen Erwachsenen derart vorbei, dass die Junglehrer im Beruf an die Erinnerungen an die eigene Schülerzeit[2] anknüpfen müssen:

> „Die Sprachlehre wurde diktirt, und wer nicht nach kam, schrieb aus dem Buche nach oder aus den Heften der Anderen, wenn er Geschriebenes lesen konnte. Ich weiß nicht mehr recht, was sie enthielt; denn die Hefte las ich nie mehr nach und ich kann jetzt auch sie nicht mehr nachsehen; denn ich habe sie verloren. So viel ich mich erinnere, kam darin von den Sprachzeichen vor, und die Namen aller Wörter wurden angegeben; wenn ich nicht irre, waren die Wörter eingetheilt in vierundzwanzig Klassen. Dann von den Redefällen und den verschiedenen Zeiten. Weiter weiß ich nichts mehr, und ich glaube nicht, daß sie mehr enthielt. Das Construiren war die Hauptsache; man übte es in der Kinderbibel (Gotthelf 2017, Bd. 1, S. 203).[3]

Welchen Bildungswert das Konstruieren haben soll, bleibt dem Lehrer wie den Schülern unklar. Man macht es, weil man glaubt, es machen zu müssen. Ohne auf Vorstellungen vom Gelesenen einzugehen, wird im Abfrageduktus[4] auf die Identifikation der Wortarten gedrungen:

---

2   Die konservative Orientierung an der eigenen Schülererfahrung wird etwa in der folgenden Passage deutlich: „Ich kannte das Schulhalten von Jugend auf gar wohl, und daß man auf menger Gattig Schule halten könne, wußte ich auch, d. h. ich wußte, ein Schulmeister könne fleißig oder faul, zornig oder gut sein, exakt oder nachlässig: aber daß man andere Dinge treiben oder die gewohnten Dinge nach einer andern Methode treiben könne, daß wußte ich nicht. Ich hatte freilich construiren gelernt und Figuralmusik; aber Niemand hatte mir gesagt, daß das in die Schule eingeführt werden müsse. Ich hatte geglaubt, das müsse einer wissen, wenn er Schulmeister sein wolle, so gut wie der Pfarrer hebräisch können sollte, ohne es jedoch die Andern auch lehren zu müssen" (Gotthelf 2017, Bd. 1, S. 262).

3   Der Roman wird hier in der Fassung von 1838 zitiert nach der Historisch-kritischen Gesamtausgabe (Gotthelf 2017).

4   Zum Abfrageduktus in Ausbildung und Unterricht und der damit verbundenen Tradierung des Nichtwissens vgl. die hübsche Anekdote: „Da fiel mein fürwitziger Pfarrer wieder ein, als ich am schönsten im Zuge war, und fragte: Kinder, ihr habt da von Cedern geredet, was ist das für ein Ding? Große Stille. Ists ein Mensch, oder ein Thier? Ein Thier, sagte endlich eins. Ist es ein vierfüßig oder ein kriechend Thier? Ein vierfüßiges, war die Antwort. Ein Ochs oder ein Esel? Ein Esel. – Nein«, sagte der Pfarrer, die Cedern sind Bäume. Aber sagt mir nun, was bedeutet das Wort Libanon, ist das auch ein Baum oder ists ein Vogel? Es ist auch ein Baum, sagten mehrere, Ists eine Tanne oder ein

Der Lehrer machte aufmerksam, daß von einem Punkt zum andern wenigstens ein Zeitwort sei, d. h. ein Wort, welches angebe in welcher Zeit etwas geschehen sei. Manchmal seien auch mehrere; aber man sehe es dem immer an, welches das Hauptzeitwort sei. Dieses Wort nun müsse man vor allem Andern suchen. Er ließ einen Satz lesen, oder, wie er sagte, bis zu einem Punkt. Dann fragte er nach dem Zeitworte. Oft errieth die ganze Reihe Schüler alle Wortklassen durch ehe sie das Rechte trafen. Hatte man dieses einmal, so wurde weiter gefragt: wer? wessen? wem? wen? was? von wem? wann? wie? wo? und wie die W alle heißen. Wenn man alle Wörter abgefragt hatte, so war man mit dem Satz fertig. Gewöhnlich wurde noch auf die Hauptwörter aufmerksam gemacht, die man an den großen Anfangsbuchstaben kennen lernte; um die andern Wörterklassen bekümmerte man sich weniger. Der Sinn der Worte [...] wurde nie erklärt. So geschah es z. B. daß bei dem Vorexamen der Schulcommissär naseweis fragte: Was das Wort Palästina bedeute. Schnell flüsterte unser Lehrer dem Gefragten zu: Eine Stadt im jüdischen Lande. Er wußte also wohl, warum er sich nicht tiefer ins Erklären einließ (Gotthelf 2017, Bd. 1, S. 202/204).

Der Unterricht in der Sprachlehre wird noch dadurch erschwert, dass die Sprachlehren in der ersten Hälfte des 19. Jahrhunderts aus dem Boden sprießen – und sehr häufig mit neuer Terminologie. So werden Zeit- zu Zustandswörtern, wie im Falle dieser skurrilen Unterrichtssequenz zu sehen:

„Du, wenn ich sage, der Vogel fliegt, kannst du mir dann sagen, worin ist der Vogel?« Der Knabe besann sich, endlich sagte er: »In der Luft.« »Nein, der Vogel ist nicht in der Luft; worin ist er? Chast du mr's säge? U, du? Er ist im-e-ne Zu... Zust... Zusta..., er ist ja im-e-ne Zustand, in einem Zustande ist der Vogel, wenn er fliegt, sagt man. Also fliegt ist ein Zustandswort, weil es den Zustand ausdrückt, in welchem etwas ist." (Gotthelf 2017, Bd. 2, S. 1018).

Gotthelfs fiktiver Autor Käser spricht von „Doktern", wenn es um Reformen des Unterrichts geht, deren Umsetzung von den verunsicherten Lehrern erwartet wird. Derartige Appelle gehen nicht nur von den jeweiligen Schuladministrationen aus,

---

Pflaumenbaum? Es ist ein Pflaumenbaum, war das Resultat langen Nachsinnens. Der Pfarrer schmälte die Kinder, daß sie das nicht wüßten. Du mein Gott, was vermochten sich die Kinder dessen, ich hatte es ihnen ja nie gesagt! [...] Freilich sagte mir am Ende der Pfarrer: er sei gar wohl mit mir zufrieden gewesen, ich habe mir Mühe gegeben und habe Rath angenommen, und wenn ich mir wolle gesagt sein lassen, daß man auch erklären müsse und nicht nur construiren, so werde alles gut kommen. Aber wie kann man etwas erklären, das man selbst nicht weiß, das einem Niemand gesagt hatte? Mein Normallehrer, der nicht wußte, was Palästina war, der hatte mir auch nichts von Cedern und Libanon gesagt, und was er mir noch alles anderes nicht gesagt hatte, das würden alle Bücher der Welt kaum fassen" (Gotthelf 2017, Bd. 2, S. 544/546).

sondern werden auch von der Kritik an der Verwissenschaftlichung des Elementarunterrichts seitens des kritischen Pfarrers[5] transportiert:

> Zuletzt werden die Kinder vor lauter Gelehrsamkeit gar nichts mehr können, vor lauter z. B. Sprachlehre keinen Brief mehr schreiben. Die fangt man an mit der gleichen Unvernunft zu treiben, wie sonst das Fragenbuch. Ja, noch viel unverständlicher sind den Kindern viele sogenannte Definitionen in der Sprachlehre, als die Fragen. Die Herren, die solche Sprachlehren schreiben, denken halt nur an sich und nicht an die Kinder, für die sie zu schreiben vorgeben (Gotthelf 2017, Bd. 2, S. 1050).

Peter Käser schenkt seine Berichte – die beiden Bände des Romans – dem Direktor des bernerischen Schullehrerseminars, um den Erfahrungsschatz des Lehrerbildners zu erweitern (Bd. 1. Zueignung). Was nun machen seine Erfahrungen wesentlich aus? Neben der keineswegs zu vernachlässigenden Feststellung, dass die Konzentration auf den Unterricht die Abwesenheit substantieller materieller Sorgen zur Voraussetzung hat, werden von ihm grundsätzliche Schwächen der Lehrkräftebildung thematisiert. Neben uneffektiven Vermittlungsmethoden besteht deren Desideratum darin, dass sie das von ihr vermittelte curriculare Wissen nicht pädagogisch situiert. Weder ist der elementare Bildungssinn des deklarativen Wissens zu fassen, noch sind die prozeduralen Wissensanforderungen an die Zöglinge auf die pädagogischen Entwicklungserwartungen bezogen. Einmal im Amt, mangelt es dem Schullehrer nicht an Vorgaben, Ratschlägen und Forderungen. Wie aber diese sich widerstreitenden Impulse in ein lokales Curriculum zu überführen sind, bleibt weitgehend seinem Geschick überlassen. Dies scheint eine bis heute vertraute Problembeschreibung zu sein, die in der Klage kulminiert, dass „die da oben" die eigentlich schwierigste Aufgabe den Praktikern überlassen (Kämper-van den Boogaart 2014, S. 43f.). Sehr aktuell mutet in diesem Kontext auch ein zweiter Aspekt an. Angesichts von Klagen über die allgemeine Unterrichtsqualität schreitet Käsers Staat zu Reformmaßnahmen, zu denen auch eine Kombination von Fortbildungen und Anreizen gehört. Im Zentrum steht dann, was wir heute Evaluation nennten: die „Taxation" mit ihren pekuniären Weichenstellungen und mithin motivationalen Wirkungen:

> Da kam mitten in das wieder recht munter werdende Schulleben die Taxation jedes einzelnen Schulmeisters heraus, gestützt auf das im Februar erlassene Gesetz. Das wirkte fast auf das gesamte Schulleben wie ein Schlagfluß, wenigstens in dem untern Lande; es war wie ein Reif, der über tausend schöne Blüthen ging; es war wie ein Kübel kaltes Wasser in aufglimmendes Feuer (Gotthelf 2017, Bd. 2, S. 1058).

---

5 Nicht nur an dieser Stelle artikuliert sich eine Kritik, die jener Jakob Grimms oder Rudolf Hildebrands zu korrespondieren scheint. Vgl. Matthias 1907, S. 256ff.; Kämper-van den Boogaart 2017.

2   „Das große Räthsel der Disciplin"

1891 erschien eine Sammlung von Novellen unter dem Titel „Das Gymnasium
zu Stolpenburg". Allesamt spielen sie im Milieu der Gymnasialphilologen einer
Lehranstalt in der Kleinstadt Stolpenburg, so der fiktionalisierte Name der ost-
pommerschen Kleinstadt Stolp (heute: Słupsk), die knapp 20 Kilometer südlich der
Ostseeküste gelegen ist. Für diese Identifikation spricht die Vita des Autors, Hans
Hoffmann (1848–1909), der zwischen 1873 und 1875 seine Probezeit als Lehrer in
Stolp absolvierte. Das Stolpenburger Gymnasium fungiert auch in weiteren Arbeiten Hoffmanns als Handlungsort, in der langen Novelle „Ruhm", die ebenfalls
1891 erschien, und in dem Roman „Iwan der Schreckliche und sein Hund" (1889).

Der in Stettin geborene Pfarrerssohn gab bereits 1879, mittlerweile in Berlin,
seine Schulkarriere auf, um sich als freier Schriftsteller auf dem Zeitschriften- und
Buchmarkt zu versuchen. Tatsächlich gelangen ihm einige Erfolge, darunter auch
der genannte Novellenband. Seine Versuche als freier Autor gab er indes bereits 1901
auf, bevor er 1902 zum Generalsekretär der Deutschen Schillerstiftung in Weimar
berufen wurde. Dass dem Schriftsteller Hoffmann Nachruhm zuteilwurde, wird man
keineswegs sagen können. Die bis 1930 in 25 Auflagen weitverbreitete „Deutsche
Literaturgeschichte" des Gymnasiallehrers und Didaktikers Alfred Biese geht zwar
noch umfänglicher auf Hoffmann ein, rühmt seine Novellenkunst, moniert aber die
mangelnde Kohäsion der Romane und – auch gelegentlich der Stolpenburg-Texte
den Umstand, dass sich „der Dichter [...] nicht frei von Übertreibungen" halte
(Biese 1909, S. 487). Die „Neue Deutsche Biographie" lobt 1972 sehr moderat seine
frühen Novellen, um ihn – typisch Novellenautor – als gescheiterten Romanautor
zu kennzeichnen. Die infrage stehenden Novellen werden vom Biographen als
„launige Erinnerungen an seine eigenen Lehrerjahre" verbucht und das Gesamt-
urteil konzentriert sich in der Feststellung: „In der Gesamtheit seines Schaffens
erweist sich H. als Nachfolger der großen Talente des poetischen Realismus, reicht
aber trotz zahlreicher Parallelen auch in seinen besten Werken nicht an sie heran"
(Schulz 1972, S. 419f.) In Peter Sprengels bedeutender „Geschichte der deutschen
Literatur 1870–1900" von 1998 taucht Hoffmanns Name auf 825 Seiten nicht auf.
Seine Werke sind 2017 zwar unvollständig online einsehbar, darunter auch der Band
„Das Gymnasium zu Stolpenburg", von dem 1995 eine von Roswitha Wisniewski
herausgegebene Neuauflage im Druck erschien, vom Buchmarkt aber ansonsten
verschwunden, sieht man von Printausgaben digitalisierter Online-Texte ab.

Der Novellenband, von Hoffmanns Biographen Ladendorf (1908, S. 167) als
„das klassische Buch vom deutschen Gymnasiallehrerstand" gerühmt, enthält fünf
kompakte Erzähltexte, die thematisch verbindet, dass ihre Protagonisten allesamt
an dem den Titel spendenden Gymnasium ein philologisches Lehramt bekleiden.

Trotz des identischen Schauplatzes wird man nicht sagen können, dass der Lokalität eine besondere Bedeutung zukommt; die Protagonisten sind zudem trotz aller professionellen Deformationen als Individuen gestaltet. Um in diesem Beitrag wenigstens eine detailliertere Lektüre bieten zu können, gelten meine Betrachtungen der kürzesten, den Band beschließenden Novelle, die „Erfüllter Beruf" betitelt ist. Die Novelle setzt mit einer Charakterisierung ein, die einerseits Wesentliches vorwegzunehmen scheint, die andererseits aber, wie sich dem Leser zeigen wird, hinreichenden Raum lässt, um im Fortgang das Dilemma des Protagonisten als eines seiner Profession zu entwickeln:

> Der alte Röber vom Stolpenburger Gymnasium war nun endlich am Ziel seiner Sehnsucht, in den Ruhestand treten zu können; er war des Lehrens müde, unsäglich müde. Fünfundvierzig Jahre lang hatte er sein Amt mit dauernder Treue und endloser Qual verwaltet. Denn, um es sogleich und gerade heraus zu sagen, er war kein Pädagoge von Gottes Gnaden; er hatte es niemals verstanden, die wilden Gemüther der Jugend zu zügeln, zu leiten, seinem Geist und Willen zu unterwerfen (Hoffmann 1995, S. 166).

Bereits die humorige Eröffnung enthält satirische Signale, die im Fortgang der Narration perpetuiert und differenziert werden und die gleichsam dazu angetan sind, die Erzählinstanz in einer bestimmten Weise zu lokalisieren. Hinter dem anekdotisch-auktorialen Habitus des Erzählers zeigt sich nämlich eine Perspektive auf die erzählte Lehrerwelt, die – in latent entlarvender Manier – der Sichtweise institutionell etablierter Normen folgt. Dass Röber sein Lehramt zeit seines Berufslebens nur verwaltet habe – und dies unter steter Qual – wird im zweiten Satz sehr lakonisch („um es sogleich [...] zu sagen") mit seiner fehlenden pädagogischen Disposition begründet. Wie das Fehlende markiert wird, gibt im Duktus fiktiver Normalität Aufschlüsse über die normativen Richtigkeitsvorstellungen der Erzählinstanz. Bereits die Wendung „von Gottes Gnaden" signalisiert weniger pädagogische Professionalisierung als eine voraufklärerisch königliche Machtzuschreibung. Dem folgt die empirische Begründung, indem sie rechte Pädagogik als persönliche Unterwerfung betrachtet. Das damit eingeführte Manko des unpädagogischen Pädagogen, der sich nicht auf Disziplinierung versteht, wird zwar lakonisch als Misere des Protagonisten in die Novelle eingeführt, aber umgehend auch als „eigenthümlich" (Hoffmann 1995, S. 167) interessant gemacht. Dies gelingt durch die Kennzeichnung der institutionellen Antipoden, die eher moderat ausfällt. Zwar werden die permanenten Unterrichtsstörungen der Schüler durch den Erzähler anschaulich aufgelistet, dies aber mit ironischer Sympathie, wenn vom „hübschen kleinen Zwischenfall" und von „jungen Seelen" die Rede ist, um die Feststellung zu fundieren, dass es „durchaus nicht anzunehmen" sei, dass bei den Unterrichtsstörern „eine grundbösliche Absicht" obwalte, etwa jene, Röber zur

Strecke zu bringen. Als Mensch schätzten sie ihn vielmehr und bedauerten ihre reflexhaften Aktivitäten, sie könnten indes nicht anders (Hoffmann 1995, S. 167). Erst recht wird Röber als Sympathieträger skizziert: gut und liebevoll nennt ihn der Erzähler, beredsam überdies, mit eloquentem Witz und feiner philologischer Bildung, die sich in kleinen Studien niederschlage (Hoffmann 1995, S. 166). Da nun die Anlagen beider Parteien eigentlich keinen stabilen Misserfolg erwarten lassen, haben die Novelle und ihr Personal ein erstes Rätsel. Woran liegt es, dass beim Philologen Röber die pädagogische Erfüllung durchweg ausbleibt? Die Kollegen wissen es nicht, vielmehr herrscht im Kollegium ein Gerangel widersprüchlicher Individualdiagnosen, und Röber selbst kennt das Geheimnis natürlich auch nicht. Einer scheint es zu wissen, der passenderweise Schulrat ist: „[…] ihm fehlt die Kunst der Selbstdarstellung; er versteht sich keine Würde zu geben" (Hoffmann 1995, S. 168). Das ist tiefsinnig formuliert, doch nicht leicht zu interpretieren. Deshalb lässt Hoffmann seinen Erzähler die persönliche Essenz des schulrätlichen Urteils kommentieren. Was Röber seit Beginn seiner Laufbahn mangele, sei die Fähigkeit, „hoch auf Hacken zu wandeln" und Überlegenheit zu repräsentieren. Stattdessen negiere er die Asymmetrie zwischen Lehrer und Schüler und suche in der Kommunikation Gleichheit und Gleichwertigkeit. Der Verzicht auf die beflissene Zurschaustellung von Autorität entzöge, so müssen wir den Erzähler verstehen, Röbers direktiven Sprechakten die soziale Grundlage. Indem er sich in der institutionell gebotenen Rolle zurücknehme, den autoritären Habitus verweigere, würde ihm nicht als Autorität begegnet. Diese Diagnose scheint an einschlägig reaktionäre Praxisempfehlungen zu erinnern, wie an jene, dass man den Schülern zeigen müsse, wer Herr im Haus sei. Wie wir sehen werden, geht die Novelle allerdings nicht in reaktionärer Rezeptologie auf. Dies bedeutet allerdings nicht, dass im Rahmen der Fiktion nicht nach Rezepten gesucht wird. Der Erzähler spricht in diesem Zusammenhang, passend genug, von Methoden, die sich Röber während seiner Dienstzeit anzueignen versucht und ausprobiert habe. Am Ende seiner Zeit am Gymnasium Stolpenburg seien es in den 45 Dienstjahren derer neunzig gewesen, die ihn aus seiner pädagogischen Misere befreien sollten. Zum rationalen Verhalten, die probaten Mittel für seine Zwecke zu suchen, gehört auch, dass Röber die Altershierarchien im Kollegium missachtet und selbst jüngere Kollegen methodisch konsultiert. Indes, alles fruchtet nicht, die vielen Niederlagen fordern ihren somatischen Preis, bis Röber mit siebzig Jahren endlich in Pension gehen kann. Der letzte Tag zeigt den vom Erzähler beschworenen Unwillen zur Repräsentanz, sodass Röber überlistet werden muss, um Mittelpunkt einer kleinen kollegialen Feier werden zu können. Dort erhält der Historiker ironischerweise Raumers (vierbändige) „Geschichte der Pädagogik" im Prachteinband. Derart adressiert, hält Röber selbst eine kleine Ansprache, in der er von seiner „Sehnsucht nach Ruhe" und – in Pädagogenmetaphorik – von seiner trotz allen Fleißes nicht gediehenen Ernte spricht. Mit Blick auf die Wirkung dieses Auftritts spricht der Erzähler nun von einer „furchtsame[n] Würde", die der Alte wider Willen ausgestrahlt habe – und diese Ausstrahlung ergreift nicht nur die Gratulanten, sondern sie löst auch eine mehrfach bedeutsame Entwicklung aus. Für den Handlungsverlauf wichtig ist dabei, dass sich der Direktor genötigt sieht, in die Tertia zu eilen, in der Röber seine letzte Unterrichtsstunde hält. Hier stößt der von den Tertianern gefürchtete – also wirkungsvolle – Schulleiter „grauenvolle Drohungen" aus, um die Schüler zu einer disziplinierten Unterrichtshaltung für Röbers Abschiedsstunde zu bringen. Diese Direktiva funktionieren und evozieren auf der Handlungsebene eine an Heyse geschulte Wende, wie wir sehen werden. Für den pädagogischen Diskurs ist indessen aufschlussreich, was die psychische Ressource der Machtworte ist. Wie uns der Erzähler aufklärt, dreht es sich beim Direktor um einen Entladungsmechanismus („gleich einer elektrischen Entladung"), der pathologisch anmutet. Was sich in einem wirkungsvollen „Wutanfall" artikuliert, ist die Reaktion auf empfundene Rührung bzw. auf „jede zartere Seelenanregung" (Hoffmann 1995, S. 174). Wirkung entsteht hier demnach aus einer doppelten Schwäche: der Rührung angesichts der Worte Röbers und der Unfähigkeit, diese Empfindung zuzulassen. Dies wiederum können wir als ironischen Kommentar zu dem vordergründig als Pädagogik empfohlenen autoritären Lehrerhabitus aufnehmen, ein Kommentar, der sich auf der Ebene der Handlungsdarbietung im zweiten Teil der Novelle wiederholen wird.[6] Für Röber ergibt sich durch des Direktors Intervention nun ausgerechnet in der letzten Unterrichtsstunde ein ganz neues Problem. Er tritt vor eine stillgestellte Klasse, die das institutionelle Machtgefälle physisch akzeptiert. Diese unverhoffte Konstellation kann er nur als „Stille vor dem Sturm", als Vorspiel einer finalen Eskalation interpretieren. Mit dieser Interpretation wird auch das tugendhafte Schülerverhalten zum terrorisierenden Akt, den Röber nicht zu ertragen vermag. Er gibt den Frontalunterricht auf und erteilt der Klasse für den Rest der Stunde den

---

6   Ähnliche Mechanismen zeigen sich auch im Roman „Iwan der Schreckliche und sein Hund", in dem pädagogische Probleme nur eine katalysatorische Rolle spielen. Der neue Mathematiklehrer Dr. Gotthold Belling wird durch die Fehlinterpretation seiner Physiognomie seitens seiner Tertianer zum Furcht auslösenden „Iwan der Schreckliche". Während sein Furcht auslösender Gesichts- und Körperausdruck eigentlich nur die somatische Reaktion seiner tatsächlichen Unsicherheit ist, gilt er wegen seiner disziplinierenden Ausstrahlung im Umfeld des Gymnasiums von Stolpenburg als pädagogisches Großtalent, dem eine Karriere als Schulrat gewiss zu sein scheint. Belling verliert seinen Nimbus, als er in der Folge außerschulischer Aktivitäten von Eingeweihten als gar nicht so übel denunziert wird. Dass er bei einer leichten Unterrichtsstörung nicht im Affekt handelt, sondern nachdenkt, kostet ihn seine pädagogische Macht: „Diese versäumten Sekunden bedeuteten die Entthronung Iwans des Schrecklichen" (Hoffmann o. J., S. 114).

Auftrag zur Selbstbeschäftigung – ein Impuls, der zum beruhigenden Chaos einer „Völkerschlacht" führt und Röber in die vertraute Rolle versetzt:

> Der alte Röber aber saß nun ruhevoll und blickte unerschüttert hinein in das wallende Chaos wie ein greiser Schiffer, der, von der letzten Fahrt heimkehrend, seine Brigg durch die gewohnte Brandung gelassen in den Hafen steuert (Hoffmann 1995, S. 175).

Mit diesem Erzählerkommentar hätte die Novelle einen Abschluss finden können. Indessen ist Hoffmann auf mehr aus. Sein Röber ist zwar von seinem Beruf gebrochen, doch hat der Erzähler ihn vorsorglich immer wieder als Stehaufmännchen porträtiert, der bei aller Tristesse die Hoffnung auf probate Praktiken nicht fallen lässt. So wird der ersehnte Ruhestand mit historischer Forschung auf dem Lande dann doch unruhig, da für Röber, anders als für den Leser, die letzte Unterrichtsstunde in ihrer disziplinierten Anfangsphase ein Rätsel bleibt. Sollte es doch so gewesen sein, dass er ganz zum Schluss die richtige Methode, Unterricht zu halten, gefunden hat? Hätte er einen letzten Erfolg erzielen können, wenn er bis zum Stundenende Unterricht gehalten hätte? Aus seiner Perspektive sind solche Fragen verständlich und ebenso das Unbehagen, nicht genau zu wissen, worin die disziplinierende Methode bestanden hat, dieses „selbstbewußte[n] Hinschreiten oder wie es zu benennen war", „dieses ungewisse Etwas". Um dem Rätsel näher zu kommen, forciert er seinen die Hierarchie auf den Kopf stellenden Wissenstransfer. Da der ländliche Pensionssitz kein Gymnasium in der näheren Umgebung aufweist, studiert der Gymnasiallehrer den Unterricht des alten Schulmeisters der Dorfschule und bestaunt immer wieder „das große Räthsel der Disciplin", dessen Lösung ihm in der Mimik des Schulmeisterns zu liegen scheint:

> Seine Lehrweise und seine Manieren aber bestärkten den alten Röber nun ganz in der Sicherheit, daß er selbst an seinem letzten Tage wirklich die richtige Methode entdeckt habe: denn wahrhaftig, die Haltung, welche dies kümmerliche Huhn von einem Dorfschulmeister sich vor den Schülern zu geben verstand, war in ihrer Art ein mimisches und plastisches Meisterstück. Hoch aufgereckt pflegte er dazustehen, freudigen Trotzes, von Würde gesättigt: das Standbein starr, lothrecht, mächtig wider den Boden gestemmt, das Spielbein steif vorgestreckt, die rechte Hand breit in den Busen geschoben, die linke ruhig, sieghaft sich hebend, als zaudere sie sorglos nur noch einen letzten Augenblick, den Dreizack zu zucken oder die Aegis zu schütteln. Es ist wahr, überkluge Leute hätten leichtlich witzeln und lachen können über die eigenartige Erhabenheit dieser Schaustellung; allein sie wirkte wie jedes Pathos mit unfehlbarer Sicherheit: große und kleine Kinder glauben, schweigen und bewundern (Hoffmann 1995, S. 178).

Die Beschreibung des unterrichtenden Dorfschulmeisters spricht nicht zufällig von einem plastischen Stück. Tatsächlich erinnert die Darstellung an visuelle

Eindrücke, wie sie heroische Denkmäler klassizistischen Gepräges (Dreizack und Aegis) vermitteln. Die Diskrepanz zwischen der Person des sehr mäßig gebildeten Lehrers, als Huhn belächelt, und dem Arrangement seiner Positur, „von Würde gesättigt", so der ironische Erzähler, evoziert Komik, sofern ein Betrachter Person und „Schaustellung" zu kontrastieren vermag. Für jene, die auf die Wahrnehmung der lebendigen Plastik angewiesen sind, da sie deren intellektuellen Kern nicht zu taxieren wissen, bleibt die Disziplinierung auslösende pädagogische Wirkung ohne Irritation. Mithin wiederholt sich, was beim Auftritt des Gymnasialdirektors vor der Tertia zu registrieren war. Nicht unverständlich ist, dass der hospitierende Pensionär das Gesehene als Methode in actu auffasst. Die Applikation der Methode einer solchen Schaustellung und damit ihr Praxistest bleiben ihm indes verwehrt, bis er selbst entgeltfrei an die Stelle des erkrankten Dorflehrers tritt. Der nun erfolgende Praxistest allerdings führt nicht zum gewünschten Ergebnis, obgleich die performative Darstellung von Würde und Herrschaft dem Körper Röbers zu gelingen scheint: „ein wenig lächerlich sich selber zwar, doch sicher seines Eindrucks" (Hoffmann 1995, S. 179). Die Kinder lassen sich nicht vom autoritativen Gestus zur Disziplin bringen. Auch die unakademischen Einsätze der Birkenzweige fruchten nicht. Doch wie es mit Lehrmethoden so ist: Ihre Wirksamkeit setzt virtuose Beherrschung voraus, so das Kalkül des zäh hoffenden Lehrergreises. Dass es indes nicht um Methoden geht, enthüllt sich dem Lernenden erst durch einen Zufall. Im Gespräch mit dem kranken Dorflehrer macht Röber eine „Entdeckung", die zur Basis einer desillusionierenden „Erkenntnis" wird: Der „Dorfprophet" ist als Person ganz durchdrungen von der Überzeugung seiner eigenen Würde, was er performativ verkörpert, empfindet er in vollem Umfang und mit borniertem Stolz.

> Da ging ihm plötzlich eine neue Wahrheit auf: man muß selbst von Herzen glauben an seine Würde und Höhe – dann erst glauben daran auch die Anderen; nur der vermag die Menschen zu täuschen, der zuvor sich selber täuscht! Halte Du Dich für einen Propheten und Du bist einer; zweifle an Dir, und kein Zeichen noch Wunder wird Dir helfen; nicht einmal gläubige Kinder wird Deine Predigt finden. Diese Erkenntniß warf ihn darnieder: dies Eine war ihm in der Welt das Unmöglichste, sich selbst für etwas Sonderliches zu halten. Die Kunst verstand er nicht, sein eigenes Bild mit einem Strahlenschein sich zu verklären (Hoffmann 1995, S. 181).

Damit ist die entscheidende Lektion gelehrt. Nicht um Methoden geht es, sondern um ein inkorporiert positives Selbstbild, um einen intellektuell unsäglichen Habitus. Nicht Rollendistanz, nicht zweckrationaler Einsatz von Technik sind gefragt, sondern Rollenidentifikation, so kontrafaktisch sie auch, siehe das Huhn, ausfällt. Für den Historiker Röber ist damit evident, dass er seinen Lehrerberuf niemals wird erfüllen können. Konstituiert sich Wissenschaft über das Bewusstsein von der

Limitation präsenten Wissens, über den Zweifel und eine realistische Situierung der Person, verdankt sich der „Pädagoge von Gottes Gnaden" einer bedenkenlosen Hybris, die, von außen durchschaut, zutiefst naiv, banal und lächerlich erscheint. Damit ist das Spiel des pädagogischen Diskurses für Röber zu einem unglücklichen Ende gelangt. Doch der Autor gönnt seinem Leser noch eine weitere, nun aber finale Wende. Röber, der Hoffnung entledigt, gleichwohl pflichtversessen, wird endgültig zum physischen Wrack und vom konsultierten Mediziner als moribund erklärt: „Dann haben ihn die Racker todt geärgert" (Hoffmann 1995, S. 182). Dies vernimmt die etwas willkürlich in die Novelle montierte kleine Enkelin des Greises und schilt die Racker vor Unterrichtsbeginn. Durch dieses kleinkindliche Orakel vorbereitet, interpretieren die Dorfschüler die müde Performanz des Greises nun als Zeichen seines unmittelbar bevorstehenden Todes. Erstmals in Röbers Laufbahn stimmen Erscheinung und Wesen derart überein, dass Ehrfurcht ausgelöst wird. Die Ausstrahlung des sterbenden Lehrers wirkt endlich auf seine Schüler:

> Lange, lange Zeit hindurch unterredete sich so der Lehrer stumm mit seinen Schülern, und es ist gewiß, daß sie einander verstanden haben. Der müde Mann hatte seine Methode gefunden (Hoffmann 1995, S. 185).

Ob man „diesen Schluß als versöhnliche Erlösung eines Menschen" begreifen sollte, wie Wisniewski in ihrem instruktiven Nachwort vorschlägt (Hoffmann 1995, S. 205), scheint mir nicht gewiss zu sein. Zwar kommt der Protagonist in der ungewöhnlichen Sterbeszene zur ersehnten Ruhe, doch signalisiert schon die Rede von der final gefundenen Methode, dass dem betulich agierenden Erzähler intellektuell auch hier nicht zu trauen ist. Von einer Methode wird man schließlich nur dann sprechen können, wenn sie verschiedentlich einsetzbar ist; ebendies ist hier besonders wenig der Fall. So bleibt das Dilemma der Profession ungelöst: Fehlt die *illusio*, wirken die Praktiken nicht, stellt sich die disziplinierende Aura eines Schulmannes nicht ein und fehlt den direktiven Sprechakten der soziale Raum.

> Er wußte, daß die Blicke der Knaben ihn umlauerten, daß jede Blöße, die er sich gab, sein Verderben werden konnte. Es waren in diesem Jahr achtzehn Knaben, denen er gegenübergestellt war. Sie saßen zu zweien vor ihm auf den Bänken und sahen ihn an. Er wußte, daß das Verderben so kommen würde. Er mußte sich damit abfinden, grausam zu scheinen. Er wußte, daß er es nicht war. Er verteidigte sein Brot, er kämpfte um jeden Tag Aufschub. Seine Härte war ein Glied des Systems, das Ende zu verzögern. Er mußte Zeit gewinnen. Jeder Tag konnte seine Rettung sein, denn gerade an diesem gewonnenen Tag konnte er, der Lehrer Josef Blau, vielleicht durch Sammlung aller seiner Kräfte die Milderung dessen erzielen, was er verwirkt hatte (Ungar 2012, S. 159).

So setzt ein Roman ein, der deutlich später als Hoffmanns Novellen und später auch als Heinrich Manns berühmter Roman „Professor Unrat" erschienen ist: 1927 „Die Klasse" von Hermann Ungar (1893–1929). Auch Ungars Roman operiert mit der Figur des angstbesetzten Philologen im pädagogischen Brotberuf. Josef Blau hat ein Reservoir höchst labiler Praktiken entwickelt, um seine Schüler in Schach zu halten. Dabei handelt es sich namentlich um rigide choreographische Regeln, die vor allem ausschließen sollen, dass Schüler außerhalb des Blickfeldes des Lehrers agieren. Solche Choreographie ist nur als Abweichung von gängigen Unterricht-spraktiken zu realisieren, über bizarre Wegführungen von der Tür zu dem durch ein Podium erhöhten Pult und über ein Maximum an Statik, das Schülern wie Lehrer einiges abfordert:

> Das Wesentliche war, während der Stunde jeden Augenblick auf das Ziel gesammelt zu sein, die Zucht unter keiner Bedingung wanken zu lassen. Lehrer Blau vermied schon aus diesem Grund das Auf- und Abschreiten in der Klasse, das bei anderen Lehrern in Gewohnheit war. Es durchbrach die Spannung, es verwandelte die Unbewegtheit in Bewegung, es war lösend und löste auf. Es verwischte die Grenze zwischen dem Übergeordneten und der Einheit der Untergeordneten, das System war nicht mehr starr, die Bewegung machte es biegsam. Die beiden Gewichte durften sich auch räum-lich nicht verschieben, ohne das Gleichgewicht zu gefährden (Ungar 2012, S. 162).

Ähnlich der Gottesgnadenpädagogik bei Hoffmann scheint die Herrschaftsausübung für Blau nur als totale möglich zu sein; jede Differenzierung der Polarität zwischen Herrscher und Beherrschten wird als Quell einer das System gefährdenden Unruhe verstanden. Das geht soweit, dass Blau auf die eigentlich einschüchternde Praxis ver-zichtet, Schüler zum Abfragen vor die Klasse zu beordern, da damit die konstitutive Zweiteilung der Ordnung einer Dreiteilung gewichen wäre. Zur steten Polarisierung von Herrscher und Beherrschten trägt ebenso die Maxime bei, die Privatperson des Lehrers möglichst unsichtbar zu machen. Nun gelingt dieses Unterfangen im öffentlichen Raum nur sehr unvollkommen, zudem werfen die Kleider des Königs in Ungars Lehrererzählung noch ein für sie wichtiges weiteres Problem auf. Bei Blau nämlich handelt es sich um einen sozialen Aufsteiger, dessen ökonomisches Kapital schmal ausfällt. Während seine Schüler, aus wohlhabenden Milieus stammend, in kostspielige Matrosenanzüge gehüllt sind, bleibt seine Garderobe in eigener Wahrnehmung trotz bedachter Investitionen prekär und unterminiert die Asym-metrie pädagogischer Herrschaft. Auch hier werden präventiv Verhüllungstricks und Kaschierungstechniken als Methoden implementiert, um sich gegenüber den unterdrückten Knaben durchzusetzen. Doch, und das ist eine der psychologischen Einsichten dieses beunruhigenden Romans, je intensiver mögliche Risiken erspäht werden, um sie sogleich mit Abwehrtechniken hermetisch auszuschließen, desto

paranoider agiert der unglückselige Pädagoge, der in diesem Fall tatsächlich dem
Wahn[7] anheimfällt und blind bleibt für die ethische Diversität der ihm Anvertrauten.
Spielt bei Hoffmanns Novelle die obrigkeitsstaatliche Ordnung des wilhelminischen
Preußens noch eine derart gewichtige Rolle, dass ihr Erzähler die Identität von
Unterrichtspädagogik und Disziplin wie eine Selbstverständlichkeit präsentieren
kann, ist im Roman von 1927 die Lage doch eine andere. Mit dem Lehrer Leopold
wird ein freundlicher Antipode präsentiert, der, von der Lebensreformbewegung
geprägt, auf Natürlichkeit, Spontaneität setzt und so auch in einer Gemeinschaft
mit den Schülern pädagogisch erfolgreich agiert. Allerdings hat auch dieser Erfolg
ein soziales Fundament: Während der Bildungsaufsteiger Blau seine aggressive
Verteidigungspädagogik als Broterwerb verstehen muss und, interessant genug,
auch die andere Seite des Philologen, die Muße antiker Studien, nicht mehr kennt,
ist Leopold, aus besten Kreisen stammend, ein Pädagoge aus dem Herzen oder,
anders gesagt, aus freien Stücken.

3   „abgesunken zum reinen Praktiker"

Meine abschließenden Kommentare gelten einem eigenartigen Text, der als Roman
firmiert, sich aber über weite Strecken wie ein schul- und gegenwartskritisches
Pamphlet liest und keine narrative Gesamtstruktur zu erkennen gibt – eine Konstellation, die sich in der zweiten Texthälfte allerdings zugunsten einer erzählerischen
Entwicklung wendet. Bemerkenswert ist ebenfalls die Publikationsweise des Romans:
Er wird vorwiegend als kindle-Edition über Amazon distribuiert, eine Druckausgabe
ist hier ebenfalls erhältlich. Das Erscheinungsdatum beider Textvarianten lautet
2016, als Autorin wird die 1922 geborene Rose Kleinknecht-Hermann ausgewiesen,
während ihre Tochter Olivia Kleinknecht als Herausgeberin auftritt. Der ungelenke
Titel des Romans stützt die Pamphletimpressionen der Lektüre: „Frust, Revolte
und Normalität" mit dem Untertitel „Die Leiden des Lehrers Wolfgang Fink". In
epitextuellen Erläuterungen wird von der Herausgeberin der erzählte Zeitraum
auf die 1960er und 1970er Jahre bezogen (wobei das Symboljahr 1968 allerdings
im Text als Vergangenheit ausgewiesen ist). In dieser Zeit habe die als Lehrerin
arbeitende Mutter Aufzeichnungen angefertigt, die sie später in den Roman ein-
gearbeitet habe. Entsprechend charakterisiert Schlömerkemper den Band auch in
seinen Literaturempfehlungen für die Zeitschrift „Pädagogik":

---

7   Und dies mehr oder weniger vorübergehend.

In offen und detailreich geschilderten Situationen werden Rollen- und Beziehungs-Probleme in einer Schule der 1960er und 1970er Jahre eindrucksvoll nachvollziehbar. – Manche werden sich als (eifrig verzweifelnde) Lehrende oder als (nicht so eifrig) Lernende wiederfinden können (Schlömerkämper 2017, S. 53).

Im autodiegetisch angelegten Roman ist es die exponierte Subjektivität des Geschichts- und Deutschlehrers Wolfgang Fink, die die Perspektive auf besagte Situationen liefert. Dass es sich hierbei um eine Perspektive lädierter Wahrnehmungen handelt, verdeutlicht die einleitende Selbstcharakterisierung Finks, in der die artikulierte Verletztheit spannungsvoll mit einer Beoachtungssouveränität korrespondiert, die von einem Pathos vermiedener Involviertheit evoziert wird. Aus der Distanz zur sozialen Umwelt resultiert ein sich privilegiert gebender Insider-Blick, der nicht allein die Schwächen des Kollegiums und der Schüler preiszugeben in der Lage zu sein scheint, sondern sich auch gegenüber dem Sprecher schonungslos oder unverblümt gibt:

Ich bin der Alternde, unsportlich, wenig trainiert, der grämliche Alte, der seine unerfüllten Lebenserwartungen, seine Ängste und Enttäuschungen, seine längst verbrauchten Gefühle in seinen Unterricht einfließen lässt und die Schüler mit höhnischen Bemerkungen über ihr Nichtskönnertum, über ihre Faulheit, ihre Disziplinlosigkeit überschüttet, wenn mir danach zumute ist (Kleinknecht-Herrmann 2016, S. 9).

Was dem Leser dergestalt annonciert wird, ist weniger eine Einladung zu sympathisierender Lektüre als vielmehr die Gratifikation einer ungeschönten Innensicht. Der diese liefert, geriert sich eher als Kotzbrocken denn als nüchterner Chronist. Dass man von ihm Überzogenes und Schrilles lesen wird, infiziert die Glaubwürdigkeit des Textes nur bedingt, denn diese Verzerrungen zeugen ihrerseits – im Unterricht wie in der Leseransprache – von Kränkungen, sind also ihrem Wesen nach veritable Zeugnisse der pathogenen Verhältnisse. Dem entspricht im zweiten Romanteil, der mit einer Krise des Arrangements die Bewegung einer Entwicklung bringt, jenes Burnout avant la lettre, das den Helden vorläufig außer Gefecht setzt. Was aber macht die geschilderten Verhältnisse in der Schule derart krankheitserregend? Studiert man die Philippika des Romans, ist man geneigt zu sagen: alles und alle, Schüler, Kollegen, Schulleiter, Eltern, Professoren und Bürokraten. Über all diese Gruppen ließen sich aus dem Roman vernichtende Verdikte zitieren, die davon handelten, dass die Jungen respektlos, die Kollegen im Zustand innerer Emigration oder fanatische Junglehrer, die Schulleiter Konfliktvermeidungsexperten seien. Eltern träten als nervende Selbstdarsteller auf und stellten infame Forderungen an die Lehrkräfte, Professoren ignorierten die Praxis und Bürokraten implementierten untaugliche Lehrpläne. Das alles werde noch überlagert von einem geschichtsversessenen

Konsumismus, der die Dispositionen zu Bildungsanstrengungen konterkariere.
Da es hier unmöglich ist, alle Facetten dieses Lamentos auszuleuchten, will ich
mich auf Motive konzentrieren, die den vorhergehenden Betrachtungen zu den
älteren Werken korrespondieren. Hier sticht zunächst eine deutliche Analogie zu
Gotthelfs Schulmeistermisere ins Auge: Auch bei Kleinknecht-Hermann ist die
Lehrperson auf unvorteilhafte Weise eine alleingelassene Figur. Die Ausbildung
zur Gymnasiallehrkraft ist zwar universitär fundiert, weist aber parallel ungünstige
Passungsverhältnisse auf[8]:

> An der Universität als Wissenschaftler ausgebildet, haben wir während des Studiums
> eine Unmenge von Fachliteratur verschlungen. Dann haben wir uns mit diesem
> Wissensballast an die einfache und grobe Kost, die in den Schulen verlangt wird,
> zu gewöhnen gehabt. Das war mehr Muskelarbeit als wissenschaftliche Erörterung.
> Da ist man abgesunken zum reinen Praktiker, man hat sein akademisches Wissen
> über Bord geworfen, das für die Unterrichtung der Jugend nur hinderlich ist. Das
> Publikum in den Schulen besteht nicht aus wissensdurstigen, lernwilligen Zöglingen
> (Kleinknecht-Herrmann 2016, S.265).

Das akademische Wissen stellt sich dieser Praxiswahrnehmung als Ballast dar, den
es in der Professionsausübung nicht zu transformieren, sondern ganz abzuwerfen
gelte. Der biographische Lernprozess artikuliert sich im Falle des Praktikers Fink
in einem häretisch anmutenden Geständnis:

> Ich gab es mit der Zeit auf, mich wissenschaftlich auf dem Laufenden zu halten. Wozu
> sollte ich dies auch tun. Meine Schüler merken nicht, dass ich wissenschaftlich nicht
> mehr auf der Höhe bin, für sie muss ich vor allem gesundheitlich und nervlich in
> Ordnung sein, um situationsgerecht unterrichten zu können (Kleinknecht-Herrmann
> 2016, S.266).

---

8   „Durch meine Ausbildung war ich in keiner Weise auf mein Berufsleben, auf diesen
    Alltag eines Lehrers, vorbereitet worden. Man hatte mich ohne Vorwarnung ins tiefe
    Wasser geworfen, mich, den Nichtschwimmer. Da konnte ich mich nun abstrampeln,
    mich meiner Haut wehren, mich heiser schreien. Ich beneidete jeden, der ein norma-
    les Leben führte und nicht diesen Beruf ausüben musste, selbst die Polizisten an den
    Straßenkreuzungen […]. Als Schüler war mir die Position des Lehrers nie in diesem
    fürchterlichen Licht erschienen, nie war mir bewusst gewesen, dass ein ständiger
    Kampf gegen diese Unlust der Schüler auf mich warten würde, dass ich sie für meinen
    Geschichtsunterricht motivieren müsste, wenn sie mir völlig gleichgültig gegenüber-
    saßen und mich indirekt noch verhöhnten" (Kleinknecht-Herrmann 2016, S.97f.). Nur
    bedingt lässt sich diesem Lamento eine präzise Kritik entnehmen. Vielmehr wird der
    Eindruck evoziert, man könne auf diese Praxis gar nicht oder bestenfalls physio- und
    psychotherapeutisch vorbereitet werden.

Nicht nur an dieser Stelle fallen Finks kategorische Lektionen nicht ganz widerspruchsfrei aus. Die auf das Interpunktionszeichen verzichtende rhetorische Frage ist weniger motiviert, setzt man hierzu in Beziehung, was ansonsten im Zeichen des Verlusts beschworen wird: Eigeninteresse an Bildung. Die Lektion zeigt mithin, dass der Kritiker Fink dem eigenen Verdikt anheimfällt. Auch er betrachtet Wissenschaft als Brotstudium, opfert den Bildungs- dem Nützlichkeitsgedanken, wenn er seine Studien, ganz anders als Hoffmanns armer Philologe, nur deshalb einstellt, weil er ihrer in der Schule nicht bedarf. Was er hingegen benötigt, wird vor allem in einer anderen Textpassage deutlich, in der Fink darüber lamentiert, dass er für klassisch-humanistische Bildungsinhalte zuständig sei, die zwar weder Staat noch Schüler wirklich interessierten, die man sich aber nicht zu eliminieren traue. „Situationsgerecht" sei es hier, als Entertainer zu agieren:

> In einem Fach wie Geschichte weiß ich, dass mir nichts anderes übrig bleibt, als den Inhalt zu verfälschen. Ich kann es mir nicht leisten, wie ein Professor nur Faktisches vor einem geduldigen Publikum auszubreiten. Ich bin kein Dozent, eher ein Entertainer, der sein Publikum in Spannung versetzen muss. Ich bin dem Dauerverschleiß der Auftritte vor einem Publikum ausgeliefert, das ständig drauf und dran ist, mich auszupfeifen (Kleinknecht-Herrmann 2016, S. 197).

Die Differenz zwischen der Entertainer- und der Dozentenrolle wirkt nicht nur aus heutiger Sicht überscharf gezogen. Interessant ist an der Differenzierung aber erstens, dass mit der Entertainerrolle eine Verfälschung von Inhalten verbunden sein soll – ein Aspekt, der die Konsequenz einer pädagogischen Priorisierung der Kategorie Vermittelbarkeit sein dürfte.[9] Zweitens zeigt sich in Finks Erfahrungen der Preis des Entertainments: Indem er an Unterhaltungserwartungen appelliert, zerstört er die konventionellen pädagogischen Hierarchien. Versiegt seine Unterhaltsamkeit nach einer Weile, artikulieren sich die Schülerinnen und Schüler als genervte Konsumenten durch jene Form der Unruhe, die schon Röber in die Verzweiflung trieb. „Man verabscheut an den Schulen den wissenschaftlich ausgerichteten Lehrer", heißt es an anderer Stelle (Kleinknecht-Herrmann 2016, S. 188). Dass er Kollegen wie Schülern Minderwertigkeitskomplexe einflöße, ist eine für Fink fast schon überraschende Unterstellung, da solche Komplexe den Glauben voraussetzten, dass man eigentlich doch wissenschaftlich auf der Höhe sein sollte. Überraschend ist das auch, weil die Gegenfigur zum wissenschaftlich ausgerichteten ein durchtrainierter Lehrer sein soll und dieser wiederum mit einem de-individualisierten Typus in Verbindung gebracht wird. „Kollege Sommer und

---

9 Vgl. zu diesem von Luhmann aufgeworfenen Zusammenhang: Kämper-van den Boogaart et al. 2011.

andere Typen" lautet ein Kapitel, in dem Fink unter anderem auch jene ganz wenigen Lehrer typisiert, die keine professionellen Probleme haben und auf Respekt
stoßen. Hierzu zählt Häffner, der mit seinem sportlich durchtrainierten Körper
keine Angst kenne und sich physisch gegenüber den Schülern durchsetze. Bei diesem
Kollegen korrespondiert, ganz im Widerspruch zum Kontext des zitierten Satzes,
keineswegs physische Präsenz mit Geistlosigkeit. Ihn könne sich Fink wegen seiner
Souveränität auch als Wirtschaftsboss vorstellen, und von ihm vermutet er, dass
er an die Universität wechseln werde. Interessant ist bei diesen Ungereimtheiten
der Subtext: Die starken Typen wie Sommer und Häffner sind Männer, die den
Broterwerb in der Schule nicht nötig haben. Trotz anderer pädagogischer Ausrichtung ist es wie bei Ungars Lehrer Leopold die materielle Unabhängigkeit, die die
Normabweichung erleichtert und dadurch zur Autorität verhilft.

Nun zeigen sich aber selbstverständlich auch im Fall des erfahrenen Lehrers Fink
so etwas wie Lernprozesse. Dabei handelt es sich aber kaum um den Aufbau einer
positiv konnotierten Weisheit der Praxis im Sinne Shulmans (2004). Eher könnte
man von der Etablierung von Überlebensstrategien sprechen, die darauf hinauslau-
fen, sich belastenden Ärger vom Hals zu halten. Dies gilt auch für den chronischen
Punkt der Disziplin. Finks Erfahrungen laufen hier auf die letztlich resignative
Lehre hinaus, sich nicht in der Herstellung einer eigentlich als positiv erachteten
Machtordnung aufzureiben, sondern stattdessen eine Politik distanzierten und
dosierten Laissez-faire zu praktizieren. Die selbstzerstörenden Effekte alternativer
Praktiken, seien es solche gesuchter Nähe oder solche rigider Kontrolle, beschreibt
er in pathographischer Präzision bei seinen Kolleginnen und Kollegen. Dass er mit
seinen Praxismaximen der eigenen Kritik an globaler Indifferenz Nahrung gibt,
macht vielleicht den Reiz seines Reports aus. Zu seinen exponierten Schwächen
zählt im Übrigen auch ein eingeräumter Gender-Bias, den er sich gönnt, um das
Arbeitsleben erträglicher zu gestalten:

> Bettina ist ein schönes Mädchen, wie könnte ich von ihr Anhänglichkeit verlangen.
> Natürlich kann ich bei der Notengebung von der Tatsache, dass sie so hübsch ist,
> nicht ganz absehen. Zu den Jungen hat man natürlich ein sachlicheres Verhältnis.
> Außerdem haben die meistens nur ein geringes Ausdrucksvermögen, und ihr Inte-
> resse am Fach Deutsch hält sich in Grenzen. Die Mädchen sind da ganz anders und
> daher die Stützen meines Deutschunterrichts. Sie nehmen die Literatur, sei sie auch
> noch so schwierig, in Angriff und versuchen wenigstens, die nicht einfachen Texte zu
> verstehen, während die Jungen von vornherein abschalten und sich keine Mühe geben
> wollen mit einer Sache, die für sie später doch ohne Belang ist. Bei ihnen herrscht
> sehr früh das Nützlichkeitsdenken vor. Mit den Mädchen hat man leichtes Spiel.
> Obwohl sie die Texte im Grunde so wenig interessieren wie die Jungen, weil sie weit
> über ihren Erfahrungshorizont hinausgehen, machen sie aus Pflichtgefühl mit. Sie
> freuen sich über eine gute Aufsatznote, und es stört sie nicht, dass das alles für sie im

Grunde unbefriedigend ist, der ganze Unterricht, die ganze moderne Literatur, und dass alles weit über ihre Köpfe hinweggeht (Kleinknecht-Herrmann 2016, S. 263f.).[10]

Interessant an dieser Stelle ist weniger das Eingeständnis, sich von der Attraktivität seiner Schülerin beeindrucken zu lassen, als seine legitimierende Rationalisierung. Er kann die Privilegierung Bettinas durch seine – in diesem Fall Orthographiefehler marginalisierende – Aufsatzbewertung rechtfertigen, indem er von der Erscheinung Bettinas abstrahiert und aus der Perspektive eines Lehrers geisteswissenschaftlicher Fächer über geschlechtsspezifische Lernhabitus räsoniert. Für die Jungen konstatiert er erneut eine utilitaristische Bildungsverweigerung. Für das dankbar registrierte Engagement der Mädchen macht Fink nicht Begabung oder Empathie verantwortlich, sondern Pflichtgefühl. Diese Erklärung konterkariert das zunächst sich abzeichnende Lob der Schülerinnen, die, so die halb ausgesprochene Pointe, nur zu brav sind, um auf ihre kognitive Überforderung mit dokumentiertem Desinteresse zu reagieren. Für den Roman ist diese letztlich chauvinistische Sicht nicht ganz irrelevant, versucht die Autorin doch, die reichlich statische Berufsgeschichte mit einer dynamischeren Ehe- und Beziehungsgeschichte zu kreuzen.

Anzusprechen ist noch ein letzter Punkt, der sich auch bei Gotthelf zeigt, indem er seine bildungspolitischen Erfahrungen in Käsers Leidensgeschichte einmontiert.

> Händeringend stehen sie allesamt da und wissen nicht, warum sie die Hände ringen. Es ist die Geste der Hilflosigkeit, aber auch des Flehens um Erhörung. Mutlosigkeit liegt auf allen Gesichtern im Kollegium. Da ist nichts von Aufbruchsstimmung zu spüren, wenn neue Reformen angekündigt werden, man hat schon zu viele negative Erfahrungen mit den alten Reformen gemacht [...] (Kleinknecht-Herrmann 2016, S. 118).

Angespielt wird auf die Reformwelle der 1970er Jahre. Die in dieser Zeit losgetretenen Reformen und die damit einhergehenden neuen Lehrpläne hätten den alten Lehrertypen den Garaus gemacht, wie Fink am Beispiel seines verunsicherten Kollegen Rupp schildert. Das charismatische Eintreten für literarische Vorlieben sei einem nivellierenden Unterrichtskonzept zum Opfer gefallen, das die eigentlich zu tradierenden Werke zu Häppchen zerstückele. Nicht nur an dieser Stelle greift ein verdächtiges Landserpathos Raum:

---

10 Diese Passage findet sich an einer Stelle des Romans, in deren Umfeld die Autorin sich auf Handlungsentwicklung besinnt: Fink folgt den Interventionen seiner Frau und tritt eine Kur an, um psychosomatische Probleme behandeln zu lassen.

Wenn er sich daran erinnert, dass ihm einst ein Goethe-Gedicht, das er auswendig kannte, als einziger Trost geblieben war, nachdem die Russen ihn gefangen genommen hatten, kann er in den jetzigen Lehrplänen nur noch einen einzigen Niedergang, eine unheilvolle Richtung sehen. Wozu eigentlich fast 10 Millionen deutscher Soldaten gefallen seien, fragte er mich einmal, wenn die Jugend jetzt nichts erfahre als bruchstückhafte Überlieferung, Splitter der Tradition, die doch einmal als deutsche zu bezeichnen war (Kleinknecht-Herrmann 2016, S. 78).

Solche Aussagen sind zwar von der Erzählerfigur abgerückt, dienen diesem aber doch dazu, die staatlichen Interventionen der Zeit als solche zu kennzeichnen, die die eigentlich wirkungsvollen Pädagogen mit ihrem affizierenden *Spirit* derart an die Leine legen, dass diesen nichts als völlige Verunsicherung bleibt. Die kodifizierte Demokratisierung und die curriculare Vereinheitlichung werden nicht zufällig im Bild progredierender und entindividualisierender Bürokratisierung aufgefangen. Bildungsreformen erscheinen so als unausgegorene Produkte einer Karrierepolitik von Universitätsprofessoren und politischen Bildungsadministratoren (Kleinknecht-Herrmann 2016, S. 221), die, wie im Fall des Schweizer Dorflehrers, durch ihre Abstraktion von konkreter Praxis dazu führten, dass nie das System gefährdet ist, sondern immer die einzelne Lehrkraft, die nicht so funktioniert, wie es das System eigentlich verlangt.

Die volle Wucht der Veränderung trifft nur den einzelnen Lehrer, diesen verachteten Vorposten, der von allen im Stich gelassen, vom Direktor, von der Behörde, von der Öffentlichkeit, der gesammelten Macht von Aufständischen gegenübersteht, die ihm das Leben schwer machen. Er bekam keinen Rückhalt von welcher Seite auch immer, wenn er sich seiner Haut wehrte und es Verletzte gab. Entweder war sein Unterricht zu schlecht und wissenschaftlich nicht haltbar, oder aber fehlte es an der nötigen Disziplin und konnte er sich nicht durchsetzen. Patentrezepte gibt es nicht (Kleinknecht-Herrmann 2016, S. 22).

Literatur

Becker, J. (1978). *Schlaflose Tage*. Roman. Frankfurt a. M.: Suhrkamp.
Biese, A. (1909). *Deutsche Literaturgeschichte*. Bd. 3. München: Beck.
Diwisch, F. (Hrsg.) (1969). *Die Gestalt des Lehrers in der Literatur. Eine Auswahl von charakteristischen Stellen aus dem Schaffen bedeutender Schriftsteller*. Wien (u. a.): Braumüller.
Emeis, K. (2017) *Schul-Aufgabe. Der Lehrer als Figur der Krise in der deutschen Literatur zu Beginn des 21. Jahrhunderts*. Würzburg: Königshausen & Neumann.

Gotthelf, J. (2017 [1838]). Leiden und Freuden eines Schulmeisters. Zwei Teilbände, in Zusammenarbeit mit Matthias Osthoff. In B. Mahlmann-Bauer und Chr. v. Zimmermann (Hrsg.), *Historisch-kritische Gesamtausgabe.* Abt. A, 2.1. Hildesheim (u. a.) .

Hahn, K. (2012). *Am schwarzen Berg. Roman.* Berlin: Suhrkamp

Hofer, M. (2014). „Leiden und Freuden eines Schulmeisters": die historischen Hintergründe der Lehrertaxation. In M. Deron & Chr. v. Zimmermann (Hrsg.), *Jeremias Gotthelf. Neue Studien* (S. 181–201). Hildesheim (u. a.): Olms.

Hoffmann, H. (1993 [1892]). *Ruhm.* Novelle. Bremen: Dogma.

Hoffmann, H. (1995 [1891]). *Das Gymnasium zu Stolpenburg.* Novellen. Deutsche Bibliothek des Ostens, Hrsg. Roswitha Wisniewski. Berlin: Nicolai.

Hoffmann, H. (o. J. [1889]). *Iwan der Schreckliche und sein Hund.* Roman. Hamburg: Tredition Classics.

Kämper-van den Boogaart, M., Martus, S. & Spoerhase, C. (2011). Entproblematisieren: Überlegungen zur Vermittelbarkeit von Forschungswissen, zur Vermittlung von „falschem" Wissen und zur Funktion literaturwissenschaftlicher Terminologie. *Zeitschrift für Germanistik,* XXI 1, S. 8–24.

Kämper-van den Boogaart, M. (2014). Der Deutschunterricht des Staates. In M. Kämper-van den Boogaart (Hrsg.), *Deutsch – Didaktik,* 6. überarbeitete Neuaufl. (S. 12–44). Berlin: Cornelsen.

Kämper-van den Boogaart, M. (2017). Rudolf Hildebrand: Ein historisches Konzept von Sprachbildung im Deutschunterricht. In B. Jostes, D. Caspari & B. Lütke (Hrsg.), *Sprachen – Bilden – Chancen: Sprachbildung in Didaktik und Lehrkräftebildung* (S. 59–76). Münster: Waxmann.

Kleinknecht-Hermann, R. (2016). *Frust, Revolte und Normalität: Die Leiden des Lehrers Wolfgang Fink.* Hrsg. Olivia Kleinknecht. O. O., o. V.

Ladendorf, O. (1908). *Hans Hoffmann: Sein Lebensgang und seine Werke.* Berlin: Paetel.

Lehmann, K. (1955). *Die Gestalt des Lehrers in der deutschen Literatur.* 3. erw. Aufl. Frankfurt a. M.: Bollwerk.

Luserke, M. (1999). *Schule erzählt. Literarische Spiegelbilder im 19. und 20. Jahrhundert.* Göttingen: Vandenhoeck & Ruprecht.

Mahlmann-Bauer, B. et al. (Hrsg.) (2009). *Jeremias Gotthelf und die Schule. Katalog zur Ausstellung in der Gotthelf-Stube in Lützelflüh 2009.* Bern.

Matthias, A. (1907). *Geschichte des deutschen Unterrichts.* München: Beck.

Michels, V. (Hrsg.) (1972). *Unterbrochene Schulstunde. Schriftsteller und Schule.* Frankfurt a. M.: Suhrkamp.

Mix, Y.-G. (1995). *Die Schulen der Nation. Bildungskritik in der Literatur der frühen Moderne.* Stuttgart: Metzler.

Quak, U. (Hrsg.) (2007). *Schüler-Bilder. Literarische und historische Fundstücke.* Berlin: Cornelsen Scriptor.

Schlömerkemper, J. (2017). Empfehlungen. *Pädagogik 1/17,* S. 53.

Schulz, E. (1972). „Hoffmann, Hans". *Neue Deutsche Biographie.* Online-Version: https://www.deutsche-biographie.de/gnd101152159.html#ndbcontent

Shulman, L. S. (2004). *The Wisdom of Practice. Essays on Teaching, Learning, and Learning to Teach.* San Francisco: Jossey Bass.

Ungar, H. (2012 [1927]). Die Klasse. Roman. In D. Sudhoff (Hrsg.), *Hermann Ungar: Sämtliche Werke 1* (S. 159–322). Hamburg: Igel.

Walser, M. (1978). *Ein fliehendes Pferd.* Novelle. Frankfurt a. M.: Suhrkamp.

Weber, A. (1999). *Literatur und Erziehung. Lehrerbilder und Schulmodelle in kulturhistorischer Perspektive*. Bd. II. Frankfurt a. M. (u. a.): Lang.

Whittaker, G. (2013). *Überbürdung – Subversion – Ermächtigung. Die Schule und die literarische Moderne 1880–1918*. Göttingen: Vandenhoeck & Ruprecht.

Affect, Embodiment and Pedagogic Practice in Early-Twentieth-Century American Progressive Education

The School of Organic Education and John Dewey's *Schools of To-morrow*

Noah W. Sobe

This chapter engages with the history of pedagogic practices by focusing on affect and embodiment and exploring ways that we might use the text and images included John and Evelyn Dewey's 1915 *Schools of To-Morrow* as an entry point into understanding social practices historically.[1] I specifically focus on the Dewey's discussion of Marietta Johnson's "school of organic education" located in Fairhope, Alabama and argue that a re-reading and a re-viewing of text and image opens up insights into the structuring of affective experience in early-twentieth-century American progressive education.

It is an honor to be able to present this work in a volume dedicated to Sabine Reh whose work on incorporating a rethinking of social practices and the human body into history of education scholarship provides many valuable insights. This chapter maintains that regardless of whether photographs are "staged" or "snapshots" they have the potential to make visible classroom practices, rules and routines.[2] Considered in the contexts of their production, dissemination and with their textual and other artefactual accompaniments I propose that the photographs examined here offer insights into pedagogical practice; the interplay between human bodies and both built and natural environments; and, potentially also students' affective experience.

At the time of the publication of *Schools of To-Morrow* in 1915 John Dewey was already the doyen of the progressive education movement in the United States. He likewise enjoyed an international reputation as a guiding light for similar reform movements around the globe that bore names like *l'éducation nouvelle* and *reformpädagogik*. Arguably propelled by broad dissemination of writings on the

---

1   Much of the material in this chapter was originally published in Portuguese translation as Sobe (2017).

2   See the discussion of photographs and practice-theoretical approaches in Reh (2014).

© Springer Fachmedien Wiesbaden GmbH, ein Teil von Springer Nature 2019
K. Berdelmann et al. (Hrsg.), *Transformationen von Schule, Unterricht und Profession*, https://doi.org/10.1007/978-3-658-21928-4_9

laboratory school at the University of Chicago that Dewey was affiliated with from 1894 to 1904,[3] popular interest in the actual implementation of Dewey's and general progressive pedagogical ideas ran strong in the first decades of the 20th century. Beginning in 1913, in collaboration with his daughter Evelyn, Dewey began to prepare a book that would profile schools that had "put into practice" these ideas (Dewey, J. & Dewey, 1915). The book was enthusiastically received upon its publication in May 1915[4] and has often been held up as paean to the pedagogical thought of Jean-Jacques Rousseau, thanks to Dewey's extensive discussion of Rousseau's ideas in the introductory chapter. *Schools of To-Morrow* also includes extensive, contrastive critical discussion of Montessori education and might be considered part of the explanation for the initial, poor reception of Montessori education in the United States (see Cohen, 1972; Kramer, 1976/1983). Recently scholars have examined race and racialization in the *Schools of To-Morrow* text and debated the extent to which Dewey endorsed racially segregated schooling (Fallace & Fantozzi, 2015). In this chapter I am attempting to use *Schools of To-Morrow* in a new way – as a window into understanding the processes of embodiment that we can see and feel in the photographs from and text about the progressive schools the Deweys profiled.

Several elements in the composition and production of *Schools of To-Morrow* are important to my examination of it as a visual and textual source. The book project itself seems to have arisen out of an interest in responding to calls for information on actual, successful manifestations of progressive schooling. Thomas Fallace and Victoria Fantozzi suggest that the inspiration might also have been connected with Evelyn's recent graduation from Barnard College in New York and her desire to launch a career as an educational journalist and writer. Additionally, there are also indications that the promise of financial return on the book may have also been a factor (see Fallace & Fantozzi, 2015, p. 132). Nonetheless, whatever the exact motivations were, the book that ultimately came together consisted of an introduction

---

3   Though founded in 1894, the school opened in January 1896. Extensive reports on the experimental school were published in the University Record between 1896 and 1899 and a series of articles began to appear in the Elementary School Teacher in 1900 (a journal later titled the Elementary School Journal). Dewey's involvement in the school ended in May 1904 when he left Chicago to take up a professorship at Columbia University in New York.

4   The notable exception is William C. Bagley's criticism published as an editorial in School and Home Education, 35 (1915), which Dewey himself responded to in a letter published in the October issue. The interchange is considered of some significance because, responding to an implicit criticism that he was just profiling his "disciples", Dewey's response noted that Johnson was inspired by the writings of C. Hanford Henderson (see fn. 11 below).

and concluding chapters written by John Dewey himself. Eight intervening chapters discussed different features of the progressive American schools profiled and were written by Evelyn, who also conducted visits to 15 of the 16 schools and school districts discussed. Across the book 27 photographs illustrate the methods and approaches of these schools, which included Chicago's Francis Parker School and the Howland Public School; the Elementary School of the University of Missouri; Public School 45 in Indianapolis; schools in Gary, Indiana and Cincinnati, Ohio; the Columbia University Teachers College demonstration kindergarten; as well as Marietta Johnson's School for Organic Education in Fairhope, Alabama – which received special attention in the book.[5] Johnson's school was also the only school that John Dewey visited. His visit, in the company of his 14 year-old adopted son Sabino, took place in December 1913 when Evelyn was in Europe with her mother Alice Dewey. Though it is only a minor aspect of the analysis presented here, it is on this visit that Dewey may have taken one of the photographs that was published in the 1915 book, as I discuss below.

1   Picturing Schools of To-Morrow

In this section I analyze the visual representations of progressive schooling included in *Schools of To-Morrow* as an initial entry point into understanding the structuring of affective experience in the American progressive education schools the Deweys profiled. I argue that the photographic illustrations are notable in two key respects. First, they manifest a self-conscious performative attempt to portray desirable schooling scenarios that do not initially "look" like traditional schools as the early 20th century readers of the Deweys' text would have expected them to look. As I will explain below, the images often raise to the surface that which they do not show. In many instances they contain deliberate allusions to alternative scenarios and imagery – particularly on what a "classroom" might look like. Second, these visual representations manifest a similarly self-conscious bid at showing student engagement, frequently with reference to a notion of student "interests".

---

5   Despite wide publicity of her work and the international recognition she received as a leading figure in the New Education Fellowship , Johnson is often treated as a minor figure in the historiography of American progressive education. Important scholarship on her work includes Staring (2014); Newman (1999); McCorquodale (2002); Lobdell (1984); McGrath (1996).

The deliberate selection of educational images that would have been seen at the time as untraditional was not unknown to Dewey, as such was true of nearly all the curated images from the Laboratory School at the University of Chicago. The original cover illustration of Dewey's best-selling 1899 *The School and Society* featured an image that would run counter to expectations, especially as it seems to portray neither school nor society. Instead, we see a line drawing of two children adjacent to one another but not perceptively engaged in a common activity. One is spinning wool on a hand-powered spinning wheel, the other is bent over, engaged in what seems to be some sort of needle-point or embroidery. The absorptive interest that both children take in their activity is evident and echoes the commonplace progressive education idea that the interests of the child should drive educational processes. In deliberately not showing a recognizable school and in not invoking any traditional motifs for representing society, the cover of *The School and Society* arguably helps to produce the purported difference between "new", progressive education and older "traditional" methods.

Similar strategies for "picturing" progressive education are at work in *Schools of To-Morrow*. All told, including the frontspiece which is an image of Marietta Johnson herself leading a class of students (Figure 1), 27 photographs are reproduced in the book. In nearly every single one we see groups of children engaged in activity, most often with hands in contact with objects. A photograph of adolescents in a typesetting workshop from Gary, Indiana is labeled "Training the hand, eye, and brain by doing useful work". Also from Gary there is an image of children "Learning, moulding, and manufacturing school equipment". At Interlaken, Indiana "The Pupils Build the School Houses". This stress on the usefulness and purposefulness of student work is paralleled by an emphasis on the re-purposing of space and activities for alternate (progressive) learning. Thus at the Teachers College Columbia University kindergarten students are "Making a town, instead of doing gymnastic exercises". "Songs and Games Help Arithmetic" in Indianapolis. Each of the three images of Johnson's School of Organic Education shows this same kind of re-purposing dis/placement. The frontspiece (Figure 1) shows Marietta Johnson seated outdoors leading a discussion with a group of students in chairs and sitting on the ground around her. It bears the label "A test with books open", which can be taken as a deliberate confounding of what the 1915 (and perhaps subsequent) readership would anticipate a testing situation to look like.

A test with books open. (Fairhope, Alabama.) *Frontispiece.*

Fig. 1   Schools of To-Morrow (1915) Frontispiece

This frontispiece image predates John Dewey's December 1913 visit to Fairhope, Alabama. The image shows Johnson with students in front of the Bell building, which was constructed in 1904 for use as a public school and then later came to Johnson for the use of her Organic School. The same image is archived in the Marietta Johnson Fairhope Public Library records of the Alabama Department of Archives and History Digital Collections under the label "Marietta Johnson and the first class of the Marietta Johnson School of Organic Education"[6] and the attribution of a 1907 date, though the image actually seems to date from 1909 or 1910.[7]

Another version of the photograph, with the same children but in slightly different positions (and thus most likely taken within seconds or minutes of the image shown in Figure 1) was published in the *New York Times* on March 16, 1913. In this instance the image is captioned "History in the Open", reminding us of the significance of the labeling / captioning of photographs and the ways textual de-

---

6   See http://digital.archives.alabama.gov/cdm/singleitem/collection/mjmcoll/id/18/rec/9
7   Jeroen Staring convincingly dates the photograph to having been taken in 1909 or later, i. E. after the January 1909 donation from Georgia philanthropist Joseph Fels that allowed the school to incorporate and move to the Bell Building site provided by the Fairhope municipal authorities. Jeroen Staring, personal correspondence, 17 May 2016.

scriptors offer insights into what at the time was expected and desired of the viewer / reader. In keeping with what I am arguing was an important feature of picturing schools of to-morrow – and seems to have been an important theme in photographic representations of American progressive education generally – this photograph strongly alludes to its alternative. With the door to a dark classroom visible in the background, the alternative implied in the 1913 *New York Times* presentation is to a lesson that is closed and contained. The photograph-cum-caption also keys into open-air schooling notions and the strengthening of physical bodies through exposure to light and air, something that is reinforced by quotes from Johnson in the accompanying article on the importance of including "anaemic" children in school, on "making the body stronger" and on the school as a sanitorium (Edwards, 1913).

The same version of the photograph that the Deweys used had been published in 1913 article in *The Survey* over the caption "A lesson from books, not what we find in them but what we get out of them" (Hunt, 1913). Finding such a range of captions on the same stock photograph is a useful reminder of the necessity to engage with photographs in relation to the broad context of their illustrative and discursive functioning. In labeling Figure one as "A test with books open" the Deweys were not necessarily misconstruing any elements of Johnson's educational practice. Like many other progressive reformers of the time Johnson was opposed to early reading instruction and worked carefully on the position that books and textual authority would have in her school. In an article in *The Survey* published just prior to Dewey's visit, Johnson reported that at her school "examinations are often conducted with open books, since they are not to show the teacher what the child can remember of what has been studies but rather to show his ability to use the books" (Johnson, 1913). Nonetheless, these different captionings remind the historian to take an expansive approach to considering what a photograph "shows".

In the Dewey's 1915 use of this image we see a focus on the confounding of expectations and norms regarding assessment. This theme is of course highly appropriate as the frontspiece lead-in to a book about new, progressive forms of education that might themselves also demand the use of different approaches and methods for evaluating schooling. At the same time, the "Test with Books Open" shows absorptive engagement. Children lean in; there appears to be a moment of intense shared focus. Yet, the photograph is also rather anomalous when considered as part of the corpus of images curated for *Schools of To-Morrow*. Teachers are rarely pictured to begin with and none are granted the central speaking position that Marietta Johnson occupies here in Figure 1.

In some ways, more typical for the *Schools of To-Morrow* images is the second Fairhope, Alabama image which bears the caption "An hour a day is spent in the 'Gym'" (Figure 2).

Fig. 2 Fairhope, Alabama photograph of children at play taken by John Dewey and labeled "An hour a day is spent in the 'gym'"

Signaling irony, the placing of "gym" in quotation marks seems a clear recognition that an untraditional space is being used for gymnastic or athletic activity. Adult educators are absent from the frame. We see children balancing atop and astride various wooden or metal structures at the edge of a field.

The third and final image (Figure 3) from Marietta Johnson's school shows a group of children in a local ravine. With the label "The gully is a favorite textbook" we have again an inversion of standard expected school practice in the suggestion that a natural site could engender as much knowledge acquisition as a printed book.

Fig. 3   Second Fairhope, Alabama image from Dewey's Schools of To-Morrow,
published with the caption "The Gully is a Favorite Textbook"

Johnson's students regularly visited this ravine close to the School of Organic Education (which can be identified as Stack Gully [*klamm*] on Alabama's Mobile Bay).
As the Deweys explained in their book, "a gully near the school building not only
furnishes a splendid place for play but serves as a text-book in mountain ranges,
valleys, and soil and rock formation" (Dewey, J. & Dewey, 1915, p. 33). In addition
to fabricating an implicit alternative mode of learning, this image also telegraphs
absorptive attention where most of the children are seen with hands engaged with
the sand, mud and rock of the ravine. Absorptive engagement through the tactility
of the hand is a recurrent theme – where the hand-in-contact-with-object reinforces
and enacts a certain set of pedagogic principles.[8]

Archival records include other images of Johnson's students in this gully. The
Alabama Department of Archives and History Digital Collections includes a pho-

---

8   On the importance of touch in Montessori pedagogy see Sobe (2016).

tograph from 1925 that shows close to 40 children posing with bows and arrows arrayed along one of the sides of this gully. And, a second image included in the aforementioned 1913 *New York Times* article on the School of Organic Education also shows a group of students in the gully. In this case a group of approximately 15 children sit and lie on the floor of the ravine running their hands and fingers through the sand. The 1913 gully image is clearly of a different group and is taken at a different moment. It appears above the caption "Life Class in the Gully," which is a reference to Johnson's practice of grouping students into age groups instead of standard grades. As she explained in the *New York Times* interview, the inspiration for this recognition of developmental stages derived from C. Hanford Henderson's work[9] and involved grouping six, seven and eight year-olds together and nine, ten, and eleven year-olds together in two different "life classes". The Deweys gloss on this arrangement was that it helped to avoid the development of a "dislike for learning". In keeping with the kind of praise bestowed on other schools featured in *Schools of To-Morrow*, the Deweys noted that "doing forced tasks, assignment of lessons to study, and ordinary examinations have no share in the Fairhope curriculum" (Dewey, J. & Dewey, 1915, p. 24). The image of the Organic School students in the gully (Figure 2) that the Deweys included in *School of To-Morrow* can be seen as portraying voluntary, student-interest led engagement in a worthwhile educational task.

As in the case of the Figure 1 "test with books open" image, the Figure 3 gully image had been previously published on multiple occasions. Exhibiting a similar lability / potentiality for re-labeling and re-appropriation, it too appeared with different captions. It was included in one of the first major national profiles of Johnsons' work, a 1912 article by Helen Christine Bennett in the women's magazine *Pictorial Review*.[10] In this instance the caption explained "The Picture Above Shows How the Children Do Their Figuring in the Clay and Sand" (Bennett, 1912). And indeed with this suggestion in mind it is certainly possible to see the image showing

---

9   C. Hanford Henderson (1861–1941) was a significant figure in the progressive summer camp movement and founder of Camp Marienfeld in Chesham, New Hampshire. Johnson specifically acknowledged Henderson (1902), however Linda C. Morice convincingly argues that Henderson's role in nurturing the American progressive education movement has been overlooked and with it the even more significant role played by women in the philosophical and conceptual development of American progressive pedagogy. See Aldridge and Christensen (2013); Morice (2015).

10   Jeroen Staring offers the extremely useful observation that historians of education ought to pay more attention to women's magazines as historical sources, making the useful observation that its print run of 700,000 per issue, the Pictorial Review, was about seven times the size of the Sunday New York Times. The print-runs of American women's magazines in the early 20th century could also be ten to even a hundred times greater than those of education journals. See Staring (2013).

students carving into the clay/mud bank of the ravine. Johnson's aforementioned December 1913 "Education as Growth" article in *The Survey* also includes this same gully image but with the caption "'From the hand to the brain' Arithmetic in the gulley". This reference to a particular learning theory shows another instance of pedagogic philosophy being layered into the photograph. Here, as across all three of the images under discussion in this section, we see performative allusion to an alternate educational scenario as well as the absorbed interest-focused engagement that I am arguing are the key themes of *Schools of To-morrow*'s picturing of American progressive education.

2   Dewey Snapshots

While the "test with books open" and the "gully is a favorite textbook" photographs (Figures 1 and 3) are from a series of promotional images used to illustrate Marietta Johnson's educational ideas, my research has allowed me to propose that the "gym" photograph (Figure 2) included in *Schools of To-Morrow* might be a snapshot taken by John Dewey himself. If this conclusion is correct, we have in Figure 2 the only known photographic framing of American progressive education by John Dewey himself. On this interpretation, we see here a moment deemed worthy of a snapshot – something that might have been described at the time as a "Kodak moment", after the company that first developed roll-film cameras in the 1880s and then heavily promoted amateur photography and the elevation of personal and family events as worthy of photographic recording. Figure 2 shows a momentary freezing and posing for the photographer of bodies otherwise in motion and at play.

Alongside oral history evidence and an examination of the image in the context of other photographs included in the book, the proposal that Figure 2 is a John Dewey photograph is strengthened by the fact that it appears not to have been published anywhere else outside of *Schools of To-Morrow*. Generally speaking Evelyn Dewey seems to have arranged for the schools she visited to provide her with "stock" promotional images. For example, in correspondence arranging her May 1914 visit to William Wirt's schools in Gary, Indiana she included the request, "I should like to have some photographs of the newer features of your system and whatever printed material you may have".[11] The same appears to have partly occurred with the Organic School illustrations. For, as noted above, Figures 1 and 3 were clearly part of a stock kit of photographs and were published as many as a dozen

---

11   Letter from Evelyn Dewey to William Wirt 14 May 1914. In Hickmann (2002).

times in the years around and preceding Dewey's visit. The fact that Figure 2 does not appear in any other contemporaneous writings on or articles about Johnson's school suggests that it has a different provenance.

We know that the preparation of the Johnson/Fairhope-related material in the 1915 *Schools of To-Morrow* took a different trajectory than the other school profiles. As noted above, the preface informs the reader that all visits were undertaken by Evelyn Dewey with the exception of the School of Organic Education, which was visited by John Dewey in 1913, prior to the initiation of the *Schools of To-Morrow* project. Several years earlier Marietta Johnson had made connections with a group of people in Greenwich, Connecticut (a wealthy New York City suburb) that led to the formation of a "Fairhope League" which worked to raise funds for and promote her work.[12] Dewey appears to have heard Johnson speak in New York City in March 1913,[13] and in autumn of that year he accepted an invitation from the Fairhope League to visit Mobile Bay. Due to Dewey's obligations at Columbia University, the visit had to come at the end of the semester. The School of Organic Education was scheduled to already be on Christmas vacation but the school stayed open, students and teachers remained open several extra days, with the expectation that classes would be held as normal during Dewey's December 21–24th visit.[14]

Oral history accounts from Fairhope report that Dewey had a camera and took photos on his visit. Historian Joseph Newman, who has written extensively on Johnson's school, notes that tales of Dewey's visit were deeply woven into the "story" of the school as it has developed and been told across the twentieth and into the twenty-first century. In her posthumously published autobiography *Thirty Years with an Idea* Johnson reported that while there Dewey spent a considerable amount of time in the shop and she quotes him as pronouncing, "on the whole it is one of the best I have ever seen" (Johnson, 1974, p. 40). Other memories of the visit include Dewey dressing up as Santa Claus and delivering presents (Newman, 1999, p. 76). Reports indicate that Dewey enjoyed his visit; his accompanying son Sabino was apparently enraptured and wanted to stay and attend the school. And important for our purposes here is that Dorothy Beiser Cain, whose husband was Johnson's adopted son, and who attended the school during Johnson's time, has

---

12 This networks that advanced Johnson's work are discussed in great detail in McGrath (1996).

13 In an April 11, 1913 article reporting in Johnson's recently completed two-month north-eastern tour, the Fairhope Courier reported that one of her talks was attended by Robert Oppenheim, Edith Wilson (the first lady of the United States) and John Dewey.

14 The most detailed reports on the local arrangements surrounding Dewey's visit – including the interesting fact that the students and teachers voted to approve a delay to the start of the Christmas vacation – can be found in McGrath (1996, pp. 235–237).

claimed that Dewey took a number of photographs while visiting Fairhope in 1913 and that he used these photos in *Schools of To-Morrow*.

Cain proudly reported that Dewey had taken the Figure 1 photograph that appeared as the frontspiece to the 1915 book[15] – though it has been established above that this claim is inaccurate. The Marietta Johnson Museum in Fairhope, which Cain ran for many years, includes a print of the Figure 1 image, the frame of which bears the handwritten inscription "taken by John Dewey." A photograph of this picture in the Johnson museum frame was included in Susan Semel and Alan Sadovnik's 1999 edited volume *Schools of Tomorrow, Schools of Today: What Happened to Progressive Education?*, thus reproducing further the erroneous Dewey attribution. The inaccurate labeling of this one image notwithstanding, we still should not dismiss the story and collective memory that during his December 1913 visit to Fairhope Dewey was present with a camera and took photographs.

The final bit of evidence to suggest that the Figure 2 "gym" image might be a photograph taken by John Dewey is the snapshot quality of the image that makes it notably different from all of the other photographs included in the book. On the face of it, it is a rather poor photograph. It has some elements of composition with the horizontal arrangement of three triads of students, however this is imperfectly realized with some figures on the left side being almost cut out of the frame. The focus and exposure have a similarly amateurish feel, which would be in keeping with it being an on-the-spot photograph taken by an amateur photographer to capture a particular moment. Its overall value for my analysis in this chapter comes from what it reveals about the arrangement of human bodies and some of the affective contours of the schooling experience at Johnson's Organic Education school. The added value that comes from the possibility of this being a 1913 snapshot taken by John Dewey himself inheres in this being a particular visual framing (selection, valorization) through his lens and in what the taking of this picture suggests about the way the photographer affectively related to the school he was visiting.

3   Picturing Affect and Embodiment

The final section of this chapter moves into a closer analysis of what is shown in the three Organic Education school photographs included in the Dewey's 1915 *Schools of To-Morrow*. Yet, we must bear in mind John Berger's suggestion that an "abyss" separates the viewer of a photograph from the moment when the photo-

---

15   Joseph Newman, personal correspondence, April 5, 2016.

graph was taken (see Grosvenor, 2007). One strategy for bridging this abyss follows from the excursions in previous sections of this chapter into the provenance and publication-history/circulation of these images. The range of captions applied to Figures 1 and 3 has shown us the multiple meanings that can be layered into these images. However, rather than causing paralysis and preventing an analysis of the content of the photographs, we can instead take the multiplicity of meanings as enabling. Seeing the range of ways that other viewers have been "brought across" to an understanding of what was occurring in the photograph can be seen as taking us closer to what was being shown by – and experienced by – the children and adults in these particular images of schooling. A second strategy for bridging the "abyss" is the use of immersive attentiveness itself.[16] The use of images as historical sources often calls for deceleration and prolonged study on the part of the researcher.[17] This strategy helps to open up the possibility for affective engagement on the part of the historian with the subjects and objects under study. Taking the position that historians are invariably implicated in that which they study means acknowledging that reflexivity enters into the construction of historical objects. Reflexivity is necessary even for the simple act of envisaging a historical object in the first place as something situated in a time-space similar and/or dissimilar to one's own (Werner & Zimmermann, 2006). In this instance, bridging the abyss means telling a plausible tale about affective experience to which reader-viewers themselves can relate though their own affective familiarity and/or unfamiliarity.

Above I noted that the Deweys' picturing of American progressive education contained deliberate allusions to alternative scenarios and contained imagery showing student interest-oriented engagement. Yet, such characterizations of the visual communication strategies employed in Schools of To-Morrow only tap the surface of what we might take from the Schools of To-Morrow photographs. My suggestion here is that we attend to the picturing of affective states and affective relations in these photographs and my contention is that this can reveal something about the processes of embodiment that were at play in American progressive education.

The Deweys' "test with books open" image portrays bodies that have themselves been captured in a trance-like engagement with whatever history lesson or examination that Marietta Johnson was leading at this moment (See Figure 4 below for all three images adjacent to one another). While clearly arranged and posed for the photographer, the students show an indifference to the camera and focus exclusively on the pedagogical interaction with the teacher, some via books and others in indif-

---

16 See Rousmaniere (2001). On applying "immersive attention" to the study and teaching of art history see Roberts (2013).

17 This approach is also beautifully discussed in Grosvenor, Lawn, and Rousmaniere (1999).

ference to them. The students show with their bodies a self-willed attentiveness and a calm sense of being-present. The "gully is a favorite textbook" image also shows self-willed concentration, calm and a similar pedagogical engagement, though in this instance the teacher is absent as the focal point. Quite likely the teacher is in fact at the center of the image; she is the larger, adult female figure with the white hat at the direct center of the ensemble. Four students flank her on each side and their placement suggests a classical triangle composition. Nonetheless, here the students' entrancement does not flow from her commanding presence but rather from a learned manner of interacting with the natural environment. As established above, rather than studying it for geological insights the students standing at the cliff-side may in fact be defacing the side of the ravine with arithmetic graffiti. Equally interesting, however, are the figures sitting on the floor of the ravine whose horizontal placement balances the vertical lines established by the cliff contours and the standing students. These seated students run their hands meditatively through the sand. As in the "test with books open", the figures in this image are arguably arrayed for the compositional purposes of a photographer charged with capturing this moment of their schooling. Both of these images show bodies in possession of a strength, namely an ability to engage in meditative absorption.

Fig. 4   Three Fairhope, Alabama photographs published in John & Evelyn Dewey's Schools of To-Morrow

Marietta Johnson's pedagogical writings and interviews make frequent reference to growth, exercising "whole bodies" and the "sound, accomplished and beautiful body" (Nolan, 1922, p. 11). The Deweys' *Schools of To-Morrow* discusses Johnson's commitment to the full and free development of body and mind as well as the child with "well-nourished and active body" found in her school (Dewey, J. & Dewey, 1915, p. 19). It is thus very much in keeping with the avowed ethos of the school to take these photographs as evidence of the ways that embodiment was actualized.

The bodies on display in the "gym" image (Figure 2) are shown in possession of strength – physical strength in that many are in gymnastic poses – but rather than meditativeness as in the other two photographs, they show an ease and playfulness. It would appear that the effort of holding a pose for the period that it took the photographer to set up and adjust the camera was too much for some of the students as several bodies appear to be falling out of position. The image shows confident, comfortable playful movement that has been frozen for a brief moment – again, not just by the camera in the act of recording that brings this visual into our time, but frozen by the suspension and momentary pausing that was necessary to photographically capture what was occurring. The children in the image seem also to reveal some bemusement and awareness of the spectacle they were presenting the visiting luminary philosopher. If in fact it was taken by Dewey during his December 1913 visit, the image reveals something about the interaction between photographer and the bodies pictured. If Dewey selected this moment to photograph, then something arguably touched him about the particular tableau unfolding across the field in front of him and he had them hold their poses for the purposes of taking a photograph.

As the increasing number of scholars working on it frequently note, "affect" is fundamentally interactive and relational and can be understood to refer to the augmentation or diminution of a body's capacity to act, engage and connect.[18] Affect theorists often hold that affect does not reduce to emotion but rather that "emotions" can be understood as historically and culturally specific ways of naming and monitoring specific intensities within a narrowed domain of affective experience (see Sobe, 2012). As a broad terrain that indexes the ways that bodies are affected by and affect one another, the study of the affective dimension of human experience, in Sara Ahmed's words, "invites a broader optic, one that begins with the messiness of the experienced, the unfolding of bodies into worlds, the drama of contingency, and how we are touched by what we are near" (Ahmed, 2010). Seen from this angle, and despite the striking difference in the speaking / non-speaking role given to the teacher, there are (as noted above) remarkable similarities in the pedagogic interactions in play in the "gully" and "books open" photographs. Approached within a framing that centers on potential, capacity, embodied meaning-making and relational phenomena, all three of the Deweys' Marietta Johnson school photographs show children and adolescents embodying a self-possession, ease and engagement that touches others.

---

18 See the useful mapping of affect theory approaches in Figlerowicz and Marta (2012).

4   Concluding with Power

The above engagement with the Johnson school photographs included in John and Evelyn Deweys' 1915 *Schools of To-Morrow* affords an opportunity to reflect on the role that affect plays in educational processes. Marc Depaepe has pointed out that when theoretical models are used in history of education scholarship, quite often they are "all too easily plucked out of the existing history of science and cultural historical interpretations that have come about outside the domain of education" (Depaepe, 2010). In Depaepe's argument this generally leads to very rough generalizations whereby the empirical material amassed has only to serve to "prove" the value of those course-grained models. Here I have attempted to generate a theoretical engagement from within education and within educational history – one that began with a patterned (culturally, temporally and spatially) set of pedagogical experiences that we find framed and captured in the pages of John and Evelyn Dewey's 1915 *Schools of To-Morrow*.

Though they have the potential to speak across time, photographs also freeze time, raising the question of what endured out of, or was produced out of, the embodiments and affective experiences that John and Evelyn Dewey pictured at Johnson's School of Organic Education in 1915. Megan Watkins has proposed that the significance of affect lies in its ability to accumulate. Bodies are constantly affected by numerous stimuli, however transient states are not only momentary, for "through the iteration of similar experiences, and therefore similar affects, they accumulate in the form of what could be considered dispositions that predispose one to act and react in particular ways" (Watkins, 2010, p. 278). Thinking in terms of affective iteration leads us to a historical theory of schooling that allows for messiness, contingency, and indeterminability while preserving an ability to take account of that which is durable, consequential and structural. It is quite profitable to conceptualize teaching and learning processes in these terms. Pedagogy can be seen as resting on the iteration of experience. Pedagogy shapes the accumulation of affect through the ways that interactions between teachers and students, as well as students and students, are styled, restyled and recurrent.

An affect theory of power stands in considerable contrast to classical liberal views of power that see personal freedoms expanding in the absence of external restraints. It also stands at some distance from critical theory perspectives which would maintain that many of education's promises of freedom through self-direction and self-discipline mask operations of coercion and control. Examining American progressive pedagogy at the start of the 20th century with an eye on affective experience reveals important dynamics of power in play. Foucauldian notions of disciplinary power and governmentality take us part of the way to understanding the forms of embodiment seen in the *Schools of To-Morrow* photographs of Johnson's Organic Education school. Yet, it is also valuable to take into consideration the argument presented by Brian Massumi and others that across the 20th century power has ceased to principally function through disciplinary regulation of the proper and normal but instead to fundamentally function though manipulations of the affective dimensions of human experience (Massumi, 2015). It is plausible that we see glimpses of this beginning to occur in Fairhope, Alabama in 1913 as progressive educational methods were juxtaposed against traditional practices and as particular modes of being were animated and inhabited through the progressive educational practices that so captured John and Evelyn Dewey's attention.

References

Ahmed, S. (2010). Happy Objects. In M. Gregg & G. J. Seigworth (Eds.), *The Affect Theory Reader* (pp. 29–51). Durham, NC: Duke University Press. https://doi.org/10.1215/9780822393047-001

Aldridge, J. & Christensen, L. M. (2013). *Stealing from the mother: The marginalization of women in education from 1900–2010*. Lanham MD: Rowman; Littlefield Education.

Bennett, H. C. (September 1912). How Fairhope Solved the School Problem. *Pictoral Review*, p. 13.

Cohen, S. (1972). Montessori Comes to America, 1911–1917. *Notre Dame Journal of Education, 2*(4), pp. 358–372.

Depaepe, M. (2010). The Ten Commandments of good practices in history of education research. *Zeitschrift Für Pädagogische Historiographie, 16*(1), pp. 31–34.

Dewey, J., & Dewey, E. (1915). *Schools of To-Morrow*. New York: Dutton & Company. Retrieved from https://archive.org/details/schoolsoftomorro005826mbp

Edwards, D. (1913, March 16). Founder of Organic Education Tells of New School. *New York Times*, p. 10.

Fallace, T., & Fantozzi, V. (2015). A Century of John and Evelyn Dewey's Schools of To-morrow: Rousseau, Recorded Knowledge, and Race in the Philosopher's Most Problematic Text. *Educational Studies, 51*(2), pp. 129–152.

Figlerowicz, & Marta. (2012). Affect Theory Dossier: An Introduction. *Qui Parle: Critical Humanities and Social Sciences, 20*(2), pp. 3–18.

Grosvenor, I. (2007). From the 'Eye of History' to 'a Second Gaze': The Visual Archive and the Marginalized in the History of Education. *History of Education, 36*(4+5), pp. 607–622.

Grosvenor, I., Lawn, M., & Rousmaniere, K. (Eds.). (1999). *History of schools and schooling: Vol. 7. Silences and Images: The Social History of the Classroom*. New York: Peter Lang.

Henderson, C. H. (1902). *Education and the larger life*. New York: Houghton Mifflin.

Hickmann, L. A. (Ed.). (2002). *Past masters. The correspondence of John Dewey: A comprehensive electronic edition of letters to, from and about John Dewey*. Rec 03669 [CD-ROM]. Charlottesville: InteLex Corporation.

Hunt, J. L. (1913, December 6). Educating the Whole Child. *The Survey*, p. 239.
Johnson, M. (1913, December 6). Education as Growth. *The Survey*, p. 238.
Johnson, M. (1974). *Thirty years with an idea*. Tuscaloosa, Alabama: University of Alabama Press.
Kramer, R. (1983). *Maria Montessori: A biography*. Chicago: University of Chicago Press (Original work published 1976).
Lobdell, P. M. (1984). The Marietta Johnson School of Organic Education: An Historical Study (Unpublished EdD. Dissertation). Auburn University, Auburn, Alabama.
Massumi, B. (2015). *Politics of Affect*. Cambridge: Polity.
McCorquodale, G. J. (2002). Progressive Views on Literacy Instruction at the Marietta Johnson School of Organic Education in Fairhope, Alabama: Echoes of the Past Heard in the Present (Unpublished PhD. Dissertation). University of Alabama, Tuscaloosa, Alabama.
McGrath, J. R. (1996). A School for Utopia: Marietta Johnson and the Organic Education Idea (Unpublished Ph.D. Dissertation). Louisiana State University, Baton Rouge, Louisiana.
Morice, L. C. (2015). Revisiting Schools of To-morrow: lessons from Educational Biography. *Vitae Scholasticae*, *32*(2), pp. 5–18.
Newman, J. W. (1999). Experimental School, Experimental Community: The Marietta Johnson School of Organic Education in Fairhope, Alabama. In A. Sadovnik & S. Semel (Eds.), *Schools of Tomorrow, Schools of Today: What Happened to Progressive Education* (pp. 67–101). New York: Peter Lang.
Nolan, A. B. (1922). A Visit to Fairhope. *New Haven Teachers' Journal*. (1), pp. 6–11.
Reh, S. (2014). Can we discover something new by looking at practices? Practice theory and the history of education. *Encounters in Theory and History of Education*, *15*(fall), pp. 183–207.
Roberts, J. L. (2013). The Power of Patience: Teaching Students the Value of Decleration and Immersive Attention. *Harvard Magazine*. (Nov.-Dec.), pp. 40–43.
Rousmaniere, K. (2001). Questioning the Visual in the History of Education. *History of Education*, *30*(2), pp. 109–116.
Sobe, N. W. (2012). Researching emotion and affect in the history of education. *History of Education*, *41*(5), pp. 689–695.
Sobe, N. W. (2016). Desafiando o Olhar: O sujeito da atenção e uma sala de aula de demonstração montessoriana, 1915. *Cadernos De História Da Educação*, *15*(1), pp. 166–189.
Sobe, N. W. (2017). Fontes, Teoris, Escolarização e Infância: Afeto e Coproreidade nas Escolas Progressistas Norte-Americanas do Amanhã: [Sources, Theory, Schooling, and Childhood: Affect and Embodiment in American Progressive Schools of To-Morrow] L. A. Gomes Senna (Trans.). In J. G. Gondra, M. C. G. Machado, & R. H. S. Simoes (Eds.), *História da Educação, Matrizes Interpretativas e Internacionalização* (pp. 273–296). Vitória: Edufes.
Staring, J. (2013). *Midwives of progressive education: The Bureau of Educational Experiments 1916-1919*. PhD. Dissertation. Nijmegen: Integraal (Werkgroep Integrerende Wetenschapsbeoefening).
Staring, J. (2014). New Light on Marietta Johnson. *Journal of Education and Human Development*, *3*(3), pp. 205–225.
Watkins, M. (2010). Desiring Recognition, Accumulating Affect. In M. Gregg & G. J. Seigworth (Eds.), *The Affect Theory Reader* (pp. 269–284). Durham, NC: Duke University Press.
Werner, M., & Zimmermann, B. (2006). Beyond Comparison: Histoire Croisée and the Challenge of Reflexivity. *History and Theory*, *45*(1), pp. 30–50.

Children's Drawings as Historical Sources for the Study of Education in World War One

Carolyn Kay

Bei mir muss jeder Junge Krieg machen. Das ist den Knaben am nächstliegendsten. Sie sollten sehen, mit welcher Freude und Begeisterung sie dies machen und welche Sorgfalt und Phantasie sie dabei anwenden (Cizek in Hagedorn 1976, p. 88).

Franz Cizek, 4th International Congress for Art Education, Dresden, 1912

In our historical memory of the First World War images of mud and muck, mass slaughter and exploding shells remind us of the senseless deaths of millions of young soldiers; this war is remembered in terms of its losses rather than its triumphs. Yet for the young German children who experienced the war on the home front, the images of war were something very different. These children were the subjects of wartime pedagogy and propaganda and thus to them the war was heroic, necessary and a testing ground for personal honour and service. Such attitudes become very clear when we consider the drawings that young children did of the war in their school classrooms. That is the subject of this article.

Today the historiography of World War One includes many excellent studies of the home front and thus addresses the transformation of society experienced by ordinary citizens during this tumultuous period (Donson 2010; Chickering 2007; Davis 2000). Still, the lives of children and their education in schools during wartime merits more attention by historians of modern Europe. As Gert Geißler has noted about the German case:

Von den allgemeinbildenden Schulen bis zu den Universitäten bestimmt seit August 1914 der Krieg die Schul- und Jugenderziehung. Vielgestaltig sind die Bemühungen, Elternhaus, Schule, Kirche, Jugendverbände und Heer zu einer 'geschlossenene nationalen Erziehungsmacht' zu verbinden. Militär und Schule treten, wie es "der Krieg"

© Springer Fachmedien Wiesbaden GmbH, ein Teil von Springer Nature 2019
K. Berdelmann et al. (Hrsg.), *Transformationen von Schule, Unterricht und Profession*, https://doi.org/10.1007/978-3-658-21928-4_10

die Fortführung der Politik mit anderen Mitteln nun verlangt, in enge Beziehung (Geißler 2013, p. 362).

Christa Hämmerle, in a recent book on Austrian children during the war, also makes the point that students in Austrian schools, already influenced by military ideas before 1914, were encouraged to positively support the war and to defend the war aims: "Zu diesem Zweck werde der gesamte Unterricht in den Dienst des vaterländischen Krieges gestellt"(Stekl et al. 2015, p. 28). Likewise, the path-breaking scholarship of French historians Stéphane Audoin-Rouzeau and Manon Pignot (who has analyzed wartime children's art in Paris) has shown that French children were saturated with war propaganda in the home, the street and especially at school (Audoin-Rouzeau 1993; Pignot 2004). Here they encountered what Audoin-Rouzeau calls "war culture."

> Presented to children as a war to protect their safety, the conflict was also portrayed as a war to build ... their future. In such circumstances, the pressure exerted on children from the outset was extremely heavy. It was a matter of making use of the war to transform the children of the war period into a generation of outstanding adults...(Audoin-Rouzeau 1997, pp. 39–40).

In wartime Germany, young children faced a barrage of incessant propaganda from July 1914 onwards. There were approximately 10 million school-age children in 1914 out of a general population of 67.8 million Germans and thus the number of young Germans was substantial (Geißler 2013, p. 313). In the Volkschule – primary public schools – students from age 6 to 14 were immersed in war propaganda, especially in the first two years of the conflict (Geißler 2013, pp. 233–234). Notably, these schools had been instrumental in the socialization of workers' children before 1914, teaching boys and girls to respect God, Kaiser and the Fatherland (Geißler 2013, pp. 243–244). Songs, classroom decorations, school assemblies, and daily lessons – all were affected by the fervour of war. At the same time, nationalistic authors like Adolf Matthias (the author of a popular advice book for parents entitled *Wie erziehen wir unseren Sohn Benjamin?*) wrote books, pamphlets, and essays on wartime pedagogy, praising the war as a great teacher of individual virtues, including duty and service to the community and the nation (Matthias 1896; Matthias 1915).

In all of these ways, German children became the objects of intense war culture. Within the classroom a war frenzy arose in the first two years of the war. By 1916 the Social Democratic writer Clara Bohm-Schuch was arguing in *Die Kinder im Weltkriege* that in the Volkschule a disturbing "*Kriegsrauch*" had exhibited itself in children, accompanied by expressions of intense hatred of the enemy and the playing of very rough war games (Bohm-Schuch 1916, p. 10). She called on schools to change this environment of intolerance. In the same year Spartacist Karl Lieb-knecht – a prominent opponent of the war – complained that "Krieg, Krieg und noch einmal Krieg ist die Losung in der Schule" (Demm 2001, p. 92). We know now that the intense period of wartime nationalism in the schools was in fact lim-ited; as Kathrin Berdelmann and Joachim Scholz have argued, the effects of war pedagogy diminished after 1916 for many reasons, including the loss of teachers, disease and hunger affecting students, absenteeism from the schools for work or because of illness, and classroom fatigue about the war (Scholz and Berdelmann 2016). We have to consider, then, that the education of children went through different phases during the war (1914–1915; 1916–1918), and that the pedagogy at school was inconsistent through these different times. Furthermore, we need to consider other factors when assessing wartime pedagogy at any point in the war, including the ages of children in the schools, their class background, whether they lived in the city or country, whether they experienced reform pedagogy or not, and what gender these children were. Were younger children more susceptible to school propaganda than teenagers? Did it make a difference to learning about the war if you were a boy or a girl?

In addition, one of the greatest challenges for the scholar is uncovering the at-titudes of children during this time. The voice of the child is not found within the prescriptive literature of the age (advice literature for parents or books on wartime pedagogy), or in the accounts of school directives and activities during the war. What did children actually think? How much did they understand about the war? My research has convinced me that children's perspectives can be found in the school artwork of the war years, encouraged by teachers of the reform movement in arts pedagogy (the "Kunsterziehungsbewegung"), which promoted free drawing and thus the creativity of children. During the war years, such classes inspired children to draw and paint on the subject of the great conflict. Admittedly, these school exercises by their very nature could shape the ideas of children's work, since boys and girls were told by teachers to revel in the war and thus to draw or write on the war as an essential task of the nation. Nonetheless, in the essays and artwork children brought individual perspectives in terms of what they chose to draw or how they imagined the war (as we will see). Thus, with caution, the historian can analyze such works to discern the voice of the child.

Research on children's wartime drawings is very exciting and yet is limited by the number of available sources. Not many examples of children's art survived the two wars or were collected by schools. However, there is an extraordinary collec-tion of children's drawings – in pristine condition – in the Elbinsel-Wilhelmsburg Museum, drawings originally done for the Volkschule III Wilhelmsburg. As well, at the Bibliothek für Bildungsgeschichtliche Forschung in Berlin, children's school drawings from 1914–1945 reveal distinct political, national and military influences. Likewise, in the Österreichische Nationalbibliothek examples of boys' artwork from schools in Graz during the First World War are a rich resource on the war. My other sources are photographs of children's artwork in books and journals from World War One. For example, in 1915 educational authorities in Berlin held an eight-month exhibition of children's work, called *Schule und Krieg*, for which a book and catalogue were produced (Zentralinstitut 1915). In the *Schule und Krieg* publication one sees many examples of children's artwork on the war. As well, in wartime Vienna, an art teacher named Richard Rothe arranged for an exhibition in November 1915 of wartime drawings by his young students, and a book from that exhibition, called *Die Kinder und der Krieg*, shows the artwork created (Rothe 1915).

Analyzing the children's art leads to the conclusion that war pedagogy was intensive in the period from 1914–1916, and that in the reform pedagogy of art classes in the Volkschule children experienced a deep connection to the war: certainly, they were directed by teachers to celebrate the war and support the national army. As Eberhard Demm notes, the wartime propaganda had a specific goal: "unerschütterlichen Vertrauen zur Heldenhaftigkeit der Armee und zur vertrauenswürdigen Weisheit der obersten Heeresleitung zu erziehen" while stressing to children "dass wir nicht auf der Welt sind, um glücklich zu sein, sondern um unsere Pflicht zu tun" (Demm 2001, p. 63). In the artwork of the children one sees patriotic support of the German nation and its "just" cause, and a depiction of the German soldier as brave, heroic and triumphant. The war was imagined by both boys and girls as a battle of movement, with hand-to-hand combat, surging troops, exciting weapons, and enormous Zeppelins. Girls also drew war scenes that emphasized care and the rescue of soldiers by compassionate nurses. What strikes me as very significant, in all of this art, is evidence that the youth of Germany and Austria-Hungary were immersed in a culture of war and violence after 1914, akin to the French experience described by Pignot and Audoin-Rouzeau (Pignot 2004, pp. 34–51). They were encouraged by teachers to be celebratory about the war – and to accept its legitimacy, including the violence and killing – because the conflict was being waged on behalf of the beloved nation.

1   Art Classes in School

To understand the children's drawings in the war years, one must also understand the *Kunsterziehungsbewegung*. This pedagogical approach to art was part of the new wave, or reform movement, of German education, dedicated to nurturing the child (Kerbs 2001, pp. 378–397; Siepmann 1976). German art education had changed dramatically, to be sure, since the early nineteenth century. At the start of this century, educators considered drawing a luxury for children and thus not an essential part of instruction. A much different approach emerged with the pioneering work of Johann Heinrich Pestalozzi (1746–1824) and Friedrich Fröbel (1782–1852), who encouraged children's drawing of geometric shapes and daily play with balls and blocks as a means of developing skill, intellect and personality (Ashwin 1981, pp. 2–3). In the aftermath of the 1848 revolutions, Fröbel's ideas were rejected by Prussian educational authorities as socialist, and once again the Volkschule became an institution of rote learning – what one scholar has described as "a dark age for the teaching of drawing" (Ashwin 1981, pp. 99, 138). Finally, towards the end of the century efforts by a variety of educational reformers, including Alfred Lichtwark (1852–1914), the director of the Hamburg Kunsthalle, helped return educators' attention to the arts in instruction (Kay 2002, p. 25; Jenkins 2002). Allied with the teachers' reform movement in Hamburg and a passionate advocate of arts education named Carl Götze, Lichtwark wrote "Die Kunst in der Schule" in 1887, urging art instruction, and he helped organize an exhibition in the Kunsthalle of children's art in 1898, entitled *Das Kind as Künstler* (Lichtwark 1917 [1887]; Götze 1898).

Lichtwark urged teachers to expose children to art and to art instruction, so that they would become enlightened citizens of thought and culture – able to lead Germany into the future. In the Hanseatic capital, the Hamburg reform movement introduced an innovative and modern approach to teaching art in the classroom, with teachers inviting children to explore their creative ideas and to study nature, utilizing ideas taught to them by artists in special courses and conferences (Ashwin 1981, p. 174).

The art reform movement in Hamburg promoted a modern approach to teaching art and was backed by modernist artists in the Hanseatic capital. Indeed, throughout Germany during the fin-de-siècle , art teachers and educational reformers described children's art as the result of their instinctive, deeply perceptive, and essential creativity: what Rothe described as the "*Urinstinkte*" of children (Rothe 1915, p. 9). Modernist artists such as Kandinsky, Münter and Klee believed in such ideas, showing an often intense interest in children's "primitive art" and seeing the child as the "pre-history" of adulthood, and thus as "a kind of domestic noble savage" (Fineberg 1999, pp. 6, 11). In such an approach, the nature of the child was supreme – and psychologists of the era interested in child development defended the idea of allowing the child to express herself without adult influence. (Ashwin 1981, pp. 174–175). As Clive Ashwin has argued:

> the theorists of the reform movement centered their attention, especially in relation to the very young child, on the child's developing personality and intellect, accepting

from the start that its perception of the world was not the same as that of the adult and that its drawing should not be measured according to the adult criterion of objectively verifiable truth, but in relation to its own private and often highly idiosyncratic view of reality (Ashwin 1981, p. 175).

Thus the art reform movement was inextricably linked to emerging ideas on child development and psychology.

On October 15, 1872, the Prussian cultural minister Adalbert Falk called for the introduction of drawing classes in the Volkschule (Kerbs 2001, p. 379); by the time of the First World War, educational reformers in German cities like Hamburg, Breslau, Munich, and Berlin dominated the classroom and they focused upon the cultivation of the child through imaginative exercises and arts instruction. They were also supporters of the war and of wartime pedagogy. As such, their art instruction invited the children's participation in the war. Indeed, most Volkschule teachers accepted the idea of Germany being under siege from aggressive and jealous nations: their support for the war was very strong (Geißler 2013, p. 361) Today in Berlin's Bibliothek für Bildungsgeschichtliche Forschung (BBF) one finds a small collection of drawings from the early war years by children – featuring German and Allied flags (Prussian, German, Habsburg, Ottoman), and anthems and weapons of war, especially Zeppelins. The progressive lessons of the arts reformers ultimately became linked with an oppressive war.

Fig. 1

Bibliothek für Bildungs-
geschichtliche Forschung.
Artist: Elfriede Taube,
Berlin 1915

Indeed, once the war broke out, teachers viewed the creation of war art as a crucial, positive, and indeed progressive experience for young students. Rothe said of his students:

> In allen ihren Beschäftigungen, in allen ihren Spiele und Träumen lebt der Krieg. Er hat sowohl Knaben und Mädchen in innerster Seele erfasst, ein hohes heliges Etwas in ihnen wachgerufen, das sie in Friedenszeiten nie und nimmermehr kennen gelernt hätten. Der Krieg hat in den Kindern die schlummernden Urinstinkte geweckt und hat die Knaben aktiver, die Mädchen milder und sanfter gemacht. (Rothe 1915, p. 9).

#Rothe also begins his book with a stirring proclamation of support for the German struggle, depicting the conflict as a result of the aggressive actions of the "enemy" who seek to make Germany and Austria-Hungary their *"Knechte"* (Rothe 1915, p. 9). His nationalism and his traditional view of gender roles are evident throughout the book and he would have certainly communicated such ideas to his students, influencing their perspectives.

The Breslau artist and arts teacher Colestin Kik was another leading proponent of the reform method of teaching drawing; in 1915 he wrote an article about his students' artwork in the 1915 *Schule und Krieg* exhibition in Berlin (Kik 1915). Praising the elemental quality – the artistic value – of the drawings and arguing that these drawings were the very best means of hearing the children's voices during the war, he described the process of creation. Kik pointed out that teachers did not tell the children what to draw, specifically. All the children's works were original, he proclaimed: the teachers told the children to draw a *"Kriegsbild"* or to set down on paper their impression of the war (Kik 1915, p. 3). The children then used their imaginations to create the art. Kik argued that to express the enormity of the war – its tragedy and heroic greatness – required of an artist neither natural talent or a trained ability. Children could create drawings of spontaneous expression and power, and in their efforts they expressed truthful recreations of their sense of reality. Thus he argued that the war drawings offered tremendous insight into their thoughts and feelings – perhaps more than any medium (Kik 1915, pp. 2–3). Rothe's and Kik's bias and preconceptions were plainly evident in their writings: both stressed that the war encouraged children's bravery, loyalty and passion for the nation, and that few expressed any sense of suffering or opposition. Furthermore, they made the case for boys being better artists than girls, as boys were supposedly more talented at drawing forms and utilizing detail, while girls – who had a good colour sense – tended to cram too many objects into the picture or get lost in the decorative details (Kik 1915, pp. 3–4). They also made the false assertion that girls did not draw many battles scenes. Conservative and nationalistic viewpoints emerged clearly in the writings of these two bourgeois men – projected onto the children and inherent in the idea that all German boys and girls loved the war. The specific pedagogy that was used by art teachers in the wartime classroom is also revealed in accounts by teachers published between 1914 and 1918, in wartime journals for art instruction. One such teacher, Ignatz Göth, described his pedagogy in great detail, explaining how he first showed his class of working-class Austrian boys (12 years old) a model of a submarine, alongside images of subs and warships from a wartime book for children. Then he described a battle scene to the class, whereby an unmarked ship appeared at night on the sea, only to be sunk by a German submarine with a periscope. The students did drawings based on this story, and also made a model of a periscope, which apparently aroused enormous interest among them (Göth 1916, p. 237; see also Marten 1915, pp. 66–69). Another teacher, Gustav Kolb, wrote in 1915 that his class in Göppingen (in a secondary school for middle-class boys) read about the German troops fighting the French in the Argonne forest and the class took on the project of depicting this conflict in their art. To prepare, students went to a nearby forest and studied individual trees, foliage, boughs, and limbs. They later drew such images from their memory. To create the French and German figures they spent a second week studying their own bodies crouching, kneeling, jumping, falling, and lying on the ground. As well, one student dressed in a French uniform for the class to observe. In the final week of preparation the students were given the freedom to create the drawings on their own, using their imagination – although clearly they would have been influenced by the preceding exercises. Kolb's belief in the elevating powers of the war, to draw forth the students' finest qualities and their connection to the German struggle, is evident in his description of the popularity of his classes and in his conviction that the war art of these boys was exceptional (Kolb 1915, pp. 49–54). Yet another teacher, in Vienna, (Otto Kunzfeld) emphasized how obsessed his students were with the war; their hearts and minds were filled with images of war events. Some of his female students were the daughters of officers and when they drew scenes of struggle they felt their hearts soar, he claimed. In empassioned exchanges between teachers and students the subjects of the art were set down: mobilization, departure of soldiers, attacks by infantry, battle scenes and care of the wounded. Kunzfeld also described the progression in girls' drawings of the war – from stick figures he defines as symbolist to more mature images that are naturalistic. War art, he concluded, enriched the students' creativity (Kunzfeld 1915, pp. 153–158).

2   The Drawings of War By Children

Kunzfeld's observations about the different styles and skills of student art on the war ring true in the actual examples of children's wartime art available to historians. The drawings vary from rudimentary sketches of figures – by young children up to the age of 12, done in a free style – to polished studies of soldier engagements, with careful delineation of the human figure in movement – usually by children aged 13–15.

Many examples of this art originated in the Volkschule. As noted by Colestin Kik and other teachers, the children chose the subjects themselves, although it is not always clear how children knew *what* to draw. Where did the images they chose originate from? Were children influenced by illustrations in popular newspapers or in children's books on the war, or was it toy soldiers, images hung in classrooms (the *Schulwandbilder*), and wartime postcards that influenced the children's ideas? Several reviewers of children's wartime art, in newspaper articles of 1914 and 1915, suggested that the children saw illustrated newspapers and that these images likely influenced their work (Rothe 1915, p. 40). Colouring books from the war years were another possible influence, and a popular one by the prolific illustrator Willy Planck features dramatic scenes of battle that likely influenced children's perspectives (Planck 1915; see also Gleich 1915). The drawing of the human figure in the children's war art covers the range from what proponents of the art education movement described as primitive and symbolic expressions of war (akin to Egyptian friezes), to very detailed and skillfully rendered images of troops at war. There are similarities, nonetheless, for all of the child artists in terms of what is depicted in this war art. Very few of the drawings show the trenches, or the war of stalemate. According to Kik, "die langwierigen Stellungskämpfe und die unmalerischen Schützengräben schätzt der Junge nicht. Umsomehr liebt er Sturmangriffe und Nahkämpfe mit Bajonett und Kolben, Reiterattacken und die Verfolgung des fliehenden Feindes....Das Blut fliesst in Strömen, und die rote Farbe des Tuschkastens wird stark abgenützt." (Kik 1915, p. 8). In such student artwork there would be no depiction of gas or gas attacks, and few indications of machine guns. Most of the soldiers would be in movement in a field or on a hill or they would be storming a town and capturing a flag.

Kik's view that students loved portraying dramatic scenes of battle is borne out in the surviving examples of wartime children's art. To date, the collection of wartime children's drawings from the Hamburg area is the most extensive and remarkable collection of German children's drawings from the war years; the collection originated in Schule III in Wilhelmsburg (today a Waldorf school) and the students were boys and girls in classes "II" and "IV" between the ages of

10 and 13. The area of the school lay in a section of expansion for the Hamburg docks; thus the children were likely of working-class background (the children of workers and dock employees). In this school Prussian values of order, obedience, hard work, godliness, and loyalty to the Kaiser and the state prevailed. A school flag contained the motto "Religion, Tugend, Arbeitsamkeit, Fleiss – mit Gott für Kaiser und Reich" (Drygas 2015, pp. 10–12).

In the classroom drawings of 1915 the children explored four main subjects: the battles on land, water and in the air, and the care provided by nurses in war hospitals. Weapons such as cannons, bombs, machine guns, airplane bombers, submarines, and Zeppelins are featured, but one also sees a lot of bayonets and swords. There are no scenes of gassings or tanks, although such aspects of the war would have been unknown to most children in the first few years of the war. Also missing are graves or cemeteries. The drawings do not appear to lament the deaths of the war, but to revel in the victories and accomplishments. Notably, Wilhelmsburg was the place of 4500 conscripted soldiers in World War One; of this number, 900 died (Drygas 2015, p. 12).

In the Wilhelmsburg drawings, most of the battle scenes by children show German soldiers fighting French soldiers. The only reference to British or Russian forces are in the marine drawings. In the drawings by younger children, German soldiers are distinguished by their helmets (with the Pickelhelm) and by flags of the German nation. French soldiers wear red pants and blue jackets, or they are distinguished by their round caps.

3   Analyzing Children's Art

The art historian Olga Ivashkevich has described children's art as a dialogue; she argues that children "reinvent" ideas, personal experiences, cultural values, and social conditions in their art (Ivashkevitch 2006, p. 57). They are also influenced by other children's art, especially if they are creating drawings in a group setting. This does not necessarily imply that they imitate others' work, but that seeing a friend's drawing can be a starting point for a child's personal impression of war, nature, and home life. Whether a drawing is made at home or at school, created alone or with friends, the child's unique impressions are set down – so that the artwork becomes "an artefact of lived experience" (Ivashkevich 2006, pp. 56–57). Ivashkevich points out, too, that other researchers of children's art have noted the impact of gender differences, and thus of the socialization that can reinforce gender stereotypes as seen in the children's art (Ivashkevich 2006, p. 51). Historian Nicholas Stargardt has uniquely addressed children's art within the context of the Holocaust; he argues that surviving drawings and paintings such as those at Terezin (produced in peer groups under the direction of art teacher Frieda Dicker-Brandeis) should be seen "as the frozen moments of a social history lived in a very particular time and location" (Stargardt 1998, p. 234). Furthermore, as Stargardt points out:

> ...there is no established historical method for looking at the visual material produced by children themselves. Should we interpret their drawings as depicting real life or expressing their fantasies?... Do children paint the world around them or do they go on painting the same picture, taking it with them like an expressionist autobiography? And what roles do age and sexual and cognitive development play (Stargardt 1998, p. 234)?

These are crucial issues for the historian; whether or not one can accurately interpret a child's drawing is up for question. However, in the case of the wartime art of German children, the sheer number of works depicting battlefield killing and showcasing the power and superiority of the German/Austrian forces is notable, and this is my starting point for utilizing the artwork as documents of the children's attitudes.

4   Analysis of the Wartime Art by German Children

When we turn to the examples of German children's wartime art it becomes clear that most drawings from 1914–1916 show an unequivocal support of the war, which is certainly not surprising considering the extensive propaganda children were exposed to in the opening years of the conflict. What is intriguing, nonetheless, is the ways in which children imagine the German soldier or German nurse, and how they depict the German body. Admittedly, for the historian children's art poses many challenges; how does one distinguish the meanings of a drawing when one cannot ask the child artist what she depicted, or why? Claire Golomb, an expert on children's art, has argued children have "a basic vocabulary of universally similar and meaningful graphic shapes," including the circle and the line, that they prefer abstract forms because of their simplicity, and that they often choose one or two colours for pleasure (Golomb 16–17, 26–27). She also cites Jean Piaget's (1896–1980) idea that children of ages 7–11 could often draw realistically and that their works offered a "printout" of the child's mental image of something of interest (Golomb, 10–11). The historian, then, must pay close attention to the child's depiction of human forms, her use of colours, and the spatial dimensions of the work, in order to assess the general story being laid out. One must also be wary of seeing children's art as primitive or immature; as Golomb has emphasized, children's art represents a language unique to the child and is certainly very complex and rich in meaning (Golomb 3–18). In the artwork of the children from Wilhelmburg's Volkschule, patriotic support of the German nation and its "just" cause is a constant theme, and the German soldier is depicted as brave, heroic and triumphant. An extension of his power is the explosive cannon and the firing gun. The war is imagined as a battle of movement, with hand-to-hand combat, running troops, exciting weapons, and enormous Zeppelins. The bodies of these German heroes are drawn as monumental figures of strength and heroism: vigorous, purposeful, youthful, victorious, on the move, determined, skilful, carefully armed. Nurses are set on the page as goddesses of care and comfort, often drawn like mothers (with the wounded soldiers depicted as children). In the scenes of battle the enemy doesn't stand a chance of victory. He is shown as inept and clumsy, with legs and head akimbo, falling backwards, clownish, out of battalion order, overwhelmed, with inferior weapons. Sometimes the body of the enemy is bleeding profusely or blown apart. Civilians flee bombarded cities in disarray, their tiny bodies no match for the mighty Zeppelin. Essentially, in the children's artwork the body becomes a symbol of the nation. Notably, some children revel in showing violence to the body – imagining violence as something positive, exciting, and fun.

Specialists on children's art – including the psychologist Rhoda Kellogg – have argued that children's drawings express several intense desires, including their demand to be in control and to be seen as grown up (Kellogg 1970; Golomb 2002; Thomas 1990). The war drawings encapsulate such desires and also show an attempt to make order out of the dramatic world of 1914–1916. Indeed, as Claire Golomb points out: "The themes children portray reflect their experiences, joys, interests, and sorrows, hopes, fears, struggles, victories, and defeats. However, children do not live and create in isolation. They are part of a larger community and events that affect all of its members are depicted" (Golomb 2002, pp. 44–45). She also stresses that children draw their own symbols of the world, their own images; they know that what they are drawing and what they are representing are two separate things (Golomb 2002, p. 4). With such ideas in mind, let us consider several of the original drawings by young children of the Wilhelmsburg Volkschule.

Fig. 2   Martha Druckener, 12, Wilhelmsburg, 1915.

In this first drawing by Martha Druckener, aged 12, we see two groups of soldiers engaging each other in conflict; on the right are the Germans, on the left the French. Druckener used coloured pencils to depict four German soldiers in blue, with Pickelhelm, advancing on four French soldiers. One falls from a plane. The German soldiers are in a straight horizontal line, close together, carrying firepower (shown by bursts of yellow and red lines) and with a huge cannon. One soldier, closest to the cannon, carries a sword. They have managed to shoot down the French flier. The girl draws the bodies here with one arm, each extended by a weapon (the body and the weapon becoming one), a common method of depicting the body by younger children. The cannon is the centerpiece of the work, celebrating the enormous firepower of the Germans. In contrast, the French soldiers, delineated with red trousers and hat, and with blue jackets, stick out awkwardly. Their bodies express ineptitude; their uniforms give away their position. The first French soldier falls back – having been struck by gunfire from the second German soldier (and this French soldier also holds a sword). The last three are spaced far apart and fire towards the Germans, without luck. They will soon be victims. We also see two red objects, perhaps bombs, descending upon the French soldiers from their own force's plane. Note that the girl draws the heads of the Germans as larger. Even though the Germans are outnumbered here, they are the victors. Their power, strength, unity, and weaponry are superior.

Fig. 3   Frieda Bischoff, 12, Wilhelmsburg, 1915

Fig. 4   Emmi Burmeister, 12, Wilhelmsburg, 1915

Similar images are captured in drawings by Frieda Bischoff and Emmi Burmeister, girls who were in Druckener's class, and presumably of the same age; here we see evidence of possible copying or collaborative work by the girls. It could also be the case that the teacher showed an illustrated image to the class, or described a particular scene from battle, which they copied. In Frieda Bischoff's work the French outnumber the Germans, but to little avail. Even though her drawing is absent a cannon, three German soldiers defeat four French soldiers and a flier. The Germans have shot down the plane and the pilot, having also killed the first French soldier at close range. They move forward purposefully and in close ranks; meanwhile she shows the French as clumsy and too far apart, sticking out awkwardly with their garish French uniforms. The first soldier's body is blown backwards with enormous force. Emmi Burmeister's work shows a tighter concentration of five German soldiers with heavy firepower, including a mighty cannon, clearly overwhelming a doomed group of four French soldiers (the Germans outnumbering the French in this unique example), with one again falling from a plane. The German bodies here are taller and the French are out of order, firing up rather than forward.

Fig. 5   Elsa Tilch, 12, Wilhelmsburg, 1915

In a related drawing by Elsa Tilch, five German soldiers with three cannons decimate the French. Here the Germans are on the left and the French lie on the ground, near death or dead. One smiles at us. The soldiers are distinguished by their headgear. The theme again is of German superiority, strength, power, leadership, and success. Death is depicted with a grin, not with a face of terror.

Fig. 6   W. Bade, 12, Wilhelmsburg, 1915

The subject of German superiority is echoed in boys' art too, as in this work by Wilhelm Bade, where French soldiers fall back, are out of position, and certainly appear weak and inept. In contrast the German soldiers' bodies press forward, moving with precision and determination. The Germans are outnumbered, but in control. Notably, the French troops are shooting the wrong way and in one case the gun is turned upside down.

Wilhelm Regutzki, in his drawing, offers another scene of German precision versus French disorder, in this case indicating trenches and barbed wire, and setting the French forces as easy targets in their blue and red uniforms.

Fig. 7   W. Regutzki, 12, Wilhelmsburg, 1915

Fig. 8   Erich Raschke, 10, Wilhelmsburg, 1915

Erich Raschke's work shows the precision and order of the German troops, vis-à-vis their French enemies – and adds in a Zeppelin for emphasis. The German forces operate as a coordinated machine, the French as a sputtering failure.

For the children drawing such scenes of combat, wartime propaganda provided plenty of examples of German superiority. Perhaps the most intriguing instance of this idea appeared in Willy Planck's 1915 colouring book, *Kriegsbilder*.

Fig. 9

The cover page, for example, shows German soldiers carefully camouflaged, gathered into a cohesive unit, and with a huge cannon. The French are fatally confronted by German strength; they wade forward into death, wearing ridiculous uniforms that betray their position immediately, carrying heavy packs, and without adequate firepower. One is already on the ground; several are struck and falling backwards. Other scenes in this colouring book celebrate and romanticize German troops in the war, giving the children the opportunity to copy, colour and internalize such images.

Fig. 10

Another possible influence as to the children's idea of German greatness was Arpad Schmidhammer's work – the prolific children's author and illustrator. Among the many popular books he created during the war, *Hans and Pierre* stands out for its satirizing of the French (Schmidhammer 1916; see also Schmidhammer 1915 and 1914; Kay, 2013). Schmidhammer celebrates the clever German soldier in the trench who outwits, outlasts and outdoes his hapless foe, Pierre. Of course the book reveals nothing of substance about the actual conditions in the trenches. On the cover, the contrast between the sturdy German fighter and the effeminate French fop is evident.

Fig. 11   W. Regutzki, 12, Wilhelmsburg, 1915

Fig. 12   C. Möller, 12, W. III, 1915

Alongside the theme of the monumental German body in war, artwork by children from the Wilhelmsburg school shows fixation with weaponry – cannons, guns, Zeppelins, submarines, and aircraft. In some works, such weaponry dominates with great effect. There are scenes of gigantic yellow Zeppelins, red cannons and explosive bombs and rifles, all dwarfing the troops; dramatic air battles that decimate a town without human agency; and submarines (the famous U9) dispatching deadly missiles against British battleships. Such weapons are celebrated by the children – depicted in awe.

Fig. 13   Ella Bostelmann, 12, Wilhelmsburg, 1915

Fig. 14   Erna O., 10, Wilhelmsburg, 1915

Fig. 15   Minna Bernhardt, 10, Wilhelmsburg, 1915

In contrast, when the children draw the wounded and the nurses who care for them, the predominant tone is one of nurturing and gentleness. In the images of the nurses, done here by three girls [Bostelmann, Erna O, Bernhardt] one sees that the children occasionally draw the nurses as quite large – to show their importance – and design the hospitals as domestic places of refuge. Oftentimes the wounded appear like children and look out directly at the viewer, a suggestion of their identification with the war and their personal sense of refuge and safety in the arms of the loving mother. The wounded are not doomed or destroyed in these images; they are watched over by smiling goddesses of care.

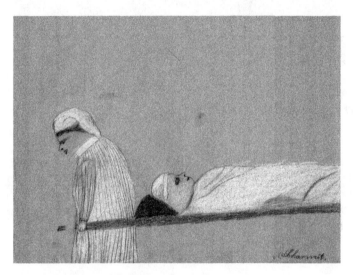

Fig. 16   A. Scharweidt, 14, Wilhelmsburg, 1915

Fig. 17   J. Müller, 14, Wilhelmsburg, 1915

Yet in a few drawings of nurses, executed in a more sophisticated style by older female students (Scharweit and Müller, 14 years old), the story of war becomes one of death and suffering, with the wounded in precarious condition and the nurses unsmiling and serious. Here we do not see the laurel wreath of the national hero or the romantic idea of dying for one's country.

Fig. 18   C. Gawas, 9, Wilhelmsburg, 1915

Likewise, there is one drawing in the Wilhelmsburg collection that could be described as antiwar, or at least as ambiguous in its meaning. The drawing is from 1915 and was done by a nine-year-old G. Gawas; it is not clear if Gawas was male or female. The scene shows a French town being attacked by two Zeppelins and a bomber, with flames erupting from the main buildings. The French defenders have already lost several soldiers, even as the remaining troops fire a cannon towards the foe. In the forefront of the work, however, stands a mother and child; the mother wears a feathered hat – a child's indication of French style? – holding the hand of her daughter, who wears a similar smaller chapeau. Both look out at the viewer, as do the remaining French troops. Thus in this drawing we have a child drawing another child with her mother, doomed to destruction, looking directly at us in the last moments. Is the artist suggesting empathy with these imagined victims? Admittedly, this drawing is an anomaly; the majority of the drawings celebrate the war. But it is intriguing to think that school art classes could allow the individual student the chance to express fears, reservations and doubts as much as they gave children the opportunity to support the war.

5   Conclusion

In World War One German and Austrian children connected their personal ideas and feelings with idealized notions of war, and were yet unaware of the enormous losses soon to change their nations. Teachers in schools urged children to support the nation's cause and taught them that violence, death, and sacrifice were joyous and beautiful. We see such ideas in the artwork of German children, encouraged by teachers of the art-reform movement who celebrated children's originality and creativity. How deeply such ideas of war penetrated into the minds of these children and remained stubbornly resistant to pacifism or defeatism in the last few years of the war or in the Weimar era is a difficult question to answer. What did these children think when the war was lost and they were asked to support the Weimar Republic's peaceful liberalism? How did they feel about the nation as they grew into adulthood? The children of Wilhelmsburg III would have been 28–31 years of age in 1933 and thus of voting age in the Weimar years. By the start of World War Two they would have reached the ages of 34–37. Thus by the time of the Third Reich adults who had once been children in the "Great War" were now asked to support another war, to sacrifice themselves for defence of Nazi Germany, and to exult again in weaponry, war and service to the Fatherland. This time many of them would be sent to the battlefields to experience first-hand the actual conditions of a brutal war.

The school drawings by German children in World War One are an important resource for the historian of education, allowing one to see not only the ideas and practices of war pedagogy in the Volkschule classroom, but also revealing important clues as to the imagination, attitudes and emotions of children. Such artworks enrich historical research because they are products of a particular pedagogical approach *and* they are historical documents that can be studied and analyzed for meaning. One commonality in all these artworks is the children's intense relationship with the subjects of war and national identity.

Bibliography

Ashwin, C. (1981). *Drawing and Education in German-Speaking Europe 1800–1900*. Ann Arbor: University of Michigan Press.
Audoin-Rouzeau, S. (1993). *La Guerre des enfants, 1914–1918*. Paris: Armand Colin.
Audoin-Rouzeau, S. (1997). Children and the Primary Schools of France, 1914-1918. In J. Horne (Ed.), *State, Society and Mobilization in the First World War* (pp. 39–52). London: Cambridge University Press.

Bohm-Schuch, C. (1916). *Die Kinder im Weltkriege*. Berlin: I.K. Verlag.

Chickering, R. (2007). *The Great War and Urban Life in Germany: Freiburg, 1914–1918. Studies in the Social and Cultural History of Modern Warfare: Vol. 24*. Cambridge, UK: Cambridge University Press.

Demm, E. (2001). Deutschlands Kinder im Ersten Weltkrieg. *Militärgeschichtliche Zeitschrift, 60*(1), pp. 51–98.

Donson, A. (2010). *Youth in the Fatherless Land: War Pedagogy, Nationalism and Authority in Germany, 1914–1918*. Cambridge, Mass: Harvard University Press.

Drygas, J. (2015). Erster Weltkrieg 1914-1918 … und so weiter ….". In Museum Elbinsel Wilhelmsburg e.V. (Ed.), *Die Insel: Museum Elbinsel Wilhelmsburg* (pp. 9–21). Hamburg: Museum Elbinsel e.V.

Fineberg, J. (1999). *The Innocent Eye: Children's Art and the Modern Artist*. Princeton: Princeton University Press.

Geißler, G. (2013). *Schulgeschichte in Deutschland: Von den Anfängen bis in die Gegenwart*. Frankfurt am Main: Peter Lang.

Gleich, J. (1915). *Der Seekrieg: ein Malbuch für die deutsche Jugend*. Ravensburg: Maier.

Göth, I. (1916). Das Unterseeboot. Eine Unterrichtsskizze im 5. Schuljahr. *Schaffende Arbeit und Kunst in der Schule*, 4, pp. 237–240.

Götze, C. (Ed.) (1898). *Das Kind als Künstler: Ausstellung von freien Kinderzeichnungen in der Kunsthalle zu Hamburg*. Hamburg: Boysen & Maasch.

Golomb, C. (2002). *Child Art in Context: A Cultural and Comparative Perspective*. Washington, D.C.: American Psychological Association.

Günter, K.-H. (1987). *Geschichte der Erziehung*. Berlin: Volk und Wissen.

Hagedorn, O. & Winkler, I. (1976). Der Wandel des Kunstunterrichts zur Zeit des Ersten Weltkrieges (1914–1918). In E. Siepmann (Ed.), *Kind und Kunst. Zur Geschichte des Zeichen-und Kunstunterrichts* (pp. 88–93). Berlin: BDK.

Ivashkevich, O. (2006). Drawing in Children's Lives. In J. Fineberg (Ed.), *When We Were Young: New Perspectives on the Art of the Child* (pp. 45–60). Berkeley: University of California Press.

Jenkins, J. (2002). *Provincial Modernity: Local Culture and Liberal Politics in Fin-de-Siècle Hamburg*. Ithaca: Cornell University Press.

Kay, C. (2002). *Art and the German Bourgeoisie: Alfred Lichtwark and Modern Painting in Hamburg, 1886-1914*. Toronto: University of Toronto Press.

Kay, C. (2013). German War Literature for Children, 1914-1918. In H. Embacher & J.-D. Steinert (Eds.), *Children and War: Past and Present* (pp. 137–151). Solihull, England: Helion Books.

Kay, C. (2014). War Pedagogy in the German Primary School Classroom During World War One. *War and Society, 33*(1), pp. 3–11.

Kellogg, R. (1969). *Analyzing Children's Art*. Palo Alto, California: Mayfield.

Kerbs, D. (2001). Kunsterziehungsbewegung und Kulturreform. In K. Maase & W. Kaschuba (Eds.), *Schund und Schönheit: Populäre Kultur im 1900* (pp. 378–397). Köln: Böhlau.

Kerschensteiner, G. (1916). *Deutsche Schulerziehung in Krieg und Frieden*. Berlin: Teubner.

Kerschensteiner, G. (1905). *Die Entwickelung der Zeichnerischen Begabung*. München: Carl Gerber.

Kik, C. (1915). Kriegszeichnungen der Knaben und Mädchen. In W. Stern & O. Lipmann (Eds.), *Jugendliches Seelenleben und Krieg* (pp. 1–21). Leipzig: Barth.

Kolb, G. (1915). Der Zeichenunterricht und der Krieg. *Kunst und Jugend, 9*(4), 49–54.

Kunzfeld, A. (1915). Krieg und Jugendkunst. *Schaffende Arbeit und Kunst in der Schule, 3,* pp. 153–158.

Lichtwark, A. (1887/1917). Die Kunst in der Schule. In W. Mannhard (Ed.), *Alfred Lichtwark: Eine Auswahl Seiner Schriften:* Vol. 1 (pp. 31–48). Berlin: Bruno Cassirer.

Marten, B. (1915). Krieg und Zeichenunterricht. *Deutsche Blätter für Zeichen- und Kunstunterricht,* 20, pp. 66–69.

Matthias, A. (1915). *Krieg und Schule.* Leipzig: Hirzel.

Matthias, A. (1896/1911). *Wie erziehen wir unseren Sohn Benjamin.* München: Beck.

Pignot, M. (2004). *La Guerre des crayons. Quand les petits Parisiens dessinaient la Grande Guerre.* Paris: Parigramme.

Planck, W. (1915). *Kriegsbilder: Ein Malbuch für die Jugend.* Ravensburg: Maier.

Rothe, R. (1915). *Die Kinder und der Krieg.* Prag: Haase.

Schmidhammer, A. (1915). *Die Geschichte vom General Hindenburg.* Mainz: Scholz.

Schmidhammer, A. (1916). *Hans und Pierre: Eine lustige Schützengrabengeschichte.* Mainz: Scholz.

Schmidhammer, A. (1914). *Lieb Vaterland magst ruhig sein! Ein Kriegsbilderbuch mit Knüttelversen.* Mainz: Scholz.

Scholz, J., & Berdelmann, K. (2016). The quotidianisation of the war in everyday life at German schools during the First World War. *Paedagogica Historica, 52*(1-2), 92–103. https://doi.org/10.1080/00309230.2015.1133678

Stargardt, N. (1998). Children's Art of the Holocaust. *Past and Present, 46*(161), pp. 191–235.

Stargardt, N. (2006). *Witnesses of War: Children's Lives Under the Nazis.* New York: Knopf.

Stekl, H., Hämmerle, C. & Bruckmüller E. (Eds.). (2015). *Kindheit und Schule im Ersten Weltkrieg.* Vienna: New Academic Press.

Glyn, T. & Silk, A. (1990). *An Introduction to the Psychology of Children's Drawings.* New York: New York University Press.

Zentralinstitut für Erziehung und Unterricht (1915). *Schule und Krieg: Sonderausstellung.* Berlin: Weidmann.

Beobachten in Basel

Pädagogische und psychologische Praxis in den Basler Beobachtungsklassen 1930–1950

Patrick Bühler

Im Frühling 1936 soll sich die folgende Unterhaltung zwischen zwei Schulkindern zugetragen haben. Auf die Frage, ob sie gerne bei ihrer Lehrerin zur Schule ginge, antwortete die Schülerin B.: „Natürlich!" Auf die Nachfrage „Warum?" erwiderte sie: „Weil sie so gescheit ist!" Der Schüler A. habe ihr daraufhin „etwas verächtlich" entgegnet: „,Pah, das müssen alle Lehrer sein! Unserer ist gerade so gescheit wie deine Lehrerin!' – B.: ,Das vielleicht schon! Aber Kranke gesund machen, das können die Anderen alle nicht, das kann nur mein Fräulein!'"[1] Die siebenjährige Schülerin besuchte seit Herbst 1935 eine sogenannte Beobachtungsklasse in Basel.[2] Sie war „ein nervöses Kind" und hatte „Angstgefühl[e]": „Sie wollte überhaupt nicht mehr zur Schule gehen und namentlich keine Aufgaben mehr machen." Sowohl für ihre Nervosität als auch für ihre Ängstlichkeit gab es durchaus gute Gründe. Weil sie sich „zahlreichen Operationen" hatte unterziehen müssen, hatte die Schülerin „Schwierigkeiten mit dem Nachholen des Schulpensums". „Erst vor 14 Tagen ist der 12. operative Eingriff (Rachenoperation) vorgenommen worden", meldeten die Schulärzte im Oktober 1935 dem Rektorat:[3] Die „[n]ormal begabt[e]" Schülerin litt

---

1   Staatsarchiv Basel-Stadt, B 108.2, Dossier A., B. von, Beobachtungsbogen, 28. März 1936. – Im Folgenden wird für das Staatsarchiv Basel-Stadt die Sigle StABS verwendet.

2   Die Schülerin blieb bis Frühling 1938 in der Beobachtungsklasse, danach besuchte sie wieder eine Regelklasse.

3   StABS, B 108.2, Dossier A., B. von, Brief der Schulärzte Carl Brugger und Otto Wild an das Rektorat der Mädchenprimar- und Sekundarschule, 30. Oktober 1935. – Wild (1894–1975) war von 1931 bis 1957 Hauptschularzt in Basel. Der St. Galler hatte in Basel Medizin studiert und war 1927 zum städtischen Schularzt in St. Gallen gewählt worden. Der Psychiater und Eugeniker Brugger (1903–1944) war 1934 Schularzt geworden. Er war ein Mitarbeiter Ernst Rüdins gewesen und führte dessen Eugenik in der Schweiz fort. Zu Bruggers Karriere und Arbeiten vgl. Ritter 2009, S. 175–198.

© Springer Fachmedien Wiesbaden GmbH, ein Teil von Springer Nature 2019
K. Berdelmann et al. (Hrsg.), *Transformationen von Schule, Unterricht und Profession*, https://doi.org/10.1007/978-3-658-21928-4_11

an „Kehlkopfpolypen" und sprach „stets zwischen Heiserkeit + Flüsterton".[4] Ihre
neue Lehrerin setzte sich daher auch mit dem Direktor der Basler Universitäts-
klinik für Ohren-, Nasen- und Halskrankheiten Ernst Oppikofer in Verbindung,
„um zu erfahren, ob mit Sprechübungen B. zum stimmhaften Sprechen zu bringen
sei." Professor Oppikofer empfahl solche Übungen, die Lehrerin begann mit ihrer
Schülerin auch zu singen.[5] Nach einer weiteren Operation und weiteren Übungen
war die Stimme der Schülerin „so klar und gut geworden, wie sie noch nie war."[6]
Da die Lehrerin „die Frage beschäftigt[e], ob mit einer anderen Methode oder
durch jemand anderes B. im Sprechen [noch] besser gefördert werden könnte",
konsultierte sie im Herbst 1936 auch einen „bekannten Spezialisten" in Zürich.[7] Es
erstaunt also kaum, dass just diese Schülerin davon sprach, dass ihre „gescheit[e]"
Lehrerin „Kranke gesund machen" könne.

Während die Lehrerin nun wegen der Stimme der Schülerin verschiedene
Experten zu Rate zog, spezielle Übungen machte und durch die Schweiz reiste,
scheint sie nichts Ähnliches unternommen zu haben, um die Nervosität und die
Ängstlichkeit der Schülerin zu kurieren. Weder besprach sie den Fall mit Spezialisten, noch wandte sie besondere Methoden an. Eine durchaus einleuchtende
Erklärung dafür könnte lauten, dass die Lehrerin annahm, dass die nervöse Furcht
der Schülerin durch die zahlreichen Operationen, die Beeinträchtigung der Stimme
und das Versäumen des Schulstoffes ausgelöst worden sei. Eine solche Hypothese
hätte auch der Diagnose der Schulärzte entsprochen, die davon ausgingen, dass
die Schülerin durch besondere „Umstände in einen nervösen Zustand geraten"
sei.[8] Was wurde jedoch unternommen, wenn sich keine eindeutigen physischen
Beeinträchtigungen und vermeintlich klare Ätiologien für psychische Symptome
fanden? Immerhin handelte es sich bei den Beobachtungsklassen um spezielle
Klassen „für psychopathische Kinder". Mit diesen Klassen war 1929 in Basel der
„Versuch" unternommen worden, für „fehlentwickelte Kinder" „in den Rahmen
der Schulorganisation eine Hilfsinstitution" „einzubauen" (Probst 1960, S. 6, 8).
Die „pädagogisch-psychiatrische[]" Betreuung in den Klassen umfasste neben
„eingehende[n] Beobachtungskontrollen" durch die Lehrer und Lehrerinnen,

4   StABS, B 108.2, Dossier A., B. von, Test nach Binet-Simon, 21. März 1936.

5   StABS, B 108.2, Dossier A., B. von, Beobachtungsbogen, 15. Dezember 1935, 18., 29.
    Januar, 12. Februar 1936. – Ernst Oppikofer (1874–1951) war von 1922 bis 1941 ordent-
    licher Professor an der Universität Basel.

6   StABS, B 108.2, Dossier A., B. von, Beobachtungsbogen, 30. April 1936.

7   StABS, B 108.2, Dossier A., B. von, Beobachtungsbogen, 3. Oktober 1936.

8   StABS, B 108.2, Dossier A., B. von, Brief der Schulärzte Brugger und Wild an das Rektorat
    der Mädchenprimar- und Sekundarschule, 30. Oktober 1935.

„psychiatrische Untersuchungen" durch den Schularzt sowie „allwöchentliche[]
Besuche[] durch den Schulpsychologen",[9] „der die unterrichtlichen und erziehe-
rischen Maßnahmen mit den Lehrkräften" besprach „und in zweifelhaften Fällen
Nachuntersuchungen durchführt[e]" (Probst 1930, S. 254).

Im Basler Staatsarchiv sind Akten aus den Beobachtungsklassen erhalten, die
in den dreißiger und vierziger Jahren angelegt wurden. Die darin enthaltenen
„Beobachtungshefte" (Probst 1937/1938, S. 254) erlauben einen Einblick in diese
Klasse oder zumindest in deren Beobachtung (vgl. Reh 2012; Reh 2015). Mit Hilfe
dieser Quellen lässt sich alsobeine „reconstruction and analysis of the development
and evolution of ‚pedagogical practices' and technologies" vornehmen (Reh 2014,
S. 187) und studieren, welches pädagogische und psychopathologische Wissen in
den Klassen in Umlauf war und welche pädagogischen und psychopathologischen
Praktiken in ihnen verbreitet waren. Als Stichprobe wurden die Dossiers der
Nachnamen von A bis D ausgewählt; es handelt sich insgesamt um 69 Konvolute.

1   Psychopathie und Psychologie

Der erste Basler Schulpsychologe Ernst Probst, der seine Stelle 1928 angetreten hatte,
hob hervor, dass bei der Bezeichnung der Beobachtungsklassen „das Anhängsel
‚für psychopatische Kinder' bald" wieder fallengelassen worden sei, weil es bei den
Eltern „den Verdacht erweckt[]" habe, man wolle ihre Kinder „in eine ‚Klasse für
Verrückte' versetzen" (Probst 1960, S. 6).[10] Mit der schnell wieder weggelassenen
Präzisierung war eine äußerst diffuse nosologische Einheit aufgenommen worden, die sich am Ende des 19. Jahrhunderts in der Medizin durchgesetzt hatte.[11]
Besonders einflussreich war anfänglich der vom Psychiater Julius Ludwig Koch
1891 geprägte Begriff „psychopathische Minderwertigkeit". Die Diagnose wurde
in der Pädagogik vor allem dank der zweiten überarbeiteten Auflage von Ludwig
Strümpells *Pädagogischer Pathologie* 1892 populär (Strümpell 1892). In der ersten

---

9   StABS, B 100, Jahresbericht der Erziehungsberatungsstelle 1929, S. 2.

10 Ernst Probst (1894–1980) war zuerst Primarlehrer und legte dann das Sekundarlehrer-
    examen ab. Danach studierte er in Bern Psychologie, Philosophie und Germanistik und
    wurde mit der Studie *Herder als Psychologe* promoviert (Probst 1923). Probst habilitierte
    sich 1932 in Basel, 1946 wurde er zum außerordentlichen Professor ernannt. Vgl. StABS,
    ED-REG 1a 1, 1145.

11 Zur Geschichte der Diagnose vgl. Boetsch 2008; Germann 2016; Rose/Fuchs/Beddies
    2016, S. 26–68, 104–119; Glatzel 1989.

Auflage 1890 hatte Strümpell „noch eine strenge Abgrenzung" „zwischen Pädagogik und Medizin" vorzunehmen versucht:

> „Alles, was mit Schwachsinn, Nervosität, Gehirnstörung usw. zusammenhängt, wies er, soweit es die Schule berührt, aus dem Gebiet der pädagogischen Pathologie hinaus und beschränkte sich auf die Fälle, die frei von krankhafter Neigung sich zeigen. Diese reinliche Scheidung liess sich aber nicht mehr aufrecht erhalten" (Bronner 1909, S. 138).

Zwei Jahre später hatte die *Pädagogische Pathologie* einen neuen „psychiatrischen Teil" erhalten: „Angeregt durch Strümpell, oder auch unabhängig von ihm, ist seither auf diesem Gebiete eine ganze Literatur entstanden", wie die *Schweizerische Pädagogische Zeitschrift* 1909 resümierte (Bronner 1909, S. 139). Die Diagnose „psychopathisch" fand schnell Eingang in pädagogische Lexika,[12] es wurden auch besondere Heime für psychopathische Kinder eröffnet (vgl. Balcar 2017) und an psychiatrischen Kliniken spezielle Abteilungen eingerichtet.[13] 1921 wurden etwa an der Berliner Charité eine „Beobachtungsstation für psychopathische Kinder" und am Züricher „Burghölzli" eine „Station zur Beobachtung und Behandlung psychisch und nervös kranker Kinder" (Maier 1923) geschaffen.[14]

Als psychopathisch galten nun gerade nicht wirklich ‚verrückte' Kinder, ebenso wenig zählten die sogenannt schwachsinnigen und schwachbegabten dazu: Psychopathische Kinder litten weder an einem „Mangel an Vernunft und Verstand", noch wiesen sie einen „Intelligenzdefekt" auf, wie der erste hauptamtliche Schularzt Basels Emil Villiger, ein ausgebildeter Psychiater, betonte.[15] Psychopathische Kinder zeigten hingegen „zahlreiche abnorme Erscheinungen im Bereiche des Gefühlslebens und Charakters". So seien nervöse, apathische, leichtsinnige, triebhafte, „sittlich minderwertige[]" Kinder, solche, mit „dauernde[n] krankhafte[n] Verstimmung[en]" und die, die lügen, möglicherweise psychopathisch (Villiger 1917, S. 35f., 56ff.). Seinem Kollegen, dem Schulpsychologen zufolge sollten „Gehemmte, Aengstliche", „Undisziplinierte, Konzentrationsschwache", „[c]hronische Schulschwänzer", „Widerspenstige und Trotzige" die Beobachtungsklassen besuchen (Probst 1937/1938, S. 254).

Am Ende des 19. Jahrhunderts – Modekrankheiten waren Hysterie, Nervosität und Neurasthenie – war psychopathisch also ein Sammelbegriff, der die neu

---

12 Vgl. z. B. Bergmann 1915; Düring 1915; Thiele 1929; Trüper 1908.

13 Für die Entwicklung in den USA und Großbritannien vgl. Jones 2002; Stewart 2013.

14 Zur Geschichte der beiden Beobachtungsstationen vgl. Rose/Fuchs/Beddies 2016; Zürrer-Simmen 1994, S. 45–75.

15 Der Psychiater Emil Villiger (1870–1931) war 1913 angestellt worden. Er war 1898 mit einer Arbeit über die Ätiologie der Melancholie promoviert worden (Villiger 1898).

entdeckte „Zwischenstufe", die „fließende[n] Übergänge", das unklare „breite[]
Übergangsgebiet" zwischen „geistiger Gesundheit u. Krankheit" abdeckte, wie es
in den zeitgenössischen Nachschlagewerken hieß (Bergmann 1915, Sp. 123; Thiele
1929, S. 221; Trüper 1908, S. 128). Als psychopathisch galten Kinder und Jugendliche,
die störten, die auffielen, die sich „zu Hause und in der Schule" als „schwer erzieh-
bar[]" erwiesen (Villiger 1917, S. 35), ohne unter schweren psychischen Störungen
zu leiden: „[l]'école les trouve trop peu normaux, l'hôpital ne les trouve pas assez
malades" (Binet & Simon 1907, S. 10). Einer einflussreichen Lehrmeinung zufolge
konnten diese Kinder und Jugendlichen gar nicht anders als schwierig sein. Wie
der damals wohl prominenteste Schweizer Heilpädagoge Heinrich Hanselmann
1938 im *Lehrbuch der Psychopathologie des Kindesalters für Ärzte und Erzieher*
unterstrich: „[M]an *ist* von Anfang an Psychopath, aber man kann es *nicht werden*."
Hanselmann schloss sich damit der vorherrschenden Ansicht an, dass Psychopathien ‚vererbte', unter Umständen ‚degenerative' Störungen seien.[16] So lautete
seine *„Definition des Begriffs der psychopathischen Konstitution"*, dass sie in „einer
dauernden Disharmonie zwischen gefühlsmäßigem, trieb-willensmäßigem und
verstandesmäßigem Verhalten auf Grund von Anlagemängeln im Gefühls-An-
triebsleben" bestehe (Hanselmann 1938, S. 327).

Solche psychopathischen „Disharmonie[n]" ließen sich seit der Jahrhundertwende
nicht nur biologisch, sondern auch psychologisch verstehen, wofür bekanntlich besonders erfolgreich die Psychoanalyse stritt. Vor allem nach dem Ersten Weltkrieg
erlangten psychogene Erklärungen einen immer größeren Stellenwert und gerade
das Zürcher „Burghölzli" unter Eugen Bleuler erwies sich als eine der wichtigen
internationalen Drehscheiben, über die das „neue[] Programm" „eine[r] sozial-
psychologische[n] Sicht auf psychische Krankheit" sich verbreitete (Bernet 2013,
S. 12). Die Psychiatrie wurde, wie Bleuler 1917 in seinem Vortrag „Die psychologische Richtung in der Psychiatrie" hervorhob, immer weniger „psychophob" und
begann allmählich anzuerkennen, dass die meisten psychischen Störungen sowohl
physisch als auch psychisch bedingt seien (Bleuler 1917, S. 87, 99).[17] So hielt der
pädagogische Leiter der Kinderbeobachtungsstation des „Burghölzlis", der Lehrer
und Psychoanalytiker Albert Furrer, die Unterscheidung von neurotischen und
psychopathischen Kindern schlicht für hinfällig, wie er in einem Vortrag vor Zürcher Schulpflegern 1928 erläuterte. Denn weder „begrifflich", noch „in der Praxis"

---

16 Vgl. z. B. Bergmann 1915, Sp. 123; Düring 1915, Sp. 1371; Thiele 1929, S. 223; Trüper
    1908, S. 126, 128.
17 Für einen Überblick über diese Entwicklung vgl. z. B. Bernet 2013, S. 33–107; Dowbiggin
    2011; Foucault 2003; Illouz 2011; Martynkewicz 2013; Putz 2011; Radkau 1998; Schröder
    1995; Shorter 1997.

sei „eine klare Scheidung" möglich. Die Wahl der Bezeichnung verrate vielmehr, ob man glaube, dass „die seelische Fehlentwicklung" vor allem durch „äussere Einflüsse, *Umwelt*wirkungen" bedingt werde, dann spreche man von Neurose, oder hingegen annehme, dass „*Anlage*faktoren", „*Erbschafts*momente" ausschlaggebend seien, dann wähle man psychopathisch (Furrer 1928, S. 256).[18] Furrers Vorgesetzter, der Psychiater Hans W. Maier, der die Beobachtungsstation leitete, verwendete den Begriff „psychopathisch" im Gegensatz etwa zur Equipe der Beobachtungsstation der Charité – die Station trug die Bezeichnung ja auch programmatisch im Namen – gar nicht, als er beschrieb, welche Störungen behandelt würden: Es war das „ganze Gebiet der Störungen des Gemütslebens", die „durch seelische Konflikte im Unbewußten und mit der Umgebung, wie wir sie medizinisch unter dem Namen der ‚Psychoneurosen' zusammenfassen", entstünden (Maier 1923, S. 34).

Gleichgültig, ob man die Schwierigkeiten nun eher biologisch oder psychologisch verstand, man teilte in jedem Fall die Auffassung, dass man zwei ‚Sorten' von anormalen Schulkindern unterscheiden müsse, nämlich zum einen die geistig Zurückgebliebenen (*les arriérés de l'intelligence*), für welche die Hilfsschule am Ende des 19. Jahrhunderts anfänglich gegründet worden war, und zum anderen Kinder von normaler Intelligenz mit anormalen Gemüts- und Charakterzügen (*une anomalie bien tranchée du caractère*), mit denen man sich zu Beginn des 20. Jahrhunderts zu beschäftigen begann. Diese „instables, terme médical auquel correspond l'expression plus scolaire d'*indisciplinés*",[19] so Alfred Binet und Théodore Simon 1907 in *Les Enfants anormaux* (Binet & Simon 1907, S. 24), waren natürlich keine eigene Entdeckung der Pädagogik: Nicht nur die Schule betrieb die „Errettung der modernen Seele" (Illouz 2011), sondern im *fin de siècle* kann überhaupt eine zunehmende Psychopathologisierung der Gesellschaft beobachtet werden. Dieses neue psychopathologische „Erzählmuster" (Becker 2002, S. 33) ging bekanntlich mit großen sozialpolitisch präventiven, eugenischen und therapeutischen Phantasmen einher und ist nicht vom Aufbau von Wohlfahrtsstaaten, der Entwicklung der Statistik, der Ausbreitung von Sozialarbeit und -wissenschaft zu trennen.[20] Nur,

---

18 Der Lehrer Albert Furrer (1889–1933) richtete 1917 für die „Pro Juventute" ein psychiatrisch-pädagogisches „Beobachtungsheim" in Zürich ein, das bis 1920 bestand. 1921 wurde er pädagogischer Leiter der Beobachtungsstation für Kinder am „Burghölzli", ab 1928 war er Lehrer einer Zürcher Beobachtungsklasse. Furrer wurde 1930 mit einer Arbeit über den Rorschach-Test promoviert (Furrer 1930).

19 Villiger übersetzt *instables* mit „die Unbeständigen, Unberechenbaren, Augenblicksmenschen" (Villiger 1917, S. 59), weitere Möglichkeiten wären: die Labilen, Unausgeglichenen. Dieser „medizinischen Bezeichnung entspricht der stärker schulische Ausdruck Undisziplinierte", so Alfred Binet und Théodore Simon.

20 Für die Schweiz vgl. z. B. Matter 2011; Ramsauer 2000; Wilhelm 2005.

was bedeutete diese „transition to a therapeutic culture" (Dowbiggin 2011, S. 133)
für die pädagogische Praxis?

2   Pädagogische Praxis

Wie es eine zeitgenössische Untersuchung umschrieb, sollten in den Basler Beobachtungsklassen „gehemmte, trotzige, zerfahrene, mutlose Kinder und solche, die
bei sonst normaler Intelligenz in einzelnen Fächern auffallende Schwierigkeiten
haben", eine „besondere[] individuelle[] Behandlung" erhalten (Walther 1937, S. 50).
Während eine solche „Behandlung" der Schülerin mit Stimmproblemen zweifelsohne
zuteil wurde, lässt sich das vom achtjährigen H. B., der die Beobachtungsklasse
bei derselben Lehrerin zur selben Zeit besuchte, wohl kaum behaupten. H. B. war,
bevor er im Herbst 1936 in eine Beobachtungsklasse kam, drei Monate im 1927
eröffneten Basler „Erholungsheim für psychopathische Kinder" „Farnsburg" un-
tergebracht worden (Wenk 1927). Dem „Bericht" des Heims zufolge war der „Einweisungsgrund" „Erziehungsschwierigkeiten, Milieufehler, Psychopathie" gewesen.
Der Schüler, der stottere, sei lange ein „verwöhnt[es]" „Einzelkind" gewesen: Er
sei ein „richtiges Trotzkind", „einerseits höchst liebesbedürftig und andererseits
stets zu demonstrativen Handlungen bereit. [...] Auf Tadel reagierte er meist mit
verstärktem Trotz."[21] Der Schularzt hielt den „kleine[n] Patient[en]" für „asozial,
sprachkrank (Stotterer) und nervös stigmatisiert".[22]

---

21 StABS, B 108.2, Dossier, B., H., Bericht über H. B., Kinderheim Farnsburg, 31. August
    1936.
22 StABS, B 108.2, Dossier, B., H., Wild an das Rektorat der Mädchenprimarschulen, 29.
    August 1936.

KINDERHEIM
FARNSBURG Bericht über ███████████ ████████████

Aufenthalt:15.5.36 - 30.8.36.

Einweisungsgrund: Erziehungsschwierigkeiten,Milieufehler,Psychopathie.

Elternhaus: Die Mutter scheint eine unbeherrschte Frau zu sein.Sie geht
recht grob mit H.um.Sie meint,H.habe seine schlechten Eigenschaften
von ihr "geerbt",aber aus ihr sei nachher trotzdem etwas geworden.
Der Vater ist mir nur aus den Schilderungen der Mutter bekannt,da er
an den Besuchstagen nie ins Haus gekommen ist.Er habe die vorzeitige
Rückkehr seines Sohnes erzwungen,erzählte die Mutter.
H.war lange Einzelkind und als solches verwöhnt von den Eltern,Grossel-
tern und einer Pflegerin,deren Obhut man das Kind während der beruflichen Tätigkeit der Mutter anvertraute.Vor 2½ Jahren bekam H.ein Schweste
chen.In die gleiche Zeit fällt der Schuleintritt und die grösseren
Erziehungsschwierigkeiten.Getrotzt habe das Kind schon von klein auf.

Beobachtung im Heim: H.war von Anfang an ein richtiges Trotzkind:
einerseits höchst liebebedürftig und andrerseits stets zu demonstrativen Handlungen bereit.Z.B.zog er mit Vorliebe in der Schule die Füsse
auf den Stuhl oder er kehrte den Rücken nach Vorn.Auf Tadel reagierte
er meist mit verstärktem Trotz.
Mit seinen Kameraden stand H.in sehr schlechtem Verhältnis wegen seiner
Ueberempfindlichkeit;fast stündlich liess er sich zu Jähzornanfällen
reizen.Sein krankes Auge gebrauchte er oft als Schutzvorrichtung.Er
nahm dieses Uebel so wichtig,dass er dabei das andere,nämlich das Stottern gar nicht zu beachten scheint.
In der Schule war H.ein Träumer,den man immer wieder zur Arbeit mahnen
musste.Seine Leistungen entsprechen knapp der 2.Kl.obgleich der Knabe
sicher besseres leisten könnte.H.zeichnet und liest gerne,auch hat er
eine sehr helle Stimme.Am glücklichsten ist er,wenn er einem ein selbst-
gedichtetes Märchen erzählen kann,das kein Ende nehmen will.Auch bei
Wirklichkeitsberichten verwechselt er oft die Dichtung mit der Wahrheit.

Zusammenfassend: Aus dem oben Berichteten geht hervor,dass H.in ein
recht ungünstiges Milieu zurückkehren musste.Es sollte daher wenigstens
in der Schule ein Gegengewicht geschaffen werden,was in einer kleinen
Klasse besser geschehen kann.Ich beantrage daher Versetzung in die B K.

Farnsburg,den 31.8.36.   E. Myrtkos

Abb. 1

Auch die Lehrerin der Beobachtungsklasse beschrieb den Schüler im „Personalbo-
gen" (Gysin 1930, S. 92) gleich in ihren ersten beiden Einträgen „eher als schwierig":
„Er ist sehr empfindlich, heult und flucht gleich los", lasse „mehrmals am Tage sein
Wutgeschrei erschallen" und spreche „nie in normalem Ton". Eine weitere Schwierigkeit, die der Lehrerin ebenfalls gleich zu Beginn auffiel, war, dass der Schüler
„onaniert[e]".[23] Im Sommer 1937 bestellte die Lehrerin daher

> „H.s Mutter in die Schule und berichtete ihr unter anderem auch über dessen Onanie.
> Sie habe es vermutet, ihn aber nie erwischt dabei. Sie habe schon lange das Gefühl
> gehabt, H. halte sich irgendwie künstlich wach. Sie wünschte, dass ich [die Lehrerin]
> H. rufe. Als er kam, begann sie zu weinen und konnte erst nicht mit ihm sprechen.
> Sie habe sonst schon so viel, dass es kaum mehr zu tragen sei. Nun das auch noch.
> H. stand sehr erschrocken und verdattert da."[24]

Zwei Wochen später notierte die Lehrerin, dass die Onanie „stark zurückgegangen"
sei, rund einen Monat später, dass der Schüler „[g]ereizt" sei: „[S]tarkes Stottern,
weinerlich, fühlt sich ungerecht behandelt."[25] Im Frühjahr 1938 träumte der Schüler
– Träume spielen sonst in den Beobachtungsbögen keine Rolle – „öfters von Krieg":

> „Dann hilft er mächtig mit. Seine Bekannten erschiesst er der Reihe nach. Mich [die
> Lehrerin] hat er bereits auch schon erschossen. Mit Freude sah er mich tot vom Hü-
> gelchen kollern, auf dem ich gesessen hatte. Schon das Erzählen des Traumes machte
> H. überglücklich. Im Traume selbst sei aber alles das noch viel schöner gewesen,
> versicherte er mir strahlend!"[26]

Nach rund zweieinhalb Jahren kam der Schüler in die Sekundarschule: „Im ganzen
gesehen ist H. nicht verändert seit seinem Eintritt".[27]

Die Schülerin, die an einer eindeutig körperlichen Beeinträchtigung litt, scheint
eine Ausnahme gewesen zu sein. Denn was an den untersuchten Beobachtungsbögen
auffällt, ist, dass es vor allem moralische, pädagogische und nicht medizinische
Schwierigkeiten waren, die erörtert wurden: Wie waren die schulischen Leistungen,
wie war das Verhalten (auch das der Eltern)? Der basale Code, der zur Anwendung

---

23 StABS, B 108.2, Dossier, B., H., Beobachtungsbogen, 5. und 11. September 1936.

24 StABS, B 108.2, Dossier, B., H., Beobachtungsbogen, 16. Juni 1937.

25 StABS, B 108.2, Dossier, B., H., Beobachtungsbogen, 30. Juni und 29. August 1937. –
    Onanie wurde in den untersuchten Beobachtungsbögen nur selten und nur bei Knaben
    erwähnt.

26 StABS, B 108.2, Dossier B., H., Beobachtungsbogen, 14. März 1938.

27 StABS, B 108.2, Dossier B., H., Beobachtungsbogen, 25. Februar 1939. – Zu zwei weiteren
    Fällen und zur Geschichte der Basler Beobachtungsklassen vgl. Bühler 2018.

kam, lautete schlicht: arbeitet besser/schlechter, verhält sich besser/schlechter. Größere Heilerfolge wurden – außer bei der Schülerin mit Stimmschwierigkeiten – keine aufgeführt, ebenso wenig finden sich Hinweise auf Medikamente, besondere Therapien oder auf eine gewissen Störungen angepasste Pädagogik. Die Lehrkräfte verwenden in den allermeisten Fällen keine medizinischen Erklärungen (weder biologische noch psychologische) und äußerst selten Fachausdrücke. Für ihre Arbeit scheinen auch die Diagnosen der Schulärzte keine Bedeutung gehabt zu haben. Ohne weitere Kommentare wurde etwa die folgende Begebenheit in einem Beobachtungsbogen festgehalten:

„Er [der Schüler] lag in der Bank und zernagte die Haut neben den Fingernägeln, bis er blutete. Beim Beissen hat er seinen seltsam nach innen gewendeten Blick. Die zernagten Stellen heilen übrigens seit Jahren nicht zu, da sie H. immer wieder aufbeisst und zernagt."[28]

Auch die wöchentlichen Besprechungen mit dem Schulpsychologen wurden in den ausgewerteten Akten nicht erwähnt.

Dass in den Beobachtungsbögen weder psychiatrisches Wissen noch spezifische therapeutische Praktiken Erwähnung fanden, ist an sich schon aufschlussreich. Der Befund gewinnt jedoch an zusätzlicher Bedeutung, weil sowohl die Arbeit des Schulpsychologen Probst, der „allwöchentliche[] Besuche[]" in den Beobachtungsklassen durchführte,[29] als auch die Veröffentlichungen des Schularztes, Schulpsychiaters und Psychoanalytikers Hans Christoffel, der für die Beobachtungsklassen zuständig war, belegen, dass man in Basel alles andere als „psychophob" war. So behandelte Probst in seinen „Sitzungen" mit Schulkindern etwa „[p]sychische Hemmung", „Versagen beim Rezitieren", „Pavor nocturnus", „[p]sychische Blindheit", „Angst vor dem Rechnen" oder „Weinkrämpfe" als psychologische Schwierigkeiten. Der neunjährige Schüler, der durch „Schreckträumen 3–5 in der gleichen Nacht" erwachte und „sich dann ans Bett der Mutter" flüchtete, litt z. B. an „[u]nbewusste[r] Angst vor dem Vater, den er zugleich verehrt und fürchtet." Und die „[p]sychische Blindheit", die ein neunjähriges Mädchen quälte, ließ sich dank „suggestive[r] Behandlung" heilen.[30] Eine solche Seelenlehre konnte auch ganz offiziell vertreten werden, wie Probsts Publikationen im *Schulblatt* zeigen (vgl. Anonym 1929; Probst 1929). Im Gegensatz zur Lehrerin hätte sich der am „Burghölzli" bei Bleuer ausgebildete Christoffel vermutlich für H.B.s Traum interessiert. In jedem Fall

28 StABS, B 108.2, Dossier C., H., Beobachtungsbogen, 1. Juli 1944.
29 StABS, B 100, Jahresbericht der Erziehungsberatungsstelle 1929, S.2.
30 StABS, B 100, Fälle aus der Praxis, 1931.

bezeichnete er „Onanie als etwas in einem gewissen Sinne Normales": Christoffel hätte dem Schüler keine Vorhaltungen gemacht, sondern Onanie als „psychologische[s] Problem[]" aufgefasst (Christoffel 1923, S. 13–14; Christoffel 1928, S. 208).[31] Gerade die Psychoanalyse hatte einen nicht zu unterschätzenden Anteil daran, dass zu Beginn des 20. Jahrhunderts Onanie „entdramatisiert" wurde (Putz 2011, S. 60; vgl. Laqueur 2003, S. 359–397).

3 Professionelle Arbeitsteilung

Während Hanselmann in seiner Übersicht „Heilpädagogik und Schularzt" 1934 verschiedene Übungen und Methoden aufführte, die in „Sehschwachen"- und „Schwerhörigenklassen" Anwendung fänden, sollte in den „Spezialklassen für Geistesschwache" das „Hauptgewicht" nicht auf der „rein intellektuell schulische[n] Förderung", sondern auf der „Gefühlserziehung" liegen. In den „Beobachtungsklassen für Schwererziehbare" spielten weder Übungen noch Erziehung eine Rolle, sondern eine „weitgehende Besserung" könne oft schon alleine durch die „wohlüberlegte Gruppierung, durch die ständige Mitarbeit eines psychiatrisch vorgebildeten Arztes und durch das schulisch ganz eigenartige Milieu" erzielt werden (Hanselmann 1934, S. 286–288). Dass die Lehrerin der Beobachtungsklasse bei ihrer Schülerin mit Stimmproblemen auf Übungen zurückgreifen konnte, erstaunt also nicht weiter: Es handelt sich um klassische Heilpädagogik. Dass ihr bei „neuropathische[n] und psychopathische[n] Schulkindern" (Hanselmann 1934, S. 287) wie dem „Trotzkind" H. B. keine spezifischen Verfahren zur Verfügung standen, wusste sie ebenfalls dank ihrer Ausbildung: Die Lehrerin hatte nämlich den dritten „Kurs" 1927/28 des Zürcher Heilpädagogischen Seminars absolviert, das Hanselmann leitete.[32]

Nimmt man nun an, dass Erziehungsschwierigkeiten psychopathische, also angeborene somatische Störung seien, lassen sie sich tatsächlich pädagogisch nicht kurieren. Man kann dann – wie für chronisch psychische Kranke zu der Zeit – auf Isolation setzen, die Kinder und Jugendlichen in speziellen Klassen und Heimen unterbringen und eine möglichst gute, „richtige Erziehung" verfolgen, die

---

31 Hans Christoffel (1888–1959) hatte in Basel Medizin studiert und war in Zürich am „Burghölzli" bei Eugen Bleuler Assistent gewesen. Von 1922 bis 1928 war er stellvertretender Schularzt, danach war er als Schulpsychiater im Nebenamt angestellt. Zu Christoffel vgl. Kaiser 1982.

32 StABS, ED-REG 1c, 484–7, Verzeichnis der Basler Absolventen des Heilpädagogischen Seminars Zürich (Frühjahr 1944).

natürlich auch für alle anderen Kinder und Jugendlichen ihre Gültigkeit besitzt. Der Vorschlag des Basler Schularztes etwa fiel dezent reformpädagogisch aus. So forderte Villiger, dass man nicht versuche, die „Faxen, de[n] böse[n] Wille[n], die Faulheit, die Widerspenstigkeit, die sittlichen Verkehrtheiten, das Lügen und Stehlen" mit „Moralpredigten, mit Spott, Hohn, Tadel und mit schweren Strafen, wie Prügeln" auszutreiben. Wolle man „in richtiger Weise" vorgehen, dürfe man die psychopathischen Kinder und Jugendlichen nicht „von sich stossen", sondern müsse sie durch „Natürlichkeit und Entgegenkommen" zu gewinnen versuchen: „Die schlechten Triebe muss man durch Erregung besserer zu beseitigen trachten. Das Kind soll lernen, Freude am guten Handeln zu fühlen" (Villiger 1917, S. 79; vgl. Bergmann 1915, Sp. 129ff.; Trüper 1908, 131ff.).

Geht man hingegen davon aus, dass schwierige Kinder unter Neurosen leiden, kann ihnen mit unterschiedlichen Psychotherapien geholfen werden. Da Psychoanalysen – genauso wenig wie Suggestion, Hypnose, eingehende persönliche Beratung etc. – jedoch nicht mit und auch nicht vor allen Schulkindern durchgeführt werden können, bestand die psychoanalytische Pädagogik praktisch in nicht viel mehr als einer gewissen neuen Offenheit und einem vergleichsweise großen Verständnis im Umgang mit Schwierigkeiten, Symptomen und Sexualität. Eine solche Pädagogik, die durchaus ihre großen Meriten haben kann – wie etwa H. B.s Fall nahelegt –, wurde mit, wenn nötig und wenn möglich, Einzelanalysen ausserhalb der Schule kombiniert. Somit wies auch die psychoanalytische Pädagogik zu Beginn des 20. Jahrhunderts wie andere psychotherapeutische Schulen zwar kein strukturelles, aber immerhin ein pädagogisches Technologiedefizit auf (vgl. Bühler 2011, S. 40–47). Wie Probsts „Fälle aus der Praxis" zeigen, wurden in Basel zwar durchaus psychotherapeutische Verfahren eingesetzt, nur war aber eben an „eine direkte psychische Behandlung während der Unterrichtszeit nicht zu denken." Aus diesem Grund bestand auch zwischen einer normalen Klasse und einer Beobachtungsklasse kein wirklicher Unterschied: „Der einmalige Besucher würde in den Beobachtungsklassen kaum viel Auffallendes bemerken – außer daß viel mehr mit den Einzelnen als mit der ganzen Klasse gesprochen wird und daß in gewissen Stunden fast jedes Kind mit einer besonderen Arbeit beschäftigt ist" (Probst 1930, S. 254).

In den Beobachtungsklassen wurde also eine ähnliche Arbeitsteilung praktiziert, wie sie zur damaligen Zeit auch psychiatrische Kliniken vornahmen. Es gab Visite und Therapie durch Ärzte und Ärztinnen, sonst Bäder, Bettruhe, Spiele und Arbeitstherapie, die von Pflegern und Pflegerinnen überwacht wurden (vgl. Braunschweig 2013; Germann 2007):

> „Aber auch dort, wo der behandelnde Arzt in einer Anstalt seine Behandlung mit
> Mitteln der Suggestion vorzunehmen in der Lage ist, kommt eben doch dem Erzieher

der weitaus größere Anteil an der Führung des Kindes während des Unterrichts, in
der Arbeits- und Freizeit zu. Die Fälle sind selten, wo der behandelte Psychotherapeut
das Kind selbst während des ganzen Tages betreut; so behandelt er auch in seiner
eigenen Anstalt doch wieder nur in bloßen ‚Sprechstunden' und ist auf den Erzieher
oder Wärter weitgehend angewiesen, ja ihm weitgehend auch ausgeliefert; er kann,
zumal in größeren Anstalten, nicht einmal ganz gewiß sein, daß seine Anleitungen
und Vorschriften für die Behandlung eines Kindes während des Tages in der Arbeit,
Freizeit, Schule usw. auch wirklich beachtet und ausgeführt werden." (Hanselmann
1941, S. 43)

Die Basler Beobachtungsklassen sind Teil einer zu Beginn des 20. Jahrhunderts
einsetzenden professionellen und institutionellen Ausdifferenzierung, welche
die Pädagogik bis heute prägt und die von einem neuen, äußert erfolgreichen
psychopathologischen Wissen und neuen, äußerst einflussreichen Praktiken wie
verschiedenen Test- und Diagnoseverfahren sowie Psychotherapien nicht zu trennen
ist. Weder das neue psychologisch-psychiatrische Wissen noch die dazugehörigen
neuen Verfahren scheinen jedoch einen direkten Einfluss – zumindest nicht in
Basel – auf den pädagogischen Alltag gehabt zu haben, sondern waren anfänglich
allein den Schulärzten und dem Schulpsychologen vorbehalten. So wurde in den
Klassen eine ebenso einfache wie bekannte pädagogische Praxis weitergeführt,
die bis heute nichts von ihre Aktualität eingebüßt hat: Schwierigen Kindern und
Jugendlichen wird mehr Aufmerksamkeit, mehr Zuwendung und mehr Zeit ge-
schenkt, gleichgültig wie die Diagnosen und Testergebnisse auch lauten mögen.

Literatur

Ungedruckte Quellen

Staatsarchiv Basel-Stadt (StABS), älteres Hauptarchiv, Erziehungs-Akten,
B 100, Erziehungsberatungsstelle des Schulpsychologen 1929–1940
B 108.1, Beobachtungsklassen an den Primarschulen 1926–1937
B 108.2, Untersuchungen vom Schularzt und Überweisung von Kindern in Beobachtungs-
    klassen
StABS, neueres Hauptarchiv,
ED-REG 1a 1 1145, Prof. Ernst Probst
ED-REG 1c, 484–7, Staatlich subventionierte Anstalten und Kurse, Heilpädagogisches
    Seminar Zürich (1935–1956)

Gedruckte Quellen

Anonym (1929). Psychologische Erwägungen zur Bekämpfung der Wasserscheu bei Kindern. *Amtliches Schulblatt Basel-Stadt*, 1, S. 167–169.

Bergmann, W. (1915). Psychopathische Minderwertigkeit. In E. M. Roloff (Hrsg.), *Lexikon der Pädagogik*. 4. Band (Sp. 123–131). Freiburg im Breisgau: Herder.

Binet, A. & Simon, T. (1907). *Les Enfants anormaux. Guide pour l'admission des Enfants anormaux dans les classes de Perfectionnement*. Paris: Colin.

Bleuler, E. (1917). Die psychologische Richtung in der Psychiatrie. *Verhandlungen der Schweizerischen Naturforschenden Gesellschaft*, *99*, S. 87–105.

Bronner, K. (1909). Anormale Kinder in öffentlichen Schulen. *Schweizerische pädagogische Zeitschrift*, *19*(3), S. 137–178.

Christoffel, H. (1923). *Der Einfluss der Sexualität auf die Charakterbildung beim jungen Mann. Referat gehalten an der Delegiertenkonferenz der Freunde des jungen Mannes am 28. Mai 1923 in Olten*. Basel: Werner-Riehm.

Christoffel, H. (1928). Zur Psychologie der Reifezeit. Vortrag an der 61. Versammlung des Solothurnerischen Bezirkslehrervereins, 21. Mai 1927 in Mariastein. *Schweizerische pädagogische Zeitschrift*, *38*, S. 208–217.

Düring, E. von (1915). Psychopathische Konstitution. In E. M Roloff (Hrsg.), *Lexikon der Pädagogik*. 4. Band (Sp. 1370–1373). Freiburg im Breisgau: Herder.

Furrer, A. (1928). Wie erziehen wir neurotische und psychopathische Kinder? Aus einem Vortrag über „Heilpädagogische Möglichkeiten beim anormalen Kind", gehalten vor Schulpflegern des Bezirks Zürich, 20. Januar 1928. *Zeitschrift für psychoanalytische Pädagogik*, *2*, S. 255–264.

Furrer, A. (1930). *Der Auffassungsvorgang beim Rorschach'schen psychodiagnostischen Versuch*. Zürich: Zur Alten Universität.

Gysin, J. (1930). Das Hilfs- und Sonderschulwesen. In Erziehungsdepartement Basel-Stadt (Hrsg.), *Das Basler Schulwesen 1880–1930* (S. 82–95). Basel: Schwabe.

Hanselmann, H. (1934). Heilpädagogik und Schularzt. In Schweizerische Gesellschaft für Gesundheitspflege (Hrsg.), *Jugend, Schule und Arzt* (S. 281–288). Bern & Leipzig: Haupt.

Hanselmann, H. (1938). Über heilpädagogische Behandlung geistesschwacher und psychopathischer Kinder. Nebst Anhang: Heilpädagogische Behandlung Mindersinniger und Sinnesschwacher. In E. Benjamin, H. Hanselmann, J. Lutz, M. Isserlin & A. Ronald, *Lehrbuch der Psychopathologie des Kindesalters für Ärzte und Erzieher* (S. 309–376). Erlenbach, Leipzig: Rotapfel.

Hanselmann, H. (1941). *Grundlinien zu einer Theorie der Sondererziehung (Heilpädagogik). Ein Versuch*. Erlenbach: Rotapfel.

Maier, H. W. (1923). Das kantonale Kinderhaus zur Stephansburg in Zürich. Kantonale Station zur Beobachtung und Behandlung psychisch und nervös kranker Kinder, eröffnet im Sommer 1921. *Schweizerische Zeitschrift für Gesundheitspflege*, *3*, S. 27–39.

Probst, E. (1923). *Herder als Psychologe*. Dissertation Bern.

Probst, E. (1929). Kriminelle Jugendliche. *Amtliches Schulblatt Basel-Stadt*, 1, S. 163–167.

Probst, E. (1930). Erfahrungen aus den Beobachtungsklassen. *Amtliches Schulblatt Basel-Stadt*, 2, S. 253–256.

Probst, E. (1937/1938). Erfahrungen mit den Beobachtungsklassen in Basel. *Schulpraxis. Monatsschrift des Bernischen Lehrervereins*, *27*, S. 253–255.

Probst, E. (1960). *Beobachtungsklassen. Ergebnisse der Erfahrungen von drei Jahrzehnten.* Basel, New York: Karger.

Strümpell, L. (1892). *Die Pädagogische Pathologie oder die Lehre von den Fehlern der Kinder. Versuch einer Grundlegung für gebildete Ältern, Studierende der Pädagogik, Lehrer, sowie für Schulbehörden und Kinderärzte.* Zweite bedeutend vermehrte Auflage. Leipzig: Ungleich.

Thiele, R. (1929). Die Psychopathien. In H. Nohl & L. Pallat (Hrsg.), *Handbuch der Pädagogik.* 2. Band (S. 119–234). Langensalza: Beltz.

Trüper, J. (1908). Psychopathisches im Kinderleben. In W. Rein (Hrsg.), *Handbuch der Pädagogik.* 2. Auflage. 7. Band (S. 124–133). Langensalza: Beyer.

Villiger, E. (1898). *Beitrag zur Ätiologie der Melancholie. Nach 303 Fällen in der Basler Irrenanstalt beobachteten Krankheitsfällen.* Basel: Schweizerische Verlags-Druckerei.

Villiger, E. (1917). Psychopathische Kinder und ihre Fürsorge. *Jugendwohlfahrt, 15,* S. 33–37, 56–62, 76–82.

Walther, E. (1937). *Zur Geschichte des Schularztwesens der Stadt Basel mit besonderer Berücksichtigung des schulzahnärztlichen Dienstes.* Basel: Heuberger.

Wenk, F. (1927). Ein Basler Erholungsheim für psychopathische Kinder. *Pro Juventute, 1,* S. 658–659.

Sekundärliteratur

Balcar, N. (2017). „Psychopathische" Schuljugend in Deutschland. Eine Debatte zischen Psychiatern und Pädagogen im späten Kaiserreich. *Bildungsgeschichte: International Journal für the Historiography of Education, 7*(2), S. 157–172.

Becker, P. (2002). *Verderbnis und Entartung. Eine Geschichte der Kriminologie des 19. Jahrhunderts als Diskurs und Praxis.* Göttingen: Vandenhoeck & Ruprecht.

Bernet, B. (2013). *Schizophrenie. Entstehung und Entwicklung eines psychiatrischen Krankheitsbildes um 1900.* Zürich: Chronos.

Boetsch, T. (2008). *Psychopathie und antisoziale Persönlichkeitsstörung. Ideengeschichtliche Entwicklung der Konzepte in der deutschen und angloamerikanischen Psychiatrie und ihr Bezug zu modernen Diagnosesystemen.* Saarbrücken: VDM.

Braunschweig, S. (2013). *Zwischen Aufsicht und Betreuung. Berufsbildung und Arbeitsalltag der Psychiatriepflege der Basler Heil- und Pflegeanstalt Friedmatt 1886-1960.* Zürich: Chronos.

Bühler, P. (2011). Ein „unmöglicher Beruf" – Psychoanalytische Pädagogik zu Beginn des 20. Jahrhunderts. *Jahrbuch für historische Bildungsforschung, 17,* S. 34–50.

Bühler, P. (2018). Neue medizinische „Räume des Wissens"? Die Basler Beobachtungsklassen für „fehlentwickelte Kinder" 1930-1940. In E. Glaser, H. C. Koller, S. Krumme & W. Thole (Hrsg.), *Räume für Bildung – Räume der Bildung. Beiträge zum 25. Kongress der Deutschen Gesellschaft für Erziehungswissenschaft vom 13. bis 16. März 2016 in Kassel.* Opladen, Berlin: Budrich (im Druck).

Dowbiggin, I. (2011). *The Quest for Mental Health. A Tale of Science, Medicine, Scandal, Sorrow, and Mass Society.* Cambridge u. a.: Cambridge University Press.

Foucault, M. (2003). *Le pouvoir psychiatrique. Cours au collège de France 1973-1974.* Paris: Gallimard/Seuil.

Germann, U. (2007). Arbeit als Medizin. Die „aktivere Krankenbehandlung" 1930-1960. In M. Meier, B. Bernet, R. Dubach, & U. Germann (Hrsg.), *Zwang zur Ordnung. Psychiatrie im Kanton Zürich, 1870-1970* (S. 195–233). Zürich: Chronos.

Germann, U. (2016). Umstrittene Grenzen: „Psychopathische Persönlichkeiten" zwischen Psychiatrie und Justiz. In H.-P. Schmiedebach (Hrsg.), *Entgrenzungen des Wahnsinns. Psychopathie und Psychopathologisierung um 1900* (S. 209–224). Berlin, Boston: De Gruyter.

Glatzel, J. (1989). Psychopathie. In J. Ritter & K. Gründer (Hrsg.), *Historisches Wörterbuch der Philosophie*. 7. Band (Sp. 1682–1685). Basel: Schwabe.

Illouz, E. (2011). *Die Errettung der modernen Seele. Therapien, Gefühle und die Kultur der Selbsthilfe*. Aus dem Englischen von Michael Adrian. Frankfurt am Main: Suhrkamp.

Jones, K. W. (2002). *Taming the Troublesome Child. American Families, Child Guidance, and the Limits of Psychiatric Authority*. Cambridge: Harvard University Press.

Kaiser, W. (1982). *Leben und Werk des Basler Psychiaters und Psychoanalytikers Hans Christoffel (1888–1959)*. Zürich: Juris.

Martynkewicz, W. (2013). *Das Zeitalter der Erschöpfung. Die Überforderung des Menschen durch die Moderne*. Berlin: Aufbau.

Matter, S. (2011). *Der Armut auf den Leib rücken. Die Professionalisierung der Sozialen Arbeit in der Schweiz (1900–1960)*. Zürich: Chronos.

Laqueur, T. W. (2003). *Solitary sex. A Cultural History of Masturbation*. New York: Zone.

Putz, C. (2011). *Verordnete Lust. Sexualmedizin, Psychoanalyse und die „Krise der Ehe" 1870–1930*. Bielefeld: transcript.

Radkau, J. (1998). *Das Zeitalter der Nervosität. Deutschland zwischen Bismarck und Hitler*. München: Hanser.

Ramsauer, N. (2000). *„Verwahrlost". Kindswegnahme und die Entstehung der Jugendfürsorge im schweizerischen Sozialstaat 1900–1945*. Zürich: Chronos.

Reh, S. (2012). Beobachten und aufmerksames Wahrnehmen. Aspekte einer Geschichte des Beobachtens. In H. de Boer & S. Reh (Hrsg.), *Beobachtung in der Schule – Beobachten lernen* (S. 3–25). Wiesbaden: Springer VS.

Reh, S. (2014). Can we discover something new by looking at practices? Practice theory and the history of education. *Encounters/Encuentros/Rencontres on Education*, 15, S. 183–207.

Reh, S. (2015). Der „Kinderfehler" Unaufmerksamkeit. Deutungsmuster zwischen Kulturkritik und professionellen Handlungsproblemen im Schulsystem in Deutschland um 1900. In S. Reh, K. Berdelmann & J. Dinkelaker (Hrsg.), *Aufmerksamkeit. Geschichte – Theorie – Empirie* (S. 71–93). Wiesbaden: Springer VS.

Ritter, H. J. (2009). *Psychiatrie und Eugenik. Zur Ausprägung eugenischer Denk- und Handlungsmuster in der schweizerischen Psychiatrie, 1850–1950*. Zürich: Chronos.

Rose, W., Fuchs, P. & Beddies, T. (2016). *Diagnose „Psychopathie". Die urbane Moderne und das schwierige Kind. Berlin 1918–1933*. Wien, Köln & Weimar: Böhlau.

Schröder, C. (1995). *Der Fachstreit um das Seelenheil. Psychotherapiegeschichte zwischen 1880 und 1932*. Frankfurt am Main u. a.: Lang.

Shorter, E. (1997). *A History of Psychiatry. From the Era of the Asylum to the Age of Prozac*. New York u. a.: Wiley.

Stewart, J. (2013). *Child Guidance in Britain, 1918–1955. The Dangerous Age of Childhood*. London: Pickering & Chatto.

Wilhelm, E. (2005). *Rationalisierung der Jugendfürsorge. Die Herausbildung neuer Steuerungsformen des Sozialen zu Beginn des 20. Jahrhunderts*. Bern: Haupt.

Zürrer-Simmen, S. (1994). *Wege zu einer Kinderpsychiatrie in Zürich*. Dietikon: Juris.

„Quo vadis? Eine Selbstüberprüfung beim Abgang von der Schule"
Zu Abitur und Ritual[1]

Kerrin Klinger

1 Einführung

Mit der Durchsetzung der Schulpflicht im 19. Jahrhundert wird die Schulzeit zu einer Phase in fast jeder Biografie. In diesem Zeitraum institutionalisiert sich zudem ein staatliches Berechtigungswesen mit vereinheitlichenden Prüfungsverfahren (Ricken & Reh 2017, Kühn 2010). Mit dem Abitur wird 1788 eine staatlich administrierte und zunehmend standardisierte Prüfung an den höheren Schulen in Preußen eingeführt und über weitere Verordnungen im Laufe des 19. Jahrhunderts etabliert. Neben Translokationsprüfungen zur Klassenversetzung oder den Abschlussprüfungen anderer Schulformen ist das Abitur zwar nicht die einzige schulische Prüfung (vgl. Ziegenspeck 1999; Herdegen 2009; Fauler 2014), aber kein anderes Verfahren firmiert unter einem eigenen Begriff, der Synonym für Prüfung und Zertifikat ist: ein Abitur muss absolviert werden, um es dann zu besitzen. ‚Abitur' leitet sich von lateinisch *abire* ‚davon gehen', aus *Abiturium*, von neulateinisch *abiturire* ‚abgehen wollen' ab. Eine andere Bezeichnung für den Schulabgang an der höheren Schule ist ‚Matura' von lateinisch *maturitas* ‚die Reife'. Sie wird heute in Abwandlungen in Österreich oder der Schweiz verwendet. Während Abitur wortwörtlich schlicht den Fakt benennt, die Schule zu verlassen, kennzeichnet Matura das Erreichen einer Reife – beide qualifizieren zum Übergang auf eine Universität (Wolter 1987; Bölling 2010; Kramer 2016).

---

[1] Der Beitrag entstand im Rahmen des im Leibnitz-Wettbewerbs seit 2016 geförderten Forschungsprojektes „Abiturprüfungspraxis und Abituraufsatz 1882 bis 1972" der BBF und des IZB des DIPF und der HU Berlin. Das Projekt unter der Leitung von Sabine Reh, Michael Kämper-van den Boogaart und Joachim Scholz widmet sich den literaturdidaktischen Aspekten der Prüfungsarbeiten und einer historischen Praxeologie des Prüfungsverfahrens (siehe dazu Reh et al. 2017).

© Springer Fachmedien Wiesbaden GmbH, ein Teil von Springer Nature 2019
K. Berdelmann et al. (Hrsg.), *Transformationen von Schule, Unterricht und Profession*, https://doi.org/10.1007/978-3-658-21928-4_12

Die Bedeutung des Abiturs erschöpft sich im 19. Jahrhundert nicht nur in der Möglichkeit, damit zu einem Studium übergehen oder in den Staatsdienst eintreten zu können – was vielerorts den staatlichen Interessen entspricht –, sondern diese Prüfung markiert auch eine biografische Zäsur, nämlich den Eintritt in das Erwachsenenalter und deutet damit auf das Erreichen einer individuellen, charakterlichen Reife. Betrachtet man die Geschichte des Abiturs, so sind beide Aspekte miteinander verquickt, weshalb es kaum verwundert, dass nicht nur die schulische Leistungen, sondern auch die sittlich-moralische Haltungen der Abiturient*innen auf dem Prüfstand stehen. Die Reifeprüfung fungiert in gewisser Weise als Initiation in die Gesellschaft – sozialhistorisch wurde diese als Einsozialisation in eine spezifische soziale Schicht bereits untersucht (grundl. Kraul 1980). Auch der Übergang zur Universität wurde als Initiationsprozess analysiert (BMBW 1979; Ingenkamp 1968; Bauch 1992; Füssel 2007). Wie unter anderem Wolter systematisch darlegt, wird mit dem Abitur die Hochschuleingangsprüfung zwar an das Gymnasium verlagert, bleibt aber zumindest argumentativ strukturell mit der Universität verknüpft (Lenz & Wolter 2001; Wolter 1997). Die Reifeprüfung markiert folglich auch eine Scharnierstelle zwischen höherer Bildung und Studium bzw. bestimmten anderen Karrierewegen, die sich seit dem 20. Jahrhundert zunehmend auffächern. Wolter beschreibt eine Entritualisierung des Abiturs, denn das Prüfungsverfahren sei stärker auf Noten orientiert und zunehmend bürokratisch rationalisiert worden; zudem sei das humanistische Image und damit das Ideal der allgemeingebildeten Persönlichkeit verblasst (Wolter 1997, S. 62f.). Als Diagnose trifft die Entritualisierung vor allem auf die Deutung der Allokationsfunktion zu. Zugleich aber kann sich das Abitur in der Elternentscheidung als ‚die' Schulabgangsprüfung durchsetzen (ebd., S. 60–63). Im Zuge der Bildungsexpansion wird das Abitur somit faktisch für immer mehr Menschen zu einer biografischen Zäsur – und kann sich in diesem Sinne als ein gesellschaftliches Übergangsritual konstituieren. Daher müsste zu Wolters Konzept der Polyvalenz des Abiturs (ebd. S. 24–26) auch die individuell-biografische Ebene treten. Im vorliegenden Beitrag soll anhand von Abiturprüfungsarbeiten im Fach Deutsch untersucht werden, inwiefern das Abitur im Zeitraum von 1930 bis 1970 als gerichteter Übergang von Abiturient*innen gedeutet wird.

Den Rahmen kann dabei das Konzept der Rites de Passage bilden, das nach Beobachtung kultureller Phänomene nichtkomplexer Gesellschaften von Van Gennep formuliert wurde (Van Genepp 1999) und das nunmehr auch zur Beschreibung von Phänomenen komplexer Gesellschaften genutzt wird (siehe einführend Belliger & Krieger 1998). Van Gennep begreift Übergangsrituale, vereinfacht gesagt, als gesellschaftliche Stabilisatoren und bestimmt sie als „Riten, die einen Orts-, Zustands-, Positions- oder Altersgruppenwechsel begleiten" (Turner 2000, S. 94). Nach seinem Strukturmodell gliedert sich ein solches Übergangsritual in drei Phasen: 1. die Trennungsphase, 2. die Schwellen- oder Umwandlungsphase und 3. die Angliederungsphase. Die einzelnen Phasen können unterschiedlich gewichtet und ausgestaltet sein. In der Regel wird die Schwellenphase, die so genannte liminale Phase, betont. In dieser Phase „durchschreitet [das rituelle Subjekt] einen kulturellen Bereich, der wenig oder keine Merkmale des vergangenen oder künftigen Zustands aufweist" (Turner 1998, S. 251). Nach Turner, der das Konzept weiter entwickelte (Turner 1977), ist diese liminale Phase durch Ambiguität, ja den sozialen Tod des Übertretenden gekennzeichnet. Mit dem Durchlaufen solcher Passageriten, die biologische und soziale Erfahrungen verbinden, wird das Individuum in die Gesellschaft integriert: „Im Ritus und den ihn begleitenden Handlungen wird der Jugendliche in das Wissen der Gemeinschaft ‚eingeweiht'. Zum Ritus gehört darum ein Bildungsprozeß und die (symbolische) Anwendung des erworbenen Wissens" (Fischer 1998, S. 252).[2] Moore und Myerhoff fassen diesen Aspekt in einem ritualtheoretischen Rahmen: „Ritual not only belongs to the more structured side of social behavior, it also can be constructed as an attempt to structure the way people think about social life" (Moore & Myerhoff 1977, S. 4). Ein Ritual wird durch Wiederholung von Anlass, Inhalt oder Form (auch in Kombinationen), ein spezifisches Tun und stilisiertes Verhalten, einen evokativen Charakter und eine kollektivierende Funktion bestimmt (Vgl. Moore & Myerhoff 1977, S. 8). Das Abitur kann mit Moore und Myerhoff als ein ‚säkulares Ritual' verstanden werden. Myerhoff führt zu einem jüdischen Schulabgangsprozedere aus: „A graduation is a common secular ritual in which a class of students marks a termination of a course of study, prescribed by and occuring within an educational institution"(Myerhoff 1977, S. 203).[3]

Die Abiturprüfungsphase ist als liminale Phase gekennzeichnet: Die Abiturient*innen sind Abgehende, Turner würde sie „Grenzgänger" (Turner 1998, S. 251) nennen, die für die Zeit der Prüfung noch zur Schule gehen, aber dem schulischen Alltag bereits enthoben sind. Sie befinden sich in einem gesellschaftlichen Zwischenstatus, sie sind keine ‚normalen' Schüler- und Schülerinnen mehr, sobald sie in die Prüfungsphase eingetreten sind, verfügen aber noch nicht über das Zeugniszertifikat, dass ihren neuen Status ausweist. Diesen neunen Status müssen sie erst durch das Bestehen des Prüfungsverfahrens erwerben. Zugleich integriert die Prüfungssituation die Abiturient*innen letztmalig in den Schulbetrieb und

---

2   Vgl. zur Funktion des Rituals im pädagogischen Kontext auch: Belliger und Krieger 1998, S. 10; Wulf 2001, S. 9f.; Wermke 2000.

3   Zur pädagogischen Relevanz des Rituals siehe grundlegend Wulf et al. 2004; Wulf 2004, hier bes. der Beitrag von Friebertshäuser 2004.

legitimiert die schulischen Wissensbestände, indem sie deren schriftliche und mündliche Demonstration einfordert.

Das Abiturverfahren ist nicht schlicht eine Folge verschiedener mündlicher und schriftlicher Fachprüfungen, sondern es müssen durch die beteiligten Akteure eine Reihe von administrativ orchestrierten Handlungen ausgeführt werden, die es zu einem komplexen Gefüge werden lassen. Eine maßgebliche Rolle spielen dabei bürokratische Verschriftlichungspraktiken, mit Anschreiben, Anmeldungen, Gutachten, Protokollen, Listen usw. Diese Schriftstücke müssen jeweils zu einem bestimmten Zeitpunkt im Prüfungsprozedere und in einer bestimmten Weise erstellt und hernach in Aktenform abgelegt werden. Der Prozess kann als ritualisiert gefasst werden, wie Foucault es für frühneuzeitliche staatliche Prüfungsverfahren konstatierte (Foucault 2013, S. 238). Der Verfahrensvollzug weist über den bloßen Prüfungsakt hinaus auf die Geltung staatlicher Bildungsstandards und den ideellen Wert schulischer Bildung. Die Schüler*innen müssen sich selbstständig – sie sind in der Regel nun volljährig – zur Prüfung anmelden. Bis 1970 gehört dazu eine Art autobiografischer Bericht, der Bildungsgang, in dem die Schüler*innen ihren schulischen Werdegang beschreiben und damit auch ihr Berufsziel motivieren – mit diesem Dokument wird symbolisch die Identifikation mit der Schule und ihren Praktiken und Inhalten vollzogen.[4] Mit dem Bildungsgang wird auf der inhaltlichen Ebene eine Narration der Reifung eingeleitet. Zu Abiturient*innen können sie nur werden, wenn auch ein Zulassungsgutachten durch die Prüfungskommission (Lehrer*innen und Schulbeamt*innen) die entsprechende ‚wissenschaftliche‘ und ‚charakterliche‘ Reife in Hinblick auf das angegebene Berufsziel bescheinigt. Dabei werden in den Gutachten durchaus Zweifel formuliert – dann müssen die Abiturient*innen ihre Reife in den Prüfungen noch unter Beweis stellen. Auch die Zulassungsgutachten beziehen sich auf eine gereifte Persönlichkeit und heben damit nicht nur Kenntnisse, sondern explizit individuelle geistige, soziale und körperliche Eigenheiten der Abiturient*innen hervor. Inwiefern die Geprüften die Gutachten kennen, geht aus den überlieferten Akten nicht hervor, mitgeteilt wird ihnen der Zulassungsbescheid.

Die Listen mit persönlichen Angaben und Noten der Abiturient*innen, die schriftlichen Prüfungsarbeiten, die Protokolle zu den Sitzungen der Prüfungskommission und den mündlichen Prüfungen und der Schriftwechsel mit der

---

4 Seit dem 20. Jahrhundert werden symbolische Handlungen und damit bestimmte kulturelle Phänomene als Ritual begriffen (Krieger und Bellinger 1998, S. 7). Siehe zum Verhältnis von Ritual und Praktiken Bell 1997, S. 76–83. Sie betont, dass Rituale als Praktiken analysiert werden sollten, um nicht nur den Text oder die Struktur, sondern auch das Tun oder die Technologien zu betrachten.

Schulaufsichtsbehörde zeugen vom Ablauf des Abiturverfahrens. Diese Dokumente werden geordnet und von der Schule für jede Abiturklasse in einem Schriftenkonvolut arrangiert. Sämtliche Texte werden zweckgebunden und für eine schulische Öffentlichkeit verfasst – die Schriftstücke zirkulieren, werden kollektiv verfasst, an die Aufsichtsbehörde zur Einsichtnahme versendet und schließlich im Archiv der Schule abgelegt. Über die Form der Akte werden weitere intertextuelle Bezüge erzeugt, so dass sich Informationsnetze zu den Abiturient*innen bilden, die soziale Hintergründe, Vornoten, Einschätzungen durch das Lehrerkollegium und die erzielten Prüfungsergebnisse zu einer Beurkundung von Reife verdichten.

Mit dem Strukturmodell Van Genneps können diese Schriftzeugnisse der ersten und zweiten Phase eines Übergangsrituals zugeordnet werden. Die Trennungsphase wird durch den Bericht zum Bildungsgang und das Zulassungsgutachten gestaltet. Die Schwellen- und Umwandlungsphase wird durch die schriftlichen und mündlichen Prüfungen bestimmt. Das Abitur ist ein Trennungsritual, wobei der Übertritt in die neue Statuspassage mit der Mehrfachnennung des Berufsziels schon anvisiert wird. Die tatsächliche Aufnahme in die neue Statuspassage erfolgt aber andernorts beispielsweise an der Universität. In diesem Sinne wird das Abitur in den in Berlin geltenden Reifeprüfungsverordnungen als Voraussetzung für den Übergang zum Studium bestimmt. 1926 wird die dazu „geforderte Reife", 1959 die „geistige Reife" und „sittliche Reife" mit dem Abitur markiert – 1970 wird nur noch vom erreichten Ziel des Gymnasiums gesprochen.[5]

Insbesondere in den Debatten zum deutschen Aufsatz bündeln sich seit dem 19. Jahrhundert die verschiedenen Auffassungen zur Reife der Abiturient*innen (Mohler 1978; Schmitz 1999). Der Deutschaufsatz wird als Semantisierung von sprachlicher, das heißt immer auch intellektueller Reife aufgefasst und mit den Aufgabenstellungen soll folglich eine Demonstration dieser Reife evoziert werden. Apelt (1907) konstatiert: „Moralische Betrachtungen sind fortan entschieden die bevorzugteste Art von Aufgaben für die Abiturarbeiten, und sicherlich auch für die gewöhnlichen häuslichen Arbeiten" (ebd., S. 21). Themensteller zu Deutschaufsätzen kennen solche Fragestellung bereits im ausgehenden 19. Jahrhundert und verdichten das Themenfeld förmlich zu einer eigenen Gattung: dem Besinnungsaufsatz (Ludwig 1988, S. 391). Bemerkenswerterweise wurden auch immer wieder Fragen gestellt, die eine Auseinandersetzung mit dem Prüfungsmoment einfordern. Die Abiturient*innen sollen über das vergangene Schulleben und das künftige Leben

---

5   Die Ordnung der Reifeprüfung an den höheren Schulen Preußens vom 22. Juli 1926, Reglement für die Gymnasial-Abiturienten-Prüfungen (1859), Ordnung der Reifeprüfung an den Oberschulen Wissenschaftlichen Zweiges (Gymnasien) im Lande Berlin. Vom 8. Januar 1959.

reflektieren. Damit kann ins Blickfeld rücken, inwiefern die Abiturient*innen den Passageritus, dem sie gerade auch im Vollzug der mehrstündigen Prüfungsetappe ausgesetzt sind, interpretieren. Im Folgenden soll daher gefragt werden: Wie schreiben Abiturient*innen in der Prüfungssituation über die Prüfungssituation? Welche schulischen Erwartungshorizonte und Deutungen sind dabei erkennbar?

2   Das Themenfeld ‚Übergang' im Deutschaufsatz

Aus dem Berliner Bestand an Deutschabiturprüfungsaufsätzen aus dem Zeitraum von 1882 bis 1972 wurden acht Themenstellungen gewählt, die auf eine Deutung der Übergangsphase hindeuten (siehe Tabelle 1). Im Korpus finden sich weitere Bearbeitungen zu Aufgaben mit bildungsbiographischen Bezügen, die konkrete Bildungserlebnisse, Bildungsinhalte, aber auch Bildungsziele und Zukunftserwartungen thematisierten. Die gewählten Aufgaben fordern schwerpunktmäßig entweder ein Resümee zur Ausbildung bzw. eine Vorausschau auf Zukunft und Beruf.

Tab. 1

Themenschwerpunkt: Schule/Vergangenheit			
Jahr	*Aufgabenstellung*	*Note*	*w/m*
1943	Wodurch hat die Schule im Besonderen auf meine Lebensgestaltung eingewirkt?	mangelhaft	m
1947	Quo vadis? Eine Selbstüberprüfung beim Abgang von der Schule.	genügend	m
1950	Was verstehe ich unter einem gebildeten Menschen? (Jungen)	gut	m
1956	Worin sehen Sie als Abiturient Wert, Grenzen und Möglichkeiten der Schule?	ausreichend	m
Themenschwerpunkt: Beruf/Zukunft			
1932	Wie gedenke ich mir mein ferneres Leben zu gestalten?	genügend	m
1958	Stellen Sie eine Besinnung über die von Ihnen erhoffte zukünftige Lebensgestaltung an.	befriedigend	w
1964	Beruf oder Berufung? Mit welchen Erwartungen und Zielsetzungen sehen Sie Ihrem künftigen Beruf entgegen?	ausreichend	m
1966	Was erwarten Sie von Ihrem Beruf?	befriedigend	w

Für jede der acht Aufgabenstellungen wurde ein Aufsatz transkribiert und inhaltlich ausgewertet. Ausgewählt wurde jeweils der erste Aufsatz in der Akte und da
die Prüfungsarbeiten i. d. R. alphabetisch nach den Namen der Abiturient*innen
in der Abiturakte abgelegt sind, ergibt sich so eine relativ zufällige Verteilung von
Geschlecht und erreichten Noten. Die Aufsätze stammen von zwei Abiturientinnen
und sechs Abiturienten und wurden mit den Noten gut (1x), genügend (2x), befrie-
digend (1x), ausreichend (3x) und mangelhaft (1x) bewertet. Da sich die Notenskalen
und Bewertungskriterien im untersuchten Zeitraum wandeln (vgl. Ingenkamp
1995), wird die Notengebung an dieser Stelle jedoch nicht weiter interpretiert. Im
Umfang variieren die Aufsätze von vier bis zu vierzehn Seiten, wobei der kürzeste
nicht die schlechteste und der längste nicht die beste Bewertung erhielt. Zunächst
sollen die Aufsätze mit einem Schwerpunkt auf der Reflektion der Schulbildung
inhaltlich kurz vorgestellt werden. Daran anschließend werden die Aufsätze mit
einem in die Zukunft gerichteten Schwerpunkt jeweils zusammengefasst.

2.1   Vier Aufsätze zur abgeschlossenen Schulbildung

„Komm herein, [Vorname des Schreibenden], und mache es dir ganz bequem. Setz'
dich bitte!" Mit dieser Aufforderung beginnt 1943 ein Abiturient seinen Aufsatz zu
der Aufgabenstellung „Wodurch hat die Schule im Besonderen auf meine Lebensgestaltung eingewirkt?" (GHO 219, Bl. 1r-4v). Er tritt im Text in eigener Person
auf und imaginiert sich als gerade von der Schule abgegangen. Der Dialogpartner,
den er obigen Satz in sprechen lässt, wird als Mann, der bereits seit längerem die
Schulzeit hinter sich gelassen hat, charakterisiert. Im Dialog verteidigt der Jüngere
die schulische Prägung gegenüber dem älteren Skeptiker. Nacheinander werden
einzelne Fächer behandelt, deren Wert für das Leben der Ältere stets anerkennen
muss: Turnen bewirke ein „Hartwerden" und verleihe Ausdauer. Der Geschichtsunterricht vermittle klare Feindbilder und „Weitblick". Der Deutschunterricht sei
patriotisch mitreißend und führe Probleme vor Augen, die auch weiterhin relevant
seien. Durch den Fremdsprachenunterricht werde „Tun u. Handeln" fremder Völker
verständlich. Und schließlich wird betont, die Schule habe „allgemeines Wissen"
und „Begeisterung für Erdkunde u. Biologie" (hier sieht der Jüngere seine berufliche Zukunft) vermittelt. Der Ältere zeigt sich als „besiegt": „[...] die Schule hat
doch eine Aufgabe von der die meisten Menschen wenig ahnen", gibt er zu. Der
Abiturient beschreibt die Schulzeit trotz der „Schul- und Klassenarbeiten" als ein
„sorgloses Leben", das nach dem Abschluss wohl für immer verloren sein werde.

Mit dem Abschluss verbindet sich in diesem Aufsatz „ein eigenartiges Gefühl in
der ersten Zeit", das der Ältere auch dem Jüngeren unterstellt.[6]
„Quo vadis? Eine Selbstüberprüfung beim Abgang von der Schule" lautete 1947
eine der für den Prüfungsaufsatz gestellten Themen. „Quo vadis? – Diese Frage muß
sich jeder junge Menschen stellen, wenn er die Schule verläßt und in das öffentliche Leben hinaustritt." (GHO 239, Bl. 53r-54v) Der nun zu vollziehende Schritt
sei für die Zukunft und das „ganze Leben" entscheidend, der Schulabschluss ist
für den Schreibenden deshalb Anlass zur Selbstprüfung. Die Jugendzeit wird als
unselbständige und durch Elternhaus und Schule behütete Phase gekennzeichnet,
die durchaus mit Versagensängsten verbunden gewesen und nun abgeschlossen
sei. Der Abiturient bilanziert, er sei „in der Schule mit vielem geistigen Material
ausgerüstet worden" und habe „Sprachen und Wissenschaften" gelernt. Inwiefern
er dies in seinem späteren Beruf – auch für ihn ist Zukunft vor allem beruflich
bestimmt – anwenden könne, sei ihm weniger wichtig als die Frage, ob der Beruf
seiner Persönlichkeit entspräche, ihm Freude machen und ihn ausfüllen werde.
Dieser Aufsatz hat die Anmutung einer Charakterstudie, in der der Abiturient
die eigenen Stärken und Schwächen benennt und zukünftigen Strategien erwägt.
Sein Ziel sei es, „ein anständiger und ordentlicher Mensch zu werden, und in jeder
Lebenslage meinen Mann zu stehen, damit ich vor den Augen meiner Eltern, meiner
ehemaligen Schule und vor meinen Mitmenschen bestehen kann".[7]
Etwas weniger selbstreflektiv ist 1950 die Frage zum Deutschaufsatz formu-
liert: „Was verstehe ich unter einem gebildeten Menschen?" (GHO 294, Bl. 3r-6r).
Gleichwohl deutet sich an, dass die Abiturient*innen gleichsam als Gebildete
angesprochen werden. In diesem Sinne beginnt der Aufsatzschreiber: „Es giebt
[sic] wunderbare Gebäude, in die Kinder hineingeschickt und etwas später junge
Leute mit Examen herausgelassen werden. Man nennt sie Bildungsanstalten und die
Entlassenen die Gebildeten." Ein Gebildeter hat demnach zwischen Kindheit und
Jungenalter einen Ausbildungsprozess in einer schulischen Institution durchlaufen.
Grundsätzlich ist der Aufsatz durchaus komplex und hebt auf eine Bildung ab, die
man als ganzheitlich bezeichnen könnte. Im ersten Abschnitt wird ausgeführt:
Gebildet sind nicht diejenigen, die über auswendig gelerntes Wissen verfügen,
das unhinterfragt und ohne wirkliches Interesse an den Menschen zu Vorurteilen
führt. Auch dem (Natur-)Wissenschaftler, der zwar Außergewöhnliches leiste, aber
keinen ästhetischen Sinn habe, wird das Gebildetsein abgesprochen. Im zweiten
Abschnitt wird Menschen aus „einfacheren Volksschichten" nur eine begrenzte
Einsicht und fehlendes Wissen unterstellt, weshalb sie nicht den vollen Grad an

---

6   Sämtl. Zitate d. Abschnitts: GHO 219, Bl. 1r-4v.
7   Sämtl. Zitate d. Abschnitts: GHO 239, Bl. 53r-54v.

Bildung erreichen würden. Mit einem Zitat aus Hermann Hesses „Demian" wird der dritte Abschnitt motiviert, der eine Vereinigung von Wissen und Verstehen als Selbstfindungsprozess bestimmt. Als gelungenes Beispiel zieht der Schreibende die Lebensbeschreibung Axel Munthes' heran, der als Arzt ethisch und empathisch gehandelt und zugleich als ästhetisch verfeinerter Mensch die Schönheit von Natur und Kunst zu schätzen gewusst habe. Zum schulisch vermittelten Wissen, das (nur) darauf ziele, Fragen zu beantworten, müsse ein Verstehen treten, das sich erst in einer sinnvollen Lebensgestaltung realisiere. In diesem Sinne ist der (Selbst-)Bildungsprozess für den Schreibenden nicht auf die Schulzeit beschränkt.[8]

„Worin sehen Sie als Abiturient Wert, Grenzen und Möglichkeiten der Schule?" lautet die Aufgabenstellung 1956 ganz konkret. Im Aufsatz dazu (GHO 504, Bl. 7–16) situiert sich der Schreibende zunächst als jemand, der am Ende eines mühevollen und klippenreichen Weges – der Schulzeit – zurückblickt und Bilanz zieht. Zu den Werten der Schule resümiert er: „Wissen, Aufgeschlossenheit und selbstständiges Denken sind aber alles ideelle Werte." Der „ideelle Wert" eines präsentablen Wissens, das es ermöglicht, Neues zu entdecken und als Bürger Urteilsfähigkeit auszubilden, wird dabei einem bloß „materiellem Wert", der sich aus merkantilen Interessen am Zeugnis bemisst, gegenübergestellt. Als Möglichkeiten der Schule wird vor allem der praktische, erlebnisnahe und selbstorganisierte Unterricht favorisiert, der den „theoretischen Unterricht" natürlich nicht ersetzen solle, da die Schule auch als „'Sprungbrett' für ein weiteres Studium" genutzt werde. Die Grenzen der Schule sieht der Verfasser vor allem in den Privatinteressen der einzelnen Schüler, die den Fokus von einer Allgemeinbildung zu einer unerwünschten Spezialisierung verschieben könne – hier müsse der Lehrer ausgleichen. Der letzte Satz – „Ich hoffe jedenfalls die Schule in diesem Sinne richtig verstanden zu haben" – sucht nach Bestätigung.[9]

2.2   Vier Aufsätze zur (beruflichen) Zukunft

Während die bisher behandelten Fragestellungen eher eine retrospektive Perspektivierung initiieren, erfordern die folgenden vier Aufgaben eine prospektive textliche Bearbeitung. 1932 wird der Aufsatz zur Aufgabe „Wie gedenke ich mir mein ferneres Leben zu gestalten?" (GHO 133, Bl. 30r-31v) vom Schüler in drei Abschnitte untergliedert. Der Abschnitt „A: Abschluss der Schulzeit" geht auf die baldige Zukunft ein, „B: Lehre" ist der näheren, konkreteren Zukunft gewidmet und „C: Zukunftsbilder" ist auf die fernere, unbestimmtere Zukunft gerichtet.

---

8   Sämtl. Zitate d. Abschnitts: GHO 294, Bl. 3r-6r.
9   Sämtl. Zitate d. Abschnitts: GHO 504, Bl. 7–16.

Der Abiturient beschreibt seine Zukunft als das „ernste Leben". Den Abschluss der Schulzeit betrachtet er als Übergangsphase. Im ersten Abschnitt nutzt er das Bild des Lebensweges, den es von nun an und zum ersten Mal ohne Lehrer und Erzieher zu beschreiten gelte. Er schreibt, dies sei „der erste, entscheidende Moment meines Lebens". Zukunft ist für den Schreibenden grundsätzlich als Erwerbsleben definiert. Im „ernsten Leben" in einer „schlechten Zeit" stünden dem Heer der Arbeitenden, in das er sich einreihen müsse, hohe Erwerbslosenzahlen gegenüber. Er habe aber dank einer Berufsberatung bereits eine Lehrstelle als Mechaniker gefunden: „Meine Lehrzeit dauert vier Jahre, und ich hoffe, die ganze Zeit in diesem Betrieb zu bleiben, muß aber leider, wie jeder Arbeiter in dieser schlechten Zeit damit rechnen, schon vor der Zeit auf die Straße gejagt zu werden." Er dürfe nicht wählerisch sein, gleichwohl hoffe er, sich zum Monteur weiterbilden und seine Fremdsprachenkenntnisse doch noch nutzen zu können. Amerika wird ihm zum Zufluchtsort, der durch persönliche Verbindungen in greifbare Nähe rücken könnte. Die Schulzeit wird nur indirekt thematisiert, als die Zeit, die noch nicht ernst war und in der Lehrer und Erzieher den Lebensweg bestimmten. Der Schreibende versucht sich einen verhaltenen jugendlichen Optimismus trotz der Auswirkungen der Weltwirtschaftskrise zu bewahren.[10]

Nach wechselvollen Zeiten wird 1957 erneut eine Zukunftsvision gefordert: „Stellen Sie eine Besinnung über die von Ihnen erhoffte zukünftige Lebensgestaltung an." Zwar seien Zukunftsvorstellungen und -pläne wandelbar und nicht immer realisierbar „und doch macht sich jeder ein Bild über sein zukünftiges Leben", stellt eine Abiturientin in ihrem Aufsatz (GHO 555, Bl. 43–48) fest. Sie wolle Lehrerin werden – wenngleich für sie als Mädchen eigentlich „höchstes Ziel eine glückliche Ehe" sei, verbinde sie mit dem Beruf Freude, Erfüllung und finanzielle Sicherheit für ein ganzes Leben. Die Ausübung des Lehrerinnenberufes sieht sie als Möglichkeit zu persönlicher Selbstständigkeit und als Freiheit, ihren eigenen Interessen (Reisen, Konzertbesuche, Buchlektüre, Malen und Zeichnen) folgen zu können. Sobald sie – nicht zu jung – heirate, werde sie dies aber aufgeben. Zur Begründung dieser Haltung verweist sie auf ihren eigenen familiären Hintergrund als Einzelkind, dessen Vater im Krieg gefallen und deren Mutter allein für den Lebensunterhalt zuständig sei. Sie verteidigt diese Ansicht auch gegen die „moderne Auffassung mancher Frauen". Die Schreibende sieht aber gerade in der Anpassungsfähigkeit der Frau – eine solche Selbstaufgabe werde ihr nicht ganz leicht fallen – die notwendige Voraussetzung für ein „echtes Heim" und ein „richtiges Familienleben". Aus ihrer Sicht sei es aber trotzdem sinnvoll, auch als Mädchen ein Abitur zu machen, da es die Pflicht der Mutter sei, „den Kindern Wissen und Bildung näherzubringen", wenn der Vater

---

10   Sämtl. Zitate d. Abschnitts: GHO 133, Bl. 30r-31v.

durch sein Berufsleben abwesend sei. Sie wolle nicht das Haus ihrer Mutter erben, erst wenn die Kinder aus dem Haus seien, würde sie sich „Wertgegenstände" wie ein eigenes Haus oder ein Auto vom „Geld ihres Mannes" anschaffen. Die Verfasserin begründet ihre Haltungen mit autobiografischen Verweisen und verteidigt sie gegenüber anderslautenden Meinungen.[11]

Deutet sich in den Aufsätzen zur zukünftigen Lebensgestaltung bereits die Sonderrolle der Frage nach der Berufswahl an, so wird sie 1964 explizit gestellt: „Beruf oder Berufung? Mit welchen Erwartungen und Zielsetzungen sehen Sie ihrem künftigen Beruf entgegen?" In einem Aufsatz zum Thema (GHO 658, Bl. 61r-64v) begreift sich der Verfasser als jemand, der „dann in das Leben" tritt. Dieser Schritt sei mit der Wahl eines Berufs verbunden und er gibt vor, die Bearbeitung des Aufsatzthemas sei eine Voraussetzung für diese Entscheidung gewesen. Der Abiturient spitzt die Aufgabenstellung auf die Fragen „Beruf? -> Arbeiten um zu leben?" oder „Berufung? -> Leben um zu arbeiten?" zu und ordnet dem Beruf die Sicherung des Lebensunterhalts und der Berufung eine ethisch und religiös begründete Lebensaufgabe zu, woraus für ihn folgt: „Wenn ich also zu dem Schluß gekommen bin, daß der Mensch doch lebt um zu arbeiten, so muß mein späterer Beruf für mich die Bedeutung einer Lebensaufgabe haben." Er grenzt sich von Maurer und Fließbandarbeiter ab, denen „die Bildung und deshalb auch das Bewußtsein" fehle, dass das „materielle Leben auf der Erde nicht alles ist". Für ihn solle der Beruf wie bei Pfarrer oder Arzt eine Berufung sein. Er wähle den Beruf des Naturwissenschaftlers (Chemikers), der zur Forschung berufen sei. Aber er wolle nicht für den Beruf leben, sondern es müsse Zeit für die Familie bleiben, die ihm noch wichtiger sei. Als unwichtig „bei den heutigen Gehältern" bezeichnet er „die finanzielle Frage", weshalb er sie auch erst am Schluss des Aufsatzes anspräche: „Daß man genug verdienen muß, um die Familie unterhalten zu können, ist selbst verständlich." Unklar bleibt jedoch, inwiefern gerade der Deutschaufsatz zur Lösung der Berufsfrage beigetragen hat.[12]

Die Berufswahl sei „die große Entscheidung", „von der das Glück seines ganzen Lebens abhängen kann" schreibt 1966 eine Abiturientin in ihrem ausführlichen Aufsatz (GHO 681, Bl. 14r-20v). Die Frage der Themenstellung „Was erwarten Sie von Ihrem Beruf?" stelle sich „jedem jungen Menschen" zum Abschluss der Schulzeit. Entscheidungsfaktoren seien die Einflüsse der schulischen und elterlichen Erziehung sowie individuelle Fähigkeiten und Interessen. Die Abiturientin formuliert den Berufswunsch ‚Journalistin', mit dem sie zwei Interessensgebiete verknüpft: Erstens möchte sie Menschen kennenlernen, sich mit den Charaktereigenschaften

---

11 Sämtl. Zitate d. Abschnitts: GHO 555, Bl. 43–48.
12 Sämtl. Zitate d. Abschnitts: GHO 658, Bl. 61r-64v.

von Menschen und mit der menschlichen Seite der Politik befassen – dazu habe
sie der Deutschunterricht motiviert. Zweitens sei ihr von ihren Eltern ermöglicht
worden, Europa zu bereisen. In der Beschreibung des zweiten journalistischen The-
menfeldes verweist sie auf den blinden Gehorsam des deutschen Volkes im Dritten
Reich, das dem Führer in den Wahnsinn der Rassen- und Völkervernichtung gefolgt
sei. Dem vorbeugend wolle sie, indem sie über die Eigenarten von Heimat und
Fremde schreiben werde – dazu seien auch die in der Schule erworbenen Fremdsprachenkenntnisse hilfreich –, zur Völkerverständigung beitragen. Zum Ende ihres
Aufsatzes wird sie persönlicher: „Mein Beruf soll mir aber Abwechslung bieten"
und darüber hinaus ein finanzielles Auskommen und Unabhängigkeit sichern. Sie
wolle sich keinesfalls dem „Joch" der beruflichen Tätigkeit unterwerfen und ihre
persönliche (Meinungs-)Freiheit einschränken. Der Aufsatz gleicht einem Moti-
vationsschreiben, in dem die Schreibende ihre journalistische Eignung begründet
und nicht zuletzt demonstriert: das Schreiben von leichter Hand – ihr Aufsatz hat
14 Seiten, im Vergleich dazu umfasst der Aufsatz von 1932 nur ganze vier Seiten.[13]

3   Schluss: Übergang als Schritt

Ein wiederkehrendes Motiv in den Aufsätzen ist der Schritt. Bereits in dieser
kleinen Auswahl deutet sich an, dass der Deutschaufsatz tendenziell sowohl als
Egodokument mit individualbiografischen Aussagen, als auch als serielle Quelle
mit allgemeinen Narrationsmustern gelesen werden kann. Der Schulabgang wird
als ,Schritt' auf dem ,Weg des Lebens' – eine wiederum sehr gebräuchliche Metapher – verstanden.[14] Solche Sprachmuster versteht Bergesen als die „einfachste
Form ritueller Praktiken" (Bergesen 1998, S. 54), da sie zur Vergemeinschaftung
beitragen. Charakterisiert wird dieser Schritt vor allem durch ein Davor und Danach,
die Abiturienten treten aus ihrem sorglosen und behüteten Schulleben – in einem
Aufsatz wird es aber auch als mühevoller und klippenreicher Weg beschrieben – in
das ernste, selbständige und öffentliche (Erwerbs-)Leben, in dem Freude an Beruf
und Familie sowie finanzielle Sicherheit eine wichtige Rolle spielen. Dieser Schritt
ist mit einer für das Leben richtungsweisenden Entscheidung verbunden: der
Berufswahl. Zusätzliche Brisanz erhält diese Entscheidung, weil sie laut Narrativ

---

13 Sämtl. Zitate d. Abschnitts: GHO 681, Bl. 14r-20v.
14 Die Analyse von Metaphern im (auto)biografischen Kontext hat in soziologischen und
     psychologischen Studien bereits eine längere Tradition. Zur erziehungswissenschaftlichen
     Forschung siehe z. B. einführend: Gansen 2014.

erstmalig selbständig – ohne Lehrer*innen oder Eltern – getroffen werde. In den Aufsätzen wird nicht das Abitur, sondern diese berufliche Entscheidungsfindung als die eigentliche Prüfungsaufgabe formuliert.

Da die Aufgabenstellungen jeweils das Einnehmen einer persönlichen Perspektive einfordern, dem die Abiturient*innen mit autobiografischen Verweisen auch entsprechen, wird der subjektivierende Aspekt der Prüfungssituation betont. Zugleich werden Schule und der Schulabschluss als selbstverständliche Elemente der Erfahrungswelt junger Menschen beschrieben – die Schreibenden betrachten ihre Situation als überindividuell und antizipieren damit die sozialisierende Funktion des Rituals. Die Abiturient*innen stellen weder die Schule noch das Abitur als Ausbildungsabschluss in Frage, wenn auch die Idee des lebenslangen Lernens in einigen Aufsätzen aufschimmert.[15] In den Beurteilungen der Lehrkräfte, die hier nur ganz am Rande einbezogen wurden, werden diese Punkte zustimmend kommentiert oder unkommentiert gelassen, was auf einen gemeinsamen Deutungszusammenhang schließen lässt.

Die Zuordnung zu einer sozialen Schicht (bis auf eine Ausnahme: der Aufsatz von 1932) wird dabei implizit angedeutet: über die Erwähnung von Eltern, die Reisen ermöglichen, oder der Mutter, die ein Haus besitzt, über die Abgrenzung von ‚einfacheren‘ Menschen. Reife wird in den Aufsätzen nicht explizit angesprochen, aber damit zusammenhängende Aspekte, wie durch die schulische Ausbildung gewonnene Ressourcen – konkrete Wissensinhalte wie z. B. Fremdsprachenkenntnisse, aber auch allgemeinere Kompetenzen wie Urteilsfähigkeit, die Fähigkeit zur Selbstreflexion oder auch Neugierde (Forscherdrang, Entdeckungsfreude, Aufgeschlossenheit) – werden thematisiert. Das Abitur als Übergangsphase wird in der Textlichen Gestaltung jedoch nicht angesprochen. Der Schritt vollzieht sich, um im Bild zu bleiben, unwillkürlich; das Sagbare bleibt auf das Davor und das Danach konzentriert – was eine Diskrepanz von Text und erlebtem Zwischenstatus erkennbar werden lässt. Diese Diskrepanz aber fügt sich in das Konzept des Übergangsrituals ein: das Dazwischen gleicht einem Tabu, über das nicht gesprochen wird, sondern kurz darauf ein ‚eigenartiges Gefühl‘ hinterlässt, das eine Grußkarte (siehe Abb.1) von Hildesheimer Abiturient*innen auch schon 1903 eindrucksvoll illustrierte.

---

15 Myerhoff analysiert die Thematisierung von ‚Lernen‘ im Kontext einer jüdischen Graduierungszeremonie gleichermaßen als Symbol für den Glauben und als Strategie im sozialen Leben (Myerhoff 1977, S. 213).

Abb. 1   Gruss der Abiturienten des Gymnasiums Andreanum Hildesheim, 12. und
13. Febr. 1903. – o. O., 1903. – Postkarte ; s/w ; Querformat. – Original. (http://
www.bbf.dipf.de/cgi-opac/bil.pl?t_direct=x&f_IDN=b0080280hjld)

Mit dem Motiv des Schritts wird Van Genneps Beobachtung, dass alle Übergangsriten
als räumliche Übergänge und Grenzüberschreitungen gestaltet werden, bestätigt.
Grundsätzlich wird dabei die Deutung des Abiturs als Passageritus narrativ durch
das Motiv des Schrittes auf dem Lebensweg und performativ durch die Schreibhand-
lung bestätigt. Das Abitur fungiert gemeinschaftsstiftend und identitätsstiftend im
Sinne eines Rituals. Myerhoff fasst dies zusammen: „Rituals provide continuity of
two distinct but related kinds, the individual's sense of unity as a person (individ-
ual-biographical continuity), and the sense of being ‚One People' on the part of the
whole group (collective-historical continuity)" (Myerhoff 1977, S. 218).

Quellen

GHO Bestand im Archiv der Bibliothek für Bildungsgeschichtliche Forschung des DIPF. Die Ordnung der Reifeprüfung an den höheren Schulen Preußens vom 22. Juli 1926. In: Zentralblatt für die gesamte Unterrichtsverwaltung in Preußen (1926), S. 288–294.

Reglement für die Gymnasial-Abiturienten-Prüfungen. In: Zentralblatt für die gesamte Unterrichtsverwaltung in Preußen (1859), S. 225–232.

Ordnung der Reifeprüfung an den Oberschulen Wissenschaftlichen Zweiges (Gymnasien) im Lande Berlin. Vom 8. Januar 1959. Herausgegeben vom Senator für Volksbildung, Berlin. Ausgabe April 1959. Berlin W 30.

Literatur

Apelt, O. (1907). *Der deutsche Aufsatz in der Prima des Gymnasiums.* 2. verb. Aufl. Leipzig/ Berlin: Teubner.

Bauch, D. (1992). *Bewältigung von Übergangssituationen im Jugendalter – dargestellt am Beispiel des Übergangs in eine zum Abitur führende Bildungseinrichtung* (Dissertation). Universität Potsdam.

Bell, C. (1997). *Ritual. Perspectives and Dimensions.* New York/Oxford: Oxford University Press.

Belliger, A. & Krieger, D. J. (1998). Einführung. In A. Belliger & D. J. Krieger (Hrsg.), *Ritualtheorien. Ein einführendes Handbuch* (S. 7–33). Opladen und Wiesbaden: Westdeutscher Verlag.

Bergesen, A. (1998). Die rituelle Ordnung. In A. Belliger & David J. Krieger (Hrsg.), *Ritualtheorien. Ein einführendes Handbuch* (S. 49–76). Opladen/Wiesbaden: Westdeutscher Verlag.

Bölling, R. (2010). *Kleine Geschichte des Abiturs.* Paderborn: Schöningh.

Bundesministerium für Bildung und Wissenschaft (1979). *Der Übergang vom Gymnasium zur Hochschule.* Bonn.

Fauler, S. (2014). Organisation und Prüfung. Organisationales Lernen als Ansatz zur Verbesserung von Prüfungen. In N. Engel & I. Sausele-Bayer (Hrsg.), *Organisation. Ein pädagogischer Grundbegriff* (S. 153–166). Münster/New York: Waxmann.

Fischer, Ch. (1998). *Wir haben Euer Gelöbnis vernommen. Konfirmation und Jugendweihe im Spannungsfeld ; ein Beispiel für den Einfluß gesellschaftlicher Verhältnisse auf praktisch-theologische Argumentationen in der DDR 1949–1978.* Leipzig: Evang. Verl.-Anst.

Foucault, M. (2013). Überwachen und Strafen. Die Geburt des Gefängnisses. 14. Aufl. Frankfurt a. M.: Suhrkamp.

Friebertshäuser, B. (2004). Ritualforschung in der Erziehungswissenschaft. Konzeptionelle und forschungsstrategische Überlegungen. In Ch. Wulf (Hrsg.), *Innovation und Ritual. Jugend, Geschlecht und Schule* (S. 29–45). Wiesbaden: VS, Verl. für Sozialwissenschaften.

Füssel, M. (2007). Ritus Promotionis. Zeremoniell und Ritual akademischer Graduierungen in der frühen Neuzeit. In R. Ch. Schwinges (Hrsg.), *Examen, Titel, Promotionen. Akademisches und staatliches Qualifikationswesen vom 13. bis zum 21. Jahrhundert* (S. 411–450). Basel: Schwabe.

Gansen, P. (2014). Metaphernanalyse in der erziehungswissenschaftlichen Kindheitsforschung. In M. Junge (Hrsg.), *Methoden der Metaphernforschung und -analyse* (S. 117–131). Wiesbaden: Springer VS.

Herdegen, P. (2009). *Schulische Prüfungen. Entstehung – Entwicklung – Funktion. Prüfungen am bayerischen Gymnasium vom 18. bis zum 20. Jahrhundert.* Bad Heilbrunn: Klinkhardt.

Ingenkamp, K.(1968). *Untersuchungen zur Übergangsauslese.* Weinheim und Berlin: Belz.

Ingenkamp, K. (Hrsg.) (1995). *Die Fragwürdigkeit der Zensurengebung. Texte und Untersuchungsberichte.* 9., unveränd. Aufl. Weinheim [u. a.]: Beltz.

Kramer, J. (Hrsg.) (2016). *Abitur und Matura im Wandel. Historische Entwicklungslinien, aktuelle Reformen und ihre Effekte.* Wiesbaden: Springer VS.

Kraul, M. (1980). *Gymnasium und Gesellschaft im Vormärz. Neuhumanistische Einheitsschule, städtische Gesellschaft und soziale Herkunft der Schüler.* Göttingen: Vandenhoeck & Ruprecht.

Kühn, S. M. (2010). *Steuerung und Innovation durch Abschlussprüfungen?* Wiesbaden: VS Verlag für Sozialwissenschaften.

Lenz, K. & Wolter, A. (2001). Abitur als Statuspassage. Ein Beitrag zum Funktionswandel des Gymnasiums. In W. Melzer und U. Sandfuchs (Hrsg.), *Was Schule leistet. Funktionen und Aufgaben von Schule* (S. 175–202). München: Juventa.

Ludwig, O. (1988). *Der Schulaufsatz. Seine Geschichte in Deutschland.* Berlin [u. a.]: de Gruyter.

Mohler, P. Ph. (1978). *Abitur 1917–1071. Reflektionen des Verhältnisses zwischen Individuum und kollektiver Macht in Abituraufsätzen.* Frankfurt a. M.: Lang.

Moore, S. F. & Myerhoff, B. G. (1977). Introduction: Secular Ritual: Forms and Meanings. In S. F. Moore & B. G. Myerhoff (Hrsg.), *Secular Ritual* (S. 3–24). Assen und Amsterdam: Van Gorcum.

Myerhoff, B. G. (1977). We Don't Wrap Herring in a Printed Page: Fusion, Fiction and Continuity in Secular Ritual. In S. F. Moore & B. G. Myerhoff (Hrsg.), *Secular Ritual* (S. 199–224). Assen und Amsterdam: Van Gorcum.

Reh, S., Kämper-van den Boogart, M. & Scholz, J. (2017). Eine lange Geschichte. Der deutsche Abituraufsatz als „Gesammtbildung der Examinanden". Prüfungspraxis und Lehrerkommentare von Abituraufsätzen in den 1950er Jahren. *Zeitschrift für Pädagogik, H. 3,* S. 279–297.

Ricken, N. & Reh, S. (2017). Prüfungen – Systematische Perspektiven der Geschichte einer pädagogischen Praxis. Einführung in den Thementeil. *Zeitschrift für Pädagogik, H. 3,* S. 247–259.

Schmitz, W. F. W. (1999). *Deutschunterricht zwischen Beharrung und Veränderung. Aufsatzthemen Berliner Höherer Schulen in der Weimarer Republik.* Berlin: Weißensee Verlag.

Turner, T. S. (1977). Transformation, Hierarchy and Transcendence: A Reformulation of Van Gennep's Model of the Structure of Rites de Passage. In S. F. Moore & B. G. Myerhoff (Hrsg.), *Secular Ritual* (S. 53–70). Assen und Amsterdam: Van Gorcum.

Turner, V. W. (1998). Liminalität und Communitas. In A. Belliger & D. J. Krieger (Hrsg.), *Ritualtheorien. Ein einführendes Handbuch* (S. 251–262). Opladen und Wiesbaden: Westdeutscher Verlag.

Turner, V. W. (2000). *Das Ritual. Struktur und Anti-Struktur.* Frankfurt a. M. [u. a.]: Campus.

Van Gennep, A. (1999). *Übergangsriten.* Studienausg. Frankfurt a. M.: Campus-Verl.

Wermke, M. (Hrsg.) (2000). *Rituale und Inszenierungen in Schule und Unterricht.* 2. unv. Aufl. Münster, Hamburg und London: Lit Verlag.

Wolter, A. (1997). *Das deutsche Gymnasium zwischen Quantität und Qualität.* Oldenburg: Bibliotheks- und Informationssystem der Univ.

Wolter, A. (1987). *Das Abitur. Eine bildungssoziologische Untersuchung zur Entstehung und Funktion der Reifeprüfung.* Oldenburg: Holzberg.

Wulf, Ch. et al. (2001). *Das Soziale als Ritual. Zur performativen Bildung von Gemeinschaften.* Opladen: Leske+Budrich.

Wulf, Ch. et al. (2004). Bildung im Ritual. Schule, Familie, Jugend, Medien. Wiesbaden: VS, Verl. für Sozialwissenschaften.

Ziegenspeck, J. (1999). *Handbuch Zensur und Zeugnis in der Schule. Historischer Rückblick, allgemeine Problematik, empirische Befunde und bildungspolitische Implikationen. Ein Studien- und Arbeitsbuch.* Bad Heilbrunn/Obb.: Klinkhardt.

Benutzungspraktiken von Forschungsbibliotheken: der Zugang zu Büchern und Katalogen

Stefan Cramme

Das spätestens seit Bernhard Fabians (1983, speziell S. 28–32) grundlegender Studie über *Buch, Bibliothek und geisteswissenschaftliche Forschung* vielzitierte Wort, Bibliotheken seien die Labore der Geisteswissenschaften, hat inzwischen die Tagespresse erreicht. In der Kontroverse um die Zusammenlegung von universitären Bibliotheken in Zürich wurde betont: „Sie sind die kleinen Hochburgen des akademischen Wissens, die Labore der Geisteswissenschaft." (Sturzenegger 2018; vgl. auch Franz 2018). Im Vordergrund standen dabei in erster Linie die besseren Arbeitsmöglichkeiten, nicht zuletzt auch für Studierende, und die Forschungsnähe von dezentralen Bibliotheken, verbunden mit einem Lob des nicht zielgerichteten Stöberns in einer Freihandbibliothek (Högele 2018). Der Zugang zu den Büchern war auch für Fabian bereits essentiell gewesen, doch für ihn bestand das Wesen einer geisteswissenschaftlichen Forschungsbibliothek gerade in der Zentralisierung des Zugriffs auf möglichst diverse und umfangreiche Buchbestände, was verteilte Strukturen zumindest unter den Bedingungen des analogen Zeitalters nicht bieten können. Inzwischen verändert die stetig fortschreitende Digitalisierung nicht nur Forschungspraktiken, sondern auch den Zugang zu Quellen und Literatur. In den folgenden Ausführungen soll es zunächst um einige Beispiele gehen, wie sich der Zugang von Forschenden zu Bibliotheksbeständen (und deren Nachweis in Katalogen) entwickelt hat. Es kann sich nur um eine erste Skizze handeln, die aber vielleicht anzudeuten vermag, dass auch die Bibliotheksgeschichte von einem genaueren Blick auf Praktiken profitieren könnte, verbunden mit der Frage, ob sich daraus auch für heutige Forschungsbibliotheken noch Konsequenzen ableiten lassen.

© Springer Fachmedien Wiesbaden GmbH, ein Teil von Springer Nature 2019
K. Berdelmann et al. (Hrsg.), *Transformationen von Schule, Unterricht und Profession*, https://doi.org/10.1007/978-3-658-21928-4_13

247

1   Historische Streiflichter

Wir betrachten hier eine Frage näher, nämlich ob bzw. in welcher Form der einzelne Bibliotheksnutzer einen direkten physischen Zugang zu den Beständen einer Bibliothek und deren Verzeichnissen hatte, also das, was in den Augen sowohl Fabians wie der Kritiker der Züricher Bibliothekspläne eines der wichtigsten Charakteristika einer Forschungsbibliothek ist. Die Betrachtung konzentriert sich dabei auf einige größere deutsche Bibliotheken im 19. Jahrhundert, vor allem dessen erster Hälfte, weil sich hier Praktiken herausgebildet haben, die für das deutsche Bibliothekswesen lange Zeit prägend gewesen sind. Die Bibliotheken des Altertums, des Mittelalters und auch der frühen Neuzeit können deswegen übergangen werden, auch wenn ihre Benutzungspraktiken durchaus ähnlich gewesen zu sein scheinen. Nutzende hatten in antiken Bibliotheken in der Regel keinen direkten Zugang zu den Büchern, aber zu den Katalogen (Wendel & Göber 1955, S. 142; Balensiefen 2011, S. 147–148), und in ähnlicher Weise standen auch größere mittelalterliche Bibliotheken überwiegend nur dem Bibliothekar vollständig offen (Christ & Kern 1955, S. 256), der auch noch in frühneuzeitlichen Universitätsbibliotheken die entscheidende Rolle dabei spielte zu bestimmen, wer in welcher Form auf die Bestände zugreifen konnte (Leyh 1957, S. 106–108).

Dies blieb auch im 19. Jahrhundert noch durchaus so, wurde aber jetzt stetig feiner reguliert durch teilweise sehr ins Einzelne gehende Vorschriften, die von den Trägern der Bibliotheken erlassen wurden. Als Beispiel sei hier zunächst die Kurfürstliche, später Königliche Bibliothek in Berlin, die jetzige Staatsbibliothek, betrachtet. In ihren Anfangszeiten unter dem Kurfürsten Friedrich Wilhelm konnte es vorkommen, dass Bibliotheksnutzern ein Schlüssel zum freien Eintritt in die Bibliotheksräume im Berliner Schloss überlassen wurde (Wilken 1828, S. 37–38). Später wurden Zugang und Ausleihe strikter geregelt. In der für das neue Gebäude erlassenen Benutzungsordnung von 1783 wurde klargestellt, dass nicht nur keine Bücher mehr außer Haus entliehen werden konnten (eine Regelung, die nicht allzu lang Bestand hatte), auch die Benutzung in der Bibliothek erfolgte nur unter Aufsicht: „Wenn nun Leute kommen, die hineingehen, und die Bücher lesen, oder etwas darin nachschlagen wollen; so müssen sie sich bei dem Bibliothecaire melden. Der schickt sodann den Diener der Bibliotheque mit, welcher den Leuten die Bücher, so sie verlangen und lesen wollen, hervorlangt ... Aber Bücher nach Hause mitzunehmen, muß durchaus Niemanden [sic] gestattet werden; ... Müssen die Bibliothecarien alle Menschenmögliche Vorsicht gebrauchen, daß in der Bibliotheque kein Schaden geschiehet. Es muß zu dem Ende kein Fremder und Unbekannter in derselben allein gelassen werden, sondern immer Jemand von ihnen dabey sein." (Wilken 1828, S. 200)

Auch im Reglement für die Königliche Bibliothek von 1813 war der Zutritt zu den Magazinräumen, in denen die Bücher aufbewahrt wurden, „ohne besondere Erlaubniß des anwesenden Bibliothekars untersagt"; eine solche Bibliotheksbesichtigung konnte nur nach Anmeldung in Gruppen von nicht mehr als zehn Personen unter Führung eines Bibliothekars erfolgen (Wilken 1828, S. 209 und 215).[1] Immerhin gab es ab 1819 ein „Journalzimmer", in dem neu eingetroffene Zeitschriftenhefte für einen Monat und neu erworbene Bücher für acht Tage zur Einsichtnahme ausgelegt wurden, allerdings nur für einen genau abgegrenzten Personenkreis: Beamte des Kultusministeriums, Mitglieder der Akademie der Wissenschaften und des Senats der Akademie der Künste, Professoren der Universität sowie Direktoren der Berliner Gymnasien (Wilken 1828, S. 216), später ergänzt um Privatdozenten, Oberlehrer der Gymnasien und Geistliche (Ueber die Benutzung der Königlichen Bibliothek zu Berlin 1844, S. 6). Im Laufe des 19. Jahrhunderts wurde unter bestimmten Umständen ein Zugang zu den Magazinen möglich: „Die Erlaubniss zum Eintritte in die Büchersäle zur Einsicht der Bücher an Ort und Stelle wird nur in besonderen Fällen und auf eine bestimmte Zeit von dem Direktor der Druckschriften-Abtheilung durch eine besondere Erlaubnisskarte ertheilt" (Benutzungs-Ordnung für die Königliche Bibliothek zu Berlin 1887, S. 168).

Blicken wir zum Vergleich auf die entsprechende Bibliothek in München, die jetzige Bayerische Staatsbibliothek, so ergibt sich ein ähnliches Bild. Die *Dienst-Ordnung für die königliche Central-Bibliothek zu München* (1811) enthielt in § 40 eine Regelung für Bibliotheksführungen, die für Münchner am Montag, für auswärtige Besucher an jedem Wochentag angeboten wurden, allerdings mit einer Beschränkung auf sechs Personen und dem Verbot „Niemanden wird zugestanden, die Leitern zu besteigen, oder selbst Bücher heraus zu nehmen und wieder in ihre Reihen zu stellen." Einige Jahre später waren die Führungen für beide Benutzergruppen auf drei Tage in der Woche beschränkt (Schmeller 1846, S. 9).

Die „Gesetze für den Besuch und die Benutzung" der Bibliothek von 1828 enthielten in § 6 das auch andernorts übliche Verbot des direkten Zugangs zu den Büchern („In die eigentlichen Bibliotheks-Localitäten darf Niemand ohne Begleitung eines Angestellten eintreten, auch nicht selbst die Bücher aus den Repositorien herausnehmen und wieder hineinstellen"; Schmeller 1846, S. 7). Und auch in München gab es

---

1 Diese überschaubare Gruppengröße, die „sich nicht in der Bibliothek zerstreuen, noch Bücher aus den Fächern nehmen" durfte, war auch in späteren Benutzungsordnungen der Berliner Bibliothek vorgeschrieben (Ueber die Benutzung der Königlichen Bibliothek zu Berlin 1844, S. 1); gegen Ende des Jahrhunderts fanden Führungen zu einer festen Stunde einmal am Tag statt (Benutzungs-Ordnung für die Königliche Bibliothek zu Berlin 1887, S. 169).

zu dieser Zeit ein spezielles Zeitschriftenzimmer, zu dem nur Akademiemitglieder und Professoren der Universität Zutritt hatten (§ 10, Schmeller 1846, S. 8). Ganz analog zu Berlin und München waren die Verhältnisse in der königlichen Bibliothek in Dresden (jetzt Teil der Sächsischen Landesbibliothek – Staats- und Universitätsbibliothek), über die es 1822 heißt: „der Eintritt in die Säle selbst ohne Begleitung eines Angestellten und das eigne Nachsuchen in den Schränken selbst kann nicht gestattet werden" (Ebert 1822, S. 140). Auch in Dresden gab es eine große Nachfrage nach Bibliotheksführungen, mit einer Beschränkung der Gruppengröße auf maximal sechs Personen wie in München und dem Verbot des „Zerstreuen[s] in verschiedene Zimmer" oder des „eigne[n] Herausnehmen[s] von Büchern" (Ebert 1822, S. 144–145). Die Reihe der Bibliotheken mit ähnlichen Regelungen ließe sich fortsetzen.[2]

Die Benutzungsordnungen bestätigen, was auch aus Reisebeschreibungen vielfach bezeugt ist, dass Bibliotheken, vor allem solche mit einem wertvollen historischen Bestand, als vielgefragtes Besichtigungsobjekt dienten (Kaltwasser 1999). Dass eine solche beschränkte Zugänglichkeit nicht wissenschaftlichen Interessen entgegenkam, war auch Bibliothekaren dieser Zeit durchaus klar: „Allein ein Gelehrter, der eine Bibliothek besucht, will vor allem gleichsam mit Einem Blike [sic] überschauen, welche Werke in seinem Lieblings-Fache vorhanden sind, und der Bibliothekär [sic] geräth in Verlegenheit, wenn er seinen gelehrten Gast bald dahin, bald dorthin führen muß, um ihm jene Werke, die ihn unter einerlei Gesichtspunkte interessieren, einzeln zu zeigen" (Schrettinger 1808, S. 48–49). Allgemeine Führungen wurden daher eher als lästige Pflicht empfunden.[3]

---

2   In der Stadtbibliothek Hamburg war täglich eine Stunde zum „Besehen der Bibliothek" bestimmt, doch selbstverständlich auch hier ohne das Recht, „Bücher aus den Repositorien [zu] nehmen oder die Gallerien [zu] besteigen" (Reglement für die Benutzung der Hamburgischen Stadt-Bibliothek 1845, S. 14).

3   „Das Herumführen der Fremden, um ihnen die Bibliothek zu zeigen, ist nicht nur für den Führer, sondern auch für die Fremden selbst eine sehr lästige Sache; denn wenn diese einzeln kommen, und nicht ausgezeichnete Gelehrte sind, so ist es Jammerschade um die kostbare Arbeitszeit, die Einem nach dem Andern aufgeopfert werden muß; kommen aber mehrere zugleich, so findet gewöhnlich der Eine grosses Interesse an einer gewissen Klasse von Büchern, die den Uebrigen ganz gleichgiltig sind; und deren Vorzeigung ihnen Langeweile macht, so daß sie (besonders wenn die Gesellschaft so zahlreich ist, daß es dem Führer unmöglich wird, die Aufmerksamkeit eines jeden hinlänglich zu beschäftigen) in Versuchung gerathen, sich zu zerstreuen und aufs Gerathewohl selbst unter den Büchern herum zu mustern. Da nun dieses durchaus nicht gestattet werden darf, so finden sich die meisten derselben auch durch die artigste Zurechtweisung beleidigt; was für beide Theile unangenehm seyn muß" (Schrettinger 1829, S. 183–184).

Die Bedingungen für eine wissenschaftliche Benutzung blieben im 19. Jahrhundert durchweg alles andere als optimal. An die Stelle des kaum jemals möglichen direkten Zugriffs auf die Bestände musste die Auskunftstätigkeit des Bibliothekars treten,[4] zumal auch die jetzt zu betrachtende Katalogsituation aus heutiger Sicht viel zu wünschen übrig ließ. Das Wachstum der Bibliotheken seit der frühen Neuzeit hatte vollständige und aussagekräftige Kataloge immer wichtiger gemacht (Jochum 2010, S. 99–103), aber bis weit in das 20. Jahrhundert hinein wurde in den Bibliotheken viel Mühe auf das Ausarbeiten immer aufwändigerer und differenzierterer Katalogsysteme aufgewendet, die nicht unbedingt den Bedürfnissen der Nutzer entsprachen, oft noch nicht einmal dem der Bibliotheken selbst.

Der Zugang zu diesen in der Regel in Form von Foliobänden handschriftlich geführten Katalogen war uneinheitlich geregelt. Da die Kataloge das Hauptarbeitsmittel der Bibliothekare waren, standen sie an deren Arbeitsplätzen und nicht wie die Zettelkataloge des 20. Jahrhunderts in eigenen Katalogräumen. Es hing von den örtlichen Gegebenheiten und Vorschriften ab, ob sie dort allgemein zugänglich waren (Beispiele aus der ersten Hälfte des 19. Jahrhunderts bei Leyh 1957, S. 250) oder nicht: Ranke wurde 1827 in der Dresdner Bibliothek der Einblick in den Katalog der Handschriften verweigert, den er einige Jahre später aber umstandslos erhielt (Ranke 1890, S. 291), und Mommsen musste noch 1877 im Preußischen Abgeordnetenhaus fordern, dass die Kataloge der Königlichen Bibliothek endlich dem Publikum zugänglich gemacht werden sollten (Mommsen 1905, S. 223). Wenige Jahre später war dann der „alphabetische Hauptkatalog, welcher nachweist, ob ein Buch in der Bibliothek vorhanden ist", allen Benutzern zugänglich, der Zugang zum Sachkatalog erforderte aber weiterhin „die jedesmalige Erlaubniss des aufsichtführenden Beamten" (Benutzungs-Ordnung für die Königliche Bibliothek zu Berlin 1887, S. 166).

In der Münchener Staatsbibliothek war der Katalog im 19. Jahrhundert wie auch anderswo nur mit besonderer Erlaubnis und in Begleitung eines Bibliothekars zugänglich,[5] die Regel war, ein Buch „durch bestimmte mündliche oder (wozu eigene Zettel bereit liegen) schriftliche Angabe des Autors oder des Wesentlichsten im Titel zu verlangen" (Schmeller 1846, S. 10). Die Bibliothekare hielten auch eine genaue Kenntnis der Aufstellungssystematik für die Benutzer für unnötig: „Weni-

---

4   „Wenn die Bücherschränke unter den Gallerien durchaus mit Drahtgittern verschlossen sind, kann jeder Fremde, der die Bibliothek zu sehen wünscht, frei durch alle Säle herumwandeln, und findet in jedem derselben jemanden, der seine Fragen zu beantworten und seiner etwaigen literarischen Bedürfnisse zu befriedigen um so mehr geschickt ist, da er über diesen Saal die spezielle Aufsicht führt" (Schrettinger 1829, S. 183).

5   Dies galt für den Altbestandskatalog der Bayerischen Staatsbibliothek noch bis in die 1980er-Jahre (Fabian 1983, S. 66).

gen Besuchern wird daran liegen können, die mit Büchern bedeckten Wände der verschiedenen (77) Localitäten der Bibliothek mit eignen Augen zu sehen, oder zu wissen, in welcher gerade dieses oder jenes Fach aufgestellt sey." (Schmeller 1846, S. 13). In Hamburg dagegen war der Sachkatalog im Lesezimmer aufgestellt und damit für die Nutzer frei verfügbar (Reglement für die Benutzung der Hamburgischen Stadt-Bibliothek 1845, S. 13).

Schauen wir zum Vergleich auf eine Universitätsbibliothek in dieser Zeit, die der Universität Gießen, so war dort zwar ein „Accessions-Catalog" der laufenden Neuerwerbungen den Professoren zugänglich (Verordnung für die Bibliothek der Grossherzoglichen Ludewigs-Universität zu Giessen 1844, S. 172). Für Buchbestellungen war die Benutzung des Katalogs durch die Leser aber nicht vorgesehen, und auch hier galt: „Es darf Niemand fordern, dass man ihn in die Bibliothek selbst einlasse, um dort Bücher aufzusuchen, nachzuschlagen oder wieder einzustellen und auf die Leitern zu steigen" (Verordnung für die Bibliothek der Grossherzoglichen Ludewigs-Universität zu Giessen 1844, S. 178).

Die physische Form des Katalogs ist dabei durchaus zu beachten: neben Bandkatalogen gab es auch verschiedene Formen der Katalogisierung auf losen Zetteln (Leyh 1957, S. 292), die aus bibliothekarischer Sicht für Nutzer nicht geeignet waren: „Uebrigens ist ein Katalog, der aus beweglichen Titelkopien besteht, nicht zu jedermanns Gebrauch; denn da einer jeden Titelkopie ihr logisch bestimmter Platz im Systeme (nicht selten nach langwieriger Ueberlegung) angewiesen worden ist, so wäre jede Unordnung, die durch eine ungeschickte oder leichtsinnige Hand gar leicht unter beweglichen Titelkopien angerichtet werden könnte, gleichsam eine tödtliche Wunde für den Katalog: dieser dürfte also, der Sicherheit wegen, keinem Gelehrten zur Benützung anvertraut, und sogar vom Bibliothekare selbst und seinen Gehilfen nur mit grosser Vorsicht gebraucht werden." (Schrettinger 1829, S. 79)

Angesichts der großen Rolle, die Bibliothekare so beim Zugang zu den Beständen ihrer Bibliotheken spielten, verwundert nicht die Klage eines anonymen Autors[6] über das willkürliche Verfahren von Bibliothekaren bei der Benutzung (Einige praktische Bemerkungen und Wünsche über die öffentlichen Bibliotheken in Preussen 1842, S. 239–240).

Zumindest die Zugänglichkeit der Kataloge wurde im späten 19. und 20. Jahrhundert verbessert, als sich bei Neubauten von Bibliotheken eine architektonische Differenzierung von Lese- und Katalogsälen auf der einen, den für den allgemeinen Zutritt in der Regel gesperrten Magazinen auf der anderen Seite herausbildete (Jochum 2010, S. 115–117). Doch auch diese Entwicklung trug dazu bei, dass deutsche Bibliotheken, im Unterschied insbesondere zu denen im angelsächsischen Raum,

---

6   Von Fabian (1983, S. 67) mit Ernst Wilhelm Förstemann identifiziert.

immer stärker auf die Benutzung durch Entleihen ausgerichtet waren. Eine längere Präsenznutzung war bestenfalls bei Sondermaterialien wie Handschriften vorgesehen, ansonsten galt in Deutschland die Ausleihe als die wissenschaftsadäquate Form der Bibliotheksnutzung, seit dem Beginn des 20. Jahrhunderts noch durch das System der Fernleihe ergänzt, das die Bestandslücken virtuell schließen sollte, aber auch als Zeichen einer Fehlentwicklung gesehen werden kann (Fabian 1983, insbesondere S. 37–86).

2 Gegenwart und Zukunft

Die eingangs erwähnte Zürcher Debatte um die Zusammenlegung von Institutsbibliotheken zu einer zentralen Einheit zeigt exemplarisch, dass auch im Jahr 2018 Bibliotheken noch sehr unmittelbar als Ort wahrgenommen werden und sich nicht in der Virtualität des Netzes verflüchtigt haben. Und doch hat die Digitalisierung dazu geführt, dass sich auch historische Forschungsbibliotheken neuen Anforderungen stellen müssen.

Bernhard Fabian zog aus den von ihm beschriebenen Problemen und Anforderungen der geisteswissenschaftlichen Literaturversorgung den Schluss: „die ideale Norm für die Forschung [ist] die universale Präsenzbibliothek" (1983, S. 36). Er schlug – vergeblich – vor, aus den für das verteilte Nationalarchiv des deutschen Schrifttums vorgesehenen Bibliotheken eine solche Präsenzbibliothek zu machen (1983, S. 204). Die Entwicklung der letzten beiden Jahrzehnte hat die Frage aber zu guten Teilen obsolet gemacht. Statt der in den 1980er-Jahren als Hilfsmittel für einen verteilten Zugang gedachten Mikrofilmtechnik sind heute bereits immer größer werdende Teile des historischen Schriftguts digital verfügbar. Bibliotheken und ihr Personal (anders als in den im historischen Teil beschriebenen Zeiten inzwischen überwiegend Bibliothekarinnen) müssen Zustand und Ordnung ihrer Bestände nicht mehr sorgsam vor dem Zugriff unwissender und als Gefahr empfundener Besucher schützen, wenn diese Werke auch digital bereitstehen. (Dies enthebt sie natürlich nicht der Verantwortung, weiterhin auch für deren physische Bewahrung zu sorgen, und die digitalen Speicherformen werfen zusätzliche Fragen der Nachhaltigkeit auf.)[7] Die Herausforderungen für eine Forschungsbibliothek liegen nunmehr darin, über den bloßen Zugang hinaus für die den Bedürfnissen der Forschung gerechte Erschließung und Aufbereitung zu sorgen, ja, selbst Teil des

---

7 Vgl. dazu jüngst Ceynowa 2018.

Forschungsprozesses und damit in der Tat das Labor für die geisteswissenschaftliche Forschung zu werden.

Literatur

Balensiefen, L. (2011). Orte medialer Wirksamkeit. Zur Eigenart und Funktion der Bibliotheken in Rom. In E. Blumenthal & W. Schmitz (Hrsg.), *Bibliotheken im Altertum* (S. 123–159). Wiesbaden: Harrassowitz.

Benutzungs-Ordnung für die Königliche Bibliothek zu Berlin. (1887). *Zentralblatt für Bibliothekswesen, 4*, S. 165–172. http://www.digizeitschriften.de/dms/resolveppn/?PID=PP-N338182551_0004%7Clog77. Zugegriffen: 8. Mai 2018.

Ceynowa, K. (2018). Research Library Reloaded? Überlegungen zur Zukunft der geisteswissenschaftlichen Forschungsbibliothek. *Zeitschrift für Bibliothekswesen und Bibliographie 65 (1)*, S. 3–7. https://doi.org/10.3196/186429501865112.

Christ, C. & Kern, A. (1955). Das Mittelalter. In G. Leyh (Hrsg.), *Handbuch der Bibliothekswissenschaft.* 2. Aufl. Bd. 3, 1 (S. 243–498). Wiesbaden: Harrassowitz.

Dienst-Ordnung für die königliche Central-Bibliothek zu München. (1811). München: Storno. http://www.mdz-nbn-resolving.de/urn/resolver.pl?urn=urn:nbn:de:bvb:12-bsb10332352-1. Zugegriffen: 6. Mai 2018.

Ebert, F. A. (1822). *Geschichte und Beschreibung der königlichen öffentlichen Bibliothek zu Dresden.* Leipzig: Brockhaus. http://www.mdz-nbn-resolving.de/urn/resolver.pl?urn=urn:nbn:de:bvb:12-bsb10602391-1. Zugegriffen: 6. Mai 2018.

Einige praktische Bemerkungen und Wünsche über die öffentlichen Bibliotheken in Preussen. (1842). *Serapeum, 3*, S. 225–256. http://www.digizeitschriften.de/dms/resolveppn/?PID=PPN342672002_0003%7Clog59. Zugegriffen: 7. Mai 2018.

Fabian, B. (1983). *Buch, Bibliothek und geisteswissenschaftliche Forschung. Zu Problemen der Literaturversorgung und der Literaturproduktion in der Bundesrepublik Deutschland.* Göttingen: Vandenhoeck & Ruprecht.

Franz, J. (2018). Kein Buch bleibt auf dem anderen. *Zürcher Studierendenzeitung, 12. April.* http://zs-online.ch/kein-buch-bleibt-auf-dem-anderen/. Zugegriffen: 3. Mai 2018.

Högele, T. (2018). Warum es der Kreativität schadet, wenn Universitätsbibliotheken ihre Bücherregale abschaffen. *ze.tt, 25. April.* https://ze.tt/universitaetsbibliotheken-in-denen-man-nicht-nach-buechern-stoebern-kann-sind-tot/. Zugegriffen: 3. Mai 2018.

Jochum, U. (2010). *Geschichte der abendländischen Bibliotheken.* Darmstadt: WBG.

Kaltwasser, F. G. (1999). *Die Bibliothek als Museum. Von der Renaissance bis heute, dargestellt am Beispiel der Bayerischen Staatsbibliothek.* Wiesbaden: Harrassowitz.

Leyh, G. (1957). Die deutschen Bibliotheken von der Aufklärung bis zur Gegenwart. In G. Leyh (Hrsg.), *Handbuch der Bibliothekswissenschaft.* 2. Aufl. Bd. 3, 2 (S. 1–491). Wiesbaden: Harrassowitz.

Mommsen, Th. (1905). *Reden und Aufsätze.* Berlin: Weidmann. https://archive.org/details/redenundaufstze00mommgoog. Zugegriffen: 6. Mai 2018.

Ranke, L. v. (1890). *Zur eigenen Lebensgeschichte.* Leipzig: Duncker & Humblot.

Reglement für die Benutzung der Hamburgischen Stadt-Bibliothek. (1845). *Intelligenz-Blatt zum Serapeum, Bd. 6, Nr. 2*, S. 11–14. http://www.digizeitschriften.de/dms/resolveppn/?PID=GDZPPN001271660. Zugegriffen: 7. Mai 2018.

Schmeller, J. A. (1846). *Allgemeine Auskunft über die K. Hof- und Staats-Bibliothek zu München: für Besucher derselben*. 2. Aufl. München: Weiss. http://www.mdz-nbn-resolving.de/urn/resolver.pl?urn=urn:nbn:de:bvb:12-bsb10799752-2. Zugegriffen: 7. Mai 2018.

Schrettinger, M. (1808). *Versuch eines vollständigen Lehrbuches der Bibliothek-Wissenschaft oder Anleitung zur vollkommenen Geschäftsführung eines Bibliothekärs*. 1. Heft. München: Verlag des Verfassers. http://www.mdz-nbn-resolving.de/urn/resolver.pl?urn=urn:nbn:de:bvb:12-bsb11093569-2. Zugegriffen: 4. Mai 2018.

Schrettinger, M. (1829). *Versuch eines vollständigen Lehrbuchs der Bibliothek-Wissenschaft oder Anleitung zur vollkommenen Geschäftsführung eines Bibliothekars*. Bd. 2. München: Lindauer. http://www.mdz-nbn-resolving.de/urn/resolver.pl?urn=urn:nbn:de:bvb:12-bsb10711349-2. Zugegriffen: 4. Mai 2018.

Sturzenegger, M. (2018). Universität Zürich will Bibliotheken schliessen. *Tages-Anzeiger, 23.4.* https://www.tagesanzeiger.ch/zuerich/stadt/universitaet-zuerich-will-bibliotheken-schliessen/story/26614669. Zugegriffen: 3. Mai 2018.

Ueber die Benutzung der Königlichen Bibliothek zu Berlin (1844). Berlin: Akadem. Buchdruckerei. http://www.mdz-nbn-resolving.de/urn/resolver.pl?urn=urn:nbn:de:bvb:12-bsb10528263-1. Zugegriffen: 7. Mai 2018.

Verordnung für die Bibliothek der Grossherzoglichen Ludewigs-Universität zu Giessen. (1844). *Intelligenz-Blatt zum Serapeum, Bd. 5, Nr. 21–24*, S. 161–164, S. 169–172, S. 177–180, S. 185–188. http://www.digizeitschriften.de/dms/resolveppn/?PID=GDZPPN001270583. Zugegriffen: 7. Mai 2018.

Wendel, C. & Göber, W. (1955). Das griechisch-römische Altertum. In G. Leyh (Hrsg.), *Handbuch der Bibliothekswissenschaft*. 2. Aufl. Bd. 3, 1 (S. 51–145). Wiesbaden: Harrassowitz.

Wilken, F. (1828). *Geschichte der Königlichen Bibliothek zu Berlin*. Berlin: Duncker und Humblot. http://www.mdz-nbn-resolving.de/urn/resolver.pl?urn=urn:nbn:de:bvb:12-bsb10799362-6. Zugegriffen: 6. Mai 2018.

Der Bibliothekskatalog als historische Quelle?
Das Beispiel des Deutschen Schulmuseums um 1900

Monika Mattes

Als „Buch der Bücher" geben gedruckte Kataloge bereits seit dem 16. Jahrhundert Auskunft über den Bestand einer Bibliothek zu einem bestimmten Zeitpunkt. Die quantitative Zunahme der Bücher seit dem 18. und insbesondere 19. Jahrhundert erschwerte deren frei zugängliche systematische Aufstellung mit der Folge, dass Bibliothekskataloge für die Benutzung zu einem praktikablen Erschließungsinstrument und Findmittel wurden (Plassmann et al. 2011, S. 50f.). Bibliothekshistoriografisch können Kataloge in den Zusammenhang eines sich funktional ausdifferenzierenden Bibliothekswesens im Zuge der wissenschaftlichen und technischen Entwicklungen v. a. seit Gründung des Deutschen Kaiserreichs 1871 eingeordnet werden: Als in Buchform angelegter Bandkatalog oder seit Ende des 19. Jahrhunderts verstärkt als flexiblerer Zettelkatalog dienten sie als bibliothekarisches Nachweissystem, mit dem Buchtitel recherchiert und Bücher auffindbar gemacht werden konnten (Plassmann et al. 2011; vgl. auch Jochum 2007). Seit Anfang des 20. Jahrhunderts wird in vielen Bibliotheken funktional unterschieden zwischen dem nach Verfasser/in bzw. Titelsubstantiven geordneten „Alphabetischen Katalog", dem systematisch oder nach Schlagwörtern geordneten „Sachkatalog" und dem die Buchaufstellung verzeichnenden „Standortkatalog" (Strauch & Rehm 2007).

Mit dem Bücherverzeichnis des Deutschen Schulmuseums von 1896 nimmt dieser Beitrag exemplarisch den gedruckten Sachkatalog einer rasch anwachsenden Spezialbibliothek genauer in den Blick. Dabei wird, nicht nur in einem engeren bibliotheksgeschichtlichen Fokus, nach dessen Aussagekraft als einer eigenen historischen Quelle gefragt. Für deren Interpretation können sowohl wissensgeschichtliche als auch praxeologische Forschungsperspektiven fruchtbar gemacht werden, in dem Sinne, dass Kataloge Wissensrepräsentationen sind, die durch Praktiken des Auswählens, Erwerbens und Systematisierens etc. zustande kommen. Inwieweit also können Kataloge als Ergebnis ‚geronnener' bibliothekarischer Praktiken betrachtet und lesbar gemacht werden? Welche Informationen

© Springer Fachmedien Wiesbaden GmbH, ein Teil von Springer Nature 2019
K. Berdelmann et al. (Hrsg.), *Transformationen von Schule, Unterricht und Profession*, https://doi.org/10.1007/978-3-658-21928-4_14

erhalten sie in Bezug auf individuelle oder institutionelle Sammlungspraktiken und auf bibliothekstypische Arbeitsvorgänge wie Bibliografieren und Katalogisieren? Im Folgenden wird zunächst eine knappe historische Rahmung in die Entwicklung der Berliner Lehrerbücherei einführen zwischen ihrer Gründung als Schulmuseum 1876 im frühen Kaiserreich und ihrer organisatorischen Abtrennung von der Lehrmittelausstellung 1908. In einem zweiten Schritt wird anhand des ersten Bücherverzeichnisses von 1896 gefragt, welche Hinweise sich daraus auf die Sammlungs- und Katalogisierungstätigkeit einer zunächst kleinen, an Volksschullehrer adressierten Spezial- und Gebrauchsbibliothek unter sich rasch und tiefgreifend verändernden Rahmenbedingungen gewinnen lassen. Drittens und in Form eines Ausblicks wird abschließend der Frage nachgegangen, inwiefern Nachträge und Neuauflagen des Katalogs als ergänzende Quellen fruchtbar gemacht werden können. Der Beitrag versteht sich als erste Exploration einer Bibliotheksquelle. Insofern ist sein Anliegen, weniger bereits fertige Antworten zu liefern als Ansätze zu skizzieren, wo historische Fragen und Recherchen vertieft werden können.

1   Historischer Rahmen

Im Januar 1876 gab der Berliner Bezirksverband des Deutschen Lehrervereins (DLV) die Gründung eines Deutschen Schulmuseums in seinem zeitgleich entstandenen gleichnamigen Periodikum „Schulmuseum. Litterarische Beilage zur Pädagogischen Zeitung" bekannt (Deutsches Schulmuseum 1876). Ausgangspunkt und materieller Grundstock bildete die 1974 von einer Gruppe aktiver Vereinsmitglieder – dem „Komitee Schulmuseum" – realisierte Lern- und Lehrmittelausstellung. Einer der Berliner Hauptakteure, der Lehrer und spätere Vorsitzende des 1880 konstituierten Berliner Lehrervereins (BLV) Hermann Gallee, begründete die Bestrebungen für eine ständige Sammeleinrichtung mit dem in der Lehrerschaft bestehenden „Bedürfnis durch eigene Anschauung sich ein Urteil über die dem Jugendunterricht zu Gebote stehenden Lehrmittel, um unter dem vorhandenen Material eine richtige Auswahl treffen zu können" (Gallee 1876). Laut Statut war eine Einrichtung angestrebt, die neben einer aktualitätsbezogenen „permanente[n] Lehrmittelausstellung" und einem Schulmuseum auch eine Bibliothek umfassen sollte, mit der Aufgabe, „pädagogische Quellenschriften, besonders solche, die sich aus irgendeinem Grunde der Privatanschaffung entziehen, zum Gebrauch der hiesigen Lehrerschaft zu beschaffen (Statut des Deutschen Schulmuseums 1876).

Die Berliner Museumsgründung von ‚Volkschullehrern für Volksschullehrer'[1] lässt sich auf mehrfache Weise historisch verorten: Zum einen stand sie im Kontext einer Gründungswelle von lokalen und regionalen Schulmuseen in der zweiten Hälfte des 19. Jahrhunderts, die großenteils aus Lehrmittelausstellungen für das Elementarschulwesen hervorgingen und wie diese als Ausdruck der Professionalisierungsbestrebungen der Volksschullehrerbewegung gedeutet werden können.[2] Mit diesen Formen der Selbstbildung in Eigenregie stellten Lehrervereine ihren seminaristisch ausgebildeten Standesgenossen ohne Zugangsmöglichkeit zur Universität Fortbildung und Wissenserwerb bereit, bevor kommunale Schulbehörden entsprechend aktiv wurden (Uhlig 1997, S. 6 und 60ff.). Zum anderen hatten die Weltausstellungen des 19. Jahrhunderts in zahlreichen Ländern zur Einrichtung nationaler Schulmuseen geführt. Seit der Weltausstellung in Paris 1867 gab es eine eigene Klassifikationsgruppe Erziehung und Bildung, bei der die deutschen Länder auch nach der Reichsgründung nicht in einer nationalen Ausstellung, sondern mit jeweils eigenen Ausstellungen vertreten waren (Fuchs 2006, S. 140). Neben der kursierenden Idee einer nationalen Sammelstelle, die sich erst 1915 mit dem preußischen Zentralinstitut für Erziehung und Unterricht räumlich institutionalisieren sollte, sind darüber hinaus die Entwicklungen in Richtung eines sich funktional ausdifferenzierenden Bibliothekswesens zu berücksichtigen, nahm doch die Zahl kleinerer, von Verbänden und Unternehmen gegründeter Spezialbibliotheken im letzten Drittel des 19. Jahrhunderts rasch zu (Plassmann et al. 2011, S. 41f.). Als entscheidender Stimulus für die Berliner Gründungspläne wirkte schließlich die relativ früh entstandene Pädagogische Centralbibliothek in Leipzig, die vom Leipziger Lehrerverein als Comenius-Stiftung im Gedenkjahr 1871 ins Leben gerufen worden war.[3]

Nach der Gründung war die Arbeit des Schulmuseums für über drei Jahrzehnte durch eher schwierige Umstände geprägt. Dies betraf zu allererst die Unterbringung seiner Artefakte, Lehrmittel und Bücher in der Aula der 49. Gemeindeschule als Dauerprovisorium.[4] Erschwerend hinzu kam die schlechte finanzielle Ausstattung

---

1 Für die frühe Phase ist es gerechtfertigt, die männliche Sprachform zu verwenden, denn Lehrerinnen waren im BLV / DLV nicht zugelassen und gründeten daher eigene Vereine (vgl. Uhlig 1997, S. 75ff.).

2 Vgl. zur Vorgeschichte organisierten Lesens die Untersuchung über den von der Berlinischen Schullehrergesellschaft organisierten Lesezirkel (Kemnitz 1999).

3 Seit 1917 firmierte die Leipziger Bibliothek als Comenius-Bücherei (vgl. Pretzel 1921, S. 214f.; vgl. auch Ritzi 1994.

4 Diese war vermutlich von Hermann Gallee, der an dieser Schule unterrichtete, als temporäres Provisorium gedacht; sie wurde jedoch zum Dauerzustand, nachdem Bemühungen des Vereinsvorstands, die vom Magistrat anlässlich der Lehrmittelausstellung

aus Vereinsmitteln und einem schmalen Zuschuss des Preußischen Unterrichts-
ministeriums; dies bedeutete, dass alle mit dem Schulmuseum verbundenen ‚museo-
logischen‘, bibliothekarischen und administrativen Tätigkeiten auf ehrenamtlicher
Basis erfolgten.[5] Zu einem unter diesen Bedingungen kaum zu überschätzenden
Erfolgsfaktor für die weitere Entwicklung der Einrichtung wurde zweifellos der
hauptverantwortliche „Bücherwart" Adolf Rebhuhn, der, wie die DLV-Vereins-
geschichtsschreibung festhielt, „seit März 1879 auf seinem Platze steht und dem
die Bücherei überhaupt das, was sie geworden ist, im Wesentlichen zu verdanken
hat." (Pretzel 1921, S. 215). Rebhuhn hatte sich offenbar das bibliothekarische Wissen seiner Zeit erschlossen und war dadurch in die Lage versetzt, entsprechende
Arbeiten wie die Katalogerstellung auszuführen. Die Entscheidung, dass sich das
Schulmuseum 1908 mit dem Umzug in das neu errichtete Lehrervereinshaus von
seinem Lehrmittelbereich trennte und unter dem Namen Deutsche Lehrerbücherei
fortgeführt wurde, war offenbar maßgeblich von Rebhuhns ‚Bibliothekarsidentität‘
beeinflusst (Henniger 1991, S. 215f.).

2   Das Bücherverzeichnis des Deutschen Schulmuseums

Zwanzig Jahr nach seiner Gründung veröffentlichte das Deutsche Schulmuseum
1896 seinen ersten gedruckten Bandkatalog im Eigenverlag (Katalog des Deutschen
Schulmuseums, 1896). In seinem Vorwort stellte Adolf Rebhuhn diese ehrenamtlich
geleistete Arbeit in die Selbstbildungstradition der Lehrervereinsbewegung: „So
mag denn unser Katalog hinausgehen als ein Zeugnis uneigennütziger Arbeit an
einem Werk, das bestimmt ist, der deutschen Lehrerwelt bei ihren Fortbildungsbe-
strebungen fördernd zur Hand zu gehen!" (Katalog des Deutschen Schulmuseums,
1896, S. II). Zu diesem Zeitpunkt wies die Bibliothek einen Sammlungsbestand
von 13.000 Titeln mit rd. 20.000 Bänden und Broschüren auf und hatte dadurch,
trotz knapper Geldmittel, einen „recht hübsche[n] Grundstock geschaffen [...],
auf welchem künftighin weiter gebaut werden kann." (Katalog des Deutschen
Schulmuseums, 1896, S. I). Der neue Katalog umfasste neben dem Vorwort Benut-

---

zur Verfügung gestellten Räume in der Alten Münze, Am Werderschen Markt, auch
für die Dauereinrichtung eines Schulmuseum nutzen zu können, erfolglos geblieben
waren (vgl. Henniger 1991, S. 73f.; vgl. auch Ritzi & Geißler 2003).

5   Die Zuschüsse waren bei weitem nicht kostendeckend: So gab Adolf Rebhuhn für den
     Zeitraum 1876 bis 1895 Auswendungen von 6.500 M an, denen eine staatliche Unter-
     stützung durch das Kgl. Unterrichtsministerium von 2.500 M gegenüberstand (Katalog
     des Deutschen Schulmuseums, 1896, S. I).

zungs- und Abkürzungshinweise, ein Autorenregister, je eine Rubrik Nachträge und Berichtigungen sowie als Kernstück ein als „Real-Katalog" bezeichnetes, systematisch untergliedertes Bücherverzeichnis. Er stellte eine erste bibliothekarische Bestandsaufnahme des Schulmuseums dar und hatte damit hinsichtlich der pädagogischen Informationsversorgung für Volksschullehrer auch eine bibliografische Funktion. Inwieweit er als bibliothekarisches Arbeitsinstrument zur systematischen Aufstellung der Bücher diente, mag in den Jahren der improvisierten Unterbringung in der Schulaula indessen fraglich sein, war dort doch der Bücherbestand nicht geschlossen und frei zugänglich aufgestellt, sondern lagerte verstreut in Schränken, so dass das Auffinden eines Buches gewisse Erfahrung und Ortskenntnis erforderte (vgl. Pretzel 1921, S. 215).

Hinweise zum Entstehungsprozess des Katalogs wie zum Selbstverständnis seines hauptverantwortlichen Produzenten Adolf Rebhuhn geben insbesondere das Vorwort und die Rubrik „Benutzungsbedingungen". So ist zu erfahren, dass vor dem neuen Bandkatalog von 1896 zur Erschließung der Bibliotheksbestände ein – heute nicht mehr vorhandener – handschriftlicher Katalog in Gebrauch war. Dieser bildete auch die Grundlage für den neuen Katalog, an dem unter Rebhuhns Anleitung mehrere Vereinsmitglieder über ein Jahrzehnt und mit Unterbrechungen gearbeitet hatten. Wenn sich, aufgrund der diskontinuierlichen Entstehung und der bibliothekarischen Unerfahrenheit der ehrenamtlichen Katalogisierungskräfte, „in demselben mancherlei Unebenheiten" befanden, so ist dies weniger verwunderlich, als die Tatsache, dass das Werk überhaupt zum Abschluss gebracht werden konnte. Rebhuhn, der für das Bücherverzeichnis eine rasche Drucklegung anstrebte und bereits weitere Sonderverzeichnisse für alte Drucke und Zeitschriften plante, nahm dies in Kauf, zumal eine weitere lektorierende Überarbeitung „die praktische Verwendbarkeit des Verzeichnisses nur in sehr geringem Umfang erhöht" hätte (Katalog des Deutschen Schulmuseums, S. II. Eine stichprobenhafte Durchsicht legt die Vermutung nahe, dass Rebhuhn sich damit auf die vereinzelt fehlerhaften Seitenzahlen des Autorenregisters bezog). Ziel sei es nicht, dass der Katalog „als wissenschaftliche Arbeit gelten soll", vielmehr strebe man dessen Benutzbarkeit an, indem „außer dem sachlich geordneten, möglichst reich gegliederten Bücherverzeichnisse noch eine alphabetische Zusammenstellung der Autorennamen geboten wird." Katalog des Deutschen Schulmuseums, S. II). Das Bücherverzeichnis sollte sowohl vor Ort genutzt werden als auch für „Personen, die außerhalb Berlins wohnen" die Möglichkeit bieten, „auf Wunsch Bücher durch die Post zugesandt" zu bekommen (Katalog des Deutschen Schulmuseums, S. IV). Wie hoch seine Auflage war und in welchen Bibliotheken es auslag, ist hierbei nicht überliefert.

Die Frage, wie Katalogsystematiken und bibliografische Titelerfassung in der Praxis von Bibliotheken genau auszusehen hatten, war Ende des 19. Jahrhunderts von den eigenen Hausregeln und noch nicht von verbindlichen Standards bestimmt (Jochum 2007). Für die katalogisierenden Pädagogen des Schulmuseums existierte mit der Leipziger Pädagogischen Centralbibliothek ein unmittelbares Vorbild, dem man, so Rebhuhn im Vorwort, den Plan für den Fachkatalog „entlehnt" habe. Weiter heißt es zur Erfassung: „Innerhalb der einzelnen Abteilungen des Fachkatalogs sind die Bücher nach den Verfassernamen alphabetisch geordnet. Wenn der Verfasser nicht bekannt war, erfolgte die Einordnung nach dem Stichwort des Titels. Sind die Verfassernamen zwischen eckige Klammern gesetzt, bedeutet dies, daß uns der Autor nicht aus der betreffenden Schrift, sondern aus anderen Quellen bekannt geworden ist." (Katalog des Deutschen Schulmuseums, S. II). Rebhuhn hatte sich offenbar nicht nur bibliografische Kenntnisse angeeignet, sondern sich auch mit der Problematik einer fachlichen Klassifikation befasst, wies er doch auf den Kompromisscharakters seines Sachkatalogs hin, wonach man „nach dem Titel eines Buches nicht immer bestimmen [könne], welcher Abteilung dasselbe zuzuweisen ist. Bücher, welche ihrem Inhalte nach in verschiedenen Abteilungen stehen könnten, sind übrigens auch in mehreren Gruppen aufgeführt." (Katalog des Deutschen Schulmuseums, S. II). Tatsächlich oszillieren bibliothekarische Systematisierungspraktiken immer zwischen Logik und Praktikabilität und stehen zudem zur wissenschaftlichen Tätigkeit des Ordnens und Klassifizierens von Wissen zumindest in einem Spannungsverhältnis (vgl. allgemein Horn 1994). Für Adolf Rebhuhn war die aus Leipzig übernommene Systematik mit Haupt- und Untergruppen möglicherweise besonders legitimiert durch die Tatsache, dass sie als „wissenschaftlicher Bibliotheksplan" nicht von Volksschullehrern, sondern von einem pädagogisch-bibliothekarischen Expertengremium aus einem Kasseler Gymnasialdirektor, einem Oberbibliothekar aus Dresden, einem Heidelberger Schulrat sowie einem Kieler Professor ausgearbeitet worden war (Beeger 1875, S. 137f.). Die Hauptgruppen gliederten sich wie folgt:

Real-Katalog, 1896

I.	Encyclopädien. Fremdwörterbücher
II.	Pädagogische Zeitschriften
III.	Vereinswesen unter den Lehrern
IV.	Bücherwesen, Schulausstellungen u. Verwandtes
V.	Hülfswissenschaften der Pädagogik
VI.	Vermischte Schriften
VII.	Geschichte der Pädagogik
VIII.	Geschichte einzelner Pädagogen
IX.	Schul- und Erziehungsgeschichte einzelner Länder
X.	Geschichte einzelner Unterrichtsanstalten

XI.	Systematische Pädagogik
XII.	Schulreden
XIII.	Erziehung in Rücksicht auf verschiedene Verhältnisse
XIV.	Physische Erziehung, Gesundheitspflege
XV.	Erziehung in Rücksicht auf einzelne Seiten geistiger Ausbildung
XVI.	Allgemeine Unterrichtslehre
XVII.	Sprachunterricht
XVIII.	Religionsunterricht
XIX.	Geschichte
XX.	Geographie
XXI.	Naturwissenschaften
XXII.	Mathematik
XXIII.	Schreibunterricht
XXIV.	Zeichnen und Malen
XXV.	Musik
XXVI.	Handarbeit für Knaben und Mädchen. Landwirtschaft und Verwandtes
XXVII.	Leibesübungen
XXVIII.	Schulorganisation und Schulverwaltung

Für Rebhuhn, der den Sammlungsaufbau des Schulmuseums hauptsächlich auf der Grundlage von Schenkungen und Übernahmen von Verlagen und Privatpersonen und mangels Budget weniger durch Neuerwerbung betrieb, war die Fachsystematik als Ordnungsschema zuallererst eine nützliche Arbeitshilfe. In der Systematik manifestierte sich aber auch die unvermeidliche Breite und bisweilen Unschärfe des Sammelgebiets:

> „Aus dem Katalog ist ersichtlich, dass es im Plane des Instituts liegt, die eigentlich pädagogischen Schriften möglichst vollständig zu sammeln, während die Erwerbung wissenschaftliche Werke aus den verschiedenen Wissensgebieten mehr dem Zufall überlassen, ja teilweise grundsätzlich ausgeschlossen wird. Unsere pädagogische Bibliothek, […] soll ein Bild von der Entwicklung der Pädagogik geben, soweit sich dieselbe in der Litteratur offenbart." (Katalog des Deutschen Schulmuseums, S. 1).

Die „eigentlich pädagogischen Schriften" von den anderen klar abzugrenzen, mochte gerade in den Jahren sich formierender Wissenschaftsdisziplinen eine Herausforderung gewesen sein, da sich sowohl der Gegenstand des ‚Pädagogischen' als auch der tradierte (Selbst-)Bildungsanspruch des Lehrervereins wandelten (vgl. zur allg. Entwicklung z. B. vom Bruch 2006; für die Pädagogik: Tenorth 2010). Zum unstrittigen und prestigereichen Herzstück des mehr als 300-seitigen Katalogs gehörte mit über 27 Seiten die Rubrik „Geschichte einzelner Pädagogen", die „Bildwerke",

„Handschriftliches" „Druckschriften betr. Lebensgeschichte und Beurteilung" der
für maßgeblich erachteten Pädagogen verzeichnet (Katalog des Deutschen Schulmuseums, S. 301). Welche Namen in den 1890er Jahren bereits einschlägig und
kanonisch waren – wie etwa Comenius, Fröbel und Rousseau – oder gerade dabei
waren, es zu werden, ist eine Frage, der im Kontext der Etablierung der Pädagogik
an den Universitäten genauer nachgegangen werden könnte, nicht zuletzt vor dem
Hintergrund, dass sich auch die Lehrerbildung und das berufliche Selbstverständnis
aus diesem als „pädagogische Dogmatik" zu verstehenden Ideen- und Personenpool
speisten (Criblez 2002; Oelkers 1999). Den quantitativ größten Teil der Sammlung
bildete mit fast 50 Seiten die Rubrik „Sprachunterricht" mit Lesebüchern und
Fibeln sowie Anleitungen zu deren Gebrauch, Schülerausgaben deutscher Klassiker, Gedichtsammlungen, Wörterbüchern, Schriften zu Grammatik und Stillehre
etc. Dabei handelte es sich zum kleineren Teil um neuere Publikationen aus den
1880/90er Jahren; etwa zwei Drittel waren hingegen älter und vermutlich durch
Übernahmen in die Sammlung gelangt.

Es wäre eine lohnende Forschungsaufgabe, ausgehend vom Bücherverzeichnis
und seiner fachlichen Klassifikation genauer die sich wandelnden Wissenshorizonte
der im Berliner Lehrerverein organisierten Volksschullehrer zu erkunden. Zwar
lässt sich daraus nicht auf die tatsächliche Nutzung und Lesepraxis selbst schließen,
aber gleichwohl können die im Katalog verzeichneten Bücher, ähnlich wie die von
Christa Uhlig untersuchten Wissenschaftlichen Vorlesungen des Lehrervereins, in
dessen Bestrebungen selbstbestimmter und selbstverwalteter Fortbildung eingeordnet werden, die diese Berufsgruppe mithin sozial konstituierten (Uhlig 1997,
S. 60–74). In diesem Zusammenhang lässt sich der Katalog einerseits als eine Art
bibliografischer Fortbildungskanon für Volksschullehrer lesen und andererseits als
Abbildung des als pädagogisch relevant klassifizierten Wissens der Zeit. Offenbar
nahmen die Lehrer selbst eine ,Wissensexplosion' wahr, die im späten 19. Jahrhundert
nicht nur fächerbezogene Ausbildungsinhalte über Schreiben, Lesen und Rechnen,
sondern auch an Volksschulen adressierte Erziehungsziele wie Frömmigkeit und
Vaterlandsliebe, wie sie in Lehrerseminaren traditionell vermittelt wurden, her-
ausforderte (Geißler 2011, S. 296).

Schließlich ist der Rubrik „Benutzungsbedingungen" zu entnehmen, dass
man nicht nur die Volksschullehrer im Blick hatte, die sich für die unentgeltliche
Bibliotheksnutzung durch ihren DLV-Mitgliedsausweis zu legitimieren hatten,
sondern auch die „Schulaufsichtsbeamten" und „pädagogischen Schriftsteller"
als Bibliotheksnutzer ansprach. Gerade Letztere bildeten eine Kategorie, die nicht
wenige der aktiven Vereinsmitglieder umfasste. Vermutlich ordnete sich auch der
Lehrer und Bibliothekar Adolf Rebhuhn selbst den „pädagogischen Schriftstellern"
zu, verfasste er doch insbesondere kleinere mathematikhistorische Beiträge über

Adam Riese und bewegte sich als „Diesterweg-Nachlaßverwalter" auch publizierend im Umfeld der 1880 gegründeten „Gesellschaft für deutsche Erziehungs- und Schulgeschichte" (Keck 1994, S. 15).

3   Neuauflagen und Nachträge

Nachdem die Erstauflage des Katalogs 1902 vergriffen war, entschied sich der Vorstand des Schulmuseums für eine Neuauflage. Diese erschien 1904, gefolgt von mehreren Nachträgen, an denen sich die quantitative Bestandsentwicklung ablesen lässt: Wie andere Bibliotheken des späten 19. Jahrhunderts sah sich auch das Schulmuseum angesichts des enorm expandierenden Buchmarkts einer „starken Vermehrung unseres Bücherbestandes" gegenüber (Rebhuhn & Laesch 1925). Dies zeigt der Katalog bereits auf der Ebene reiner Mengenbeschreibung: Gegenüber 304 Seiten der ersten Auflage von 1896 wies die zweite Auflage acht Jahre später 495 Seiten auf, obwohl dort die für eine separate Veröffentlichung vorgesehenen Handschriften und Bildwerke zur Geschichte der Pädagogik nicht mehr aufgenommen waren (Rebhuhn & Laesch 1925).

Das neu aufgelegte Bücherverzeichnis bildete, anders als die Erstausgabe, nicht mehr den Gesamtbestand ab, sondern war das Ergebnis bibliothekarischer Beschränkungs- und Auswahlentscheidungen wie Rebhuhn sie im ersten Nachtrag zum 1909 erläutert:

> „Alle Neuerwerbungen auszunehmen erschien nicht zweckmäßig, weil gewisse Werke nur ganz ausnahmsweise verlangt werden und das Verzeichnis durch die vollständige Aufnahme der Neueingänge unnötig verteuert worden wäre. Vollständig aufgenommen wurden nur Zugänge in den allgemeinen Abteilungen I, V bis XVI und XXVII. [...] Die Abteilungen II bis IV blieben ganz unberücksichtigt, und in den Gruppen XVII bis XXVII, welche die Literatur zu den verschiedenen Unterrichtsgebieten enthalten, wurden in der Regel von der Aufnahme der älteren Werke abgesehen." (Deutsches Schulmuseum, 1909, S. IV).

Neben dem Selektivitätsprinzip der Nutzungswahrscheinlichkeit setzte Rebhuhn in den Folgejahren zudem darauf, bestimmte Publikationstypen und -formate in Sonderverzeichnissen auszukoppeln, insbesondere für „solche Literaturgebiete [...], die im Nachtrag wenig oder gar nicht berücksichtigt sind und vermutlich nur kleinen Interessentenkreisen erwünscht sein werden. Dahin gehören Verzeichnisse der Zeitschriftenliteratur, der alten Drucke, der Atlanten, der Jugendschriften und der täglich immer mehr anschwellenden Fortbildungsliteratur." (Deutsches Schulmuseum, 1909, S. IV).

An Neuauflage und Nachträgen können neben dem Quantitätsproblem auch Differenzierungen und Verschiebungen in der fachlichen Systematik deutlich gemacht werden, die als Belege für thematische Veränderungen und Konjunkturen in der pädagogischen Wissensproduktion um 1900 historisch genauer zu erforschen wären. So lässt sich zum Beispiel bei der Sachgruppe V „Hilfswissenschaften der Pädagogik" zwischen 1896 und 1904 eine Zunahme der unter der Rubrik „Psychologie und Logik" verzeichneten Schriften feststellen, deren Umfang nun fast an die Rubrik „Philosophie und Philosophiegeschichte" heranreichte, die als wissenschaftliches Bezugssystem pädagogischer ‚Menschenverbesserung' noch unangefochten bestand. Symptomatisch für den Umgang mit wachsenden Büchermengen war die Umwandlung der Abteilung XII „Schulreden" in „Allgemeine Erziehungsschriften", die von einer halbe Seiten 1896 auf 9,5 Seiten 1904 anwuchs und als nunmehr umfassende heterogene Sammelrubrik so unterschiedliche Titel nachwies wie Ellen Key, „Das Jahrhundert des Kindes" von 1902 und J. S. Kaulfuß, „Erziehung für den Staat" von 1817 oder ein Text von Zwingli, „Eine kurze Unterweisung, wie man der Jugend in guten Sitten und christlicher Zucht erziehen und lehren soll" in schriftdeutscher Übersetzung von 1846. Kaum überraschend ist das Literaturwachstum unter „Allgemeiner Unterrichtslehre" und unter den einzelnen Unterrichtsfächern, wo sich die Titelzahl in der Neuauflage von 1904 teilweise fast verdoppelt hatte.

Nachdem die Sammlungsprogrammatik des Schulmuseums „Schriften berücksichtigt, welche Fragen behandeln, die seit Jahren im Mittelpunkte pädagogischer Erörterungen standen und noch stehen" (Deutsche Lehrerbücherei 1924, S. 3), bietet dessen Sachkatalog Historikerinnen und Historikern einen geeigneten Startpunkt, von dem aus weiterführendes Material für die Rekonstruktion gesellschaftlicher, pädagogischer und schulpolitischer Diskurse bzw. entsprechender Sammlungsstrategien sondiert werden kann. Hierzu im Folgenden einige Beispiele aus dem neu aufgelegten Katalog:

Innerhalb der Rubrik XIII. „Erziehung in Rücksicht auf verschiedene Verhältnisse" nahm in der Unterrubrik „Erziehung in Rücksicht auf das Geschlecht" die Zahl der Titel zur Mädchenerziehung zwischen der ersten und zweiten Auflage stark zu. Dass es sich dabei weniger um aktuelle als um ältere und teilweise französische Texte handelte, dürfte für eine gezielte retrospektive Erwerbung zu diesem Thema sprechen. Demgegenüber hatten sich in der Unterrubrik „Erziehung in Rücksicht auf körperliche und geistige Gebrechen" unter der Kategorie „Schwachsinnige. Sittliche Verwahrloste. Minderwertigkeiten" die aktuellen Titel verdoppelt. Dies bedeutet, dass mit Ausbau des Wohlfahrtsstaates neu entstandene Wissensfelder in den bibliothekarischen Fokus gerieten, die zu einem verstärkten pädagogisierenden

Zugriff auf Arme und Randständige beitrugen (Deutsches Schulmuseum 1909, S. 128–132). In diesem Zusammenhang könnte eine andere Rubrik des Katalogs veranlassen, genauer nach historischen Wirkverhältnissen zu fragen, nahm doch unter XV „Erziehung in Rücksicht auf einzelne Seiten geistiger Ausbildung" die Titelzahl der Unterrubrik „Sittliche Bildung" bis 1904 um fast das Dreifache zu. Wie die Hochkonjunktur eines schulpolitischen Themas auch zu neuen Zuordnungen im Bücherverzeichnis führen konnte, zeigt die Rubrik 28 B „Schulorganisation", deren Titel sich im Zuge der Debatte um die Einheitsschule zwischen dem Ersten Nachtrag von 1909 und dem Vierten Nachtrag von 1924 versechsfachten. Enthielt der Erste Nachtrag noch eine weitere Unterrubrik „Sonderklassen, Qualitätsklassen" mit Titeln zum „Mannheimer Schulsystem", so wurden diese im Vierten Nachtrag mit den zahlreichen Titeln zur Einheitsschule unter „Schulorg. im allgemeinen" zusammengefasst (Deutsches Schulmuseum, 1909, S. 128–132; Deutsche Lehrerbücherei 1924, S. 73f).

Neben der Fachsystematik bietet auch das Sachregister des Katalogs Spielmaterial für eine historisch-begriffliche Spurensuche. Dieses war erstmals für die Neuauflage von 1904, vermutlich von Adolf Rebhuhn selbst, erstellt worden. Wenn man davon ausgeht, dass ein solches Register als eine zeitgebundene alphabetische Stichwortsammlung ein Wissensgebiet begrifflich absteckt, ließe sich das im niederen Schulwesen vorherrschende Verständnis von Pädagogik möglicherweise vertiefend nach Sachthemen, gebräuchlichen Begriffen und den von ihnen bezeichneten Sachverhalten ausleuchten. Beispielsweise verzeichnet das Register von 1904 Stichwörter wie „Algebra", „Anstand", „Disziplin", „Länderkunde" oder „Mädchenerziehung", die als pädagogische Gegenstände erwartbar sind. Zum anderen stoßen wir auf historisch klärungsbedürftige Wörter wie „Wahrhaftigkeit", „Einbildungskraft (Pflege ders.)", „Ehrgefühl" oder aber auch „Brandstiftung", „Lüftung des Schulzimmers", „Schlittschuhlaufen", „Schneeschuhlaufen", die den Blick oder zumindest die Neugier auf vergangene Erziehungs- und Schulverhältnisse schärfen können.

Vergleicht man das Stichwortverzeichnis von 1904 mit dem von 1932, überrascht kaum, dass die Anzahl der Stichwörter beträchtlich zugenommen hat, gehörte die Pädagogik doch zu den wissenschaftlichen Wachstumsbranchen der Weimarer Republik, deren neue professionelle Semantiken Eingang in den Bibliothekskatalog fanden. So erscheint es folgerichtig, dass im Register von 1932 überholt geltende pädagogische Sachverhalte wie z. B. „Prinzenerziehung" oder „Briefschulen" weggefallen waren und stattdessen eine Fülle von neuen Sachbegriffen bzw. Neologismen dazukam: Begriffe wie „Charakterbildung", „Charakteristik d. Schüler", „Charakterologie" bzw. „Psychoanalyse, Psychologie, Psychotechnik" sowie „Geographie, Geophysik, Geometrie, Geopolitik" oder „Darwinismus" weisen auf neue Wissensgebiete und Denkströmungen hin, die die Pädagogik prägten bzw. als

Referenzsysteme neu begründeten. Dies gilt auch für die Stichwörter „Rassenkunde"
und „Rassenhygiene", die auf einen Anstieg von Publikationen hindeuten und das
Eindringen eugenischer Vorstellungen in pädagogische und schulische Diskurse in
der Weimarer Republik belegen können. Darüber hinaus könnte genauer gefragt
werden, warum bestimmte Begriffe überdauerten, d. h. warum etwa Stichwörter
wie „Keuschheit" und „Ehrgefühl" als stabile pädagogische Gebrauchswörter gelten
konnten. Und schließlich verweist das Sachregister zurück auf die bibliothekarische
Praxis und die Frage, ob alle Titelstichwörter, nur die häufig vorkommenden oder
nur die relevant erscheinenden Wörter als ein eigenes Stichwort in das Register aufgenommen wurden. Entscheidungskriterium dürften hier weniger bibliothekarische
Normierungen als vielmehr subjektives Gespür des Bibliothekars gewesen sein.

4   Fazit

Der Beitrag ist als Plädoyer dafür zu lesen, mit dem Bibliothekskatalog eine eher
periphere Quellengattung in historische Analysen miteinzubeziehen. Das Beispiel
des Schulmuseums und seines Bücherverzeichnisses zeigt, dass wir damit sowohl
für Aspekte seiner institutionellen Entwicklung als Stätte des Sammelns und Verfügbar-Machens von ‚Volksschullehrer-Wissen' fündig werden können als auch
für allgemeinere wissensgeschichtliche Fragen nach den zu einer bestimmten Zeit
gültigen pädagogischen Wissensbeständen. Anhand des Katalogs, seiner Neuauflagen und Nachträge kann nachvollzogen werden, wie der hauptverantwortliche,
wenngleich viele Jahre ehrenamtlich agierende Bibliothekar Adolf Rebhuhn neben einem beeindruckenden Sammelgeschick über bibliothekarische Kenntnisse
verfügte, die rasch wachsenden Bestände bibliografisch versiert und orientiert
an der Klassifikation der Leipziger Schwesterinstitution zu erschließen und für
Bibliotheksnutzer verfügbar zu machen. Die im Katalog aufgeführten Bücher und
Schriften bildeten sowohl das zeitgenössische Publikationsgeschehen in dem sich
neu formierenden pädagogischen Wissensfeld um 1900 wie gleichzeitig auch den
Zufall des bibliothekarischen Sammelns ab. Inwieweit den Bücherverzeichnissen
des Schulmuseums als zeitgenössischen Wissensrepräsentationen über ihren
praktischen Nutzen hinaus weitere Funktionen zugeschrieben wurden, wie etwa
kulturelles Prestige bei den gesammelten Handschriften und Alten Drucken, bedarf
der weiteren Untersuchung.

Als vorläufiges Ergebnis ist festzuhalten, dass der Katalog einer Spezialbibliothek
mit seinen verschiedenen Bestandteilen wie Vorwort, Benutzungshinweisen, der
Fachsystematik und dem Stichwortverzeichnis einen inspirierenden Ausgangspunkt

für bibliotheks- wie für wissensgeschichtliche Studien bieten kann. Wie bei jeder fruchtbaren Quelle ergeben sich daraus weiterführende Fragerichtungen und – dies ganz besonders ausgeprägt – Hinweise auf potentiell neue Quellenkorpora in Gestalt der vielen, dort versammelten Buchtitel.

Quellen- und Literatur

Quellen zum Deutschen Schulmuseum

Beeger, J. (1875). Bericht über die die Comenius-Stiftung zu Leipzig. *Allgemeine Deutsche Lehrerzeitung 27*, S. 137f.

Deutsche Lehrerbücherei (1924). *Vierter Nachtrag zum Bücherverzeichnis 1904. Eine Auswahl von Neueinstellungen seit 1912 (abgeschlossen Mai 1924)*. Berlin.

Deutsches Lehrerbücherei (1926). *Zweiter Nachtrag zum Bücherverzeichnis*, enthaltend eine Auswahl der Neuerwerbungen von 1909 bis 1912. Zweite Auflage. Berlin.

Deutsches Schulmuseum (1876). Lit[t]erarische Beilage zur Pädagogischen Zeitung 1 (1876), Nr.1.

Deutsches Schulmuseum (1896). *Katalog des Deutschen Schulmuseums. 1. Abteilung: Bücherverzeichnis*. Berlin.

Deutsches Schulmuseum (1909). *Nachtrag zum Bücherverzeichnis, enthaltend eine Auswahl von Neuerwerbungen seit 1904*. Berlin.

Gallee, H. (1876). Was wir wollen. In *Deutsches Schulmuseum. Lit[t]erarische Beilage zur Pädagogischen Zeitung 1*(1876), Nr. 1, o. S.

Pretzel, Carl L. A. (1921). *Geschichte des Deutschen Lehrervereins in den ersten fünfzig Jahren seines Bestehens*. Leipzig: Klinkhardt.

Rebhuhn, A., Laesch, M. (Hrsg.) (1925). *Pädagogisches Druckgut vergangener Jahrhunderte. Ein erziehungsgeschichtlicher Quellennachweis aus den Beständen der Deutschen Lehrer-Bücherei anlässlich ihres 50jährigen Bestehens*. Berlin.

Statut des Deutschen Schulmuseums (1876). *Deutsches Schulmuseum. Lit[t]erarische Beilage zur Pädagogischen Zeitung 1* (1876), Nr. 2, o. S.

Literatur

Bruch, R. vom (2006). *Gelehrtenpolitik, Sozialwissenschaften und akademische Diskurse in Deutschland im 19. und 20. Jahrhundert*. Stuttgart: Steiner.

Criblez, L. (2002). Wozu Pädagogik? Zum Funktionswandel der Pädagogik in der Lehrerbildung. *Beiträge zur Lehrerinnen- und Lehrerbildung 20*, 3, S. 300–318.

Fuchs, E. (2006). Von der Weltausstellung zum Museum. Zur Entstehung des Schulmuseums im 19. Jahrhundert. In J. Forkel & B. Graf (Hrsg.), *Zur Geschichte der Museen im 19. Jahrhundert 1789–1918*, S. 137–151, Berlin: G+H-Verl.

Geißler, G. (2011). *Schulgeschichte in Deutschland. Von den Anfängen bis in die Gegenwart*. Frankfurt a. M. u. a.: Lang.

Henniger, G. (1991). *Zur Geschichte des Deutschen Schulmuseums des Berliner Lehrervereins 1876–1908*. Hochschulschrift Humboldt-Universität zu Berlin.

Horn, K.-P. (Hrsg.), Bohlender, M. (1994). *Systematiken und Klassifikationen in der Erziehungswissenschaft*. Weinheim: Dt. Studienverl.

Jochum, U. (2007). *Kleine Bibliotheksgeschichte*. Stuttgart: Reclam.

Keck, R. W. (1994). Entwicklung der pädagogischen Historiografie im 20. Jahrhundert. Periodisierung, Erträge und Perspektiven der Historischen Bildungsforschung. In M. Chatty & F. Hargasser (Hrsg.), *Vom Jahrhundert der Kinder zum Jahrhundert der Alten? Versuch einer Ortsbestimmung beim Übergang vom 20. zum 21. Jahrhundert* (S. 14–36). Frankfurt/M.: Peter Lang.

Kemnitz, H. (1999). *Lehrerverein und Lehrerberuf. Eine Studie zum Verberuflichungsprozeß der Lehrertätigkeit am Beispiel der Berlinischen Schullehrergesellschaft (1813–1892)*. Weinheim: Dt. Studienverl.

Oelkers, J. (1999). Die Geschichte der Pädagogik und ihre Probleme. *Zeitschrift für Pädagogik 45*, 4, S. 461–483.

Plassmann, E., Rösch, H., Seefeld, J. & Umlauf, K. (Hrsg.) (2011). *Bibliotheken und Informationsgesellschaft in Deutschland. Eine Einführung* (S. 50). 2. Aufl., Wiesbaden: Harrassowitz.

Ritzi, Ch. (1994). Comenianische Ideen verwirklichen… : der Beitrag der Leipziger Comenius-Bücherei zur Professionalisierung der Volksschullehrer. *Comenius-Jahrbuch 2*, S. 37–52.

Ritzi, Ch. & Geißler, G. (2003). Wege des Wissens. 125 Jahre Bibliothek für Bildungsgeschichtliche Forschung. Berlin: Weidler.

Strauch, D. und Rehm, M. (2007). *Lexikon Buch – Bibliothek – Neue Medien*. München: Saur.

Tenorth, H.-E. (2010). *Geschichte der Erziehung. Einführung in die Grundzüge ihrer neuzeitlichen Entwicklung*. 5. Aufl. Weinheim & München: Juventa-Verl.

Uhlig, Ch. (1997). *Der Berliner Lehrerverein. Gründung und Etablierung 1880 bis 1902*. Köln u. a.: Böhlau.

„on laisse là les ardoises"
Zur Transformation des „eigenen" Blicks auf den Gebrauch von Schülertafeln in Senegal und Frankreich

Carla Schelle

1 Einleitung – Ausgangslage und Fragestellungen

Während verschiedener Hospitationen in Grundschulen im Stadtgebiet von Dakar sind Videografien entstanden, die zeigen, wie Schulkinder kleine eingefasste Tafeln, Kreide und Schwämmchen oder Tuch im Unterricht nutzen. Diese Tafeln, über die jede Schülerin, jeder Schüler verfügt, sind dem Aussehen nach aus Schiefer gefertigt, teils mit Holz, teils mit Kunststoff umrahmt (siehe Foto/Abb. 1). Sie erfüllen, neben den linierten und karierten Schreibheften, den *cahiers,* den Zweck einer Schreibfläche, die zu Unterrichtsbeginn sauber gewischt bereitliegen soll. Im Unterricht schreiben und rechnen die Schulkinder darauf und halten Lösungen und Ergebnisse für die Lehrperson sichtbar hoch. Vor allem in großen Schulklassen erlaubt dieses Vorgehen Schülerbeiträge rasch zu überblicken. Vermutet wurde in dem sich regelmäßig im Laufe einer Unterrichtsstunde wiederholenden Prozedere eine lokale Praktik, die den besonderen personalen und materialen Umständen geschuldet sei. Jedoch zeigte sich drei Jahre später während der Hospitation an einer Grundschule im Großraum Paris eine ganz ähnliche Handhabung mit Schülertafeln.

Mit diesem Beitrag soll nun bezogen auf die Schülertafel als Gebrauchsgegenstand, als „Ding" des Unterrichtens, wie es die ethnographische Schulforschung nennt (Röhl 2013), zunächst der Frage nachgegangen werden: Was hat es mit den Schülertafeln in Senegal auf sich bzw. welche Bedeutung, welchen Sinn hat die mit diesen Schülertafeln einhergehende unterrichtliche Praxis des Aufschreibens und Hochhaltens?

Mit bereits publizierten Fallanalysen zu Gegenständen, Aufgabenstellungen und zur Fehlerkorrektur im Unterricht in Deutschland, Frankreich und Senegal ist nahe gelegt, dass, was geschieht, was gezeigt und dargestellt wird, in spezifischen sozialen, kulturellen, pädagogischen und fachlichen Zusammenhänge gedeutet werden kann (Schelle & Straub 2016, Mbaye 2017, Schelle, Adick, Scholz & Mbaye

© Springer Fachmedien Wiesbaden GmbH, ein Teil von Springer Nature 2019
K. Berdelmann et al. (Hrsg.), *Transformationen von Schule, Unterricht und Profession*, https://doi.org/10.1007/978-3-658-21928-4_15

im Erscheinen). Vor diesem Hintergrund können auch für die Schiefertafel und deren Gebrauch kulturelle Varianzen angenommen werden. Dabei gilt es zu vermeiden – und nicht wie es sich im vorliegenden Beispiel zunächst anbahnt – in „Fallen der Kulturalisierung"[1] zu tappen.

Was das methodische Vorgehen anbelangt, so werden aus verschiedenen Erhebungen Dokumente in nicht streng getrennten Schritten präsentiert, fallnah beschrieben und sequentiell ausgewertet (Oevermann 2002, Wernet 2000). Damit werden strukturelle Besonderheiten des Geschehens im Sinne eines Fremdverstehens methodisch kontrolliert in den Blick genommen, davon ausgehend, dass rekonstruktive Methoden besonders sensibilisiert sind für Differenz und fremdkulturelle Lagen (Cappai 2010). Gleichzeitig sollen die besonderen Herausforderungen identifiziert werden, denen sich eine vergleichende Unterrichtsforschung aussetzt, die ihren Untersuchungsgegenstand vor verschiedene Vergleichshorizonte (Frankreich und Deutschland) kulturell und historisch einrückt und dem Anspruch einer reflexiven transnationalen Bildungsforschung genügen möchte.

2   Eine erste Beobachtung –
Schülertafeln in Senegal als „eigene" Praktik?

Das folgende (Teil)Transkript dokumentiert eine Passage aus dem Mathematikunterricht eines *Cours préparatoire* einer Grundschule *Ecole élémentaire* in Dakar, die im März 2013 aufgezeichnet wurde[2]. Das Thema der Stunde sind die Maßeinheiten. Der Unterricht findet, wie in Senegal an öffentlichen Schulen üblich, in französischer Sprache statt, die für die meisten Schulkinder und Lehrpersonen eine Art erste Fremdsprache darstellt. An dem Unterricht nehmen dreiundsechzig Schulkinder teil, etwa gleich viele Jungen und Mädchen, alle etwa im Alter von acht Jahren.

00:00:50	L:	c'est bon ?
00:00:51	SuS:	oui
00:00:52	L:	on a préparé les morceaux de craie ?
00:00:53	SuS:	oui

---

1 So hat Christel Adick dies in einem Forschungsforum 2017 auf der DGfE Jahrestagung der Schulpädagogik in Frankfurt treffend formuliert.

2 Im Rahmen einer zweiten Forschungsreise in Senegal. Bouna Niang hatte die Hospitation ermöglicht, ihm sowie der Lehrperson und den Schülerinnen und Schülern sei gedankt.

00:00:54	L:	on a préparé les ardoises ?
00:00:55	SuS:	oui
00:00:56	L:	très bien on peut y aller ?
00:00:58	SuS:	oui
00:00:59	Stimme, m:	c'est bon ?
00:01:05	L:	moins de bruit [Lehrerin klopft mit dem Lineal auf den Tisch, SuS heben die Arme, nach und nach gehen die Arme wieder runter]
00:01:16	L:	on va consolider pour le calcul mental on avait dit écoutez dix à un an n'est-ce pas ?
00:01:23	SuS:	oui
00:01:24	L:	on va donc consolider en en calcul mental on nous dit ici Sophie a quarante-neuf perles sa tante lui en donne dix calcule le nombre de perles Sophie a quarante-neuf perles sa tante lui en donne dix calcule le nombre de perles [Lehrerin klopft mit dem Lineal auf das Pult – SuS halten Ihre Tafeln hoch]

Fallbeschreibung[3]

Zu Beginn der Transkription klärt die Lehrerin im Gespräch mit den Schülerinnen und Schülern die Voraussetzungen für die Unterrichtsstunde. Sie fragt zügig ab, ob die Kreidestücke, *les morceaux de craie*, und die Tafeln, *les ardoises*, bereitliegen bzw. vorbereitet sind. Alles scheint seinen üblichen Verlauf zu nehmen und nach einer letzten Rückversicherung der Lehrerin „très bien on peut y aller ?" signalisieren die Schülerinnen und Schüler wie zuvor Einverständnis in einem chorisch gesprochenen „oui". Die männliche Stimme, die fragt, ob alles gut sei, kann einem Beobachter (siehe Fußnote 2) zugerechnet werden. Dann mahnt die Lehrerin zur Ruhe: „moins de bruit", klopft mit dem Lineal auf den Tisch und die Schülerinnen und Schüler heben die Arme an, etwa so als würden sie sich melden. Möglicherweise ist dies das vereinbarte Zeichen, das die Unterrichtsbereitschaft signalisiert. Nach und nach gehen die Arme wieder runter. Offenbar soll das Kopfrechnen gefestigt werden. Nachdem die Lehrerin erneut zum Zuhören ermahnt hat, wendet sie sich rückversichernd an die Schülerinnen und Schüler, die zustimmen. Daraufhin wiederholt sie nochmals ihr Vorhaben und es folgt die Kopfrechenaufgabe: „on nous dit" (wörtlich: man sagt uns): Sophie hat 49 Perlen und ihre Tante gibt ihr zehn

---

3 Die Fallbeschreibung dient gleichzeitig der Übersetzung. Die Rekonstruktion erfolgte am Transkript der Sprache, in der der Unterricht stattgefunden hat. Die deutschsprachigen Hinweise in eckigen Klammern [] dienen der Orientierung der Leserinnen und Leser.

dazu. Die Anzahl der Perlen, die Sophie hat, soll errechnet werden. Die Lehrerin wiederholt die Aufgabenstellung und klopft erneut mit dem Lineal auf das Pult wie ein Taktzeichen, das sie vorgibt. Nach kurzer Zeit haben die ersten Schülerinnen und Schüler ihre Ergebnisse auf die Tafeln geschrieben und halten diese hoch. Andere (so zeigt es die Videografie) zögern, hantieren unbeholfen mit den Tafeln und halten sie schließlich auch hoch als die Lehrerin sich ihnen nähert. Manche halten die Tafel direkt vor das Gesicht, so als würden sie sich dahinter verstecken. Die Lehrerin kommentiert und qualifiziert die unterschiedlichen Ergebnisse:

00:02:03	L:	[Lehrerin zeigt mit dem Lineal jeweils in Richtung der Schüler-tafeln] bien bien c'est faux bien bien c'est faux c'est faux c'est faux c'est faux attention attention c'est faux c'est faux c'est faux c'est faux attention c'est faux attention (Name) attention attention oui bien c'est faux attention attention attention c'est bien c'est bien on ne baisse pas quand c'est bon on ne baisse pas attention c'est bien at-tention (Name, m) attention c'est bien c'est bien regarde ton ardoise tu la mets à l'envers c'est bien attention attention attention attention c'est bien attention c'est bien attention c'est bien attention c'est bien (Name, w) c'est bien quand c'est bien on laisse là les ardoises quand c'est bien on laisse les ardoises c'est bien attention (Name) attention là-bas attention attention (Name, w) attention attention attention (Name) attention attention oui c'est bon elle a combien de perles ?
00:03:12	SuS:	cinquante-neuf perles
00:03:12	L:	montrez montrez derrière vous n'avez pas montré derrière [SuS wen-den sich mit hochgehaltenen Tafeln um und zeigen ihre Ergebnisse] j'ai pas dit de baisser ah ils n'ont pas vu ce que vous avez écrit atten-tion hein ? [klopft mit dem Lineal auf das Pult] baissez on efface

Während die Schülerinnen und Schüler ihre Tafeln hochhalten, überschaut die Lehrerin die Ergebnisse. Sie lässt ihren Blick schweifen und gibt Rückmeldungen: gut gut, das ist falsch, das ist falsch … Sie mahnt zwischendurch immer wieder mit „attention" zur Vorsicht, zur Aufmerksamkeit und fordert dazu auf, die Tafeln noch nicht zu senken. Die Ergebnispräsentation vollzieht sich rasch und effizient. Die Lehrerin fragt nochmals nach dem Ergebnis, die Schülerinnen und Schüler antworten chorisch „cinquante-neuf perles" (neunundfünfzig Perlen). Die Schul-kinder sollen ihre Ergebnisse nach hinten zeigen, damit alle (auch die Gäste in der letzten Reihe) sie sehen. Einige waren wohl zu schnell und hatten die Tafeln bereits gesenkt. Abschließend fordert die Lehrerin dazu auf, die Tafeln zu senken und zu wischen („on efface").

Fallrekonstruktion

Zunächst überrascht die Vorgehensweise zur Festigung einer *calcul mental*, einer Kopfrechenaufgabe. Diese erfolgt nach kurzem Nachdenken über den Weg der Verschriftlichung und damit anders als es die Autorin aus Beobachtungen an deutschen Schulen kennt. Im Kopf rechnen ist dort eher wortwörtlich zu nehmen und bedeutet freihändig, häufig auch wettbewerbsmäßig inszeniert, der Reihe nach mündlich Lösungen zu kommunizieren. Im vorliegenden Unterrichtsbeispiel werden diese von allen Beteiligten in einer vorgegebenen Zeitspanne simultan präsentiert und erst nachdem die Lehrerin die Tafeln überblickt und die Ergebnisse kommentiert hat, wird die richtige Lösung gemeinsam chorisch ausgesprochen und sämtliche Fehler scheinen damit repariert[4]. So überschneiden sich schriftliche und mündliche Praktiken sowie „Körperlichkeit und Materialität" (Kalthoff 2014, S. 869) hier in besonderer Weise. Erkennbar wird eine einfache und pragmatische Handhabung, eine Art rhythmisiertes Verfahren, mit dem in der Klasse mit über sechzig Schulkindern jede/jeder Einzelne zum Zuge kommen und sich die Aufmerksamkeit der Lehrerin sichern kann. Das Schreiben geht Platz greifend, bisweilen auch geräuschvoll vonstatten, die größeren Schriftzeichen sind sichtbarer und klassenzimmeröffentlicher als Aufzeichnungen im Schulheft. Die Tafel als Schreibunterlage gewährleistet, ob das Ergebnis nun richtig oder falsch ist, dass diese rasch gewischt und neu beschrieben werden kann[5]. Die Kreideaufzeichnungen sind also flüchtig und, auch wenn sie bloß für einen Augenblick präsent sind, fungieren die Schülertafeln dauerhaft als „didaktische Objekte", die nicht einfach nur dinghaft bleiben, sondern vielmehr „in die Darstellung von Wissen" eingreifen, die Schülertafel wird gewissermaßen zum Mitspieler (Kalthoff 2014, S. 869), zu einem „Mittler[n] des Wissens" und vereint als Objekt, auf dem das Medium Schrift erscheint, mehrere Materialitäten (Kalthoff 2014, S. 874). Zudem unterstützten die so gebrauchten Schülertafeln (stärker als die Wandtafel) den Schreiblernprozess als eine Form praktizierter Selbstkorrektur und mithin der Selbstkonstituierung (Caruso mit Bezug auf Bosse 2016, S. 55f.), auch wenn die Beobachtungen noch längst nicht darüber aufklären, welche zusätzlichen Anforderungen sich für Einzelne in diesem Unterricht durch die fremde Sprache Französisch, die Anwesenheit von Gästen stellen und worin die subjektive Bedeutsamkeit dieses Vorgehens für Einzelne genau besteht.

Später, während der Pause, liegen die Tafeln, Schwämme, Kreide und andere Utensilien auf dem Tisch (siehe Abb. 1). Die Spuren des Gebrauchs sind an den

---

4   Zum chorischen Sprechen bei der Fehlerkorrektur im Unterricht im Senegal siehe Mbaye (2017).

5   Zur Bedeutung ephemerer Schriftzeichen für die moderne Schule siehe Caruso (2012); mehr dazu siehe unten.

gezeichneten Hilfslinien gut erkennbar und legen nahe, dass es sich um „klassische"
Schiefertafeln (mehr dazu weiter unten) handelt, manche sind in Kunststoff einge-
fasst. Auch beiseitegelegt und ohne in Handlungen eingebunden zu sein, verweisen
sie auf unterrichtliche Praktiken des Schreibens, Rechnens, Ordnens von Zahlen
und entfalten einen didaktischen Eigensinn. Es geht also mit der Schülertafel per
se eine Didaktisierung (Kalthoff 2014, S. 874) einher.

Abb. 1   Schülertafeln im Anschluss an eine Unterrichtsstunde Mathematik, Dakar[6]

Mit diesen wenigen Bemerkungen zu den Beobachtungen lässt sich bereits eine
rhythmisierte, ritualisierte Praxis, eine fachliche und soziale Ordnungsvorstellung
(Caruso 2012), vielleicht ein „eigener" gleichsam unbeabsichtigter Vorbote für
digitale Tablets vermuten.

Auf der pragmatischen Ebene kann der Gebrauch der Tafeln als eine Art von
lokaler „Ding-Praktik" (Rabenstein 2018) bezeichnet werden, die verschiedenen
Umständen geschuldet sein mag, wie z. B. dem Unterrichten in großen Klassen
und der Anforderung an eine gemeinsame kollektive Praxis des Rechnen- und
Schreibenlernens, dem kostenneutralen papierschonenden Umgang insbesondere
bei Schreibanfängern[7] und Schreibanfängerinnen sowie dem Bedarf an wieder-
verwendbaren Schulutensilien. Diese Überlegungen laufen mehr oder weniger
auf ein ökonomisches Deutungsmuster hinaus, für ein Land in der Entwicklung.
Schließlich erinnern die Schiefertafeln auch an deren Gebrauch bis in die erste

---

6   © Schelle, die Fotografie entstammt dem Archiv der Autorin.
7   Siehe dazu Büttner (2016) und die Kritik der Schreibmeister.

Hälfte des 20. Jahrhunderts, etwa in der Volksschule in Deutschland und damit an eine eher traditionelle Methode, die aus der Mode gekommen ist.

Aus einem *Guide pédagogique – enseignement élémentaire* (von 2016) erfährt man jedoch, dass der hier beobachtete Umgang mit der Schiefertafel zum gängigen Curriculum und zur gängigen Praxis gehört, die auch für die künftigen Lehrerinnen und Lehrer in Senegal ausbildungsrelevant ist (Ministère de l'éducation Nationale République du Sénégal 2016). Aus weiterführenden Recherchen und Quellen geht hervor, dass dieses Verfahren offenbar einen „prominenten" Wegbereiter hat. Die Rede ist von *Le Procédé La Martinière*, einer Unterrichtsmethode, die als geregelte Abfolge darin besteht: eine Kopfrechenaufgabe zu lösen, auf eine Tafel (*ardoise*) zu schreiben, diese hochzuhalten, zu zeigen usf. und ganz offenbar die Unterrichtsbeobachtung aus Dakar bestätigt[8]. Ein Beitrag des *Journal des Instituteurs* vom 11. Juni 1899 widmet sich unter der Überschrift „L'Enseignement collectif" den Vorzügen der Methode: „Le procédé la Martinière est une trouvaille de génie. Il réunit tous les avantages des procédés collectifs". Die Methode sei eine Art geniale Erfindung, sie vereine sämtliche Vorteile kollektiver Verfahren und, so heißt es an späterer Stelle, sie käme zudem dem Bewegungsbedürfnis der Kinder entgegen, fördere gemeinschaftliches Handeln u. v. m. (Labeyrie 1899, S. 767).

Benannt ist die Methode nach dem französischen Militär Claude Martin, der im 18. Jahrhundert nach einem Aufenthalt in Britisch-Indien Schulgründungen (unter anderem in Lyon, seinem Geburtsort) veranlasst hat. In diesen Schulen wurde die Methode des Kopfrechnens eingeführt, die Labeyrie auch umschreibt mit militärischen Praktiken des Kommandierens und gemeinsamen Exerzierens mit Waffen, ohne Nachzügler und Ablenkung, ohne die harmonische Bewegung der Reihe zu unterbrechen: „C'est un spectacle charmant que celui d'une classe nombreuse manoeuvrant les ardoises au commandement avec l'ensemble d'une troupe exercée au maniement des armes, sans retardataires, sans étourdi qui rompent par un faux mouvement l'harmonie des lignes" (Labeyrie 1899, S. 767). Es finden sich zudem Quellen, in denen auf die Unterrichtspraktik *Le Procédé La Martinière* (LPM) und die in der Beobachtung oben beschriebene Rhythmisierung vom Gebrauch des Lineals als Klopfzeichen verwiesen ist: „Au signal (coup de règle), les enfants écrivent la réponse. Au second coup de règle, les élèves doivent lever l'ardoise" (http://classeelementaire.free.fr/demarrer/tableau.htm[9]). Es gibt auch Quellen, die darauf hinweisen, dass die Methode nicht unumstritten ist (z. B. EDUC-Chenier 2010).

---

8   Siehe http://unesdoc.unesco.org/images/0024/002475/247533e.pdf ein Foto (S. 238) zeigt die gleiche Praktik, Schulkinder halten Tafeln hoch im Unterricht in Niger.

9   Zugegriffen: 09. November 2017.

Mit der LPM-Praktik wird also eine bestimmte fachliche Ordnung hervorgebracht, etabliert und aufrechterhalten, solange bis etwas Neues im Unterricht geschieht. Dass dabei auch ökonomische Gründe eine Rolle spielen, ist mit den historischen Quellen nicht von der Hand zu weisen. Jedoch wird die „unmoderne" ökonomische Blickrichtung nachhaltig irritiert als 2016 während der Hospitation an einer Grundschule im Großraum Paris die Autorin beobachtet, wie dort in ähnlicher Weise Schülertafeln gebraucht werden, auch wenn diese nicht aus Schiefer sind und mit Stiften anstelle von Kreide geschrieben wird; offenbar eine modernisierte Variante aus Kunststoff.[10] Allerdings sind die Lerngruppen, die während dieser Beobachtung mit Schülertafeln hantieren, zahlenmäßig viel kleiner und das ökonomische Deutungsmuster lässt sich nur schwerlich bemühen für eine westliche Industrienation. Jedenfalls geraten die Schülertafeln – offenbar als Reaktualisierung der in Senegal gemachten Erfahrungen – sogleich in den Blick der Beobachtung.

3   Zum Gebrauch von Schülertafeln in einer Unterrichtsstunde in Frankreich

Abb. 2 und 3   Dokumente einer Unterrichtsstunde in Frankreich[11]

---

10   Bei Arbois in einer essayistischen Schrift zur Schulgeschichte kann deren Entwicklung nachvollzogen werden: „Mais la vieille ardoise cerclée de bois est peu à peu remplacée à partir des années 1950 par l'ardoise en carton bouilli, moins bruyante, moins lourds, moins chère et surtout moins fragile que la version en pierre. Elle est remplacée à son tour à partir des années 1980–1990 par l'ardoise Velleda et ses marqueurs, plus facilement effaçables, moins salissants et permettant une lecture plus aisée. « (Arbois 2016, S. 109).
11   © Schelle, die Fotos entstammen ebenfalls dem Archiv der Autorin. Sie sind absichtsvoll verfremdet.

Zum einen lässt sich auch hier (Abb. 2) in einer Art von Förderunterricht beobachten, wie die 7 Schülerinnen und 5 Schüler Lösungen zu Aufgaben, die die Lehrerin zuvor formuliert hat, auf ihre Tafeln schreiben und diese dann nach und nach hochhalten. Das Prozedere folgt offenbar derselben zuvor für Senegal rekonstruierten Rhythmisierung und stellt die fachliche Ordnung her. Allerdings werden dabei chorisches Sprechen und akustische Signale mit einem Lineal nicht beobachtet. Dafür fällt eine andere besondere Handhabung auf. Ein Schüler (siehe Abb. 3) im hinteren Teil des Klassenzimmers montiert im Laufe der Stunde seine Tafel mit einer Öse auf einen Stift und lässt sie dann mit etwas Schwung aus dem Handgelenk rasant kreisen, den Blick wie teilnahmslos nach vorne gerichtet. Was hat es damit auf sich? Der Schüler hat wie zum Zeitvertreib die Tafel bzw. deren Gebrauch umfunktioniert und es zeigt sich hier nicht nur, „dass Objekte am Vollzug sozialer Wirklichkeit beteiligt sind" sondern auch, wie sie „durch das Handeln mit variierendem Sinn und Bedeutung versehen" werden (Kalthoff 2014, S. 875).

Der Schüler hat die Schülertafel einem „eigenen" Zweck zugeführt, sich den Gegenstand anders angeeignet als es das didaktische und pädagogische Unterrichtskonzept vorsieht. Ob dem ernst dreinblickenden Schüler langweilig ist, er wie zum Schein Beschleunigung simuliert, Spannungen abbaut oder Aufmerksamkeit sucht mit einer Art von Experiment (was passiert, wenn …) kann nicht mit Entschiedenheit gesagt werden. Es handelt sich um eine nebenher laufende Praktik des „Schulzeit-Verbringens", wie sie bei Mohn und Amman (2006) zahlreich „eingesammelt" und dokumentiert ist. Die Schülertafel kann in diesem Beispiel jedenfalls weniger als didaktisch-pädagogisches Mittel, sondern vielmehr als Teil des „Lernkörpers" gedeutet werden. Wie eine tanzende Spindel vergrößert die kreisende Tafel die Sphäre des Schülers. Sie verschafft ihm zusätzlichen Raum und Attraktion und kann damit auch als machtvolle Praktik, vielleicht als „Spass am Widerstand" (Willis 1979) betrachtet werden. Mit Leichtigkeit und wie von Zauberhand vergrößert der Schüler seinen Einflussbereich, seine Umlaufbahn und von seinem Geschick hängt es ab, ob die Tafel da bleibt wo sie ist oder zum Geschoss, zum Flugkörper wird, der andere erschrecken oder gar verletzen kann.

4   Ein Zwischenfazit und Anlass zum Weiterfragen

Mit dem Auffinden der Schülertafeln in einem Unterricht in Frankreich bestätigt sich die zuvor vorgefundene Praktik aus dem Unterricht an einer Schule in Senegal, die offenbar in unteren Schulstufen den Schreib-Lese-Rechenlernprozess stützen soll. Damit kann das Deutungsmuster eines „eigenen" „senegalesischen" Gebrauchs von Schülertafeln relativiert werden, ohne dass damit schon klar ist, in welche bildungshistorischen Entwicklungen und Implikationen diese an beiden Orten erkennbare Praktik der Ergebnispräsentation eingelagert ist: in Senegal, in Frankreich und — wenn auch anders gehandhabt — in Grundschulen in Deutschland[12]. Deutlich werden zwischen der strengen historischen Form *Le Procédé La Martinière* und den hier beschriebenen Beobachtungen auch „Transformationen didaktischer Vorgehensweisen und ihrer Artefakte für das Lesen- und Schreibenlernen" (Rabenstein 2018, S. 324) bzw. das Rechnenlernen. Sowohl das Material der Schülertafeln als auch die Praktiken, die damit einhergehen, haben sich über die Zeit hinweg in den unterschiedlichen kulturellen Kontexten geändert und „gelockert" bzw. transformiert und auch für das Unterrichtsbeispiel aus der Schule in Dakar ließe sich näher betrachten, welche Bedeutungsverschiebungen der Gebrauch der Tafeln jenseits des offiziellen Unterrichtsgeschehens erfährt.

Vorläufig kann festgehalten werden, dass die Beobachtungen in Senegal und in Frankreich darauf verweisen, dass Kultur(en), Geschichte, Schulpolitik, Ideen über Erziehung, didaktische Unterweisungspraktiken[13] (Alexander 2003) und Materialitäten im Klassenzimmer aufeinandertreffen. In welcher Weise dies geschieht, welche normativen Rahmungen, Vorstellungen von Erziehung usf. sich dabei im konkreten Fall niederschlagen, wird allerdings nicht ohne weiteres ersichtlich.

In dem ersten Fallbeispiel zeigt sich der tendenziell reibungslose Gebrauch zur Sicherung eines Kopfrechenergebnisses, im anderen Fall schiebt sich ein eher zweckentfremdeter individueller Gebrauch einer Schülertafel in die Beobachtung. Beide Gebrauchsformen sind als klassenzimmeröffentlich rekonstruiert. Die Gegenstände, die Schülertafeln, sind unterschiedlich beschaffen (z.B. raues oder glattes Oberflächenmaterial), sie können mehr und weniger geräuschvoll genutzt werden, die einen stauben, die anderen nicht und grundsätzlich kann damit unterschiedliches geschehen. Dies wiederum sagt etwas über schülerseitige Aneignungsweisen im klassenzimmeröffentlichen Raum aus. Ungeachtet der didaktischen und pädagogischen Bedeutung, die den Schul-Dingen/Gegenständen also eingeschrieben sind, sind es die Subjekte, die ihnen zusätzlich Bedeutung verleihen (als Gegenstand und Mittel zum Schreiben, als Spielobjekt). Mit der spezifischen Materialität gehen zwar bestimmte Gebrauchspraktiken einher, die genaue Verwendung und damit

---

12 Internetrecherchen verweisen z.B. auf die Verwendung von Schülertafeln in Waldorfschulen, oder z.B. auf einen Pressebericht zur Verwendung von Schülertafeln an der Klaus-Groth-Schule in Dithmarschen.

13 Zum Begriff und zur Geschichte schulischer Unterweisungspraktiken beim Schreiben- und Lesenlernen siehe Reh und Wilde (2016).

einhergehende Subjektivierungsweise ist damit jedoch nicht festgelegt (Rabenstein 2018; Caruso 2016). Es wird also deutlich, dass beobachtete Praktiken nicht ohne sorgfältige Beweisführung kulturellen oder nationalen Mustern zugerechnet werden können (Caruso 2013). So wie hier mit den ersten Rekonstruktionen begonnen, wäre in weiteren Studien der Gebrauch von Schiefertafeln stärker und systematischer noch „auf variierende Muster von Relationen zwischen transnationalen Systemstrukturen und konfigurativen Ordnungen hin" zu erschließen (Schriewer 2013, S. 37). Mit Fragen wie:

- Als was können die Schiefertafel-Praktiken in den Blick genommen, beschrieben und gedeutet werden (in den vorliegenden und in anderen Unterrichtsstunden in Senegal und Frankreich)? Inwiefern dienen diese der Herstellung einer fachlichen und sozialen Ordnung?
- Wie hat sich der jeweilige Gebrauch, die Praktik bzw. Unterweisungspraktik in Senegal, Frankreich herausgebildet? Wie kam es dazu? (Wie kam es dazu in Regionen, in denen es keinen Schieferabbau gibt?)
- In welche schulischen, pädagogischen, didaktischen Ordnungen und normative Rahmungen (Curricula) sind diese Praktiken jeweils eingelagert bzw. welche bringen sie hervor? Welche Gemeinsamkeiten, welche kulturellen Varianten lassen sich dabei erkennen?
- Wieso hat sich eine tradierte Praktik wie *Le Procédé la Matinière* nicht bis nach Deutschland verbreitet? Wieso sind die Schiefertafeln-Praktiken dort weitestgehend aus dem Unterricht verschwunden?

Ein erste Klärung kann möglicherweise eine Antwort auf die Frage erbringen: Wo kommt die Schülertafel, deren Nutzung, Verwendung überhaupt her? Im Grunde geht es bei der beobachteten Praktik um das Lesen, Schreiben und Rechnen lernen und um die Frage, ob sich zu den dazu verwendeten Mitteln eine ungleichzeitige oder wechselseitige Entwicklung in Vergangenheit und Gegenwart auffinden lässt. Eine historische Vergewisserung zum Gegenstand Schülertafel soll weiterhelfen.

5 Relationierungen des Gebrauchs – die Schülertafel im pädagogischen Diskurs und im Vergleich

So wenig aufregend die „Entdeckung" der Schiefertafeln in unterschiedlichen kulturellen Kontexten zunächst erscheinen mag, so bedeutsam sind seither die historischen Implikationen, die didaktischen und pädagogischen Argumente zu ihrer Verwendung. Dabei kann die Schiefertafel, die den Schreibmeistern der Schönschrift früherer Jahrhunderte ein Dorn im Auge war (Büttner 2016, S. 46), als vernachlässigter Gegenstand historischer Analysen betrachtet werden (Caruso 2016).

Nachdrücklich hat Bosse das bildsame Moment der Schiefertafel für das Schülersubjekt herausgearbeitet und als *„eigentliche pädagogische Revolution"* bezeichnet, denn die Schiefertafel könne *„Den Übergang von der Fremdbestimmung zur Selbstbestimmung [...] bereits den Anfängern vermitteln; indem sie Selbstkorrektur an die Stelle von Fremdkorrektur setzen lehrt [...]"* (Bosse[14] in Zanetti 2012, S. 67).

Bosse zufolge war der Gebrauch von Schiefertafeln als bewegliches Schreibgerät im Alltag bereits verbreitet „Bevor das Licht pädagogischer Aufmerksamkeit" darauf fiel (Bosse in Zanetti 2012, S. 102f.). Entwickelt und verbreitet hat sich die Schiefertafel zunächst in den Regionen, in denen Schiefer abgebaut wird und offenbar erfüllten die Tafeln von Beginn an mehrere Zwecke. Zum einen sollten sie den Armen dienen, die sich Papier nicht leisten konnten und zum anderen wurde der Nutzen der handlichen Schülertafeln im Abschreiben, Üben, Wiederholen, Sichtbarmachen, Löschen gesehen. Zudem ließ sich das Geschriebene mit dem Geschriebenen an der Wandtafel vergleichen, Fehler selber verbessern und selbständig damit arbeiten sowie Hausaufgaben machen. Vor allem für Schreibanfänger wurde die Schiefertafel im ausgehenden 18. Jahrhundert immer selbstverständlicher, „fand rasch Eingang und hat sich heute den größten Theil der Welt erobert"" (Hey zit. in Bosse 2012, S. 102).

Bosse spricht gar von der „schwarz-weiße[n] Magie, welche die Fläche zu einem Raum macht, in dem man seine eigenen Fehler verschwinden lassen kann" und die zur fortschreitenden Verbesserung motiviere (Bosse in Zanetti 2012, S. 107). Es sei der „Reiz des Simulationsraums", den die Pädagogen zu nutzen wissen (ebd.). All diese „Errungenschaften" waren jedoch immer auch von kritischen Debatten

14 Heinrich Bosse: „Die Schüler müßen selbst schreiben lernen" oder die Einrichtung der Schiefertafel. Erstmals erschienen in Boueke/Hopster (Hg.): Schreiben – Schreiben Lernen. Rolf Sanner zum 65. Geburtstag. Tübingen 1985. Hier zitiert als abgedruckte Fassung in Sandor Zanetti (2012) (hrsg.): Schreiben als Kulturtechnik. Grundlagentexte. Frankfurt/Main Suhrkamp. S. 67–111 (bzw. 2. Auflage 2015). Neuerdings abgedruckt in Reh/Wilde (Hrsg.) 2016.

um die Schiefertafeln begleitet[15], die anders als Papier und Tinte eine Art „Spiel der An- und Abwesenheiten" (Bosse in Zanetti 2012, S. 109)[16] ermöglichen, diese aber keineswegs ersetzen sollten. Gleichzeitig veränderten sich die Praktiken der Kontrolle etwa von Schreibübungen und auch der Sanktion, wenn Schulkinder Fehler selber korrigieren und bisweilen „auch das vollkommen Gute" wie Bosse mit Bezug auf Pestalozzi darlegt (S. 109) auslöschen.

Weniger euphorisch legt Caruso (2016) anhand eigener Analysen zum Schreiben lernen im spanischen Kulturraum der Spätaufklärung nahe, dass Bosse zu sehr die spezifische Materialität der Schiefertafel als auslösende Bildungserfahrung konstruiere. Vielmehr müsse wohl zur Kenntnis genommen werden, dass Erfahrungen der Selbstkonstituierung auch auf Papier gemacht werden können und dabei ebenso von kontingenten Kopplungseffekten zwischen Materialität und Subjekterfahrung auszugehen sei. In dieser Hinsicht ist also der Nutzen der Schiefertafel für die Subjektbildung kein Alleinstellungsmerkmal.

Auch in Frankreich und im französischen Sprachraum scheint es einen historischen Diskurs zur Schülertafel (ardoise) zu geben. In einem Beitrag von Eugène Brouard (1824–1903) werden vor allem didaktische Argumente aufgeführt, die den Gebrauch von Schülertafeln insbesondere beim mühevollen Prozess des Schreibenlernens, wie es aus dem Schulalltag überliefert ist, rechtfertigen. In besondere Weise widmet sich Brouard der Beschaffenheit und dem Material der ersten Schülertafeln und der Kreide, beides wurde verfeinert und leichter handhabbar. Er nimmt dabei auch die diesbezüglichen Entwicklungen in England, Amerika, Deutschland, Österreich in den Blick (Brouard 1911). Hier ließe sich also mit weiteren Recherchen anknüpfen.

In der bereits genannten Schrift zur Geschichte der Schule in Frankreich von Arbois (2016) findet sich die Abbildung einer Fotografie (vermutlich aus der ersten Hälfte des 20. Jahrhunderts), die zeigt, wie nach Geschlechtern getrennt sitzende Jungen und Mädchen in Zweierreihen mit ihren Schultafeln hantieren, die einen schreiben noch, die anderen halten diese bereits mit dem Schriftbild nach vorne hoch, also ähnlich wie es auch in den dokumentierten Stunden von 2013 und 2016 beobachtet werden konnte. Dort wie auch bei Brouard werden die Schülertafeln als besonders geeignetes Mittel vor allem im Kontext des Schrift-Schreiberwerbs thematisiert, und es sei hier nochmals an die weiter oben beschriebenen Belege zur LPM erinnert.

---

15 Zahlreiche Argumente gegen die Verwendung von Schiefertafeln siehe in: Encyklopädisches Handbuch der Pädagogik von 1908, S. 783ff.
16 Zur Bedeutung des Vergänglichen im Kontext des Verschwindens des Sandtisches siehe Caruso (2012, S. 148).

Der Gebrauch der Schülertafel steht also in einer über Zeit- und Kulturräume hinweg verbreiteten Tradition einer Praktik der schulischen Unterweisung. Sie dient seither mit mehr und weniger Drill dem Zweck, das Schreiben von Schriftzeichen und Zahlen zu lernen, einzuüben, Ergebnisse simultan zu zeigen, zu präsentieren, selber zu korrigieren usf. Gleichzeitig ist aber auch davon auszugehen, dass die Tafel für das einzelne Schülersubjekt in einer konkreten Situation bzw. zumindest temporär etwas Unterschiedliches bedeuten kann bzw. Umdeutungen erfährt.

Deutlich wird anhand des Transkripts und der Beschreibung dort, sowie anhand der Fotos, dass das Schülersubjekt mit der Schülertafel einen eigenen „Raum", ein eigenes kleines Territorium markiert, das es gleichzeitig mit allen anderen teilt und das es bisweilen auch zu verteidigen gilt. Ähnlich beschreibt es Rabenstein im Nachgang zu Breidenstein: „Während die Körper mehr oder weniger still im Unterricht sitzen, verselbstständigen sich innerhalb dieser Nahräume die vielen kleinen Gegenstände und werden permanent auf die eine oder andere Art angefasst, verrückt, weggenommen, hingelegt oder bewegt. Mit ihnen werden Territorien *haptisch* als eigene besetzt, ausgeweitet oder verteidigt" (Rabenstein 2018, S. 333).

Zeitgleich werden das Sich-Zeigen bzw. das Vor-Zeigen eines Ergebnisses, das Wahrnehmen und Wahrgenommen werden (Luhmann 2002) koordiniert durch die Lehrperson. Die Tafel-Praktik vollzieht sich damit weniger privatisiert als das Schreiben in ein Schulheft, bei dem jede/jeder für sich über das Heft gebeugt ist und von der Lehrperson nicht so einfach überblickt werden kann. Der Gebrauch von Schülertafeln scheint derzeit in manchen Ländern eher verbreitet und üblich zu sein (als z. B. in Schulen in Deutschland). Dies lässt die damit einhergehende simultane und klassenzimmeröffentliche Schülerpraktik tatsächlich als abhängig von einem spezifischen kulturellen Kontext erscheinen. Was die beiden hier in den Fokus geratenen Länder Senegal und Frankreich anbelangt, so lassen sich dort tatsächlich eher Leitbilder von Schule und Unterricht nachweisen, die stärker an dem Einzelnen/der Einzelnen als Teil eines Klassenkollektiv orientiert sind, als die im deutschsprachigen Raum verbreitete Ausrichtung am Schülersubjekt und an der Individualisierung von Bildungsgängen (Mbaye 2017). Diese Ausrichtungen an der Gemeinschaft ließe sich zumindest für Frankreich in den pädagogisch-curricularen Überlegungen zur republikanischen Schule als normative Rahmung wiederfinden (Veyret 2013). Damit kann aber nicht gesagt werden, dass es sich um den kolonialen Import einer Unterweisungspraktik von Frankreich nach Senegal handelt. Ob es sich um eine Art koloniale Verbreitung oder um andere Entwicklungs- und

Verbreitungslinien für den Gebrauch der Tafeln handelt, muss weiteren Studien vorbehalten bleiben[17].

Eine wesentliche Bedeutung bei der Nutzung von Schülertafeln kommt dem Wegwischen, dem Sichtbar-Unsichtbarmachen (siehe oben) zu. Dies wird in besonderer Weise mit der Schülertafel kultiviert und funktioniert aber auch mit anderen Materialien, Stofflichkeiten wie z. B. auf einem sandigen Boden. In Betracht zu ziehen ist deshalb auch, dass es sich dabei um eine Art universelle Praktik handelt, die sich in unterschiedlichen Kulturräumen unabhängig voneinander ausdifferenziert hat. Denn möglicherweise haben die Wurzeln der LPM (*Le Procèdè La Martinière*) mehr mit einer umgekehrten Bewegung zu tun (von einer kolonialen Erfahrung auf Europa ausgestrahlt und dann möglicherweise wieder zurück) und es kann davon ausgegangen werden, dass Praktiken des Schreibens und Wegwischens, gerade weil sie so naheliegend sind, sich ihrem Ursprung nach vermutlich unabhängig voneinander in unterschiedlichen Kulturräumen entwickelt haben. Am ehesten lässt sich vielleicht von einer „internationale[n] Zirkulation" sprechen, wie es Caruso (2012, S. 137) mit Bezug auf die Verbreitung des Sandtisches beschreibt.

6 Konsequenzen für die vergleichende Forschung und das Blicken auf fremdkulturelle Praktiken

Im Laufe des Beitrags konnten Praktiken der Unterweisung mit Schiefertafeln als spezifische Ordnung des Unterrichts in Senegal und Frankreich beschrieben werden. Dabei wurde deutlich, dass Schiefertafeln didaktisierte Gegenstände sind, denen Schülersubjekte eigene Bedeutungen zuschreiben.

In vergleichender Betrachtung konnten für die „Ding-Praktiken" (Rabenstein 2018) in Senegal und in Frankreich (vor dem Erfahrungshorizont der Autorin) Gemeinsamkeiten und Unterschiede rekonstruiert werden, die in komplexe historische und sich überlappende kulturelle Implikationen und Transformationen eingelagert sind, die jedoch noch stärker als hier geschehen frei gelegt werden müssten, um detailliertere Erkenntnisse über kulturelle Varianzen und Differenzen zu gewinnen. Es zeigt sich, dass die aufgefundenen Praktiken Anlässe für ein Weiterforschen bieten, das immer weitere Kreise zieht und nicht ohne weiteres zu

---

17 Zur Benutzung von Schiefertafeln und kleineren Schiefertafeln finden sich Erlasse und Texte vom 18. Jahrhundert an in dem Archiv der Bibliothek für Bildungsgeschichtliche Forschung. Quellen zur Verschiffung auch von kleinen Schiefertafeln nach Übersee finden sich in Adick und Mehnert 2001.

Ende gedacht werden kann. Dabei muss Forschung darauf reflektieren, dass ein Gegenstand wie die Schülertafel und damit einhergehende Praktiken nur als ein Sinnzusammenhang zu denken ist, der wiederum gesellschaftlich, historisch und kulturell kontextualisiert ist.

Mit den dokumentierten Beobachtungen konnte zudem veranschaulicht werden, dass das Blicken und Entdecken sich von eigenen Erfahrungen zunächst nicht einfach ablöst und zu einer wiederkehrenden Differenz erzeugenden Tätigkeit werden kann, die unausweichlich mit Abweichungen, Irritationen und Rätseln konfrontiert ist. Insofern bestehen die beschriebenen Erfahrungen auch in einer Transformation des Blickens und Beobachtens, in dem Dinge und Praktiken im Zuge der Rekonstruktionen mit anderen Augen gesehen werden. Über einen praxistheoretischen Zugang wurden Bedeutungen und Bedeutungsverschiebungen, die den Dingen als Artefakte und den Schülerpraktiken widerfahren, als „Transformationen unterrichtlicher Ordnungen" – wie etwa die sich über die Zeit hin gewandelte LPM – in den Blick genommen (Rabenstein 2018, S. 320). Insgesamt konnte fallbasiert veranschaulicht werden, wie der zunächst befremdende Gebrauch von Schiefertafeln im Unterricht produktiv gemacht werden kann für das Verstehen kultureller Lagen und die vergleichende Forschung.

Literatur

Adick, C. & Mehnert, W. (2001). *Deutsche Missions- und Kolonialpädagogik in Dokumenten. Eine kommentierte Quellensammlung aus den Afrikabeständen deutschsprachiger Archive 1884–1914.* Frankfurt a. M. & London: IKO Verlag.

Alexander, R. (2003). Pédagogie, culture et comparaison: visions et versions de l'école élémentaire. *Revue Française de Pédagogie* 142 (janvier-mars), S. 5–19.

Arbois, J. (2016). *À l'école d'autrefois.* Mercuès: City Editions.

Bosse, H. (2012). „Die Schüler müssen selbst schreiben lernen" oder die Einrichtung der Schiefertafel. In S. Zanetti (Hrsg.), *Schreiben als Kulturtechnik. Grundlagentexte* (S. 67–111). Frankfurt a. M.: Suhrkamp. (2. Aufl. 2015).

Brouard, E. (1911). Ardoises. In *Nouveau dictionnaire de pédagogie et d'instruction primaire.* Publié sous la direction de Ferdinand Buisson. Paris (edition de 1911). http://www.inrp. fr/edition-electronique/lodel/dictionnaire-ferdinand-buisson/document.php?id=2079. Zugegriffen am 09. November 2017.

Büttner, P. O. (2016). Drei Thesen zum historischen Schreibunterricht. In S. Reh & D. Wilde (Hrsg.), *Die Materialität des Schreiben- und Lesenlernens. Zur Geschichte schulischer Unterweisungspraktiken seit der Mitte des 18. Jahrhunderts* (S. 41–54). Bad Heilbrunn: Klinkhardt.

Cappai, G. (2010). Kultur und Methode – Über die Relevanz rekonstruktiver Verfahren für die Erforschung fremdkultureller Lagen. In G. Cappai, S. Shimada & J. Straub (Hrsg.), *Interpretative Sozialforschung und Kulturanalyse* (S. 129–155). Bielefeld: transcript.

Caruso, M. (2012). Reiz und Gefahr des Ephemeren. Der Sandtisch und die Ordnung der modernen Schule im frühen 19. Jahrhundert. *Zeitschrift für Pädagogik, 58.* Jahrgang, Beiheft 58, S. 136–150.

Caruso, M. (2013). Substanzlose Kulturalität. Ein Theorieentwurf für die Erforschung von Bildungs- und Schulkulturen im Medium funktionaler Differenzierung. In M. Hummrich & S. Rademacher (Hrsg.), *Kulturvergleich in der qualitativen Forschung* (S. 43–64). Wiesbaden: Springer VS.

Caruso, M. (2016). Stumme Weitergabe? Nachahmen und Erklären beim Schreibenlernen im spanischen Kulturraum der Spätaufklärung. In S. Reh & D. Wilde (Hrsg.), *Die Materialität des Schreiben- und Lesenlernens. Zur Geschichte schulischer Unterweisungspraktiken seit der Mitte des 18. Jahrhunderts* (S. 55–68). Bad Heilbrunn: Klinkhardt 2016.

EDUC-Chenier Numéro 56, Octobre 2010.

Encyklopädisches Handbuch der Pädagogik (1908) (hrsg. von W. Rein) 7. Band (2. Aufl.). Die Schreibmaterialen a) Schiefertafel (S. 783–785). Langensalza: Beyer & Mann.

Kalthoff, H. (2014). Unterrichtspraxis. Überlegungen zu einer empirischen Theorie des Unterrichts. *Zeitschrift für Pädagogik, 60.* Heft 6, S. 867–882.

Labeyrie, P. (1899). L'Enseignement collectif. In: *Journal des Instituteurs* (43. Année; Numéro 37), S. 766–769.

Luhmann, N. (2002). *Das Erziehungssystem der Gesellschaft.* Frankfurt a. M.: Suhrkamp.

Mbaye, M. (2017). „Je comprends … mais il ya beaucoup de fautes" – Eine rekonstruktive Studie zum Umgang mit „Fehlern" im Fremdsprachenunterricht in Deutschland und Senegal". Dissertation (JGU Mainz).

Ministère de l'éducation Nationale République du Sénégal (Juin 2016). Guide Pédagogique Enseignement Elémentaire 1ʳᵉ étape Ci-PC Curriculum de l'éducation De Base. Dakar: Nouvelle Edition.

Mohn, E. & Amann, K. (2006). *Lernkörper. Kameraethnographische Studie zum Schülerjob.* Begleitpublikation zur DVD-Video C 13 032. Göttingen: Wissen und Medien.

Oevermann, U. (2002). *Klinische Soziologie auf der Basis der Methodologie der objektiven Hermeneutik – Manifest der objektiv hermeneutischen Sozialforschung.* Online unter: http://www.objektivehermeneutik.de. Zugegriffen: 09. November 2017.

Rabenstein, K. (2018). Ding-Praktiken. Zur sozio-materiellen Dimension von Unterricht. In M. Proske & K. Rabenstein (Hrsg.), *Kompendium Qualitative Unterrichtsforschung. Unterricht beobachten – beschreiben – rekonstruieren* (S. 319–347). Bad Heilbrunn: Klinkhardt.

Reh, S. & Wilde, D. (2016). Die historische Erforschung der Praktiken des Lesen- und Schreibenlernens. Eine Einleitung. In S. Reh & D. Wilde (Hrsg.), *Die Materialität des Schreiben- und Lesenlernens. Zur Geschichte schulischer Unterweisungspraktiken seit der Mitte des 18. Jahrhunderts* (S. 7–21). Bad Heilbrunn: Klinkhardt.

Röhl, T. (2013). *Dinge des Wissens. Schulunterricht als sozio-materielle Praxis.* Stuttgart: Lucius & Lucius.

Schelle, C. & Straub, C. (2016): «La construction de l'objet dans les cours au Sénégal, en France et en Allemagne – des comparaisons et des reconstructions comparées» In F. Montandon & C. Schelle (Hrsg.). *Activités langagières, pratiques pédagogiques et rituels, Une approche interculturelle à l'école et en formation* (S. 43–57). Paris: Téraèdre.

Schelle, C., Adick, C., Scholz, A. & Mbaye, M. (im Erscheinen). Zur Konstruktion von nationaler Identität in Fremdsprachenlehrwerken aus Frankreich, Senegal, Deutschland – systematische und methodische Herausforderungen des Vergleichs. In M. Martens, K. Rabenstein, K. Bräu, M. Fetzer, H. Gresch, I. Hardy & C. Schelle (Hrsg.), *Konstruktionen von Fachlichkeit: Ansätze, Erträge und Diskussionen in der empirischen Unterrichtsforschung*. Bad Heilbrunn: Klinkhardt.

Schriewer, J. (2013). Vergleichende Erziehungswissenschaft als Forschungsfeld. In M. Hummrich & S. Rademacher (Hrsg.): *Kulturvergleich in der qualitativen Forschung* (S. 15–41). Wiesbaden: Springer VS.

Veyret, J. (2013). Les principes fondamentaux du système éducatif français. In C. Szymankiewicz, *Le système éducatif en France* (S. 19–31). Paris: La documentation Française.

Wernet, A. (2000). *Einführung in die Interpretationstechnik der Objektiven Hermeneutik*. Opladen: Leske & Budrich.

Willis, P. (1979). *Spaß am Widerstand. Gegenkultur in der Arbeiterschule*. Frankfurt: Syndikat.

Zur Institutionalisierung des Pädagogischen am Beispiel familialisierter Vergemeinschaftung

Martin Bittner und Fabian Kessl

1 Einleitung

Schule und Jugendhilfe bilden einen je eigenen sozialen Zusammenhang. Praxistheoretisch gesprochen stellen sie also spezifische Praktiken-Arrangements dar: Dort werden Personen, Diskurse, Zeiten, Räume und Materialitäten in einer bestimmten Art und Weise zueinander in Beziehung gesetzt (Schatzki 2002, S. 20 sowie 148). Im Folgenden interessieren uns diese pädagogischen Konstellationen hinsichtlich ihrer Institutionalisierungsdimension. Diese sehr breite Frage fokussieren wir nochmals auf familialisierte *Vergemeinschaftungspraktiken*, insbesondere anhand derer räumlich-materialen Aspekte.

Familialisiert sind pädagogische Vergemeinschaftungspraktiken, wenn Schule oder Jugendhilfe familienähnlich ausgestaltet werden. *Institutionalisiert* sind Schule und Jugendhilfe, weil sie nicht nur soziale Zusammenhänge darstellen, die als pädagogisch zu kategorisieren sind, sondern, etwa mit Rückgriff auf ihre gesetzliche Bestimmung (Grundgesetz, Sozialgesetzbuch, Schulgesetze der Länder), auch als formal geschützte und bestimmte Zusammenhänge gelten können. Als solche bilden sie Institutionen aus: „Eine Institution sei – ganz knapp und allgemein gesagt – eine Erwartung über die Einhaltung bestimmter Regeln, die verbindliche Geltung beanspruchen" (Esser 2000, S. 2). Uns interessiert eine praxistheoretisch-erziehungswissenschaftliche Reflexion von Schule und Jugendhilfe als öffentlich verfasste pädagogische Organisationen, als Institutionen also. Indem wir praxistheoretisch den (iterativen) Vollzug sowie die Intelligibilität der Praxis in den Vordergrund rücken, gilt es, den regelhaften Geltungsanspruch pädagogischer Institution(en) nicht nur als sozialen Zusammenhang zu erfassen, sondern die Institutionalisierung pädagogischer Praktiken zu markieren, durch die und in denen sich diese Dimension des Institutionellen konstituiert. Im weiteren Text wenden wir uns der, seit dem 19. Jahrhundert einsetzenden, familienunabhängigen

© Springer Fachmedien Wiesbaden GmbH, ein Teil von Springer Nature 2019
K. Berdelmann et al. (Hrsg.), *Transformationen von Schule, Unterricht und Profession*, https://doi.org/10.1007/978-3-658-21928-4_16

Verstetigung von Erziehung, Sorge, Bildung, Lehren und Lernen zu. Entsprechende Praktiken der *Institutionalisierung des Pädagogischen* sind insbesondere in der Schule und der Jugendhilfe zu beobachten. Die vorliegenden Überlegungen können so zur praxistheoretischen Institutionenperspektive (dazu etwa auch Florian 2008) sowie zu einer Bestimmung pädagogischer Institutionen an sich (Müller 2002; Benner 2015) beitragen.

2 Beschreibung pädagogischer Vergemeinschaftungspraktiken

Praktiken der Vergemeinschaftung markieren *eine* spezifische Ausformung der institutionalisierten pädagogischen Praktiken. Im Anschluss an vorgängige empirische Forschungsarbeiten zur Praxis der Familialisierung in pädagogischen Feldern im Allgemeinen, richten wir unseren Blick auf den besonderen Sachverhalt, dass Vergemeinschaftung *einen* Ausdruck familialisierter Praktiken darstellt.[1] Zugleich findet sich pädagogische Vergemeinschaftung wiederum in *vielfacher Weise*. Schulklassen können den Kontext für die Ausbildung von Peer-Gemeinschaften darstellen, die für Jugendliche einen entscheidenden Sozialisationskontext ausmachen; Schulklassen oder sozialpädagogische Wohngruppen können aber auch den Charakter einer Zwangsgemeinschaft darstellen, in die sich Schülerinnen oder Nutzerinnen sozialpädagogischer Angebote eingewiesen fühlen, und aus dieser

---

1   Die entsprechenden Forschungsarbeiten sind im Kontext des BMBF-Projekts IRiK an der Universität Duisburg-Essen und dem Deutschen Institut für Internationale Pädagogische Forschung (DIPF) in den Jahren 2013–2016 entstanden. Das Forschungsprojekt „Institutionelle Risikokonstellationen sexueller Gewalt in familialisierten pädagogischen Kontexten" (IRiK), wurde am Institut für Soziale Arbeit und Sozialpolitik der Fakultät für Bildungswissenschaften an der Universität Duisburg-Essen (Fabian Kessl, Nicole Koch, Katharina Steinbeck, Meike Wittfeld; Delia Kubiak, Amelie Wunder) und der Bibliothek für Bildungsgeschichtliche Forschung (BBF) des Deutschen Instituts für Internationale Pädagogische Forschung (DIPF) (Martin Bittner, Sabine Reh, Denise Löwe) durchgeführt. Das Verbundvorhaben ging der Frage nach der Gestalt(ung) der professionellen Alltagspraxis in familialisierten pädagogischen Kontexten am Beispiel von drei Fallstudien nach: einer sozialpädagogischen Wohngruppe, eine Internatswohngruppe und einer Ganztagsschule. Anlass für diese vergleichende Ethnographie war die Beobachtung, dass die pädagogischen Kontexte, in denen es zu (sexualisierter) Gewalt gegen Kinder und Jugendliche durch erwachsene Mitarbeiter*innen kommt, immer wieder eine familialisierte Gestalt(ung) aufweisen. Zugleich stellt die Familialisierung ein zentrales (sozial-)pädagogisches Prinzip zur angemessenen Gestaltung pädagogischer Kontexte dar (siehe: www.uni-due.de/biwi/trans_soz/irik.php).

Betroffenenposition heraus emotionale Beziehungen zu anderen Betroffenen in der gleichen Situation aufbauen.

Die nachfolgende Rede von familialisierten Vergemeinschaftungspraktiken stellt das Ergebnis einer empirischen Bearbeitung der Frage nach pädagogischer Vergemeinschaftung dar (theoretisch dazu Reichenbach 2017; Reyer und Henseler 2000). Unser Forschungsinteresse gilt einem spezifischen „Tun" der Fachkräfte (Reh et al. 2015, S. 299ff.), das wir im Kontext familialisierter, d. h. familienanaloger pädagogischer Institutionen rekonstruieren.

Realisiert werden Praxis-Konstellationen in den pädagogischen Feldern als Zusammenspiel von verbalen wie non-verbalen Ausdrucksweisen, körperlichen Positionierungen der Feldakteur*innen mit institutionellen Diskursen und materialen Artefakten sowie räumlichen Konstellationen, wie eingangs bereits angedeutet (vgl. Schatzki 2002). Familialisierung des Pädagogischen meint eine Orientierung am (idealisierten) Modell der (Herkunfts-)Familie (vgl. Kessl et al. 2015), z. B. durch die Übersetzung sowie die Migration familialer Praktiken in das Setting der Ganztagsschule oder in eine sozialpädagogische Wohngruppe. In Einzelfallstudien wurden solche familialisierten Konstellationen in der alltäglichen Praxis ethnographisch rekonstruiert. Dies erfolgte auf der empirischen Basis von teilnehmenden Beobachtungen (mehrere Wochen), je einem Expert*inneninterview (Leitung) und je zwei Gruppendiskussionen (Gespräch mit Mitarbeiter*innen und Gespräch mit Schüler*innen resp. Nutzer*innen). Dabei zeigte sich nicht nur, welche konkreten Formen Familialisierung als Imitation spezifischer Generationen- und Geschlechterordnungen annehmen, und wie die damit verbundene Privatheit in pädagogischen Institutionen prozessiert wird. Vielmehr wurde deutlich, dass diese in den verschiedenen pädagogischen Feldern unterschiedliche Formen annehmen. Während im Internat Fragen der räumlichen Gewährleistung von Privatheit eine strukturbildende Rolle gespielt haben, standen in der Ganztagsschule Aspekte des privaten bzw. persönlichen Engagements und eine damit einhergehende Übernahme von Verantwortung im Schulalltag deutlicher im Zentrum. In der sozialpädagogischen Wohngruppe prägte die Ermöglichung von Privatheit als Intimität die dortige Institutionalisierung des Pädagogischen in maßgeblicher Weise. Zur Nachvollziehbarkeit unserer vorliegenden Überlegungen konzentrieren wir uns im Folgenden auf eine maximale Kontrastierung von familialisierten Vergemeinschaftungspraktiken, wie sie sich in Beobachtungen aus der Ganztagsschule und der sozialpädagogischen Wohngruppe gezeigt haben.

Erkenntnispolitisch verstehen wir unsere vorliegenden Überlegungen als Beitrag zu umfangreicheren Analysen einer Institutionalisierung des Pädagogischen, wie sie zwar bisher in der deutschsprachigen Erziehungswissenschaft noch nicht etabliert, aber in den vergangenen Jahren u. a. von Reh und Rabenstein (2013) und

Fritzsche et al. (2011) oder in anderer Ausprägung von Nikolai (2016) angedeutet
werden. Gegenüber professions- wie organisationstheoretischen Perspektiven,
die pädagogische Arbeitsbündnisse oder die pädagogische Beziehung weitgehend
kontextlos betrachten, weisen Analysen der Institutionalisierung des Pädagogischen
die *Relevanz* der öffentlichen Verfasstheit pädagogischer Praxis ebenso aus, wie sie
gegenüber manchen bildungs- und lerntheoretischen Ansätzen darauf aufmerksam
machen, dass in Subjektivierungs- wie auch (institutionellen) Entwicklungsprozessen vielfältig kontextualisierte und historische Ordnungen eingelagert sind
(vgl. Schatzki 2002, S. 22). Eine praxistheoretisch sensibilisierte Betrachtung der
Institutionalisierung pädagogischer Praktiken, wie wir sie am Beispiel pädagogischer Vergemeinschaftungspraktiken vornehmen – und dabei nicht zuletzt an die
Vorarbeiten und die gemeinsamen Überlegungen mit Sabine Reh anknüpfen – hat
den Vorteil, die Ausgestaltung der institutionalisierten pädagogischen Ordnungen
in pädagogischen Feldern ganz konkret zu fassen, in unserem Fall am Beispiel von
Ganztagsschule und sozialpädagogischer Wohngruppe. Die Bearbeitung der Frage,
wie Vergemeinschaftung prozessiert wird, dient dazu, die spezifische Ausgestaltung
pädagogischer Zusammenhänge, also Erziehungs-, Bildungs-, Sorge- oder Lehr-/
Lernarrangements, empirisch in den Blick zu nehmen. Die Rekonstruktion von
Praktiken der familialisierten Vergemeinschaftung kann nur gelingen, wenn keine
idealtypische Grenzsetzung zwischen formalisierten (z. B. Schule und Jugendhilfe) und nicht-formalisierten oder informellen (Familie und Peer) Bildungs- und
Erziehungsprozessen fortgeschrieben wird. In diesem Sinne ist unsere empirische
Unternehmung auf die Beschreibung von Praktiken, Räumen und Materialitäten
ausgerichtet, um dem praxistheoretischen Verständnis der Institutionalisierung
familialisierter Vergemeinschaftungspraktiken gerecht zu werden.

3   Methodologische Überlegungen zur Ethnographie der pädagogischen Institutionalisierung

Widmet man sich der Institutionalisierung pädagogischer Praktiken, wie wir das
am Beispiel familialisierter Vergemeinschaftungspraktiken in Ganztagsschulen
und sozialpädagogischen Wohngruppen unternehmen, liegt ein ethnographischer
Zugriff mindestens aus zwei Gründen auf der Hand. Ganz basal zuerst aus dem
Grund, dass der Blick auf die sozialen Praktiken das Credo ethnographischer
Forschung darstellt (vgl. z. B. Hammersley und Atkinson 2007; Kelle 2011). Als
„kleinste Einheit des Sozialen" rücken die alltäglichen Praktiken in das Augenmerk
der Ethnograph*in (Reckwitz 2003, S. 288; vgl. auch Schatzki 2012, S. 24). Das

forscherische Interesse ist zweitens auf die kontinuierliche (Wieder)Herstellung des Sozialen gerichtet (Hillebrandt 2014, S. 58; Breidenstein 2006, S. 17; vgl. auch Schmidt 2012, S. 56). Das ist für unsere Perspektive auf die Institutionalisierung des Pädagogischen insofern von Bedeutung, als wir damit die weithin verbreitete Unterstellung in der erziehungswissenschaftlichen Forschung, institutionelle Bedingungen als an sich gegebene Bedingungen anzunehmen, in Zweifel ziehen. Aus ethnographischer Blickrichtung gesprochen: Die Annahme, das ethnographische Feld sei mit dem Blick auf Schulen und Wohngruppen objektiv-räumlich bereits festgeschrieben – eben als bestimmte, existierende (Ganztags-)Schule und als spezifische sozialpädagogische Wohngruppe, quasi als „Institute" (Göhlich 2014, S. 70), *innerhalb* derer das pädagogische Arbeiten erfolgt – übersieht allzu leicht die Logik und Praxis der (Re)Produktion des Sozialen wie des Materiellen selbst (vgl. dazu ausführlich Dirks et al. 2016; Kalthoff et al. 2016).

Wie ist eine Ethnographie der Institutionalisierung des Pädagogischen zu gestalten? Zuerst gelten dieselben Regeln, wie für jede andere ethnographische Vorgehensweise, u. a. die Notwendigkeit der Befremdung des eigenen (forscherischen) Sehens und die Sensibilität für wiederkehrende (auch: irritierende) Praktiken. Eine ethnographische Analyse pädagogischer Institutionalisierung erfordert schließlich, jene Praktiken-Arrangements zu identifizieren und zu beschreiben, die als Charakteristika für Praktiken der Institutionalisierung gelten können – in unserem Fall in ihrer Ausprägung als (familialisierte) Vergemeinschaftungspraktiken (vgl. Boer und Reh 2012; Bock und Maischatz 2010; Eßer 2013; Heinzel 2010; Breidenstein 2006). Mit der Perspektive auf die Institutionalisierung des Pädagogischen wird also eine besondere Qualität von Praktiken angesprochen (vgl. Schatzki 2002, S. 239). Es geht im o. g. Sinne der Institutionalisierung um die Betrachtung einer besonderen pädagogischen Ordnungsbildung. Die Ethnographie steht vor der Aufgabe, jene Zusammenhänge zu erfassen, die die Ordnungslogik einer Institutionalisierung des Pädagogischen ausmachen.

Mit der Rede von der Institutionalisierung lehnen wir uns an die begriffliche und theoretische Unterscheidung von *Institution* und *Organisation* an. Criblez (2017) schlägt eine ebenenspezifische Differenzierung für die erziehungswissenschaftliche Theoriebildung pädagogischer Settings vor, mit der die Organisations- von der Institutionsperspektive abgrenzbar sei. Entsprechend führt er aus „das pädagogische Handeln in der Schule auf der Mikroebene an pädagogisch-didaktisch akzentuierten Handlungs- und Interaktionstheorien, die Schul(organisations) entwicklung auf der Mesoebene an pädagogischen Organisationstheorien und die Schultheorie als Institutionentheorie im engeren Sinne auf der Makroebene an sozialwissenschaftlichen Institutionentheorien" (ebd., S. 77) anzusiedeln. Im Unterschied dazu plädiert Scholl (2009) bereits mit Verweis auf Schule und Familie

für den Einbezug einer organisationstheoretischen Perspektive, und somit gleichsam für die Überwindung der Differenz von Institution und Organisation: Die
Organisation gewährleistet demnach, dass die Institution ihre Aufgaben erfüllen
kann, während die Institution grundlegend für eine verlässliche Ordnung sorgt
(vgl. ebd., S. 82). Praxistheoretisch erscheint uns zwar die ontologische Setzung
einer Differenz von institutioneller und organisationaler Ebene nicht sinnvoll, da
sich pädagogische Praktiken in Bewegung befinden und innerhalb geltender institutioneller Kontexte in ihrer organisationalen Ausprägung eben kontinuierlich
auch verändern können (vgl. dazu Reh 2017, S. 156).[2] Zugleich ist eine analytische
Unterscheidung von pädagogischer Organisation und Institution sehr wohl hilfreich, gerade um die Logik der Verfasstheit pädagogischer Praktiken, wie sie uns
interessiert, in den Blick zu bekommen. Uns geht es deshalb um die Beschreibung
und Rekonstruktion der Organisiertheit des Pädagogischen *in* ihrer spezifischen
Institutionalisierung (vgl. Schatzki 2016b). Wir verstehen unsere Überlegungen
daher im Sinne einer flachen Ontologie (Schatzki 2016a), der sich praxistheoretische Vorgehensweisen häufig verpflichtet sehen. Ethnographie erweist sich dabei
als eine naheliegende Forschungsstrategie für eine solche nicht-strukturalistische
Beschreibung von pädagogischen Praktiken und den sozialen Orten, die sie bilden
(Schatzki 2012, S. 24).[3]

4   Empirie: Ethnographische Rekonstruktion der Institutionalisierung des Pädagogischem

Die Darstellung der beiden empirischen Fälle beginnen wir mit einer material-räumlichen Beschreibung, um dem/der Leser*in den Einblick in die untersuchten Felder
zu erleichtern, und dadurch v. a. die materielle Perspektive der Betrachtung der
Institutionen zu stärken. Die Beispiele zur Rekonstruktion wurden so ausgewählt,
dass sie einerseits der Ethnographie des Einzelfalls (Ganztagsschule bzw. Wohngruppe) gerecht werden und andererseits gerade die Vergemeinschaftungspraktiken vermitteln, um so die rekonstruierte Institutionalisierung des Pädagogischen
nachvollziehbar zu machen.

---

2   Diese Bewegung der Praktiken zwischen den Institutionen lässt sich als eine Übersetzung
      von Praktiken beschreiben und erfassen (vgl. dazu Bittner 2018, i. E.).

3   Die Betrachtung einer historischen Dimension von Familialisierungspraktiken bleibt
      an dieser Stelle außen vor (vgl. Scholz/Reh 2009; für eine praxistheoretische Perspektive
      der historischen Bildungsforschung vgl. Reh 2014 & 2017).

4.1 Die Ganztagsschule[4]

Die beobachtete Ganztagsschule findet u. a. statt in einem aus den 1920er Jahren stammenden Schulgebäude (Hauptgebäude) und einem in den 1990er Jahren hinzugefügten Flachbau (Erweiterungsbau). Uns interessiert im Folgenden nur das Hauptgebäude. Von langen Fluren gehen straßen- und hofseitig Klassen- und Fachräume ab. Zusätzlich befinden sich im Souterrain die Toilettenräume sowie Aufenthaltsräume für die Schüler*innen der Sekundarstufe 2. Für die Schüler*innen der Sekundarstufe 1 befindet sich dort ein eigener Raum, der von einer Sozialpädagogin betreut wird. Während Fach- und Klassenräume nur sehr vereinzelt durch die Schüler*innen und Lehrpersonen ästhetisch gestaltet werden und sich der materiellen Beschaffenheit der 1920er Jahre scheinbar unterwerfen, weist der Raum der Sozialpädagogin, obgleich im Hauptgebäude gelegen, eine andere, deutlich gegenwartsbezogene Gestaltung auf. Er setzt sich aus Elementen zusammen, die Schüler*innen selbst gestaltet haben (Graffiti an der Wand), Elementen, die Erwachsene gestaltet haben (gemütliche Sitzmöglichkeiten) und Elementen, die als Arbeitsplatz gestaltet wurden (Schreibtisch zur Dokumentation) (vgl. Bittner und Wittfeld 2018a). Vor dem Hintergrund der differenten Raumgestaltung ist die Analogie zwischen dem Raum der Sozialpädagogin und einem der Fachräume besonders interessant. Der Kunstraum bricht ebenso aus der allgemeinen Ästhetik der Klassen- und Fachräume aus, wie er der Gestaltungsordnung des sozialpädagogischen Aufenthaltsraums relativ nahekommt. Anders gesprochen: Der Kunstraum markiert den größtmöglichen Unterschied in den Ordnungsmustern der Klassen- und Fachräumen der Ganztagsschule. Das im Vergleich zu den anderen Klassen- und Fachräume besondere Arrangement durch Gruppentische sowie die Vitrinen- und Planschränke und Regale zur Aufbewahrung von Materialien und zur Ausstellung von Kunstwerken lassen den Raum sehr eng wirken. Der Raum ist vielfältig dekoriert und stellt sowohl Artefakte aus, die auf Grund ihres Inhalts und Bildgehalts der Schüler*innen- bzw. Jugendkultur zuzuordnen sind (z. B. kostenlose Edcards mit doppeldeutigen Sprüchen; Life-style-Aufkleber angesagter Firmenlabels; Tags und Graffitos) sowie Artefakte, die ein weites Curriculum-Verständnis vermuten lassen oder als Repräsentanzen eines akademischen Milieus gedeutet werden können (z. B. Poster und Bildbände aus führenden Galerien und Museen). Hinzu kommen scheinbar persönliche Artefakte: eine Anzahl an Tassen, ein Wasserkocher und eine Taschentücherbox, aus der sich die Schüler*innen während des Unterrichts frei bedienen dürfen. Die Raumkonstitution integriert also ähnlich wie im Fall des

---

4 Unser Dank gilt an dieser Stelle Denise Löwe, die im IRiK-Projekt die Durchführung der Teilstudie zur Ganztagsschule gemeinsam mit Martin Bittner realisiert hatte.

Raumes der Sozialpädagogin bauliche und materiale Elemente mit persönlichen Elementen der Akteur*innen (Lehrer*in und Schüler*innen), was diese beiden Räume in der schulischen Gesamtkonstellation zu besonderen Räumen für die Schüler*innen macht. Damit einher gehen spezifische Sorge-Praktiken, die zur Vergemeinschaftung zwischen Schüler*innen und Lehrperson beitragen. Der Wasserkocher und die Teetassen werden z. B. in Freistunden oder im Anschluss an Unterrichtszeiten für ein gemeinsames Teetrinken genutzt – ein freiwilliges Angebot für die Schüler*innen. In solchen Situationen, so konnten wir es beobachten, kommt es zum Austausch über Aspekte des privaten Lebens der Lehrer*innen und Schüler*innen, wie persönliche Interessensbereiche. Dieser Austausch beschränkt sich nicht auf die besonderen Räume, wie den Kunstraum und den Raum der Sozialpädagogin. Wir konnten sie zudem in Morgenkreisen, bei kleinen Feierlichkeiten oder Andachten, während des Mittagsessens und in Arbeitsgruppenzeiten sowie auf Wandertagen und Klassenfahrten beobachten. Die Lehrer*innen werden als erwachsene Personen über das hinaus sichtbar, was die Schüler*innen von ihnen im schulischen Unterricht erleben. Die Schüler*innen erfahren so z. B., dass der Lateinlehrer gern Videospiele spielt oder die Mathelehrerin gerne Witze erzählt. Dabei handelt es sich nicht um exklusive Informationen, die in einer exklusiven Beziehung zwischen einzelnen Lehrer*innen und einzelnen Schüler*innen ausgetauscht werden, sondern um Beiträge seitens einer Lehrperson in einer Gruppenkommunikation. Alle anwesenden Schüler*innen am Mittagstisch oder während der Klassenfahrt werden angesprochen. Die erwachsene Lehrperson macht mit seinem/ihrem Gesprächsbeitrag insofern ein Vergemeinschaftungsangebot an die Schüler*innengruppe, als er/sie sich als Person erkennbar gibt, und nicht hinter seiner professionellen Position verborgen bleibt. Der Lehrer/die Lehrerin bringt sich als Person in die Gruppe aus Erwachsenem und Kindern/Jugendlichen ein – diese wird überhaupt erst als solche konstituierbar, war sie bis dahin u. U. doch nur ein funktionaler sozialer Zusammenhang mit formal-verteilten Rollen der Wissensvermittlung und der Wissensaneignung. Zugleich lässt sich dieses Vergemeinschaftungsangebot einer Lehrperson noch nicht als familialisiert beschreiben, schließlich ist der Grad der Privatheit, der damit innerhalb der Gruppe von Erwachsenen und Kindern/Jugendlichen erreicht wird, und die damit verbundene Beziehungsdiffusität, die meist mit Intimität markiert wird und für Familien typisch ist, als noch sehr gering zu erachten.

Vergemeinschaftungsmomente in denen Schüler*innen und Lehrer*innen konkrete Privatheit einfordern, sollen an einem Beispiel aus der Ganztagsschule beobachtet werden. In der Ausgestaltung des sozialen Zusammenhangs im Kunstraum unter Einbezug des dort platzierten Adventskalenders zeigt sich, wie das Teilen persönlicher Gegenstände in der Schule ein spezifisches Vertrauensverhältnis und eine Aufführung familialisierter Vergemeinschaftungspraktiken zwischen Lehrerin und Schüler*innen schaffen kann.

*Der Schokoladenadventskalender hängt unweit des Lehrerschreibtisches an einer Säule. Vierundzwanzig Türen zählen die Tage bis zum Weihnachtsabend, einzelne Türen sind bereits geöffnet. Der Kalender präsentiert als Motiv das Logo der Lieblingsfußballmannschaft der Lehrerin Frau A. Es handelt sich um ihren persönlichen Kalender. Dennoch ist der Adventskalender den Schüler*innen nicht unzugänglich. Immer wieder konnte ich im Dezember beobachten, wie einzelne Schüler*innen Frau A. gefragt haben, ob sie eine oder mehrere Türen öffnen dürften, und die Schokoladen entnehmen könnten. Dieses Fragen und diese Aushandlung war nie beiläufig, sondern immer intensiv und zuweilen an Gefallen/Bitten (noch ein wenig mehr aufzuräumen, das Papier beim Hofpausengang mit nach unten zu nehmen) und Wünschen (zukünftig aktiver im Unterricht zu sein) geknüpft. Auch heute zeigt sich wieder eine solche Interaktion.*

*Der Kunstunterricht der 8. Klasse wurde gerade beendet. Die Schüler*innen laufen umher, sammeln Papierschnipsel auf und räumen Materialien weg, sie unterhalten sich dabei, es ist lauter im Raum als zuvor. Einige Schüler*innen haben bereits ihren Arbeitsplatz aufgeräumt und verlassen den Raum. Auch Felix hat seinen Arbeitsplatz aufgeräumt, bewegt sich nun jedoch auf Frau A. zu. Frau A. steht vor dem Lehrertisch im Klassenraum und beaufsichtigt das Aufräumen und verabschiedet einzelne Schüler*innen. Felix bleibt vor Frau A. stehen, schaut sie eindringlich an und zeigt auf den Adventskalender. Er fragt sie, ob er wohl das heutige Türchen für sie öffnen und die Schokolade erhalten könne. Dabei schaut er sie mit zur Schulter geneigtem Kopf und leicht von unten nach oben blickend und blinzelnd an. Frau A. hört aufmerksam zu und beobachtet seine (körperlichen) Bemühungen, um an die Schokolade zu gelangen. Es gibt keine Regel, wonach jede*r Schüler*in eine Tür öffnen dürfe; es handelt sich nicht um einen Klassenkalender für die Zeit vor Weihnachten; auch gibt es keine ritualisierte Form, dass Frau A. oder eine andere Lehrperson die Schüler*innen mit Schokolade für gute Leistungen belohnen würden. Frau A. dehnt das einander gegenüber stehen einige Sekunden aus. Sie schaut Felix eindringlich an, der wiederum körperlich mit fast flehendem und blinkerndem Blick seine Bitte zum Ausdruck bringt. Frau A. erlaubt Felix das Türchen zu öffnen. Felix freut sich riesig darüber. Er geht zum Adventskalender und findet das Türchen verschlossen, sodass ihm ein Stück Schokolade sicher ist. Er*

verlässt freudig und sich freundlichst von Frau A. verabschiedend den Raum.
(P10: Protokoll vom 10.12.2014)

Während sich die Lehrperson im Unterricht 25 Schüler*innen nacheinander oder gleichzeitig zuwendet, gelingt es Felix und Frau A. im Anschluss an den Unterricht in eine Interaktion einzutreten, die über den Austausch in der institutionalisierten Rollenverteilung von Lehrerin und Schüler hinausgeht. Ermöglicht werden diese Kontaktaufnahme und die anschließende vertraute und intime Interaktion durch den Bezug auf einen Gegenstand, den an der Wand hängenden Adventskalender. Dieses persönliche Artefakt der Lehrerin, das nicht mit einer direkten Funktion für den schulischen Unterricht aufgeladen ist, und daher nicht direkt auf die institutionalisierte Rolle der Lehrerin verweist, macht eine andere soziale Bezugnahme zwischen Kindern/Jugendlichen und Erwachsenen möglich – auch weil die Möglichkeit eines Gleichbehandlungsgebots, wie es in der Schule generelle Gültigkeit besitzt, nicht bereits gegeben scheint. Das Begehren des Schülers, eine der Schokoladen aus dem Kalender zu erhalten, lässt ihn aktiv auf die Lehrerin zugehen, den exklusiven Kontakt suchen, auf den die Lehrerin reagiert. Das räumliche Arrangement, die enge Konstellation der Tische und Stühle und die einsetzenden Bewegungen der anderen Schüler*innen, die Richtung Ausgang drängen, erschwert die Kontaktaufnahme. Durch die Beobachtung des noch anwesenden Teils weiterer Mitschüler*innen im Raum sind Felix und Frau A. vor die Herausforderungen gestellt eine relative Abgeschlossenheit der Interaktion zu bewerkstelligen, wollen sie diese nicht abbrechen.

Während das Kommunikationsangebot im ersten Beispiel (Austausch über private Interessen) den Grad der Intimität zwischen Lehrerperson und Schüler*innen noch sehr gering lässt, entsteht in der zweiten Interaktion im Kunstraum eine eindeutige Intimität: Das Kind richtet seinen Begehrenswunsch an die erwachsene Person, die ihm die Befriedigung dieses Begehrens ermöglichen oder verweigern kann. Der Schüler gibt sich somit als Person in sehr persönlicher, ja intimer Weise zu erkennen, und die Lehrerin versteht diese Adressierung und wehrt sie nicht ab. Der entstandene Grad der Intimität und die damit verbundene Diffusität in der Erwachsenen-Kind-Beziehung sind typisch für familiale Konstellationen, die imitiert werden. Die Beteiligten folgen einer Ordnungsbildung, die durch familialisierte Vergemeinschaftungpraktiken in dieser Sequenz geprägt ist, zur Gestaltung ihrer pädagogischen Beziehung.

4.2 Die Wohngruppe

Die beobachtete sozialpädagogische Wohngruppe[5] ist baulich in ein größeres Gebäudeareal eingegliedert, in dem verschiedene sozialpädagogische Wohnformen lokalisiert sind. Der gesamte Komplex der Einrichtung liegt mitten in einem wohlhabenden Wohnviertel einer bundesdeutschen Großstadt. Umgeben von einer Hecke liegen das Haupthaus in Jugendstilbauweise, dass u. a. die Büros der Leitungskräfte umfasst, sowie drei miteinander verbundene, pragmatische Bauten im Stile von Mietshäusern aus den 1970er und 1980er Jahren. In einem dieser Häuser findet sich im ersten Stock die Wohngruppe, von der im Folgenden die Rede sein wird. Die Wohnung ist baulich wie eine größere Familienwohnung arrangiert (vgl. ausführlich Kessl 2017).

Wir zoomen in eine Sitzung in der Wohngruppe hinein, die kein regelmäßiges Ritual, sondern eine nur selten stattfindende Gruppenveranstaltung darstellt. Die Bewohner*innen Peter, Selal und Devin besprechen in Anwesenheit der Pädagog*innen Timo und Michelle ein akutes Problem des Zusammenlebens.

*Die jugendlichen Bewohner*innen diskutieren während einer Wohngruppensitzung das Problem der Sauberkeit der Toiletten. Selal schlägt vor, ein Protokoll anzufertigen, wer wann auf Toilette war. Devin sagt, das müsse er auch immer in der Schule machen. Michelle erwidert, dass das ja auch nix bringe, weil wenn man sich nicht eintragen würde, dann wüsste man ja auch nicht, wer das war und dann beschuldigt man jemand falschen. Peter: „Mit was solle man sich denn da eintragen? Ich musste Pipi, oder ich hab groß gemacht?" Selal: „Nee, war auf Toilette." Devin: „So Devin hinschreiben, Uhrzeit, war auf Toilette und wann der wiedergekommen ist." Viele lachen und reden durcheinander. Michelle erwidert darauf: „Ihr seid doch hier zu Hause, ihr könnt doch hier keinen Plan machen, wer wann auf Toilette geht." Timo sagt: „Das sind ja Regeln wie im Gefängnis, das ist eigentlich nicht Sinn der Sache, ich finde das zu extrem". Devin: „Ich nicht, das ist doch wie in der Schule". Michelle: „Aber du bist ja hier nicht in der Schule." Timo: „Die Regel ‚Hinsetzen' ist ja eine gute. Wenn sich jeder daran hält, müsste das doch klappen." (Protokoll vom 04.12.2014, Z. 90–98)*

5   Wir bedanken uns an dieser Stelle herzlich bei Meike Wittfeld und Katharina Steinbeck für ihre Unterstützung. Sie führten in unserem gemeinsamen Projekt IRiK die Fallstudie in der Wohngruppe federführend durch.

Auffallend an dieser Situation ist zuerst einmal die Aushandlung von Hygienefra-
gen – ein an sich latent intimes, und mindestens privates Thema, verweist es doch
auf die eigene Körperlichkeit der Bewohner*innen. Bereits deren Verhandlung ist
ein Verweis auf die Frage nach Privatheit in der Wohngruppe. Interessant ist mit
Blick auf die Vergemeinschaftungsfrage zweierlei: erstens, dass die Bewohner*innen das Thema aufnehmen, also nicht irritiert sind über diese Thematisierung;
und zweitens, dass einzelne von ihnen die Analogie zu einer Regelung, wie sie sie
in der Schule kennen, aufrufen, dieser Vorschlag von den erwachsenen Mitarbeiter*innen als unangemessen verworfen wird. Die Bezugnahme auf nicht-familiale
Organisationskulturen, wie sie hier am Beispiel der Kloordnung einer Schule
vorgenommen wird, irritiert die Mitarbeiter*innen. Ihre Irritation verweist auf
ihr fachliches Selbstverständnis, pädagogisches Tun sei explizit auf die Herstellung
einer familienanalogen Wohngruppenkultur auszurichten. Das verdeutlicht eine
zweite Sequenz aus der Wohngruppe.

Timo erzählt uns ein wenig von den Problematiken mit Dennis' Hilfeplan-
gesprächen: Seine Mutter habe die Gespräche schon mehrmals verschoben.
Timo vermutet, dass Dennis' Mutter ihm nicht selber sagen möchte, dass er
momentan nicht nach Hause zurück kann. Für Dennis sei die Situation sehr
schwierig zu verstehen, da er ja noch drei weitere Geschwister hat, die alle
bei der Mutter leben. Da er der einzige sei, der nicht zuhause wohne, frage
er sich natürlich schon, ob die Mutter ihn einfach nicht haben wolle. Dennis'
Mutter bringe ihn auch oft nicht selbst zurück in die Wohngruppe, sondern
schicke eine Freundin, die Dennis zurückbringe. Timo erklärt, dass Dennis sein
Mentorenkind sei und dass sie bald wieder Mentorentag haben. Er wolle mit
Dennis ins Kino und danach Pizza essen. (Protokoll vom 05.11.2014, Z. 52–58)

Timo, der für Dennis direkt zuständige Mitarbeiter, ist offensichtlich bemüht,
mit seinem „Mentorenkind" eine gemeinsame Vergemeinschaftungspraxis zu
inszenieren, die einer Vater-Sohn-Beziehung relativ nahe kommt. Dies fällt in der
skizzierten Situation in Abgrenzung zur mütterlichen Praxis besonders auf, die als
unzuverlässig, ja zurückweisend dargestellt wird. Die Wohngruppe übernimmt sehr
eindeutig familienersetzende Funktionen, indem dem kindlichen Bewohner eine
erwachsene Vertrauensperson zur Seite gestellt wird, die der damit verbundenen
Aufgabe der exklusiven Beziehungsgestaltung nachzukommen sucht. Zugleich
soll diese familialisierte Vergemeinschaftungspraxis keine Konkurrenzstruktur
zur Herkunftsfamilie von Dennis aufbauen, schließlich formuliert Timo seine Bemühungen eher als Konsequenz des Ausfalls der Mutter denn als Alternative. Mit
dieser expliziten Relationierung des eigenen fachlichen Tuns zur Herkunftsfamilie

wird ein Paradox deutlich: Die Wohngruppe ermöglicht eine familienähnliche Vergemeinschaftung, um die Defizite in den Herkunftsfamilien der Bewohner*innen auszugleichen. Das entsprechende fachliche und organisationale Engagement soll zugleich nicht den Aufbau einer Konkurrenz zur Herkunftsfamilie befördern. Durchaus analog zur Ganztagsschule zeigt sich eine gleichzeitige Anforderung von (familialisierter) Vergemeinschaftung und formalisiertem Sorge- und Erziehungsauftrag, die von den beteiligten Akteur*innen, aber insbesondere von den pädagogischen Fachkräften in ihrem praktischen Tun bearbeitet werden muss.

5 Fazit

In unseren ethnographischen Beobachtungssequenzen zeigt sich erstens, dass die Praktiken der familialisierten Vergemeinschaftung durch die gegenwärtig gegebenen material-räumlichen Arrangements gestaltet sind (vgl. auch Berdelmann und Reh 2015). Die jeweilige bauliche Struktur wie deren ästhetisch-materiale (Aus-) Gestaltung wirken als Förderung oder als Hindernis für familialisierte Vergemeinschaftungspraktiken, wie das Beispiel des Kunstraums in der Ganztagsschule zeigt. Dementsprechend unterscheiden sich – zweitens – die (familialisierten) Vergemeinschaftungspraktiken in den beiden untersuchten pädagogischen Feldern der Schule und der Jugendhilfe. Während in der Schule eine formalisierte, an der didaktischen Vermittlung ausgerichtete Beziehungsgestaltung zwischen Lehrer*in und Schüler*innen durch kollektive Vergemeinschaftungspraktiken sowie die Aufführung exklusiver Beziehungen zwischen einzelnen Lehrkräften und einzelnen Schüler*innen gebrochen wird, ist die quasi-familiale Vergemeinschaftung in der sozialpädagogischen Wohngruppe durch die gering formalisierte pädagogische Beziehung in der Kinder- und Jugendhilfe ebenso konstitutiv wie die Exklusivität in der Beziehungsgestaltung zwischen einzelnen Mitarbeiter*innen und einzelnen Bewohner*innen. Explizit familialisierte Vergemeinschaftungspraktiken zeigen sich drittens erst, wenn es zu einer spezifischen Differenzierung kommt. Diese setzt an den unterschiedlichen Institutionalisierungen pädagogischer Praktiken von Schule und Jugendhilfe an. Für die Schule bleibt Differenzierung trotz aller programmatischen Forderungen nach einer inneren Differenzierung und einem differenzierten Unterricht, nicht zuletzt im Kontext der Diskussionen um inklusive Schulen (vgl. Moser 2012), bis heute zumeist eine Differenzsetzung über Leistungsbewertungen gemessen an der Schulkasse (Breidenstein et al. 2007, S. 524). Schüler*innen werden entlang ihrer schulischen Leistungen, z. B. am Ende der Primarschule, institutionell differenziert (differente Schulformen). Demgegenüber ist die Differenzierung der

Nutzer*innen im Fall der Jugendhilfe der Ausgangspunkt jedes sozialpädagogischen Tuns. Dieser konstitutive Personenbezug in der Jugendhilfe zeigt sich in der individuellen Fokussierung jedes einzelnen Nutzers, z. B. in Form individueller Jugendhilfepläne. Trotz dieser feldbezogenen Unterschiede, lässt sich für beide pädagogische Felder eine Praxis der Differenzsetzung beobachten, die sich jenseits der Differenzierung zu den Gleichaltrigen als familialisierte Vergemeinschaftungspraktik mit Erwachsenen (Pädagog*innen) zeigt. Die pädagogischen Fachkräfte beziehen sich in exklusiven Beziehungen auf die (geäußerten oder antizipierten) Bedürfnisse eines Schülers oder einer Bewohnerin (Süßigkeiten oder Pizza und Kino), was eine Imitation familialer Beziehungsstrukturen nach sich zieht und, zuweilen begleitet durch räumliche und materielle Arrangements, die Intimität einer Vergemeinschaftung ermöglicht.[6]

Schule ist Schule ist Schule, und Jugendhilfe ist Jugendhilfe ist Jugendhilfe. Und doch können unsere praxistheoretischen Überlegungen für eine umfassendere Analyse der Institutionalisierung des Pädagogischen deutlich machen, dass neben feldspezifischen auch feldübergreifende Praktiken familialisierter Vergemeinschaftung in ihrer Relationierung und Konstituierung von Praktiken-Arrangements zu berücksichtigen sind – eine Perspektive, die für weitere Arbeiten an einer Theorie pädagogischer Institutionen relevant ist.

Literatur

Benner, D. (2015). Erziehung und Bildung! Zur Konzeptualisierung eines erziehenden Unterrichts, der bildet. *Zeitschrift für Pädagogik*, 63 (4), S. 481–496.
Berdelmann, K. & Reh, S. (2015). Adressierung durch den Raum – (Lieblings-)Plätze in der Schule. Eine fotoethnographische Exploration. In T. Alkemeyer, H. Kalthoff & M. Rieger-Ladich (Hrsg.), *Bildungspraxis. Körper, Räume, Objekte* (S. 183–205). Weilerswist: Velbrück Wissenschaft.
Bittner, M. (2018, i. E.). Übersetzung als methodologischer Ansatz zur Betrachtung der Institutionalisierung von bildenden Praktiken der Differenz. In S. Köngeter & N. Engel (Hrsg.), *Übersetzen – Pädagogische Grenzziehungen und -überschreitungen*. Wiesbaden: Springer VS.
Bittner, M. & Wittfeld, M. (2018a). Sichere Räume: eine Heterotopie pädagogischer Institutionen. In W. Thole, H.-C. Koller & E. Glaser (Hrsg.), *Räume für Bildung. Räume der Bildung – Beiträge zum 25. Kongress der Deutschen Gesellschaft für Erziehungswissenschaft*

---

6   Siehe dazu Bittner und Wittfeld (2018b) für eine weitere Kontextualisierung im Projektzusammenhang.

(Schriften der Deutschen Gesellschaft für Erziehungswissenschaft (DGfE), S. 377–385). Opladen: Verlag Barbara Budrich.

Bittner, M. & Wittfeld, M. (2018b). Pedagogical relationships in times of sexual violence: constituting intimacy and corporality at the limits. *Ethnography and Education, 13* (2), S. 254–268.

Bock, K. & Maischatz, K. (2010). Ethnographie und Soziale Arbeit – Ein kritisches Plädoyer. In F. Heinzel, W. Thole, P. Cloos & S. Köngeter (Hrsg.), *„Auf unsicherem Terrain": Ethnographische Forschung im Kontext des Bildungs- und Sozialwesens* (S. 49–65). Wiesbaden: VS Verlag für Sozialwissenschaften.

Boer, H. de & Reh, S. (Hrsg.) (2012). *Beobachtung in der Schule – Beobachten lernen.* Wiesbaden: VS Verlag für Sozialwissenschaften.

Breidenstein, G. (2006). *Teilnahme am Unterricht. Ethnographische Studien zum Schülerjob.* Wiesbaden: VS Verlag für Sozialwissenschaften.

Breidenstein, G., Meier, M. & Zaborowski, K. U. (2007). Die Zeugnisausgabe zwischen Selektion und Vergemeinschaftung. Beobachtungen in einer Gymnasial- und einer Sekundarschulklasse. *Zeitschrift für Pädagogik,* 53 (4), S. 522–534.

Criblez, L. (2017). Individuum oder Institution. Anmerkungen zur Neubegründung einer Institutionentheorie der Schule gegen die Tradition der Schulkritik. In R. Reichenbach & P. Bühler (Hrsg.), *Fragmente zu einer pädagogischen Theorie der Schule. Erziehungswissenschaftliche Perspektiven auf eine Leerstelle* (S. 75–86). Weinheim: Beltz Juventa.

Dirks, S., Kessl, F., Lippelt, M. & Wienand, C. (2016). *Urbane Raum(re)produktion – Soziale Arbeit macht Stadt.* Münster: Westfälisches Dampfboot.

Eßer, F. (2013). Familienkindheit als sozialpädagogische Herstellungsleistung. Ethnographische Betrachtungen zu familienähnlichen Formen der Heimerziehung. *Diskurs Kindheits- und Jugendforschung,* 8 (2), S. 163–176.

Esser, H. (2000). *Soziologie: Spezielle Grundlagen. Institutionen* (Bd. 5). Frankfurt am Main: Campus.

Florian, M. (2008). Felder und Institutionen. Der soziologische Neo-Institutionalismus und die Perspektiven einer praxistheoretischen Institutionenanalyse. *Berliner Journal für Soziologie,* 18 (1), S. 129–155.

Fritzsche, B., Idel, T.-S. & Rabenstein, K. (2011). Ordnungsbildung in pädagogischen Praktiken. Praxistheoretische Überlegungen zur Konstitution und Beobachtung von Lernkulturen. *Zeitschrift für Soziologie der Erziehung und Sozialisation,* 31 (1), S. 28–44.

Göhlich, M. (2014). Institution und Organisation. In C. Wulf & J. Zirfas (Hrsg.), *Handbuch Pädagogische Anthropologie* (S. 65–75). Wiesbaden: Springer VS.

Hammersley, M. & Atkinson, P. (2007). *Ethnography. Principles in practice* (3. Aufl.). London: Routledge.

Heinzel, F. (2010). Ethnographische Untersuchung von Mikroprozessen in der Schule. In F. Heinzel, W. Thole, P. Cloos & S. Köngeter (Hrsg.), *„Auf unsicherem Terrain": Ethnographische Forschung im Kontext des Bildungs- und Sozialwesens* (S. 39–47). Wiesbaden: VS Verlag für Sozialwissenschaften.

Henseler, J. & Reyer, J. (2000). *Sozialpädagogik und Gemeinschaft: Historische Beiträge zur Rekonstruktion eines konstitutiven Verhältnisses.* Baltmannsweiler: Schneider Hohengehren.

Hillebrandt, F. (2014). *Soziologische Praxistheorien. Eine Einführung.* Wiesbaden: Springer VS.

Idel, T.-S. (2018). Wozu ist Schule da? In J. Budde & N. Weuster (Hrsg.), *Erziehung in Schule. Persönlichkeitsbildung als Dispositiv* (Erziehungswissenschaftliche Edition: Persönlichkeitsbildung in der Schule, S. 33–51). Wiesbaden: Springer VS.

Kalthoff, H., Cress, T. & Röhl, T. (2016). *Materialität. Herausforderungen für die Sozial- und Kulturwissenschaften.* Paderborn: Fink.

Kelle, H. (Hrsg.). (2011). Ethnographie in Institutionen und Organisationen. *Zeitschrift für Soziologie der Erziehung und Sozialisation, 31* (3).

Kessl, F. (2017). Familienähnliche Hilfen zur Erziehung. In M. Meuth (Hrsg.), *Wohn-Räume und pädagogische Orte* (S. 171–194). Wiesbaden: Springer VS.

Kessl, F., Hartmann, M., Lütke-Harmann, M. & Reh, S. (2012). Die inszenierte Familie. Familialisierung als Risikostruktur sexualisierter Gewalt. In S. Andresen & W. Heitmeyer (Hrsg.), *Zerstörerische Vorgänge. Missachtung und sexuelle Gewalt gegen Kinder und Jugendliche in Institutionen* (S. 164–177). Weinheim: Beltz Juventa.

Kessl, F., Koch, N. & Wittfeld, M. (2015). Familien als risikohafte Konstellationen – Grenzen und Bedingungen institutioneller Familialisierung. In S. Fegter, C. Heite, J. Mierendorff & M. Richter (Hrsg.), Transformationen von Familie und Elternschaft. Diskurse, Bilder und Adressierung in der Sozialen Arbeit. *neue praxis, Sonderheft 12,* 60–72. Lahnstein: Verlag neue praxis

Kessl, F. & Reh, S. (2018). Familialisierung pädagogischer Kontexte als Risikopotenzial für Gewalt? Ethnographische Beobachtungen zu Grenzen und Grenzüberschreitungen. In S. Andresen, R. Tippelt (Hrsg.), Sexuelle Gewalt in Kindheit und Jugend. Theoretische, empirische und konzeptionelle Erkenntnisse und Herausforderungen erziehungswissenschaftlicher Forschung. *Zeitschrift für Pädagogik, 64. Beiheft,* 149–161. Weinheim: Beltz Juventa.

Moser, V. (2012). *Die inklusive Schule. Standards für die Umsetzung.* Stuttgart: Kohlhammer.

Müller, B. (2002). Kinder und Jugendliche in sozialpädagogischen Institutionen. In H.-H. Krüger & C. Grunert (Hrsg.), *Handbuch Kindheits- und Jugendforschung* (S. 685–702). Wiesbaden: VS Verlag für Sozialwissenschaften.

Nikolai, R. (2016). Institutioneller Wandel und Pfadabhängigkeit. Der Beitrag des Historischen Institutionalismus zur Analyse von Reformprozessen in Schulsystemen. In S. Blömeke & M. Caruso (Hrsg.), *Traditionen und Zukünfte. Beiträge zum 24. Kongress der Deutschen Gesellschaft für Erziehungswissenschaft* (Schriften der Deutschen Gesellschaft für Erziehungswissenschaft) (S. 77–87). Opladen: Verlag Barbara Budrich.

Reckwitz, A. (2003). Grundelemente einer Theorie sozialer Praktiken. Eine sozialtheoretische Perspektive. *Zeitschrift für Soziologie, 32* (4), S. 282–301.

Reh, S. (2014). Can we discover something new by looking at practices? Practice theory and the history of education. *Encounters in Theory and History of Education, 15* (fall), 183–207. https://doi.org/10.15572/ENCO2014.10

Reh, S. (2017). Statt einer pädagogischen Theorie der Schule: Eine Geschichte des modernen Fachunterrichts als Geschichte subjektivierender Wissenspraktiken. In R. Reichenbach & P. Bühler (Hrsg.), *Fragmente zu einer pädagogischen Theorie der Schule. Erziehungswissenschaftliche Perspektiven auf eine Leerstelle* (S. 152–173). Weinheim: Beltz Juventa.

Reh, S., Idel, T.-S., Rabenstein, K. & Fritzsche, B. (2015): Ganztagsschulforschung als Transformationsforschung. Theoretische und empirische Erträge des Projekts. In S. Reh, B. Fritzsche, T.-S. Idel & K. Rabenstein (Hrsg.), *Lernkulturen: Rekonstruktion pädagogischer Praktiken an Ganztagsschulen* (S. 297–336). Wiesbaden: Springer VS.

Reh, S. & Rabenstein, K. (2013). Die soziale Konstruktion des Unterrichts in pädagogischen Praktiken und die Potentiale qualitativer Unterrichtsforschung. Rekonstruktionen des Zeigens und Adressierens. *Zeitschrift für Pädagogik, 59* (3), S. 291–307.

Reichenbach, R. (2017). Lernen im Kollektiv – Schule und Demokratie. In R. Reichenbach & P. Bühler (Hrsg.), *Fragmente zu einer pädagogischen Theorie der Schule. Erziehungswissenschaftliche Perspektiven auf eine Leerstelle* (S. 196–207). Weinheim: Beltz Juventa.

Schatzki, T. R. (2001). Practice mind-ed orders. In T. R. Schatzki, K. Knorr-Cetina & E. von Savigny (Hrsg.), *The practice turn in contemporary theory* (S. 50–63). New York: Routledge.

Schatzki, T. R. (2002). *The site of the social. A philosophical account of the constitution of social life and change.* University Park: Pennsylvania State University Press.

Schatzki, T. R. (2012). A Primer on Practices. Theory and Research. In J. Higgs, R. Barnett, S. Billett, M. Hutchings & F. Trede (Hrsg.), *Practice-Based Education. Perspectives and Strategies* (Practice, Education, Work and Society, Bd. 6, S. 13–26). Rotterdam: Sense Publishers.

Schatzki, T. R. (2016a). Praxistheorie als flache Ontologie. In H. Schäfer (Hrsg.), *Praxistheorie. Ein soziologisches Forschungsprogramm* (Sozialtheorie, S. 29–44). Bielefeld: transcript.

Schatzki, T. R. (2016b). On Organizations as they Happen. *Organization Studies*, 27 (12), 1863–1873. https:doi.org/10.1177/0170840606071942

Schmidt, R. (2012). *Soziologie der Praktiken. Konzeptionelle Studien und empirische Analysen.* Berlin: Suhrkamp.

Scholl, D. (2009). Ansprüche an öffentliche Erziehung. Sind die Zuständigkeiten und Leistungen der Institutionen Familie und Schule austauschbar? In J. Ecarius, C. Groppe & H. H. Malmede (Hrsg.), *Familie und öffentliche Erziehung. Theoretische Konzeptionen, historische und aktuelle Analysen* (S. 73–92). Wiesbaden: VS Verlag für Sozialwissenschaften.

Scholz, J. & Reh, S. (2009). Verwahrloste Familien – Familiarisierte Schulen. Zum Verhältnis von Schule und Familie in den Diskursen der deutschen Schulgeschichte seit 1800. In F.-U. Kolbe, S. Reh, T.-S. Idel, B. Fritzsche & K. Rabenstein (Hrsg.), *Ganztagsschule als symbolische Konstruktion. Fallanalysen zu Legitimationsdiskursen in schultheoretischer Perspektive* (Schule und Gesellschaft, Bd. 38, S. 159–177). Wiesbaden: VS Verlag für Sozialwissenschaften.

Thole, W. (2010). Ethnographie des Pädagogischen. In F. Heinzel, W. Thole, P. Cloos & S. Köngeter (Hrsg.), *„Auf unsicherem Terrain“: Ethnographische Forschung im Kontext des Bildungs- und Sozialwesens* (S. 17–38). Wiesbaden: VS Verlag für Sozialwissenschaften.

Thole, W., Baader, M., Helsper, W., Kappeler, M., Leuzinger-Bohleber, M., Reh, S., Sielert, U. & Thompson, C. (Hrsg.). (2012). *Sexualisierte Gewalt, Macht und Pädagogik.* Opladen: Barbara Budrich.

Tyrell, H. (1979). Familie und gesellschaftliche Differenzierung. In H. Pross (Hrsg.), *Familie – wohin? Leistungen, Leistungsdefizite und Leistungswandlungen der Familien in hochindustrialisierten Gesellschaften* (S. 13–77). Reinbek bei Hamburg: Rowohlt.

Professionsentwicklung im Ganztag
Verschiebungen im Spiegel praxeologischer Forschung

Anne Breuer, Till-Sebastian Idel und Anna Schütz

1 Einleitung

Die Reformvorhaben von Schule und Unterricht seit den 2000er Jahren haben nicht nur die Schule als Organisation verändert, sondern ebenso die pädagogische Arbeit und das professionelle Handeln, das sich in ihr vollzieht. Diese Veränderungen lassen sich – nicht ausschließlich, aber insbesondere auch – im Feld des Ganztags beobachten. In der Diskussion und der Forschung zu Ganztagsschule wurden daher auch schon relativ früh Fragen der Professionsentwicklung verhandelt (Speck 2012; Speck et al. 2011; Oelkers 2011; Rahm und Rabenstein 2015; Wunder 2008). Der Stand der quantitativen Ganztagsschulforschung deutet indes auf keinen fundamentalen Wandel von Schule und Lehrerarbeit in der Breite hin (StEG-Konsortium 2015; Proske 2015). Gerade aber in solchen Schulen, in denen der Ganztag nicht nur additiv als Angebot aufgesetzt wird, sondern Bestandteil oder auch Gefäß einer umfassenden Schul- und Unterrichtsentwicklung ist, wird die Entwicklung der Profession herausgefordert und lassen sich Verschiebungen in der Arbeit von Lehrkräften rekonstruieren, die möglicherweise richtungweisende Vorboten oder Seismographen für die Professionsentwicklung sind (Idel und Reh 2015). In Ganztagsschulen kreuzen sich verschiedene Veränderungen und Reformtendenzen, die sowohl den Kern des Geschehens im Unterricht wie auch die schulischen Randzonen außerunterrichtlicher Angebote betreffen: Individualisierung des Unterrichts, Einführung von Lernzeiten und Förderangeboten, Mittagessen, ganz unterschiedliche außerunterrichtliche und Freizeitangebote etc. Darüber hinaus lässt sich im Ganztag in besonderer Weise beobachten, wie die Konturen von Schule als ehemals monoprofessionelle Organisation verwischen, weil neben Lehrkräfte andere pädagogische Professionen treten, aber auch Akteure mit Vermittlungsfunktion, die gar keine berufliche pädagogische Qualifikation besitzen, sondern (pädagogische) Laien sind. Übergreifend lassen sich diese Veränderungen

© Springer Fachmedien Wiesbaden GmbH, ein Teil von Springer Nature 2019
K. Berdelmann et al. (Hrsg.), *Transformationen von Schule, Unterricht und Profession*, https://doi.org/10.1007/978-3-658-21928-4_17

als Prozesse einer Hybridisierung von Schule im Spektrum von Professionalisierung und Deprofessionalisierung begreifen, in der sich vormals getrennte pädagogische Institutionen und Handlungsfelder mit weitreichenden Folgen für die in ihnen tätigen pädagogischen Berufsgruppen spannungsvoll ineinander verschieben (Idel und Schütz 2017).

Im schulpädagogischen Reformdiskurs wird flankierend eine Veränderung der Lehrerprofessionalität sowohl im Hinblick auf die Handlungsbereiche des Unterrichts, der Kooperation und der Schulentwicklung gefordert (Oelkers 2011; Wunder 2008). Im Folgenden schließen wir daran an und werden diese Veränderungen aus der Perspektive einer anerkennungstheoretisch fundierten ethnografischen Forschung an Ganztagsschulen beleuchten. Wir akzentuieren diese in-situ-Forschung, die Reproduktion und Transformation nicht gegeneinanderhält, sondern Praxiskonstitution als Prozess eines „endless Becoming" (Schatzki 2002, 233), als steten Wandel versteht, unter der Frage, wie sich die Verschiebungen pädagogischer Professionalität zeigen und charakterisieren lassen. Diese diskutieren wir vor dem Hintergrund entsprechender schul- bzw. professionsbezogener Debatten. Ausgehend von unseren praxeologischen Weichenstellungen lässt sich pädagogische Professionalität als soziale Herstellungsleistung und Subjektivierungsgeschehen in Praktiken und Adressierungen untersuchen (Reh und Ricken 2012). Pädagogische Professionalität wird demnach im Praxisvollzug hervorgebracht, in dem sich die verschiedenen schulischen Akteure wechselseitig als Personen ansprechen, sich zueinander positionieren und als pädagogische Professionelle autorisieren. Die Organisation wiederum gibt dem professionellen Handeln einen Rahmen, der für dieses Voraussetzung ist, ohne es zu determinieren.

Übersetzt in ein praxis- und kulturtheoretisches Vokabular sind die drei oben genannten Handlungsbereiche des Unterrichts, der Kooperation und der Schulentwicklung als schulischer Praxiskontext ‚Bühnen' der sozialen Inszenierung pädagogischer Professionalität. Wir beginnen mit dem operativen Kerngeschäft von *pädagogischen Praktiken in der Interaktion mit Schüler/innen* an Ganztagsschulen. Dazu stellen wir erstens Befunde eines ethnografischen Projekts zur Lernkultur an Ganztagsschulen dar (LUGS-Lernkultur und Unterrichtsentwicklung an Ganztagsschulen, als Projektmonografien vgl. Kolbe et al. 2009; Reh et al. 2015) und ergänzen sie zweitens mit weiterführenden Analysen der Verschiebungen pädagogischer Professionalität (Helsper 2016; Idel und Schütz 2017). Dann wechseln wir auf die Bühne der *Praktiken des Zusammenhandelns von verschiedenen pädagogisch Professionellen,* auf der es um die Herstellung von kollegialer Kooperation in schulischen Settings geht, die zu einer engeren Zusammenarbeit auffordern. In einem dritten Abschnitt bewegen wir uns im Kontext von Schulentwicklung und beleuchten, wie hier Lehrkräfte in *Praktiken des Reagierens auf und der*

Teilnahme an Veränderungsprozessen in die Entwicklung von Schule involviert werden (vgl. hierzu u. a. Schütz et al. 2017). Wir unterscheiden ausgehend von den ethnografischen Beobachtungen des LUGS-Projekts, die sich aus 12 beobachteten Schulen speisen und uns Indizien für auszumachende Tendenzen der Veränderung liefern, analytisch zwischen einer *Lernkultur*, einer *Kooperationskultur* und einer *Schulentwicklungskultur*. Dabei handelt es sich keineswegs um distinkte Ebenen, sondern eher um verschiedene Zonen im Gelände des schulischen Felds, Orte und (Zeit)Räume, die im Sinne miteinander verflochtener sozialer Verhältnisse weder trennscharf zu separieren sind noch auf unterschiedlichen Ebenen übereinander angeordnet werden können, obgleich es für diese kulturellen Praxisvollzüge im Feld der Schule exklusive Orte und Formate gibt: für das Lernen den Unterricht und andere pädagogische Angebote, für die Kooperation Teams und andere Formate des kollegialen Aufeinanderverwiesenwerdens und für Schulentwicklung auch entsprechende Organisations- und Kooperationsarenen. Im Fazit stellt sich für uns dann abschließend die Frage, ob sich aus dieser Betrachtung gegenwärtiger praktisch-symbolischer Formen der Berufsausübung Anzeichen für einen *Wandel der schulischen Professionskultur* ergeben und wie dieser professionstheoretisch einzuschätzen ist.

2 Lernkultur – pädagogische Praktiken in der Interaktion mit Schüler/innen

Im Kontext der Lernkultur, die sich auf die schulische Vermittlungsarbeit im reformierten Unterricht und in den hinzukommenden ganztagsschulischen Angeboten in einer Nähe und auch Ferne zum Unterricht bezieht, können wir drei zentrale Veränderungsmomente benennen. Insgesamt können sie als Grenzverschiebungen im Sinne der spannungsvollen Überlagerung von Prozessen der *Individualisierung,* der *Informalisierung* und der gleichzeitigen *Formalisierung* beschrieben werden (Idel und Reh 2015; Reh et al. 2015; Idel 2013).

Im Anschluss an den Bildungsdiskurs, der reformpädagogische Ideen (wieder) aufgreift, setzen sich zunehmend Normen selbständigen und selbstverantworteten Lernens durch, und es werden individualisierende Lernarrangements eingerichtet, in denen Schüler/innen in zugeschriebener Selbstbestimmung an individualisierten Aufgaben arbeiten sollen (Reh 2011; Kolbe und Reh 2008). Die Chiffre des „Lernhelfers" oder „Lernberaters", die im schulpädagogischen Diskurs zur Kennzeichnung einer Verschiebung der Lehrerrolle verwendet wird, deutet die Transformation der professionellen Tätigkeit nur an und kann diese nicht so differenziert beschreiben, wie dies eine Ethnografie der Lernkultur erlaubt. Einerseits gehen mit der Einführung individualisierten Unterrichts pädagogische Praktiken der Delegation von Verantwortlichkeit einher, in denen Selbsttechniken kultiviert und soziale Kontrolle über eine Selbstführung der Schüler/innen nach innen verlegt wird (Breidenstein und Rademacher 2017). Andererseits führt die Individualisierung für die Professionellen dazu, sich mehr am einzelnen Fall zu orientieren, sich einzelnen Schüler/innen stärker zuzuwenden. Damit im Zusammenhang steht die zu beobachtende Tendenz der Informalisierung der Sozialverhältnisse im Ganztag auch in anderen Angeboten als dem Unterricht. In der über den ganzen Tag ausgeweiteten Schulzeit spielen sich neue Beziehungsformen zwischen Schüler/innen und Lehrkräften ein, die durch mehr Nähe geprägt sind und es ermöglichen, sich in einer anderen Form als Personen zu begegnen. Eine solche Lockerung rollenspezifischer Umgangsweisen wird während des Unterrichts in vor allem dyadischen Interaktionen der individuellen Zuwendung ebenso wirksam wie jenseits dessen bspw. beim Mittagessen oder in außerunterrichtlichen Angeboten.

Man könnte diese Verschiebung auch als Familiarisierung der Ganztagsschule bezeichnen, würde dabei aber nahelegen, dass Praktiken aus dem Vollzug von Primärbeziehungen in der Familie einfach übernommen würden und Schule irgendwie zum Familienersatz würde. Von praxistheoretischer Warte aus gesehen handelt es sich aber um eine Rekontextualisierung von Praktiken, denn Schule als ein gesellschaftlicher Rahmen bleibt auch in ihrer auf den Ganztag ausgedehnten Form und auch mindestens im reformierten Unterricht immer noch Schule (Schütz 2015), d. h. eine organisationsförmige Einrichtung zur Förderung von Massenlernprozessen, und dies mit der Funktion zur Selektion auf der Grundlage interindividueller Leistungsvergleiche. Wie nah die pädagogische Ordnungsbildung in unterrichtsfernen Freizeit- und Kulturangeboten dieser Funktionslogik kommt, ist in vergleichenden Ethnografien erst noch zu untersuchen (aus Sicht einer quantitativen Forschung vgl. Sauerwein 2017).

Darüber hinaus lässt sich eine Tendenz zur Formalisierung des Lernens und des Umgangs mit der Sache beobachten (Meyer-Drawe 2008). Vor allem im individualisierenden Unterricht werden gemeinsame Gesprächssituationen in der Lerngruppe seltener, es wird weniger an einer gemeinsamen Sache gearbeitet und stattdessen verbreitet sich eine Kultur der Aufgabenerledigung und standardisierten Lernprozessverwaltung und Leistungsfeststellung (Huf und Breidenstein 2009). Tätigkeiten zweiter Ordnung, also Praktiken der Organisation der Lern- bzw. Arbeitsprozesse wie auch solche der Leistungsbewertung treten an diese Stelle, und somit wird die unterrichtliche Praxis formalisiert, was als Bewältigung von Komplexität und Kontingenz, die durch die kehrseitige Freisetzung jedes Einzelnen zu seinem Lernen gesteigert werden, verstanden werden kann.

Im Hinblick auf das professionelle pädagogische Handeln resultieren – aus einer normativen Gelingensperspektive akzentuiert – aus dieser Konstellation von Formalisierungs- und Informalisierungsprozessen, die sich nicht entlang von Angeboten scheiden lassen, sondern vielmehr ambivalent miteinander verwoben sind, veränderte praktische Anforderungen in drei Richtungen. Lehrkräfte müssen erstens in besonderer Weise flexibel sein, um in gesteigertem Maße ad hoc und fallsensibel auf ganz unterschiedliche, individuelle Lernschwierigkeiten, aber auch verschiedene Themen und Fragen reagieren zu können. Zweitens muss die „knappe Ressource Lehrkraft" (Breidenstein 2014, 38) sinnvoll eingesetzt und dafür gesorgt werden, dass die im Arbeitsprozess individualisierten Lernsubjekte auch als Lerngemeinschaft (immer wieder) zueinander finden. Drittens müssten entgegen der vereinzelten Auseinandersetzung mit der Sache Formate für eine kollektive Bedeutungsaushandlung in den Unterricht integriert werden, in denen ein tiefgründiger Umgang mit der Sache grundgelegt und subjektive gegenstandsbezogene Lesarten und Wissenshorizonte ausbuchstabiert und gegeneinander geführt werden können, um objektive Bedeutungsgehalte der Sache in den sich auftuenden Diskrepanzen der lehrer- und schülerseitigen Sinnzuschreibungen zu heben und zu vermitteln.

Die von uns skizzierten Beobachtungen korrespondieren mit strukturtheoretischen Interpretationen zu Verschiebungen pädagogischer Professionalität in Prozessen der Schulreform. Helsper rekonstruiert auf der Grundlage seiner Theorie des antinomisch verfassten pädagogischen Arbeitsbündnisses und mit Bezug auf eigene Fallstudien zur Konstellation von Lehrer-Schüler-Beziehungen zwei wesentliche Verschiebungen. Er markiert die Verschiebung eines sachbezogen-distanzierten zu einem diffus-sorgenden, familialisierten Arbeitsbündnis zwischen Lehrkräften und Schüler/innen, in dem der Subjektbezug in den Mittelpunkt rückt, über den dann ein Bezug zur Sache erst hergestellt werden kann (Helsper 2016, S. 229): „Damit sind die Antinomien stärker in Richtung einer emotionalen Nähe- und Vertrauensorientierung, eines diffusen Personenbezugs, einer interaktiven Offenheit und Ungewissheit sowie in Richtung individualisierend-differenzierender Bezüge verschoben" (ebd. S. 231). Zudem identifiziert Helsper eine Verschiebung zwischen dem Klassenarbeitsbündnis und dem dyadisch-individuellen Arbeitsbündnis. Im überkommenen Klassenunterricht stünde „das universalistisch ausgerichtete Klassenarbeitsbündnis dominant im Zentrum und die auf dieser Grundlage erfolgenden Respezifizierungen von individuellen Arbeitsbündnissen" seien eher „nur schwach konturiert" (ebd. S. 233). Im geöffneten Unterricht hingegen sei es genau umgekehrt: „Hier treten die individualisierten, dyadischen Arbeitsbündnisse mit einzelnen Schülerinnen und Schülern in den Vordergrund", und diese müssten an „universalistische Klassenbezüge rückgebunden, also reuniversalisiert" werden (ebd. S. 234).

Insgesamt treten in diesen veränderten Settings pädagogischer Arbeitsbünd-
nisgestaltung Praktiken der Sorge hinsichtlich der einzelnen Lernenden, aber auch
der Bezüge unter den Lernenden mehr in den Vordergrund. Die Verschiebungen
im pädagogischen Arbeitsbündnis können als Verstärkung der Sorgedimension
professionellen Handelns verstanden werden, die sich in bedeutsamer Weise neben
die Vermittlungsdimension stellt und neue Ansprüche an eine gekonnte pädagogische Professionalität hervorbringt (vgl. hierzu auch die Befunde der dokumentarischen Studie von Rehm 2018). Wenn diese Diagnose zutrifft, hätten wir es mit
einer Komplexitätssteigerung pädagogischer Praktiken im schulpädagogischen
Handeln zu tun, die unseres Erachtens die Notwendigkeit von hermeneutischer
Kompetenzbildung und Fallverstehen auf Seiten der Professionellen unterstreicht,
um der Ungewissheit pädagogischer Situationen begegnen zu können (Idel und
Schütz 2017).

3   Kooperationskultur – Praktiken des Zusammenhandelns verschiedener Professionen

Kooperation ist eines der zentralen Themen der erziehungswissenschaftlichen
Ganztagsschulforschung (Kunze 2016; Breuer 2015; Fabel-Lamla 2012; Speck et al.
2011). Mit der Einführung von Ganztagsschulen geht die Auflösung der solitären
Position der (einzelnen) Lehrkräfte in der Schule einher (Lortie 1975), denn durch
die Integration weiterer pädagogischer Akteure soll verstärkt in Teams gearbeitet
werden. Diese Entwicklung betrifft vor allem die Zusammenarbeit von Lehrkräften,
Erzieher/innen, Sonder- und Sozialpädagog/innen. Ganz unterschiedlich intensive
Formen der Abstimmung mit anderen, der intra- und interprofessionellen Zusammenarbeit sowie der verstärkten Kooperation mit außerschulischen Partner/
innen sowie mit Eltern produzieren zusätzliche Kommunikationsaufgaben mit
ganz unterschiedlichen Herausforderungen und auch die Last, Gemeinsamkeiten
zu identifizieren und Differenzen auszuhalten. Dabei geht es um die Aushandlung
von Zuständigkeiten vor dem Hintergrund unterschiedlicher (professioneller)
Selbstverständnisse einerseits und Fremdzuschreibungen andererseits sowie darum,
unterschiedliche Perspektiven auf die Schüler/innen in einen Dialog zu bringen.
Hier haben wir es also mit einer Vervielfältigung von Perspektiven zu tun, die
einzubeziehen sind, wenn Lehrkräfte die schulischen Aufgaben der Integration,
Qualifikation und Selektion in angemessener Form für die Einzelfälle zu erfüllen
haben und Schule dem ausgeweiteten Anspruch, Lern- und Lebensort zu sein und
Chancengleichheit zu befördern, gerecht werden soll.

Wie die gesteigerte Komplexität der Anforderungen, die Ungewissheit und Kontingenz in pädagogischen Situationen bearbeitet werden sollen, wird in der professionstheoretischen Debatte unterschiedlich beantwortet: Die eine Position spricht von einer tendenziellen Angleichung der Aufgabenbereiche, einer Annäherung und Allzuständigkeit aller Pädagog/innen und diagnostiziert einen Kompetenzzuwachs aller in der Zusammenarbeit bzw. eine Vervollständigung des Blicks auf den Einzelfall (Wunder 2008). Wir hingegen plädieren für die Ausdifferenzierung von professionellen Zuständigkeiten unter dem Dach der Ganztagsschule und für aufgabengebundene Zuständigkeiten gemäß der Handlungsmodi, die jeweils für Unterrichts- und Sorgeaufgaben tradiert sind (Reh und Breuer 2012; Breuer 2015). Denn unsere Analysen von Teamgesprächen unterschiedlicher Lehrer-Erzieher-Teams an Ganztagsgrundschulen zeigen, dass sich anhand der Rekonstruktion des Adressierungsgeschehens bzw. der wechselseitigen Verhältnisbestimmungen der Pädagog/innen Muster der Zuständigkeitsdifferenzierung identifizieren lassen: Kooperation entlang (A) von Hauptzuständigkeit und Zuarbeit, (B) der Entdifferenzierung von Zuständigkeiten sowie (C) fachbezogener Zuständigkeiten (Breuer 2015).

Diese Muster lassen sich erstens als unterschiedliche ‚Lösungsversuche' ansehen, eine gewisse Form der Autonomie auch in engen Kooperationszusammenhängen, bspw. im gemeinsamen Wochenplanangebot von Lehrerin und Erzieherin, aufrechtzuerhalten. Autonomie meint in diesem Fall die Autonomie auf der Ebene der Gestaltung pädagogischer Angebote (Entscheidungen z. B. über Stoffverteilung, Bewertungen der Schüler/innen, Beteiligung bei Veranstaltungen, Kontaktmodalitäten mit Eltern, Raumgestaltung etc.). Verstanden als Gestaltungsautonomie ist sie von der Autonomie auf der Ebene des Berufsstandes und ebenso von der Autonomie auf der Ebene der konkreten, operativen Tätigkeit bzw. pädagogischen Interaktionspraxis zu unterscheiden (Breuer 2015, S. 267). In allen untersuchten Teamsitzungen ließ sich beobachten, dass die Beteiligten versuchen, die Gestaltungsautonomie zumindest der Lehrkräfte in irgendeiner Form zu bewahren.

Zweitens hängen die Muster der Zuständigkeitsdifferenzierung mit den in der Ratgeberliteratur wirkmächtigen Normen gelingender Kooperation zusammen. So soll Kooperation je nach Perspektive der Entlastung, der Partizipation sowie der Qualitätssteigerung pädagogischer Arbeit dienen (Francis und Young 2009; Neißer et al. 2012; Steinwand 2012). An den untersuchten Gesprächen fällt jedoch auf, dass in ein und demselben Team nicht alle drei Normen zugleich befördert werden, sondern jeweils nur eine. Kooperation kann vor allem dann entlastend für Lehrkräfte wirken, wenn Erzieher sich als Zuarbeitende positionieren (im Muster A). Die Partizipation aller Teammitglieder wird hingegen dann ermöglicht, wenn Teams ihre Zuständigkeiten eher entdifferenzieren bzw. sich allzuständig und auf Harmonie bedacht zeigen (im Muster B). Ansätze der Qualitätssteigerung lassen sich nur dort beobachten, wo Kritik und damit einhergehende Disharmonie aus der jeweils anderen fachbezogenen Perspektive eine Steigerung professioneller Reflexivität ermöglicht (Muster C). Offenbar stehen die Normen gelingender Kooperation – Entlastung, Partizipation und Qualitätssteigerung – in einem Spannungsverhältnis zueinander (Breuer 2015, S. 273).

Spezifiziert man drittens die Norm gelingender Kooperation bezogen auf das konkret zu untersuchende Kooperationsgespräch, so kann eine systemtheoretische Perspektive dabei helfen, Kriterien für ein professionell geführtes Kooperationsgespräch unter Pädagogen auszumachen, um sie von Alltagsgesprächen oder Pausenplauschs zu unterscheiden. Somit zeichnet sich ein Gespräch unter pädagogischen Professionellen durch die Fallbezogenheit der Gespräche, das Einkalkulieren nicht unmittelbar verfügbarer bzw. nicht subsumptionslogisch anwendbarer Erfolgsrezepte im Hinblick auf pädagogische Vermittlungsstrategien sowie das Artikulieren von genuin pädagogischen (sozial- und schulpädagogischen) Begründungen für bestimmte Entscheidungen aus (Breuer 2015, S. 278). Wir konnten beobachten, dass es vor allem dann den Teams gelingt, sich als pädagogische Professionelle zu verständigen, wenn sie entlang fachbezogener Zuständigkeiten kooperieren. Dass Erzieher/innen sich in diesen Teams als „jemand anderes" als die Lehrer/innen zeigen und legitimerweise eigene Aufgaben haben, ermöglicht offenbar erst eine Kritik am Tun der Lehrer/innen. Offenbar erschweren ausgeprägte Hierarchien zwischen den Berufsgruppen (A) ebenso wie die Entdifferenzierung von pädagogischen Tätigkeiten verbunden mit dem Hang zur „Gleichmacherei", Allzuständigkeit und Harmonie (B) eine produktive Kritik. Eine solche Kritik scheint somit essentiell für eine Qualitätssteigerung, ist aber für die Beteiligten anforderungsreich und fühlt sich nicht zwangsläufig entlastend und partizipatorisch an. Hierin besteht aus unserer Sicht auch eine Professionalisierungschance: Wenn nämlich Lehrer/innen und Erzieher/innen Routinen entwickeln, ihre jeweilige Fachlichkeit fallbezogen anzuwenden und dabei achtsam sind sowohl im Sprechen über als auch im gesamten Umgang mit den Schüler/innen. Das bedeutet, dass Lehrkräfte Sorge dafür tragen, dass die Schüler/innen bestimmte Kompetenzen an bestimmten Inhalten erwerben und dass das in den Kooperationsgesprächen thematisiert wird. Äquivalent dazu würden dann Erzieher/innen oder Sozialpädagog/innen darauf achten, dass kein/e Schüler/in mangels Sichtbarkeit und dadurch ausbleibender Unterstützung durchs System fällt. Im Zusammenwirken hätten wir es mit einer kollaborativ-vernetzten Professionalität (Breuer & Idel 2014) zu tun: mit einer versprachlichten Aushandlung der gemeinsamen pädagogischen Praxis durch Professionelle mit jeweils eigener fachlicher Perspektive – z. B. als Entwicklung fachdidaktischer Förderansätze, allgemeinpädagogischer Unterstützungs- und Sanktionsmöglichkeiten, Gestaltung des Elternkontaktes oder ähnliches.

4 Schulentwicklungskultur – Praktiken des Reagierens auf und der Teilnahme an Veränderungsprozessen

Innovation ist als eine Herausforderung der historisch zugleich sich transformierenden und im Kern dennoch außergewöhnlich persistenten Organisation Schule und ihrer professionellen Akteure zu sehen (Rürup und Bormann 2013). Schulen entwickeln sich und sollen sich permanent entwickeln, die Akteure sollen innovativ sein, dazulernen und professionell agieren, so der bildungspolitische und -programmatische Diskurs (Idel und Rabenstein 2016). Gängige Theorien und Konzepte der Schulentwicklung schließen an diesen an, gehen von handlungstheoretischen Prämissen aus und konzipieren Schulentwicklung als absichtsvolles Umsetzungshandeln kooperierender einzelschulischer Akteure (vgl. bspw. Dalin et al. 1995 oder Altrichter und Posch 1996). Diese werden dabei als handelndes Kollektivsubjekt gedacht, das wiederum seine normativen Zielsetzungen an allgemeingültigen Standards der Schul- und Unterrichtsqualität ausrichtet. Mit dieser Konzeption eines handelnden Kollektivsubjekts sind dann auch immer mehr oder weniger weitreichende Wirkungsannahmen verbunden, die in der Regel einfachen Kausalplänen folgen: Schulentwicklung wird als Verfahren einer verordneten und innerhalb staatlicher Vorgaben verorteten Selbststeuerung der Einzelschule gedacht und mit mehr oder weniger impliziten „Machbarkeitsvisionen" (Göhlich 2008, S. 263) und Optimierungspostulaten unterlegt.

Sowohl eigene explorative Analysen zur Schulentwicklungspraxis als auch andere qualitative Fallstudien zur Schulentwicklung deuten darauf hin, dass die Teilnahme von Lehrkräften an Schulentwicklungsprozessen und ihr Umgang mit Innovationsaufforderungen darin einer diskontinuierlichen Logik folgen, in der einerseits Routinen beibehalten, aber auch variiert und umgeschrieben werden (Schütz et al. 2017; Neto Carvalho 2017). Sozialtheoretisch kann man davon ausgehen, dass Praktiken in ihrer Wiederholung sowohl ein emergentes Selbsterneuerungspotenzial in sich tragen wie auch eines der Beharrlichkeit (Schäfer 2013). Bezogen auf Lernen und Innovieren als per se krisenhaftes Geschehen des ‚kontingenten Zwischen' – im Spannungsfeld von Routinen, der In-Frage-Stellung des Alten und der Etablierung des vermeintlich Neuen – sind daher auch Widerstände auf unterschiedlichen Ebenen am Werke und als wichtiger Bestandteil von Schulentwicklungsvollzügen zu begreifen (Reh 2010). Eine praxistheoretisch fundierte Empirie dieser Prozesse ist in der Lage, die Formierung, Artikulation und Verhandlung von Widerstand in den Schulentwicklungsprozessen der Einzelschulen zu beschreiben und zu analysieren. In den Blick geraten dabei die eigensinnigen, oftmals mehr oder weniger widerständigen Reaktionsweisen, mit denen in Einzelschulen auf bildungspolitische

Reformzumutungen geantwortet wird und die in jeweils ganz unterschiedlichen Implementationen von bildungspolitisch initiierten Reformvorhaben münden. Widerstand fungiert als machtvolles Geschehen und performativer Akt der Positionierung innerhalb von Entwicklungsprozessen und kann als Ausdruck einer spezifischen Entwicklungskultur aufgefasst werden, sind doch „Konflikte und Widerstände als Quelle von Information über die Organisation und das System Schule" (Paseka 2010, S. 283) zu verstehen. Unter *widerständigen Praktiken* kann eine verdeckte praktische Widerständigkeit in einer schulischen Ordnung und von Akteuren verstanden werden, die vor allem im Kontext von Veränderungsprozessen dazu führt, organisationale und professionelle Routinen aufrechtzuerhalten. Hier geht es um die Wirkmächtigkeit von eingeschliffenen Routinen und kollektiven Praxisformationen in einer Schule. Unter *Praktiken des Widerstands* fällt wiederum eine offen aufgeführte Widerständigkeit und Infragestellung von Veränderungen. Hier verhalten sich die Akteure strategisch, indem sie sich bspw. Reformvorhaben bewusst und sichtbar entgegensetzen. Während in widerständigen Praktiken durchaus eine, wenn auch eher oberflächliche, Anpassung an Reformvorhaben stattfinden kann, fungieren Praktiken des Widerstands als zielgerichtete Gegenwehr, um Veränderungen der Praxis zumindest zeitweise zu verhindern. Beide Formen des Widerstands sind aber nicht als distinkt zu verstehen, sondern als heuristische Differenzierungen, die die beiden Pole eines Kontinuums markieren, auf denen die empirischen Erscheinungsformen von Widerstand in ihrer jeweils spezifischen sozialen Figuration einzutragen wären.

Wie zuvor gezeigt, konfrontiert die Ganztagsschulreform die Professionellen mit einer Vielzahl struktureller Veränderungen und Erwartungen an eine innovative Praxis. Insbesondere (erwartete) Veränderungen auf der Ebene der Lernkultur und die neuen Kooperationsmöglichkeiten bzw. der gesteigerte Kooperationsdruck berühren mit der Transformation des pädagogischen Arbeitsbündnisses einerseits und der professionellen Autonomie andererseits Kernaspekte pädagogischer Professionalität. Die pädagogische und die kollegiale Praxis müssen neu formiert werden, was auf beiden Ebenen mit Aushandlungen einhergeht. Kollegien müssen zum einen über Ganztagskonzepte, wie die Gestaltung von Hausaufgabenbetreuung und Mittagessen oder die Ausrichtung des Angebotstableaus, streiten. Das berührt in der Regel zentrale Fragen pädagogischer Selbstverständnisse und führt nicht selten zu entsprechend harten Auseinandersetzungen, aus denen Widerstand hervorgehen kann. Zum anderen müssen die Professionellen ihre Rolle und Zuständigkeiten im Ganztagsprogramm klären. So ist etwa zu entscheiden, ob überhaupt außerunterrichtliche Angebote von Lehrkräften durchgeführt werden, die Trennung von vormittäglichem Unterricht und nachmittäglichen Angeboten aufgehoben wird und wer für die Betreuung des Mittagessens zuständig ist. Wir konnten an den

Ganztagsschulen die Auseinandersetzungen der Kolleg/innen und den offenen Widerstand (Einzelner) gegen (einzelne) Veränderungen beobachten, wenn bspw. eine Fraktion im Kollegium sich gegen eine am Postulat der Selbständigkeit ausgerichtete Hausaufgabenbetreuung wendet und eine eigene Form der Hausaufgabenunterstützung umsetzt (Neto Carvalho 2017). Und wir konnten die widerständige Praxis von durchaus um Erneuerung bemühten Pädagog/innen beobachten, wenn bspw. unterrichtliche Interaktionsmuster zwischen Pädagog/innen und Schüler/innen auch am Mittagstisch vorherrschen, obwohl das Mittagessen konzeptionell als freizeitähnliche Entspannungszeit fungieren sollte (Schütz 2015).

Beiden Formen des Widerstands bzw. Artikulationen von Überforderung oder Unwillen kann allerdings ein verzögerndes, gar entschleunigendes Moment mit einer professionalitätswahrenden Funktion zugeschrieben werden. So können die widerständigen Praktiken durchaus Ausdruck eines professionellen Aneignungsprozesses bzw. eines Prozesses der Transformation der Praxis sein, die auch gewährleisten, dass der tägliche Handlungsdruck von den Professionellen ausgehalten werden kann und gekonntes Ad-Hoc-Handeln möglich bleibt. Praktiken des Widerstands wiederum zwingen die Organisation bzw. das Kollegium, sich auseinanderzusetzen, die Frage der Machbarkeit zu verhandeln und die Akteure vor Überforderung zu bewahren. Damit stellt Widerstand eine funktionale Praxis professioneller Akteure und Organisationen in Schulentwicklungsprojekten und Reformen, d. h., einen bedeutsamen Rezeptionsmodus dar, der u. a. eine Bewältigung von Ungewissheit ermöglicht und doch auch soziale Ordnungen transformiert. Nach Terhart wäre dann zu formulieren, dass man Widerstand als „eine ganz normale, auch in anderen Berufen und aus der Logik der Berufsarbeit heraus verständliche Reaktion verstehen (kann), die vielleicht sogar ihren ‚guten Sinn' hat" (Terhart 2013, S. 85). Der eigensinnige, widerständige Umgang mit Reformzumutungen – seien es solche von innen oder solche von außen – folgt insofern der Weisheit der Praxis (ebd.) oder der „Ethik der Praktikabilität" (Ofenbach 2006, S. 363), mit der Professionelle Reformen in ihre berufliche Wirklichkeit einpassen und sie damit überhaupt erst bearbeitbar machen.

5 Fazit: Wandel der Professionskultur im Ganztag?

Ganztagsschulen sind ein markantes Feld, in dem Ausdifferenzierungsbewegungen der pädagogischen Tätigkeit stattfinden. Der Grad der Verschiebungen ist nicht an jeder Ganztagsschule gleich. Während an manchen die bewährten Routinen und Akteurskonstellationen nahezu auf den Kopf gestellt wurden, scheint an anderen kaum eine Veränderung stattgefunden zu haben (vgl. dazu auch Proske 2015). Und dennoch bzw. gerade deshalb lässt sich anhand der Ganztagsschulreform und deren Adaption an den Einzelschulen die Bandbreite der Veränderung des Schulehaltens und v. a. des Lehrer/innenberufs beobachten, handelt es sich doch um eine Phase des Übergangs oder der Neuordnung dessen, was im Zuge veränderter Bedingungen unter Profession und pädagogischer Professionalität zu verstehen ist (Rehm 2018). Ein statisches Bild dessen scheint also nicht (mehr) zutreffend. Es verändern sich die Aufgaben, die den Professionellen zugeschrieben und von ihnen angenommen werden, und im Zuge dessen pädagogische und organisationale Praxen sowie die Figurationen, in denen agiert wird. Und es lohnt der Blick auf die damit verbundenen Aushandlungen in den Schulen und Kollegien.

In diesem Beitrag wurden dementsprechend Befunde einer praxistheoretisch-ethnographisch angelegten Empirie dieses Wandels von Schule und pädagogischer Professionalität, perspektiviert auf die Position der Lehrkräfte, im Ganztag zusammengetragen und analytisch zu abstrahieren versucht. Gezeigt wurde, wie sich Veränderungen von Schule als kultureller Praxis in den Zonen der Lern-, Kooperations- und Schulentwicklungskultur vollziehen. Für alle drei Handlungsbereiche wird deutlich, wie sich pädagogische Professionalität und die Ordnung der Schule als Konglomerat organisierter Praktiken im schulischen Raum verschieben. Die Befunde legen ein dynamisches Verständnis eines ‚doing profession‘ im Wandel institutioneller Kontextbedingungen nahe. Dies nicht nur wegen der von uns zeitdiagnostisch skizzierten gegenwärtigen Veränderungen im Gelände der Ganztagsschule, sondern auch, weil – im Anschluss an strukturtheoretische Argumentationen (Wernet 2014; Kunze 2016; Kunze und Silkenbeumer 2018) – die pädagogischen Professionen im Unterschied zu den klassischen Professionen weder über eine exklusive noch eindeutige Funktionsbestimmung verfügen. Daraus ergibt sich, dass professionelle Zuständigkeit und Verantwortung aus machtvollen Aus- und Verhandlungen im Binnenaustausch mit Professionsanderen, aber auch mit Akteuren und Klienten aus der Umwelt resultieren (Abbott 1988).

Die skizzierten Verschiebungen weisen im Ganzen auf einen ziemlich weitreichenden Wandel der Professionskultur hin, das heißt auf eine Veränderung der Ordnungen des praktischen Vollzugs pädagogischer Professionalität im Hinblick auf Handlungsweisen und pädagogische Orientierungen. Der Wandel vollzieht sich sowohl in Bezug auf das Kerngeschäft der Interaktion mit Schüler/innen in pädagogischen Angeboten als auch auf das Zusammenhandeln mit anderen pädagogischen Professionen und die Beteiligung an Schulentwicklung auf der Ebene der Organisation. Auf der Bühne der *Lernkultur* im kulturellen Kernprozess von Schule zeichnen sich Grenzverschiebungen im pädagogischen Arbeitsbündnis ab, die die Sorgedimension des professionellen Handelns von Lehrkräften ebenso akzentuieren wie den Subjektbezug auf den Einzelnen. Zugleich werden Professionelle hier in ihrem Handeln zu Standardisierungen und Formalisierungen im Umgang mit den Schüler/innen veranlasst. Auch wenn Helsper argumentiert, dass diese Verschiebungen nicht den Strukturkern pädagogischer Professionalität in Frage stellen würden, sehen wir doch Anzeichen für einen Komplexitäts- und Ungewissheitszuwachs und eine gesteigerte Ambivalenz im pädagogischen Arbeitsbündnis, in dem die Lehrkraft zugleich Sachwalter des individualisierten Schulerfolgs ist genauso wie sie sich als signifikante Andere in auf den ganzen Tag expandierenden Sorgebeziehungen anbieten muss. Auf der Bühne der *Kooperationskultur* lassen sich Verschiebungen in Richtung einer Dezentrierung pädagogischer Professionalität beobachten. Sowohl die Gelegenheit als auch der Druck, mit anderen pädagogischen Professionellen im Ganztag zusammenarbeiten zu können bzw. zu sollen, führt zu einer tendenziellen Einschränkung von Gestaltungsautonomie und einem gestiegenen Aushandlungs- und Autorisierungsbedarf in Bezug auf Zuständigkeiten und in Anschlag zu bringender fachlicher Expertise. Im Hinblick auf das Verhältnis von Profession und Organisation ließe sich die Frage fokussieren, inwiefern sich sukzessive spezialisierte Expertinnen und Experten für bestimmte Aufgabenfelder etablieren und sich die pädagogische Profession im Zuge dessen weiter ausdifferenziert. Ein solcher Prozess würde implizieren, dass die Ausdifferenzierung in jeweils spezifische Expertisen im schulischen Kontext womöglich die vormals umfassende Lehrerprofession ablöst. Vorstellbar wäre jedoch ebenso, dass Lehrkräfte den Status der „Leitprofession" behalten und anstelle von Erziehern und Sozialpädagogen in Zukunft von einem Netz pädagogisch eher geringfügig qualifizierter Kräfte umgeben sind. Auf der Bühne der *Schulentwicklungskultur* erscheinen Lehrkräfte vermehrt in der Rolle von pragmatischen Innovateuren, die sich in nicht selten widerständigen Praktiken mit an sie herangetragenen Reformaufforderungen auseinandersetzen und in diesem Reformdruck von außen sich zugleich zu kreativem Handeln befähigen müssen. Sie verhandeln damit zugleich den Zuschnitt pädagogische Professionalität neu und werden u. a. mehr und mehr zu Gestaltenden auf der Ebene der Organisation abseits des operativen Kerngeschäfts.

Die vorangestellten Überlegungen legen nahe, dass auch die Frage danach, was unter Professionalisierung oder auch Deprofessionalisierung zu verstehen ist, vor dem Hintergrund der neuen Erwartungen an und der veränderten Praxis von Professionellen neu diskutiert werden muss. Sind die diskursive Wandlung im Bild des Professionellen, der Kooperationsdruck, die Entgrenzungstendenzen im pädagogischen Arbeitsbündnis oder auch die zunehmende Verpflichtung auf Reform als Stärkungen oder als Schwächungen der professionellen Arbeit am pädagogischen Ort der Schule zu verstehen? Oder anders gefragt: Welchen Einfluss haben diese Entwicklungen auf die Gestaltungsautonomie sowohl der einzelnen

Professionellen wie auch des Berufsstands? Dies lässt sich bspw. in Bezug auf die Aushandlungszwänge bzgl. der organisationsbezogenen Übersetzung von Reformen einerseits, aber andererseits auch innerhalb von (multi)professioneller Kooperation diskutieren. Hier muss die Gestaltungsautonomie zwischen den (verschiedenen) Professionellen in Aushandlungsprozessen ge- und verteilt werden. Wechselseitige Zuständigkeitsreklamationen bspw. eröffnen und schließen Chancen, den eigenen professionellen Einfluss geltend zu machen. Mit dem Blick nach innen ringen die verschiedenen Professionen also miteinander um Wirkungsmöglichkeiten. Nach außen auf die Rahmung der professionellen Arbeit in der Schule geschaut, könnten aber in diesem Zusammenhandeln der verschiedenen Berufsgruppen in der Schule auch Solidarisierungseffekte und Widerstandspotenziale entstehen, um sich gegen überzogene Zumutungen und Erwartungen aus der Umwelt der Schule – Bildungspolitik, Eltern, Wirtschaft etc. – zu behaupten. Dazu zählt auch der Widerstand gegen die Schwächung der professionellen Gestaltungsautonomie und die Beschränkung des Handlungsraums, in dem pädagogische Dienstleistungen erfolgen, also im Unterricht und außerunterrichtlichen pädagogischen Angeboten, im weitesten Sinne im Schulleben. Zu fragen wäre hier also perspektivisch, ob mit dem Einzug verschiedener pädagogischer Professionen in das Handlungsfeld Schule und den daraus resultierenden interprofessionellen Strukturbildungen so etwas wie eine neue starke plurale Gemeinschaft der pädagogisch Professionellen in der Schule entsteht, jenseits einer schulpädagogischen Monoprofessionskultur – gerade weil die Professionellen herausgefordert sind, die eigene Position zu legitimieren und mancherorts eben auch zu verteidigen.

Literatur

Abbott, A. (1988). *The system of professions. An Essay on the Division of Expert Labour.* Chicago: University of Chicago Press.
Altrichter, H. & Posch, P. (Hrsg.). *Mikropolitik in der Schulentwicklung. Förderliche und hemmende Bedingungen für Innovation in der Schule.* Innsbruck: Studien Verlag.
Breidenstein, G. (2014). Die Individualisierung des Lernens unter den Bedingungen der Institution Schule. In B. Kopp, S. Martschinke, M. Munser-Kiefer, M. Haider, E.-M. Kirschhock, G. Ranger & G. Renner (Hrsg.), *Individuelle Förderung und Lernen in der Gemeinschaft* (S. 35–50). Wiesbaden: Springer VS.
Breidenstein, G. & Rademacher, S. (2017). *Individualisierung und Kontrolle. Empirische Studien zum geöffneten Unterricht in der Grundschule.* Wiesbaden: Springer VS.
Breuer, A. (2015). *Lehrer-Erzieher-Teams an ganztägigen Grundschulen. Kooperation als Differenzierung von Zuständigkeiten.* Wiesbaden: VS Springer.

Breuer, A. & Idel, T.-S. (2014): Interprofessionelle Kollegialität. Entwicklungsaufgabe an Ganztagsschulen und Thema der Lehrerbildung. In Ganztags Schule machen – Kooperationen und multiprofessionelle Teams. *Seminar* 1/2014 (S. 76–87). Hohengehren: Schneider Verlag.

Dalin, P., Rolff, H.-G. & Buchen, H. (1995). *Institutioneller Schulentwicklungs-Prozess. Ein Handbuch.* Bönen: Verlag für Schule und Weiterbildung.

Fabel-Lamla, M. (2012). Vertrauen in der interprofessionellen Kooperation zwischen Lehrern und Sozialpädagogen. In C. Schilcher, M. Will-Zocholl & M. Ziegler (Hrsg.), *Vertrauen und Kooperation in der Arbeitswelt* (S. 195–213). Wiesbaden: Springer VS.

Francis, D. & Young, D. (2009). *Mehr Erfolg im Team. Ein Trainingsprogramm mit 46 Übungen zur Verbesserung der Leistungsfähigkeit in Arbeitsgruppen.* Hamburg: Windmühle.

Göhlich, M. (2008). Schulentwicklung als Machbarkeitsvision. Eine Re-Vision im Horizont professioneller Ungewissheit. In W. Helsper, S. Busse, M. Hummrich & R.-T. Kramer (Hrsg.), *Pädagogische Professionalität in Organisationen* (S. 263–276). Wiesbaden: Springer VS.

Helsper, W. (2016). Pädagogische Lehrerprofessionalität in der Transformation der Schulstruktur – ein Strukturwandel der Lehrerprofessionalität? In T.-S. Idel, F. Dietrich, K. Kunze, K. Rabenstein & A. Schütz (Hrsg.), *Professionsentwicklung und Schulstrukturreform* (S. 217–245). Bad Heilbrunn: Verlag Julius Klinkhardt.

Huf, C. & Breidenstein, G. (2009). Schülerinnen und Schüler bei der Wochenplanarbeit. Beobachtungen zur Eigenlogik der Planerfüllung. *Pädagogik* 61, S. 20–23.

Idel, T.-S. (2013). Pädagogische Praktiken im Ganztag. Praxistheoretische Überlegungen zur Verschiebung der Grenzen von Schule. In H. R. Müller, S. Bohne & W. Thole (Hrsg.), *Erziehungswissenschaftliche Grenzgänge. Markierungen und Vermessungen – Beiträge zum 23. Kongress der Deutschen Gesellschaft für Erziehungswissenschaft* (S. 151–165). Vorstandsreihe der DGfE, Opladen & Farmington Hills: Verlag Barbara Budrich.

Idel, T.-S. & Rabenstein, K. (2016). Lehrkräfte als ‚kreative Subjekte'. Überlegungen zum Verhältnis von Profession und Innovation. In T.-S. Idel, F. Dietrich, K. Kunze, K. Rabenstein & A. Schütz (Hrsg.), *Professionsentwicklung und Schulstrukturreform* (S. 278–295). Bad Heilbrunn: Julius Klinkhardt. S. 1–1.

Idel, T.-S. & Reh, S. (2015). Praxistheoretische Lesarten zur Transformation von Schule im Ganztag. In T. Hascher, T.-S. Idel, S. Reh, W. Thole & K.-J. Tillmann (Hrsg.), *Bildung über den ganzen Tag. Forschungs- und Theorieperspektiven der Erziehungswissenschaft* (S. 115–130). Opladen & Farmington Hills: Verlag Barbara Budrich.

Idel, T.-S. & Schütz, A. (2017). Wandel von pädagogischer Professionalität und Lernkultur an Ganztagsschulen. Empirische Befunde und konzeptionelle Überlegungen. In A. Paseka, M. Keller-Schneider & A. Combe (Hrsg.), *Ungewissheit im Unterricht und Lehrerhandeln* (S. 141–162). Wiesbaden: Springer VS.

Kolbe F. U. & Reh S. (2008). Reformpädagogische Diskurse über die Ganztagsschule. In T. Coelen T. & H.U. Otto (Hrsg.), *Grundbegriffe Ganztagsbildung* (S. 665–673). Wiesbaden: Springer VS.

Kolbe, F. U., Reh, S., Fritzsche, B., Idel, T.-S. & Rabenstein, K. (Hrsg.) (2009): *Ganztagsschule als symbolische Konstruktion. Fallanalysen zu Legitimationsdiskursen in schultheoretischer Perspektive.* Wiesbaden: Springer VS.

Kunze, K. (2016). Multiprofessionelle Kooperation? Verzahnung oder Differenzierung? Empirische und theoretische Überlegungen zu einer Polarisierungstendenz. In T.-S. Idel,

F. Dietrich, K. Kunze, K. Rabenstein & A. Schütz (Hrsg.), *Professionsentwicklung und Schulstrukturreform* (S. 261–277). Bad Heilbrunn: Verlag Julius Klinkhardt.

Kunze, K. & Silkenbeumer, M. (2018). Institutionalisierungsbedingte Herausforderungen der berufsgruppenübergreifend verantworteten pädagogischen Arbeit an inklusiven Schulen. In M. Walm, T. Häcker, F. Radisch & A. Krüger (2018), *Empirisch-pädagogische Forschung in inklusiven Zeiten. Konzeptualisierung, Professionalisierung, Systementwicklung* (im Erscheinen).

Lortie, D. C. (1975). *Schoolteacher. A sociological study.* Chicago.

Meyer-Drawe, K. (2008). *Diskurse des Lernens.* München: Wilhelm Fink.

Neißer, B., Glattfeld, E., Lotz, H. & Ratzki, A. (2012) (Hrsg.). *Gemeinsam erfolgreich! Kooperation und Teamarbeit an Schulen.* Köln: Carl Link.

Neto Carvalho, I. (2017). *Gymnasium und Ganztagsschule. Videographische Fallstudie zur Konstitution pädagogischer Ordnung.* Wiesbaden: Springer VS.

Oelkers, J. (2011). Ganztagsschule und Professionalität. Vortragsmanuskript. http://www.ife.uzh.ch/dam/jcr:00000000-4a53-efcb-0000-0000650e7979/MuensterGanztag.pdf. Zugegriffen: 30.01.2018.

Ofenbach, B. (2006). *Geschichte des pädagogischen Berufsethos: Realbedingungen für Lehrerhandeln von der Antike bis zum 21. Jahrhundert.* Würzburg: Königshausen u. Neumann.

Paseka, A. (2010). Konfliktbewältigung in Schulentwicklungsprozessen. In T. Bohl, W. Helsper, H.-G. Holtappels & C. Schelle (Hrsg.), *Handbuch Schulentwicklung* (S. 281–284). Bad Heilbrunn: Klinkhardt Verlag.

Proske, M. (2015). Das Reformprojekt Ganztagsschule und die schultheoretische Frage nach Wandel und Persistenz. In T. Hascher, T.-S. Idel, S. Reh, W. Thole & K.-J. Tillmann (Hrsg.), *Forschungs- und Theorieperspektiven der Erziehungswissenschaften* (S. 97–114). Opladen, Berlin &Toronto: Barbara Budrich.

Rahm, S. & Rabenstein, K. (2015). Kooperation an der Ganztagsschule, In K. Rabenstein, S. Rahm & C. Nerowski, *Basiswissen Ganztagsschule. Konzepte, Erwartungen, Perspektiven* (S. 140–154). Weinheim und Basel: Beltz.

Reh, S. (2010). Widerstand in Schulentwicklungsprozessen. In T. Bohl, W. Helsper, H.-G. Holtappels & C. Schelle (Hrsg.), *Handbuch Schulentwicklung* (S. 292–294). Bad Heilbrunn: Klinkhardt Verlag.

Reh, S. (2011). Individualisierung und Öffentlichkeit. Lern-Räume und Subjektivitationsprozesse im geöffneten Grundschulunterricht. In S. K. Amos, W. Meseth & M. Proske (Hrsg.), *Öffentliche Erziehung revisited. Erziehung, Politik und Gesellschaft im Diskurs* (S. 33–52). Wiesbaden: Springer VS.

Reh, S., Fritzsche, B., Idel, T.-S. & Rabenstein, K. (Hrsg.) (2015). *Lernkulturen. Rekonstruktion pädagogischer Praktiken an Ganztagsschulen.* Wiesbaden: Springer VS.

Reh, S. & Breuer, A. (2012). Positionierungen in interprofessionellen Teams: Kooperationspraktiken an Ganztagsschulen. In S. Huber & F. Ahlgrimm (Hrsg.), *Kooperation in der Schule* (S. 185–201). Münster: Waxmann.

Reh, S. & Ricken, N. (2012). Das Konzept der Adressierung. Zur Methodologie einer qualitativ-empirischen Erforschung von Subjektivation. In I. Miethe & H.-R. Müller (Hrsg.), *Qualitative Bildungsforschung und Bildungstheorie* (S. 35–56). Opladen und Farmington Hills: Barbara Budrich.

Rehm, I. (2018). *Von der Halbtags- zur Ganztagsschule. Lehrerprofessionalisierung im Übergang.* Wiesbaden: Springer VS.

Rürup, M. & Bormann, I. (Hrsg.). *Innovationen im Bildungssystem. Analytische Zugänge und empirische Befunde.* Wiesbaden: Springer VS.

Sauerwein, M. (2017). *Qualität in Bildungssettings der Ganztagsschule. Über Unterrichtsforschung und Sozialpädagogik.* Weinheim und München: Beltz Juventa.

Schatzki, T. R. (2002). *The site of the social: a philosophical account of the constitution of social life and change.* University Park: The Pennsylvania State University Press.

Schäfer, H. (2013). *Die Instabilität der Praxis. Reproduktion und Transformation des Sozialen in der Praxistheorie.* Weilerswist: Velbrück Wissenschaft.

Schütz, A. (2015). *Schulkultur und Tischgemeinschaft. Eine Studie zur sozialen Situation des Mittagessens an Ganztagsschulen.* Wiesbaden: Springer VS.

Schütz, A., Idel, T.-S. & Neto Carvalho, I. (2017). Praktiken des Widerstands – widerständige Praktiken. Praxistheoretisch-ethnographische Überlegungen zum Eigensinn von Schulentwicklungen. In Y. Völschow, W. Bruns & J. Schlee (Hrsg.), *Schulentwicklung auf dem Prüfstand. Beiträge zur einer bildungspolitischen Kontroverse* (S. 121–128). Aachen: Shaker Verlag.

Speck, K., Olk, T., Böhm-Kasper, O., Stolz, H.-J. & Wiezorek, C. (2011): *Ganztagsschulische Kooperation und Professionsentwicklung. Studien zu multiprofessionellen Teams und sozialräumlicher Vernetzung.* Juventa: Weinheim und München.

Speck, K. (2012). Lehrerprofessionalität, Lehrerbildung und Ganztagsschule. In S. Appel & U. Rother (Hrsg.), *Schulatmosphäre – Lernlandschaft – Lebenswelt* (S. 56–66). Schwalbach im Taunus: Wochenschau Verlag.

StEG-Konsortium (Hrsg.) (2015). *Ganztagsschule 2014/15. Deskriptive Befunde einer bundesweiten Befragung.* Frankfurt am Main, Dortmund, Gießen und München.

Steinwand, J. (2012). Kooperierende Lehrerinnen und Lehrer. Ein diskursanalytischer Blick auf die Narration über Lehrerkooperation in Zeitschriften für die pädagogische Praxis. In S. G. Huber & F. Ahlgrimm (Hrsg.), *Kooperation. Aktuelle Forschung zur Kooperation in und zwischen Schulen sowie mit anderen Partnern* (S. 31–50). Münster, New York, München & Berlin: Waxmann.

Terhart, E. (2013). Widerstand von Lehrkräften in Schulreformprozessen: Zwischen Kooperation und Obstruktion. In N. McElvany & H. G. Holtappels (Hrsg.), *Empirische Bildungsforschung. Theorien, Methoden, Befunde und Perspektiven.* Münster (S. 75–92). New York, Münster u. a.: Waxmann.

Wernet, A. (2014). Überall und nirgends. Ein Vorschlag zur professionalisierungstheoretischen Verortung des Lehrerberufs. In C. Leser, T. Pflugmacher, M. Pollmanns, J. Rosch & J. Twardella (Hrsg.), *Zueignung. Pädagogik und Widerspruch* (S. 77–95). Opladen: Barbara Budrich.

Wunder, D. (2008). Der Lehrerberuf an Ganztagsschulen ist ein vielversprechender Beruf – ein subjektives Plädoyer. In ders. (Hrsg.), *Ein neuer Beruf? Lehrer und Lehrerinnen an Ganztagsschulen* (S. 39–45). Schwalbach im Taunus: Wochenschau Verlag.

Wenn Lehrer/innen forschen

Stellenwert und Perspektive einer schulischen Praxisforschung

Klaus-Jürgen Tillmann

1 Praxisforschung und praxistheoretische Forschung – eine notwendige Vorbemerkung

Schaut man in das voluminöse „Handbuch der Schulforschung" (Helsper & Böhme 2008), dann wird dort „Praxisforschung" in eindeutiger Weise definiert: als eine Variante der Handlungsforschung, bei dem pädagogische Akteure (insb. Lehrer/innen) als Forschende agieren, um durch die systematische Analyse der Praxis an ihrer Schule die eigene pädagogische Arbeit zu verbessern (Altrichter & Feindt 2008). Schaut man nun in den vorliegenden Sammelband – und betrachtet man die Arbeiten von Sabine Reh – dann ist dort von einer „praxistheoretischen Forschung" oder einer „Erforschung schulischer Praktiken" die Rede – und damit ist etwas ganz Anderes gemeint. Die Unterscheidung zwischen diesen beiden Forschungsrichtungen, die gelegentlich in verkürzter Weise beide als „Praxisforschung" bezeichnet werden, ist wichtig, um den Standort meines Beitrags richtig einordnen zu können.

Die schulische Praxisforschung (als Variante der Handlungsforschung) hat in Deutschland eine inzwischen 50jährige Tradition, die eng mit der Entwicklung von Versuchsschulen verknüpft ist (vgl. Hollenbach & Tillmann 2009). Davon unabhängig hat sich in den letzten zehn Jahren verstärkt eine Forschungsrichtung entwickelt, die die soziale Wirklichkeit als „Praxis" untersucht und dabei betont, neben sprachlichen Äußerungen insbesondere die materiellen, körperlichen und räumlichen Dimensionen zu beobachten. Das von Sabine Reh – zunächst mit Ulrich Kolbe – geleitete LUGS-Projekt, das Lernkulturen und pädagogische Praktiken in Ganztagsschulen rekonstruiert (Reh, Fritzsche, Idel & Rabenstein 2015), zeigt beispielhaft, wie fruchtbar ein solcher Ansatz sein kann.

Während die erste Version – also Praxisforschung als Handlungsforschung – verspricht, den Praktiker/innen Hilfestellungen zur Bewältigung ihrer pädagogischen Arbeit zu liefern, ist die zweite Version – die praxistheoretische Forschung

© Springer Fachmedien Wiesbaden GmbH, ein Teil von Springer Nature 2019
K. Berdelmann et al. (Hrsg.), *Transformationen von Schule, Unterricht und Profession*, https://doi.org/10.1007/978-3-658-21928-4_18

– stärker theorie- und weit weniger umsetzungsorientiert. Sie will vor allem die
Vollzüge von Praxis in ihrer jeweiligen Logik beschreiben und damit das sonst
implizit verbleibende praktische Wissen zu Tage fördern. Ein Anspruch, zu einer
pädagogischen „Verbesserung" beizutragen, ist damit nicht verbunden.

Sabine Reh hat in den letzten Jahren wichtige theoretische und empirische Beiträge zu einer solchen praxistheoretischen Forschung geliefert, so dass sich dieser
Band mit deren Entwicklungen und Erträgen auseinandersetzt.

Im Kontext der in diesem Band versammelten Beiträge, die einer praxistheoretischen Argumentation folgen, stellt mein folgender Beitrag eine Art Kontrastfolie,
vielleicht sogar einen Fremdkörper dar: Denn er entfaltet die erstgenannte Version,
also Praxisforschung als eine Handlungsforschung, die vor allem von Lehrkräften
betrieben wird. Ohne Zweifel wäre es interessant, einmal möglichen Verknüpfungen
zwischen beiden Ansätzen nachzugehen. Etwa: Was gilt in beiden Ansätzen als
empirisches Material, wie vollziehen sich Interpretationsprozesse? Sind Ergebnisse
der praxistheoretischen Forschung nicht vielleicht doch brauchbar, wenn es um
die Formulierung pädagogischer Handlungsalternativen geht? Sind forschende
Schulpraktiker/innen nicht vielleicht besser als universitäre Wissenschaftler/innen
in der Lage, die Logik pädagogischer Handlungsformen zu erkennen? Die Bearbeitung dieser und ähnlicher Fragen kann in diesem Beitrag zwar nicht geleistet
werden, sollte aber nicht aus dem Blick geraten.

Dieser Beitrag konzentriert sich vielmehr darauf, in (selbst)kritischer Weise
die Möglichkeiten und Grenzen der schulischen Praxisforschung als Handlungsforschung abzustecken. Wenn dabei im Folgenden durchgängig zwischen einer
qualitativ arbeitenden Praxisforschung und einer quantitativ arbeitenden Survey-
forschung unterschieden wird, so bedeutet das keineswegs, dass die damit nicht
angesprochenen Varianten der qualitativen (z. B. ethnomethodologische Ansätze)
wie der quantitativen Forschung (z. B. experimentelle Analysen) gering geschätzt
werden. Ihre Relevanz ist m. E. unbestritten (Böhme 2008; Böhm-Kasper & Weishaupt 2008). Doch sie sind nicht Gegenstand dieses Beitrags.

2   Die Ausgangssituation

In zwei Versuchsschulen – in Laborschule und Oberstufenkolleg – wird an der
Universität Bielefeld seit mehr als 40 Jahren eine schulische Praxisforschung im
Rahmen des von Hartmut von Hentig kreierten „Lehrer-Forscher-Modells" betrieben (vgl. v. d. Groeben 2009). Gemeinsam mit universitären Wissenschaftlern/
innen erforschen Lehrer/innen ihre Praxis und leiten daraus Konsequenzen für

die Schulentwicklung ab. Ähnliche Ansätze, in denen Lehrkräfte oder Studierende selber als Forschenden agieren, gab es lange Zeit auch in Bremen (vgl. Kemnade 2007). Gegenwärtig finden wir solche Forschungsaktivitäten nicht nur an etlichen österreichischen Hochschulstandorten wie z. B. Linz, Innsbruck und Klagenfurt (vgl. Messner & Posch 2009), sondern auch an den Universitäten in Oldenburg (vgl. Fichten & Meyer 2009), Hamburg, Osnabrück und Paderborn. Diese Akteure der Praxisforschung kooperieren miteinander in dem internationalen Forschungsnetzwerk „Collaborative Action Research Network" (www.carn.org.uk) und im regionalen „Nordverbund Schulbegleitforschung" (vgl. Eckert & Fichten 2005).

Um diese Aktivitäten angemessen einordnen zu können, muss jedoch zunächst ein knapper Blick auf die Gesamtentwicklung der empirischen Schulforschung geworfen werden. Dazu ist festzustellen, dass sich die empirische Schulforschung seit den 1970er Jahren sowohl in ihrer qualitativen wie in ihren quantitativen Varianten gut und kontinuierlich entwickelt hat (vgl. Leschinsky 2008). Allerdings: Studien, die an großen Stichproben mit standardisierten Verfahren Merkmalsverteilungen erheben, Hypothesen überprüfen und Wirkzusammenhänge statistisch analysieren – vor allem solche Studien prägen seit vielen Jahren das Bild der Schulforschung in der Öffentlichkeit: Fends schulische Sozialisationsforschung in den 1970er Jahren, Hurrelmanns Untersuchungen zur Belastung von Jugendlichen aus den 1980er Jahren, die Arbeiten von Holtappels et al. über Gewalt an Schulen aus den späten 1990er Jahren und die vielen Leistungsvergleichsstudien der letzten Jahre – all diese Arbeiten zeigen, dass dieser empirisch-analytische Forschungsstrang lebendig und aktiv ist und dass er – trotz aller Kritik (vgl. Baumert & Tillmann 2016) – öffentlichkeitswirksam agiert. Solche Forschung wird an Universitäten und Max-Planck- und Leibniz-Instituten geplant und umgesetzt, dort werden auch die Fragestellungen entworfen und methodischen Verfahren festgelegt. Die Schulen bilden das Forschungsfeld, in dem die Daten für diese Survey-Forschung erhoben werden. Diese Daten werden anschließend von Wissenschaftlern/innen analysiert und interpretiert – und dann vor allem auf erziehungswissenschaftliche Theoriezusammenhänge und auf bildungspolitische Kontexte bezogen. Bei einem solchen Ansatz ist die Forschung und Analyse zunächst streng getrennt von der Frage der praktischen Bedeutsamkeit. Ob die Ergebnisse dann noch in Reflexionen zur Praxisentwicklung einbezogen werden, entscheidet sich erst nach Abschluss des Forschungsprozesses.

Spätestens seit Lewin (1953) wird ein solcher Forschungsansatz als zu einseitig, zu praxisfern kritisiert: Die zentral geplante standardisierte Forschung nähme die Interessen und Fragestellungen der an Schule Beteiligten nicht auf, sie würde die Praxisprobleme nicht hinreichend kennen, das Wissen der Praktiker für die Lösung von Problemen – und für die wissenschaftliche Theoriebildung – nicht aufschließen, und in der Regel Ergebnisse liefern, die für die Praxisverbesserung wenig hilfreich seien (Altrichter & Feindt 2008, S. 450). Diese Kritik an der „etablierten" empirischen Schulforschung, wie sie in den 1970er und 1980er Jahren massiv geübt wurde (z. B. v. Hentig 1982, S. 27ff.), hat zu Konsequenzen geführt.

In Absetzung von diesem Konzept einer universitär gesteuerten, hypothesen-prüfenden Forschung wurde vor allem in den 1970er Jahren ein alternatives Forschungskonzept entwickelt. Dieses Konzept bezieht die Akteure der pädagogischen Arbeit in die Forschung mit ein und ist in seinen Ergebnissen nicht auf eine Verifizierung von Hypothesen, sondern vor allem auf Verbesserungen in der Praxis ausgerichtet. Für dieses Konzept gibt es viele unterschiedliche Namen: „Handlungsforschung", „Praxisforschung", „Schulbegleitforschung", „Lehrerforschung", „teacher research". Die Konzepte, die sich mit diesen verschiedenen Namen verbinden, unterscheiden sich nur in Nuancen voneinander, stimmen aber in den folgenden Punkten überein:

1. Die Forschungsfragen ergeben sich aus den Problemen der pädagogischen Praxis, die aber auch theoretisch erörtert werden sollen.
2. Die Akteure des Forschungsprozesses sind in die Praxis eingebunden: Es sind meist Lehrer/innen, gelegentlich auch Studierende. Sie führen ihre Forschung in dem Praxisfeld durch, das ihnen beruflich unmittelbar zugänglich ist.
3. Die Ergebnisse der Forschung zielen vor allem auf praktische Verwendung, auf Verbesserung des pädagogischen Alltags, auf Schulentwicklung. Allerdings sollen die innovativen Konzepte, die erarbeitet werden, auch übertragbar auf andere Schulen sein.
4. Diese Forschung soll auch dazu führen, dass die beteiligten Lehrer/innen ihre professionelle Kompetenz erweitern: Sie erwerben durch ihre Forschungsarbeit eine differenzierte Problemsicht und auch ein kritisches Verständnis von Wissenschaft (vgl. Altrichter & Feindt 2004, S. 89).

Die bisherigen Ausführungen haben zunächst einmal die Grundstrukturen einer seit mehr als 30 Jahren bestehenden Debatte vor Augen geführt: Auf der einen Seite finden wir eine dominierenden empirischen Forschung, die durch etablierte Fraktionen der „scientific community" betrieben wird – und auf der anderen Seite besteht ein basis- und reformorientiertes Alternativkonzept, das vor allem in Reformschulen seinen Ort hat und von Lehrenden an etlichen Universitäten, unter ihnen Hilbert Meyer (Oldenburg), Johannes Bastian (Hamburg), Peter Posch (Klagenfurt) und Herbert Altrichter (Linz) getragen und unterstützt wird. Wenn man will, kann man diese Gegenüberstellung auch als eine scharfe Konfrontation ausmalen und dann entsprechend polemisieren:

- Forschung im Interesse der Herrschenden gegen eine kritisch-emanzipatorische Wissenschaft – das ist die eine Variante der Polemik.
- Theoretisch und methodisch kompetente Forschung gegenüber politisch motivierten Stümpereien von „Barfussforschern" – das ist Polemik aus der anderen Ecke.

In der frühen Phase der Debatte – also vor allem in den 1970er und 1980er Jahren – haben sich beide Seiten an dieser Polemik kräftig beteiligt. Besonders scharf attackiert wurde dabei die „Aktionsforschung" von Hans-H. Krüger (1997), eine Auseinandersetzung mit dieser Position findet sich bei Hollenbach und Tillmann (2009, S. 13ff.). Nun haben aber die methodologischen Debatten, die in der Erziehungswissenschaft (etwa im Verhältnis von quantitativer und qualitativer Forschung) in den letzten Jahrzehnten geführt wurden, zu einem deutlichen Abbau solcher Konfrontationen und zu einer wechselseitigen Akzeptanz unterschiedlicher methodischer Zugänge geführt. Deshalb spricht vieles dafür, auch die Frontstellung zwischen der Praxisforschung auf der einen und der empirisch-analytischen Schulforschung auf der anderen Seite endlich zu überwinden.

3 Kooperation statt Konfrontation – oder: der Ort der schulischen Praxisforschung

Vor dem Hintergrund des bisher Gesagten lautet deshalb meine erste These:

▶ Die angesprochene Konfrontation zwischen den beiden Forschungsansätzen – der Streit um den „richtigen" methodischen Weg zur Erkenntnis – erscheint inzwischen obsolet. Jeder der beiden Forschungszugänge hat sowohl seine eigenen Erkenntnismöglichkeiten wie seine Grenzen. Weil sich beide Ansätze in ihren Erkenntnissen ergänzen, sollte empirische Schulforschung auch in einer Verknüpfung von empirisch-analytischer Forschung und Praxisforschung betrieben werden.

Um diese These im Folgenden zu belegen, wird für ein kompliziertes wissenschaftstheoretisches und methodologisches Problem eine (hoffentlich) anschauliche Form der Behandlung gewählt: Anhand von zwei Forschungsbeispielen soll verdeutlicht werden, wie jeweils die Ergebnisse des einen Paradigmas an Erkenntnistiefe gewinnen, wenn sie durch Ergebnisse des anderen ergänzt werden. Damit soll nicht gesagt werden, dass künftig solche Forschungsprojekte immer nur im „Doppelpack" auftreten dürfen. Nein, beide Forschungsansätze haben ihren eigenständigen

Wert. Es soll aber deutlich gemacht werden, dass unterschiedliche Verfahren zu unterschiedlichen Erkenntnisformen führen, die wechselseitig nicht austauschbar, aber sehr wohl ergänzungsfähig sind.

3.1   Wie praxisrelevant sind die PISA-Ergebnisse?

In der Nachfolge von PISA erleben wir bis heute eine lang andauernde bildungspolitische Debatte, die auch zur Realisierung unterschiedlicher Maßnahmeprogramme geführt hat. Zu nennen sind hier u. a. regelmäßige Leistungsevaluationen, zentrale Prüfungen, Ausbau der Ganztagsschulen, sprachliche Förderprogramme im Vor- und Grundschulbereich (vgl. Tillmann, Dedering, Kneuper, Kuhlmann & Nessel 2008, S. 90ff.). Die Bildungspolitik hat hier auf die PISA-Ergebnisse z. T. sehr schnell reagiert – und dies geschah in etlichen Feldern in großer Übereinstimmung mit der öffentlichen Meinung (etwa bei den zentralen Prüfungen). Heißt das nun etwa, dass quantitative Leistungsvergleichsstudien doch in der Lage sind, unmittelbare Hinweise zur Verbesserung der Praxis zu geben? Genau dies wird ja von der Praxisforschung entschieden bestritten. Hier lohnt es sich, genauer hinzuschauen:

Die PISA-Studie als eine international-vergleichende Untersuchung beschreibt zunächst einmal in deskriptiver Weise einen Ist-Zustand: Sie machte erstmals 2001 für Deutschland insgesamt (und für die Bundesländer im Einzelnen) die schlechte Lage deutlich (vgl. Baumert et al. 2001). Sie kann darüber hinaus – in den Grenzen einer Querschnittstudie – korrelative Zusammenhänge aufzeigen, so etwa zwischen Migrantenanteilen und sozialer Selektivität, zwischen Sitzenbleiben und fachlichen Leistungen, zwischen Geschlecht und Lesefreude. Diese Hinweise sind wertvoll, aber dennoch gilt: PISA kann über die Ursachen der Misere keine wissenschaftlich gesicherten Aussagen machen. Und das wiederum bedeutet, dass pädagogische und bildungspolitische Maßnahmen aus den PISA-Ergebnissen keineswegs direkt abgeleitet werden können. PISA liefert zwar eine „Röntgenaufnahme", aber keinen Handlungsplan. Hierzu ein Beispiel: Einer der zentralen PISA-Befunde lautet „mangelnde Lesekompetenz der 15-Jährigen". Allein aufgrund dieses Befundes ist aber nicht entscheidbar, welche der folgenden Maßnahmen Erfolg versprechend sind: mehr Frühförderung im Kindergarten, eine Erhöhung der Unterrichtsstunden im Fach Deutsch, Sprachkurse für Mütter von Migrantenkindern, Festlegung von Standards für das Fach Deutsch, verstärkte Spracherziehung auch in anderen Fächern, mehr Vorleseaktivitäten der Eltern, die Reduzierung von Fernseh- und Computerzeiten bei Kindern oder gar eine andere Integrationspolitik in Groß-städten? All diese Maßnahmen (und auch andere) können mit einer gewissen Plausibilität beanspruchen, eine sinnvolle Reaktion auf das festgestellte Defizit zu sein. Diese Plausibilitäten ergeben sich jedoch nicht aus den PISA-Daten selbst, sondern sowohl aus weiteren wissenschaftlichen Erkenntnisbeständen (etwa aus der Lese- und der Medienforschung), aber auch aus den reflektierten Erfahrungen von praktisch arbeitenden Pädagogen. Wenn man sich diese Schwierigkeit vor Augen führt, kann man nicht ohne Verwunderung feststellen, dass die Kultusministerkonferenz schon am Tag der Veröffentlichung der ersten PISA-Ergebnisse (am 05.12.2001) genau wusste, welche Maßnahmen die richtigen sind, welche es nun umzusetzen gilt. Der bekannte KMK-Handlungskatalog (KMK 2001) enthält sieben Handlungsfelder, die alle mehr oder weniger plausibel sind, die sich aber in keinem Fall aus den PISA-Ergebnissen selbst eindeutig ableiten lassen. An dieser Stelle folgt nun meine zweite These:

▶ Wenn die Politik auf die Ergebnisse großer Stichprobenstudien reagiert, indem sie Programme installiert, wird zugleich auch ein neuer Forschungsbedarf produziert, der die Konzipierung und praktische Umsetzung von „Maßnahmen" in den Blick nimmt. Und genau dafür bietet die schulische Praxisforschung einen erkenntnisträchtigen Ansatz an.

Auch diese These soll wieder durch ein Beispiel verdeutlicht werden:

Als eine Maßnahme, um auf die von PISA festgestellten Kompetenzdefizite und auf die hohe soziale Selektivität zu reagieren, empfehlen die Kultusminister den Ausbau der Ganztagsschulen. Dies wurde dann auch in den meisten Bundesländern zügig angegangen. So hat sich zwischen 2002 und 2015 die Zahl der Ganztagsschulen in Deutschland mehr als vervierfacht (vgl. KMK 2016; Tillmann 2017). Zum Zeitpunkt der politischen Entscheidung – Ende 2001 – gab es übrigens keine belastbaren empirischen Ergebnisse, die eine entsprechende Positivwirkung von Ganztagsschulen belegten (vgl. Holtappels, Klieme, Rauschenbach & Stecher 2007, S. 42)[1]. Vielmehr handelt es sich hier – wie so oft in der Politik – um Einschätzungen mit Plausibilitätscharakter. In der Folge dieser Entscheidung stellt sich nun als erstes die Aufgabe, Ganztagsschulen so zu gestalten, dass die erwünschten Fördereffekte (mehr Kompetenzen, weniger Selektivität) auch tatsächlich eintreten. Dabei gilt es, die Unterschiede zwischen Primar- und Sekundarstufe, aber auch die zwischen geschlossenen und offenen Ganztagsschulen zu berücksichtigen. Dazu benötigt man zunächst einmal pädagogisch-praktische Erfahrungen, innovative Ideen, aber auch Kenntnisse bisheriger Erfolge und Misserfolge. Kurz: In dieser

---

1   Eine differenzierte Forschung zur Ganztagsschule setzte in Deutschland erst danach ein (vgl. z. B. Holtappels et al. 2007; Kolbe, Reh, Fritzsche, Idel & Rabenstein 2009).

Entwurfsphase sind vor allem die professionellen Kompetenzen der innovativen Pädagogen gefragt.

Sodann geht es darum, solche Ideen in der Praxis zu realisieren. Dabei kommt es von Anfang an darauf an, bewusst unterschiedliche Konzepte von Ganztagsschulen zu erproben, um Erfahrungen auch systematisch variieren zu können. Und dann müssten mit ausgewiesenen Verfahren der Praxisforschung die Innovationsverläufe begleitet, die pädagogischen Ganztagsaktivitäten beschrieben, die Resonanz bei Lehrer/innen, Eltern und Schüler/innen erfasst werden (so in dem Projekt von Bosse et al. 2017 an der Laborschule). Dabei ist dann gezielt darauf zu achten, in welchem Ausmaß die Aktivitäten des Ganztags die Kinder auch tatsächlich erreichen. Dazu gehört z. B. die schlichte Frage, ob Schüler/innen mit Lernproblemen den offenen Ganztagsbereich überhaupt besuchen. Und dazu gehört bei einer Praxisforschung natürlich auch die laufende Korrektur: Wenn die eigenen Analysen auf Probleme in der Umsetzung verweisen, muss die Praxis modifiziert werden. Am Ende dieses Prozesses kann man dann hoffentlich zwei oder drei Praxisvarianten vorweisen, bei denen man sagen kann: Wenn wir die Ganztagsschule pädagogisch so gestalten, dann gewährleisten wir nicht nur eine längere Betreuung, sondern bewirken auch nachweisbare pädagogische Effekte (z. B. Abbau sozialer Selektivität, Persönlichkeitsstärkung, Verbesserung der fachlichen Kompetenzen). Ohne eine solche Forschung bliebe hingegen unklar, ob mit den neuen Ganztagsschulen die pädagogischen Ausgangsprobleme wirklich bearbeitet werden. Im ungünstigsten Fall zeigt dann PISA etwa im Jahr 2019, dass jetzt zwar wesentlich mehr Ganztagsschulen existieren, dass sich aber Halbtags- und Ganztagsschulen bei den erwünschten pädagogischen Effekten nicht unterscheiden.

Dieses Beispiel soll verdeutlichen, dass quantitativ-vergleichende Studien ganz wertvoll sind als Diagnose-Instrument für Schulsysteme, weil sie sehr gut Problembereiche identifizieren können. Sie können aber die Frage nach den sinnvollen, den angemessenen pädagogischen Maßnahmen, die Frage nach der konkreten Praxisgestaltung, in aller Regel nur unzureichend oder gar nicht beantworten. Und es spricht vieles dafür, dass genau diese Leistung von einer klug angelegten schulischen Praxisforschung erbracht werden kann: Mit professioneller Kompetenz der Lehrkräfte werden pädagogische Arrangements geschaffen, die dann mit den meist qualitativen Methoden der Lehrerforschung nicht nur beobachtet, sondern auch korrigiert und optimiert werden. Dies ist ein Prozess, bei der sich Forschungs- und Schulentwicklungsaktivitäten abwechseln. Und wenn er gut gelingt, steht am Ausgang ein entfaltetes Praxismodell, das die gewünschten Effekte zeigt.

Ein zweites Beispiel, das gleichsam vom anderen Ausgangspunkt – von der Praxisforschung her – angelegt ist, soll die Argumentation ergänzen.

3.2 Wie weit tragen die Erkenntnisse der schulischen Praxisforschung?

In der Laborschule befassen sich die Akteure seit langem mit der Geschlechtszugehörigkeit als einem Faktor, der die pädagogischen Prozesse beeinflusst. Dabei orientiert sich die Schule an dem normativen Konzept einer „geschlechterbewussten Pädagogik" – und bemüht sich, durch eigene Forschung Benachteiligungen und Entwicklungsbehinderung aufzudecken und dann auch aufzuheben. Hierzu gibt es seit vielen Jahren Projekte der Praxisforschung; diese haben in den 1980er Jahren unter dem Stichwort „Mädchenförderung" begonnen, seit einiger Zeit richten sich die Förderbemühungen gezielt auch auf die Jungen (Biermann & Schütte 2011). Dabei haben all diese Forschungsprojekte bei praktischen Problemen des Schulalltags angesetzt: dass Mädchen sich über den koedukativen Sportunterricht beklagt haben, dass die Kurswahlen massiv geschlechtsspezifisch ausfielen, dass männliches Machogehabe in etlichen Gruppen zur Belastung wurde. Mit quantitativen Verfahren wurde festgestellt, dass Mädchen sich insgesamt an der Laborschule wohler fühlen, dass sie die bessere Leistungsmotivation aufweisen und im Durchschnitt die besseren Abschlüsse erwerben (vgl. Wischer 2003b). Und durch qualitative Forschung konnte gezeigt werden, dass sich trotz aller emanzipatorischen Ansprüche gleichsam „hinter dem Rücken" die tradierten geschlechtsspezifischen Muster immer wieder durchsetzen: So ergab eine Analyse der Lernberichte, dass auch in der Laborschule die Mädchen vor allem für ihre klassischen „Tugenden", die Jungen hingegen für die „Kreativität" gelobt werden (vgl. Lübke 1996).

Durch eine Vielzahl von Projekte der Praxisforschung wurde somit differenziertes lokales Wissen über die Mädchen-Jungen-Situation gesammelt – und zwar mit praktischen Konsequenzen: ein neues Sportcurriculum, ein Haushaltspass für alle, eine Unterrichtseinheit zur Berufs- und Lebensplanung, um nur einige Maßnahmen zu nennen. Allerdings bleibt hier stets eine Erkenntnislücke: Die Laborschule verfügt zwar über differenziertes lokale Wissen aus der eigenen Praxisforschung. Damit ist sie aber nicht in der Lage einzuordnen, in welchen Aspekten sich die Situation in dieser Reformschule eigentlich von der Situation in anderen Schulen unterscheidet. Wo gibt es „besondere" Probleme? Wo aber plagen sich die Lehrer/innen mit den Schwierigkeiten ab, die sich auch in den meisten Regelschulen finden? Diese Frage ist für eine Versuchsschule von hoher Bedeutung: Denn einerseits würden die Akteure gerne wissen, ob denn die „besondere Pädagogik" auch zu entsprechenden Effekten – etwa im Geschlechterverhältnis – geführt hat. Andererseits wird aber auch erwartet, Übertragbares für das Regelschulwesen zu produzieren. Und da ist es wichtig zu wissen, ob man sich an einer laborschulspezifischen oder an einer eher allgemeinen Problemlage abarbeitet. Kurz: Wenn zu zentralen Punkten Rahmen- und Vergleichsdaten aus dem Regelschulwesen vorlägen, könnte die eigene Situation besser eingeschätzt werden. Um zu solchen Vergleichsdaten zu gelangen, hat die Laborschule seit 1995 zwei Mal die Chance genutzt, sich an übergreifenden Stichproben-Untersuchungen zu beteiligen.

a. In der 2. Hälfte der 1990er Jahre nahm die Laborschule an einer repräsentativen Studie teil, die an hessischen Sekundarschulen durchgeführt wurde (vgl. Tillmann, Holler-Nowitzki, Holtappels, Meier & Popp 1999). Es entstanden dadurch Vergleichsdaten z. B. zum Schulklima, zur Schulangst, zum devianten Verhalten. Für die Geschlechterthematik zeigte sich dabei: Ob Ausbildung von Schulangst oder Entwicklung von Selbstvertrauen – die geschlechtsspezifischen Mechanismen aus dem Regelschulwesen finden sich genau so in der Laborschule. Aber es fand sich auch ein bemerkenswerter Unterschied: Weil die Laborschulmädchen insgesamt recht leistungsstark sind, haben es die wenigen Mädchen mit schwachen Leistungen dort besonders schwer: Damit verweist diese vergleichende Studie auf ein pädagogisches Problem in der Laborschule, das zuvor nicht aufgefallen war (vgl. Wischer 2003a, S. 204 ff). Somit wurde das lokale Wissen durch diesen überregionalen Vergleich erheblich angereichert – und zwar in einer praxisrelevanten Weise.

b. Im Frühjahr 2002 wurde dann in der Laborschule bei allen Schüler/innen des entsprechenden Alters der PISA-Test durchgeführt, so dass die fachlichen Leistungen mit den Gesamtdaten der PISA-2000-Erhebung verglichen werden konnten (vgl. Watermann, Thurn, Tillmann & Stanat 2005). Es zeigt sich, dass die Mädchen der Laborschule in allen drei untersuchten Leistungsdomänen deutlich besser waren als die Jungen – also nicht nur im Lesen, sondern auch in Mathematik und Naturwissenschaften (Stanat 2005, S. 261): Damit unterscheidet sich dieses Ergebnis deutlich vom Regelschulwesen2. Zugleich ist auffällig, dass die besseren Mathematikleistungen der Laborschul-Mädchen nicht dazu führen, dass diese ein höheres fachliches Selbstbild entwickeln. Vielmehr ist auch in der Laborschule das mathematische Selbstkonzept der Jungen deutlich höher als das der Mädchen (vgl. Stanat 2005, S. 266). Und in qualitativen Interviews erklärten Laborschulmädchen wie -jungen übereinstimmend, dass die Knaben in Mathematik und Naturwissenschaft „eigentlich" doch besser seien (vgl. Hollenbach 2009, S. 146f.). Kurz: Die aus dem Regelschulwesen bekannten geschlechtsspezifischen Fächerpräferenzen finden sich in ganz ähnlicher Weise auch in der Laborschule.

---

2 Nicht nur im deutschen Schulwesen, auch in den meisten anderen Ländern weisen die Jungen in Mathematik und Naturwissenschaft im Mittelwert die höheren Leistungen auf (vgl. Stanat & Kunter 2001, S. 252).

Diese überregional vergleichenden Daten aus der PISA-Studie, gekoppelt mit dem Wissen aus vorangegangenen Praxisforschungs-Projekten, waren nun der Anstoß, sich deutlich stärker mit den Befindlichkeiten, den Rollenmustern, den Lernproblemen der Jungen zu befassen.

Was zeigt dieses Beispiel? Die Erkenntnisse der schulischen Praxisforschung tragen sehr weit, wenn es darum geht, lokales Wissen zu schaffen, das für Praxisveränderungen genutzt werden kann. Doch der Horizont wird weiter, die Erkenntnisperspektiven werden komplexer, wenn über Daten insbesondere aus größeren Stichproben-Studien die eigene Situation verortet, die eigene Problemlagen vergleichend betrachtet werden können. Damit verbessern sich auch die Möglichkeiten, die Ergebnisse der eigenen Praxisforschung in übergreifende Theoriediskurse einzubringen. Damit hier keine Missverständnisse auftreten: Schulische Praxisforschung kann und soll bei einer angemessenen Fragestellung als Forschungsansatz sehr wohl alleine stehen. Wenn sich aber die Möglichkeit ergibt, durch übergreifende Studien zusätzliche Erkenntnisse zu gewinnen, sollte dies genutzt werden.

Soweit also die beiden Beispiele, die aus der Forschungspraxis heraus verdeutlichen sollten: Es geht nicht um den einen, angeblich „richtigen" Forschungsansatz, sondern es geht darum, die unterschiedlichen Ansätze in ihren spezifischen Erkenntnismöglichkeiten zu sehen, diese angemessen einzusetzen und möglichst kooperativ aufeinander zuzuführen.

4 Perspektiven der schulischen Praxisforschung

Dass Praxisforschung kein überholtes oder angestaubtes Konzept der 1970er Jahre ist, sondern ein eigenständiger und erkenntnisträchtiger Zugang zur schulischen Wirklichkeit (und ihrer Veränderung), wird inzwischen in der Erziehungswissenschaft immer häufiger vertreten. So haben Ewald Terhart und Elmar Tenorth (2007) festgestellt, dass die schulische Praxisforschung längst auch „außerhalb des eigenen Reviers anerkannt" sei, dass sie – verglichen mit den Anfängen – „in den Ambitionen begrenzter" und „in den Methoden besser begründet" seien (Terhart & Tillmann 2007, S. 142). Dies bedeutet: Die seit den 1970er und 1980er Jahren kontinuierlich vorgelegten Forschungsarbeiten haben dazu beigetragen, Vorbehalte abzubauen und Praxisforschung als eine wichtige Variante des pädagogischen Erkenntnisgewinns zu etablieren (vgl. Altrichter & Feindt 2004b). Praxisforschung braucht diese Akzeptanz in der Erziehungswissenschaft, weil sie den Anspruch erhebt, wissenschaftliches Wissen zu generieren. Und sie braucht diese Akzeptanz in Schule und Bildungsmanagement, weil sie in ihrer Erkenntnisperspektive ja auf Praxisverbesserung und Schulentwicklung ausgerichtet ist. Damit sich schulische Praxisforschung weiter gut etablieren kann, muss allerdings an ihrer inhaltlichen und methodischen Entwicklung weiter gearbeitet werden. Hierzu werden im Folgenden drei Entwicklungsbereiche benannt, die vor allem als Felder der Kompetenzentwicklung bei den forschenden Lehrerinnen und Lehrer zu verstehen sind. Sie werden diese Anforderungen aber nur dann erfüllen können, wenn man ihnen die notwendigen Ressourcen zur Verfügung stellt – und das sind: Zeit, Fortbildungsmöglichkeiten und Kooperationschancen.

4.1   Die Fragestellungen

Ausgangspunkt der schulischen Praxisforschung müssen Probleme, Schwierigkeiten, Klärungsbedarfe sein, die die Lehrer/innen, die Schüler/innen „vor Ort" haben. Nur dadurch wird eine forschende Arbeitsmotivation geweckt und wachgehalten, nur dadurch wird für die Beteiligten die Schulentwicklungsperspektive unmittelbar erkennbar. Doch weil Praxisforschung nicht nur verwertbare Ergebnisse für die eigene Schule liefern soll, muss das Ausgangsproblem überregional verbreitet sein, und es sollte möglichst auch schon erziehungswissenschaftlich thematisiert worden sein. Am Beispiel: Die Beschäftigung mit der spezifischen Raumproblematik einer einzigen Schule wäre ein schlechtes, weil nicht verallgemeinerbares Thema. Hingegen wäre die Frage, wie man konventionelle Grundschulen räumlich so nutzen kann, dass sie unterschiedliche Varianten des „offenen Unterrichts" ermöglichen, weit relevanter. Denn dieses Problem taucht an vielen Grundschulen auf – und die Ergebnisse könnten Anschluss finden an die erziehungswissenschaftlichen Arbeiten zur offenen Grundschulpädagogik.

4.2   Die Forschungsmethoden

Praxisforschung muss ihre Forschungsmethoden präzis ausweisen und dabei deutlich machen, wie sie auch gegenüber der eigenen Praxis eine kritische Distanz gewinnen kann. Zur Begründung dieses Anspruchs lässt sich auf ein Arbeitspapier zurückgreifen, das Hartmut von Hentig schon 1976 – also zwei Jahre nach Gründung der Laborschule – dem Kollegium vorgelegt hat: Er fragt: Wie lassen sich im Rahmen von Handlungsforschung überdauernde Erkenntnisse gewinnen? Die dabei formulierten methodischen Vorschläge (z. B. zur Trennung von Unterrichts- und Forschungsaktivitäten) sind in der Folgezeit von etlichen Akteuren der Praxisforschung aufgegriffen, erprobt und weiter entwickelt worden (vgl. z .B. Altrichter & Feindt 2008). Insgesamt lassen sich daraus methodische Regeln für das Vorgehen in Projekten der Praxisforschung ableiten, die auch als Qualitätskriterien für solche Forschung gelten können. Der folgende Katalog wird dafür als Diskussionsgrundlage vorgeschlagen (vgl. Hollenbach & Tillmann 2009, S. 103f.):

1. Die Fragestellung muss klar benannt, das Forschungsfeld (z. B. welche Klassen, welche Jahrgänge) muss deutlich begrenzt sein.
2. Forschung sollte in einer Gruppe von Lehrkräften, evtl. unterstützt durch universitäre Mitarbeiter/innen, betrieben werden. Die Zusammensetzung des Teams, die zeitliche Perspektive seiner Arbeit und die zur Verfügung stehenden Ressourcen sind zu Beginn eindeutig festzulegen.
3. Zwischen der Arbeit, die als „normale" Lehrertätigkeit erbracht wird (z. B. Unterrichten), und den gesonderten Forschungsaktivitäten (z. B. Unterricht eines anderen Lehrers beobachten und protokollieren) ist klar zu unterscheiden.
4. Im Projektverlauf muss deutlich unterschieden werden zwischen Phasen der Analyse (Forschung) und Phasen der pädagogischen Umgestaltung (Schulentwicklung).
5. Die systematische Gewinnung von Daten (z. B. Fragebögen, Interviews, Materialanalyse) ist zu trennen von dem nächsten Schritt – der Interpretation der Daten. Solche Interpretationen bedürfen der kommunikativen Verständigung.
6. Die Datengewinnung muss mit ausgewiesenen, im Prinzip intersubjektiv überprüfbaren Verfahren vorgenommen werden (Beobachtung, Interview, Fragebögen, Videoaufnahmen etc.). Die Forscher/innen müssen sich methodische Kompetenzen im Umgang mit diesen Instrumenten aneignen.
7. In gemeinsamen Diskussionen – u. U. zusammen mit „critical friends" – sollen die gewonnenen Erkenntnisse kritisch überprüft werden.
8. Eine Veröffentlichung des wissenschaftlichen Vorgehens und der Ergebnisse ist notwendig, um eine kritische Verarbeitung in Disziplin und Profession zu ermöglichen.

Eine mit diesem Katalog angestrebte methodische Qualifizierung der Praxisforschung bezieht sich sowohl auf die generelle Bereitschaft, Fragen der Forschungsmethodik wichtig zu nehmen, in den Projektgruppen darüber zu diskutieren und sich auf ein gemeinsames Vorgehen zu einigen. Es bezieht sich aber auch auf den „handwerklichen" Teil der Forschung, so auf den angemessenen Umgang mit Forschungstagebüchern, Interviewleitfäden, Videoaufzeichnungen, Textanalysen. Hierzu gibt es mehrere hilfreiche Lehrbücher (vgl. z. B. Kroath 1991; Altrichter & Posch 2007), und gerade hier kann eine Kooperation mit universitären Forscher/

innen besonders hilfreich sein: Wenn die methodische Fortbildung punktgenau in die einzelnen Projekte verlagert werden kann, dann – so die Bielefelder Erfahrung – stößt sie auch bei den ansonsten stark belasteten Lehrkräften auf Interesse und Akzeptanz.

4.3   Der Transfer

Praxisforschung soll die Situation an der eigenen Schule analysieren – und soll daraus Konsequenzen ziehen für die Verbesserung der pädagogischen Arbeit „vor Ort". Das ist richtig, das ist unhintergehbar – aber dabei kann Praxisforschung nicht stehen bleiben. Weil sie an einem Problem arbeitet, das nicht nur für diese eine Schule von Bedeutung ist, sind dann auch die erarbeiteten Ergebnisse von allgemeinerem Interesse. Die Raumnutzungskonzepte für Grundschulen, die pädagogischen Modelle für Ganztagsschulen – so die zuvor genannten Beispiele – sind eben nicht nur für die eine, die forschende Schule interessant, sondern auch für viele andere. Hier stellt sich die Transferfrage als ein Problem der Schulentwicklung: Wie können andere Schulen von diesen Ergebnissen profitieren? Wie kann man damit woanders Entwicklungen anstoßen, wie kann dort das eigene Modell adaptiert werden? Schulische Praxisforschung muss diese Transfer-Dimension von Anfang an mitdenken. Und Projekte müssen zumindest dafür sorgen, dass ihre Ergebnisse so zugänglich werden, dass andere Schulen damit arbeiten können.

Doch die Transfer-Problematik stellt sich nicht nur für die Praxisebene der Schulentwicklung, sie stellt sich auch für den erziehungswissenschaftlichen Theoriediskurs. Wenn in der Praxisforschung Themen von allgemeiner Bedeutung bearbeitet werden, dann sind die Erkenntnisse der Praxisforschung im Prinzip auch theoriefähig.

a. Entweder Praxisforschung steuert Erkenntnisse in einem Feld bei, in dem in der Erziehungswissenschaft bereits ein systematisch geordnetes Wissen vorhanden ist, wo somit „Theoriearbeit" bereits betrieben wurde. Dies trifft bei der Laborschule z. B. für das erziehungswissenschaftliche Wissen zur Altersmischung, für die Jungensozialisation, aber auch für den integrierten naturwissenschaftlichen Unterricht zu. Zu allen diesen Themen hat die Praxisforschung zunächst zwar „nur" lokales Wissen produziert; doch dieses lokale Wissen ist oft differenzierter, detailreicher, stärker auf pädagogische Handlungen bezogen, als es die schon vorhandenen Kenntnisse aus Übersichtsstudien sind. Deshalb hat solches Wissen gute Chancen, den Erkenntnisstand der Disziplin zu bereichern.

b. Oder aber – und das ist der zweite Fall – Praxisforschung befasst sich mit einem
neuen, in der Erziehungswissenschaft bisher kaum bearbeiteten Problem. Man
glaubt es heute kaum: Aber Englisch in der 3. und 4. Klasse war in den 1970er
Jahren ein solches Thema in der Laborschule. Und das Lernen ohne Noten und
ohne Sitzenbleiben ist es bis heute. Auch wenn Praxisforschung dazu nur an
einer Schule Wissen und Erkenntnisse sammeln kann, bedeutet das nicht, dass
sie sich in einem prinzipiellen Widerspruch zu der Anforderung befinden, zu
verallgemeinerbaren Erkenntnissen zu gelangen (Altrichter & Feindt 2004,
S. 95 f.). Denn neue Theorien entstehen häufig durch Forschung in umgrenzten
Feldern, sind also zunächst lokal angelegt. Man kann sich dann anschließend
um Verallgemeinerung bemühen.

Ob Erkenntnisse aus Praxisforschungs-Projekten in den erziehungswissenschaftlichen Theoriediskurs einfließen, hat aber auch damit zu tun, wie diese Ergebnisse
präsentiert werden: Erscheinen sie in Zeitschriften, die die wissenschaftliche Community im Blick hat? Werden die Ergebnisse auch auf wissenschaftlichen Tagungen
präsentiert? Auch hier kann eine Kooperation zwischen forschenden Lehrkräften
und universitären Wissenschaftlern/ innen sehr hilfreich sein.

5   Fazit

Die Praxisforschung, die in den 1970er Jahren auch aus einem Akt der Provoka-
tion gegenüber der etablierten Empirie und ihren universitären Amtsinhaber/
innen gegründet wurde, ist zunehmend dabei, sich zu einem akzeptierten Teil der
Erziehungswissenschaft, sich zur „Normalwissenschaft" zu entwickeln. Altrichter
(2009) sieht diesen Prozess positiv und ermuntert die Praxisforscher/innen ganz
ausdrücklich, diesen Weg weiterzugehen. Neben der methodischen Profilierung
des eigenen Ansatzes gehören dazu all die Instrumente, die die wissenschaftliche
Community für ihren „Normalbetrieb" bereithält:

- Lehrstühle und Institute, die nach diesem Ansatz arbeiten
- gut organisierte überregionale Netzwerke
- gesonderte Tagungen und wissenschaftliche Zeitschriften
- drittmittelfinanzierte Forschungsprojekte

Die englische „teacher research"-Bewegung ist da wohl deutlich weiter als die deutsche Praxisforschung, aber auch die Aktivitäten im deutschsprachigen Raum gehen in diese Richtung.

Bei all diesen Bewegungen hin zur „Normalwissenschaft" muss man aber darauf achten, dass der spezifische Ansatz der schulischen Praxisforschung nicht verloren geht: Es bleibt dabei, dass die Hauptakteure dieser Forschung als Lehrer/innen, z. T. auch als Studierende tätig sind – und dass sie Forschung zusätzlich zu ihrer beruflichen Hauptaufgabe verrichten. Deshalb müssen für die Praxisforschung Arbeitsbedingungen geschaffen werden, bei denen die beteiligten Praktiker/innen auch eine realistische Chance haben, die vielfältigen Aufgaben zu erfüllen. Kurz: Praxisforschung ohne entsprechende zeitliche Entlastung der Lehrkräfte wird nicht funktionieren. Und insbesondere die Erwartung, dass diese Forschung künftig an Qualität gewinnen soll, macht begleitende Fortbildung unverzichtbar. Darüber hinaus muss auch weiterhin darauf insistiert werden, dass die Praktiker/innen das Erstgeburtsrecht für Themen und Fragestellungen behalten – und dass erst danach Aushandlungsprozesse mit Wissenschaft und Schulbehörde stattfinden.

„Normalwissenschaft" werden und das eigene Profil schärfen – das sind die Anforderungen, die Praxisforschung in den nächsten Jahren gleichzeitig bewältigen soll: ein schwieriger, aber sicher auch ein spannender Prozess.

Literatur

Altrichter, H. (2009). Praxisforschung als akzeptiertes Element der Erziehungswissenschaft? In N. Hollenbach & K.-J. Tillmann (Hrsg.), *Die Schule forschend verändern. Praxisforschung aus nationaler und internationaler Perspektive* (S. 21–48). Bad Heilbrunn: Klinkhardt.

Altrichter, H. & Feindt, A. (2004). Zehn Fragen zur LehrerInnenforschung. In S. Rahm & M. Schratz (Hrsg.), *LehrerInnenforschung. Theorie braucht Praxis. Braucht Praxis Theorie?* (S. 84–104). Innsbruck: Studienverlag.

Altrichter, H. & Feindt, A. (2008). Handlungs- und Praxisforschung. In W. Helsper & J. Böhme (Hrsg.), *Handbuch der Schulforschung* (2. Aufl.) (S. 449–468). Wiesbaden: VS-Verlag.

Altrichter, H. & Posch, P. (2007). *Lehrerinnen und Lehrer erforschen ihren Unterricht. Eine Einführung in die Methoden der Aktionsforschung* (4. Aufl.). Bad Heilbrunn: Klinkhardt.

Baumert, J., Klieme, E., Neubrand, M., Prenzel, M. Schiefele, U., Schneider, W., Stanat, P., Tillmann, K.-J., & Weiß, M. (Hrsg.) (2001). *PISA 2000. Basiskompetenzen von Schülerinnen und Schülern im internationalen Vergleich.* Opladen: Leske & Budrich.

Baumert, J. & Tillmann, K.-J. (Hrsg.) (2016). Empirische Bildungsforschung. Der kritische Blick und die Antwort auf die Kritiker. *Zeitschrift für Erziehungswissenschaft – Sonderheft, 31.*

Biermann, C. & Schütte, M. (2011). Die Entwicklung eines Konzepts der geschlechter- bewussten Pädagogik. In S. Thurn & K.-J. Tillmann (Hrsg.), *Laborschule - Schule der Zukunft* (S. 149–166). Bad Heilbrunn: Klinkhardt.

Böhme, J. (2008). Qualitative Schulforschung auf Konsolidierungskurs. In W. Helsper & J. Böhme (Hrsg.), *Handbuch der Schulforschung*. (2. Aufl.) (S. 125–156). Wiesbaden: VS-Verlag.

Böhm-Kasper, O. & Weishaupt, H. (2008). Quantitative Ansätze und Methoden in der Schulforschung. In W. Helsper & J. Böhme (Hrsg.), *Handbuch der Schulforschung* (2. Aufl.) (S. 91–124). Wiesbaden: VS-Verlag.

Bosse, U., Banik, M., Freke, N., Kampmeier, D., Quartier, U., Sahlberg, K. & Walter, J. (2017). *Qualitätsdimensionen im verbundenen Ganztag. Schulentwicklung am Beispiel der Eingangsstufe der Laborschule Bielefeld*. Bad Heilbrunn: Klinkhardt.

Eckert, E. & Fichten, W. (2005). *Schulbegleitforschung. Erwartungen, Ergebnisse, Wirkungen*. Münster: Waxmann.

Fichten, W. & Meyer, H. (2009). Forschendes Lernen in der Lehrerbildung – das Oldenburger Modell. In: N. Hollenbach & K.-J. Tillmann (Hrsg.), *Die Schule forschend verändern. Praxisforschung aus nationaler und internationaler Perspektive* (S. 119–146). Bad Heilbrunn: Klinkhardt.

v. d. Groeben, A. (2009). Lehrerforschung: das Konzept von Hartmut von Hentig. In N. Hollenbach & K.-J. Tillmann (Hrsg.), *Die Schule forschend verändern. Praxisforschung aus nationaler und internationaler Perspektive* (S. 187–201). Bad Heilbrunn: Klinkhardt.

Helsper, W. & Böhme, J. (Hrsg.) (2008). *Handbuch der Schulforschung* (2. Aufl.). Wiesbaden: VS-Verlag.

v. Hentig, H. (1976). *Wissenschaft und L-Schule – eine Diskussionsvorlage. Manuskript vom 15.7.1976*. Bielefeld: Laborschule.

v. Hentig, H. (1982). *Erkennen durch Handeln*. Stuttgart: Klett-Cotta.

Hollenbach, N. (2009). *Mathematikleistung, Selbstkonzept und Geschlecht. Empirische Befunde der Laborschule auf dem Prüfstand*. Weinheim: Juventa.

Hollenbach, N. & Tillmann, K.-J. (2009). Handlungsforschung, Lehrerforschung, Praxisforschung. Eine Einführung. In Ders. (Hrsg.), *Die Schule forschend verändern. Praxisforschung aus nationaler und internationaler Perspektive* (S. 7–20). Bad Heilbrunn: Klinkhardt.

Holtappels, H.-G., Klieme, E., Rauschenbach, T., Stecher, L. (Hrsg.) (2007). *Ganztagsschule in Deutschland*. Weinheim: Juventa.

Hurrelmann, K. (1988). *Sozialisation und Gesundheit. Somatische, psychische und soziale Risikofaktoren im Lebenslauf*. Weinheim: Juventa.

Kemnade, I. (2007). *Schulbegleitforschung in Bremen. Kontinuität und Wandel*. Bremen: Landesinstitut für Schule.

Kolbe, F.-U., Reh, S., Fritzsche, B., Idel, T.-S. & Rabenstein, K. (Hrsg.) (2009). *Ganztagsschule als symbolische Konstruktion*. Wiesbaden: VS-Verlag.

Kultusministerkonferenz (KMK) (2001). *Pressemitteilung vom 06.12.2001: PISA-Handlungskatalog*. www. kmk.org/ aktuell/pm021205.htm

Kultusministerkonferenz (KMK) (2016). *Allgemeinbildende Schulen in Ganztagsform in den Ländern in der Bundesrepublik Deutschland – Statistik 2011 bis 2015*. Berlin (Manuskript).

Kroath, F. (1991). *Lehrer als Forscher. Fallstudien zur Evaluation forschungsorientierter Lehrerfortbildung unter beruflichen Alltagsbedingungen*. München: Profil.

Krüger, H.-H. (1997). *Einführung in Theorien und Methoden der Erziehungswissenschaft*. Opladen: Leske & Budrich.

Leschinsky, A. (2008). Die Ausdifferenzierung und Weiterentwicklung der Schulforschung seit den 1970er Jahren. In W. Helsper & J. Böhme (Hrsg.), *Handbuch der Schulforschung* (2. Aufl.) (S. 69–90). Wiesbaden: VS-Verlag.

Lewin, K. (1953). Tat-Forschung und Minderheitenprobleme. In Ders., *Die Lösung sozialer Konflikte* (S. 278–298). Bad Nauheim: Christian-Verlag.

Lübke, S.-I. (1996). *Schule ohne Noten. Lernberichte in der Praxis der Laborschule.* Opladen: Leske & Budrich.

Messner, E. & Posch, P. (2009). Schulische Aktionsforschung in Österreich. In N. Hollenbach & K.-J. Tillmann (Hrsg.), *Die Schule forschend verändern. Praxisforschung aus nationaler und internationaler Perspektive* (S. 49–66). Bad Heilbrunn: Klinkhardt.

Reh, S., Fritzsche, B., Idel, T.-S. & Rabenstein, K. (Hrsg.) (2015). *Lernkulturen. Rekonstruktion pädagogischer Praktiken an Ganztagsschulen.* Wiesbaden: Springer VS.

Stanat, P. (2005). Jungen und Mädchen in der Laborschule: Empirische Befunde zu Geschlechtsunterschieden. In R. Watermann, S. Thurn, K.-J. Tillmann & P. Stanat (Hrsg.) (2005), *Die Laborschule im Spiegel ihrer PISA-Ergebnisse* (S. 257–278). Weinheim: Juventa.

Stanat, P. & Kunter, M. (2001). Geschlechterunterschiede in Basiskompetenzen. In J. Baumert (Hrsg.), *PISA 2000 – Basiskompetenzen von Schülerinnen und Schülern im internationalen Vergleich* (S. 251–270). Opladen: Leske und Budrich.

Terhart, E. & Tillmann, K.-J. (Hrsg.) (2007). *Schulentwicklung und Lehrerforschung. Das Lehrer-Forscher-Modell der Laborschule auf dem Prüfstand.* Bad Heilbrunn: Klinkhardt.

Tillmann, K.-J. (2017). Meinungstrends der Eltern über Schule und Schulreformen – Die JAKO-O-Bildungsstudie von 2010 bis 2017. In D. Killus & K.-J. Tillmann (Hrsg.), *Eltern beurteilen Schule – Entwicklungen und Herausforderungen* (S. 57–82). Münster: Waxmann.

Tillmann, K.-J., Holler-Nowitzki, B., Holtappels, H.-G., Meier, U. & Popp, U. (1999). *Schülergewalt als Schulproblem. Verursachende Bedingungen, Erscheinungsformen und pädagogische Handlungsperspektiven.* Weinheim: Juventa.

Tillmann, K.-J., Dedering, K., Kneuper, D., Kuhlmann, C. & Nessel, I. (2008). *PISA als bildungspolitisches Ereignis. Fallstudien in vier Bundesländern.* Wiesbaden: VS-Verlag.

Watermann, R., Thurn, S., Tillmann, K.-J. & Stanat, P. (Hrsg.) (2005). *Die Laborschule im Spiegel ihrer PISA-Ergebnisse. Pädagogisch-didaktische Konzepte und empirische Evaluation reformpädagogischer Praxis.* Weinheim: Juventa.

Wischer, B. (2003a). *Soziales Lernen an einer Reformschule. Evaluationsstudie über Unterschiede von Sozialisationsprozessen in Reform- und Regelschulen.* Weinheim und München: Juventa.

Wischer, B. (2003b). „Wie geht ihr an der Laborschule miteinander um?" Das soziale Klima an der Laborschule im ausgewählten Schulformvergleich. In N. Hollenbach & Weingart, G. (Hrsg.), *„Als Laborschüler hat man Vor- und Nachteile …" – Beiträge zur Evaluation der Laborschulpädagogik aus Sicht der Absolvent(innen)* (S. 147–179). Bielefeld: Laborschule.

Printed by Books on Demand, Germany